高等院校地理科学类专业系列教材

地理分析与模拟

岳天祥　边少锋　王　伟等　编著

科学出版社

北　京

内 容 简 介

本书全面系统地介绍地理分析与模拟的科学内容。全书共分八章,包括坐标系统与地图投影、全球定位的相关理论知识,地理统计分析中的基本问题与方法,地球表层系统建模基本定理及其推论,模型–数据同化算法的基本公式、机制和特点,并行计算、云计算和快速构建三维仿真地球场景的技术方法等内容。本书注重体现学科的最新成果,每章都有教学及学习目标和导论性文字,便于教师讲授和学生自学。

本书可供地球信息科学、生态环境信息学、生态学、环境科学和地理科学等领域的本科生、研究生和学者参阅。

图书在版编目(CIP)数据

地理分析与模拟 / 岳天祥等编著 . -- 北京:科学出版社,2025. 3.
(高等院校地理科学类专业系列教材). -- ISBN 978-7-03-081570-5

Ⅰ. K90

中国国家版本馆 CIP 数据核字第 2025Z0Y328 号

责任编辑:郑欣虹 / 责任校对:杨 赛
责任印制:张 伟 / 封面设计:迷底书装

科 学 出 版 社 出版

北京东黄城根北街 16 号
邮政编码:100717
http://www.sciencep.com

涿州市殷润文化传播有限公司印刷
科学出版社发行 各地新华书店经销

*

2025 年 3 月第 一 版 开本:787×1092 1/16
2025 年 3 月第一次印刷 印张:22
字数:560 000
定价:86.00 元
(如有印装质量问题,我社负责调换)

"高等院校地理科学类专业系列教材" 编写委员会

主　　编　傅伯杰

副 主 编　陈发虎　刘宝元　蔡运龙　鹿化煜

　　　　　　顾朝林　李小建　闾国年　胡华强

编　　委（以姓氏拼音为序）

　　　　　　曹明明　柴彦威　陈松林　陈友飞　丁建丽

　　　　　　董玉祥　董治宝　高　峻　龚胜生　惠泱河

　　　　　　江　南　李长安　李双成　刘　敏　刘彦随

　　　　　　刘艳芳　陆　林　吕拉昌　潘保田　潘玉君

　　　　　　秦耀辰　束　炯　汪正祥　王　建　王建力

　　　　　　王乃昂　王士君　王中良　徐颂军　徐宗学

　　　　　　杨胜天　臧淑英　张甘霖　张国友　郑祥民

　　　　　　周春山　朱　竑

本书编写委员会（按姓氏笔画排序）

　　　　　　王　伟　王轶夫　史文娇　边少锋　闫长青

　　　　　　杜正平　李启权　李厚朴　张慧芳　陈传法

　　　　　　范泽孟　岳天祥　赵　永　赵　娜　赵明伟

"高等院校地理科学类专业系列教材" 前言

地理学是一门既古老又现代的基础学科，它主要研究地球表层自然要素与人文要素相互作用及其形成演化的特征、结构、格局、过程、地域分异与人地关系等。地理科学类专业培养学生具备地理科学的基本理论、基本知识，掌握运用地图、遥感及地理信息系统与资源环境实验分析的基本技能，具有在资源、环境、土地、规划、灾害等领域的政府部门、科研机构、高等院校从事相关研究和教学工作的能力。

据不完全统计，目前全国共有 300 余所高校开设地理科学类专业，每年招生人数超过 2 万人，随着国家大力加强基础学科建设以及相关部门对该类专业人才的需求，地理科学类专业人才培养必须适应社会发展需要，进行全面改革。党的二十大报告中指出"教育是国之大计、党之大计"，作为承载学科知识传播、促进学科发展、体现学科教学内容和要求的载体——教材是落实立德树人根本任务，提高人才培养质量的重要保证；也是课堂教学的基本工具，提高教学质量的重要保证。为落实教育部加强课程教材建设、强化实践教学环节"的精神，以培养创新型人才为目标，中国地理学会和科学出版社共同策划，与相关高校携手打造了高等院校地理科学类专业系列教材。

本丛书的策划开始于 2015 年，编委会由我国著名地理学家及具有丰富教学经验的专家学者组成，充分发挥编委会与科学出版社的协同优势，加强整合专家、教师与编辑，教学与出版的智力资源与品牌效应，共同担负起地理科学类高校教材建设的责任，通过对课程已有教材的全面分析，参考国外经典教材的编写及辅助教学资源建设模式，采取总体设计、分步实施的方式努力打造一套兼具科学性、时代性、权威性、适用性及可读性的精品教材。

本丛书按照地理科学类专业本科教学质量国家标准中的课程设置，共设有 23 个分册，每个分册作者都具有多年的课程讲授经验和科学研究经历，具有丰富的专业知识和教学经验。该套教材的编写依据以下 5 个原则。

(1) 精品原则。编委会确立了以"质量为王"的理念，并以此为指导，致力于培育国家和省级精品教材，编写出版高质量、具有学科与课程特色的系列教材。

(2) 创新原则。坚持理念创新、方法创新、内容创新，将教材建设与学科前沿的发展相结合，突出地理特色，确保教材总体设计的先进性。

(3) 适用原则。注重学生接受知识能力的分析、评价，根据教学改革与教育实践的最新要求，讲清学科体系及课程理论架构，并通过课内外实习强化学生感性认识，培养其创新能力。

(4) 简明原则。在教材编写工程中，强化教材结构和内容体系的逻辑性、重点与难点提示、相关知识拓展的建设，确保教材的思想性和易读性。

（5）引领原则。在吸纳国内外优秀教材编写设计思路与形式的基础上，通过排制版、总体外观设计及数字教辅资源同步建设等手段，打造一批具有学术和市场引领的精品。

本丛书集成当前国内外地理科学教学和科研的最新理论和方法，并吸取编著者自身多年的教学研究成果，是一套集科学前沿性、知识系统性和方法先进性的精品教程。希望本丛书的出版可促进我国地理学科创新人才的培养，对地理学科相关教学和科研具有重要的参考价值，为我国地理科学的蓬勃发展做出贡献！

中国科学院院士 傅伯杰

2023 年 6 月

前　言

　　地理分析与模拟是地理信息科学的核心内容。地理分析是对地理坐标数据隐含的模式、关系和趋势进行定量识别的一种重要手段；地理模拟指运用数学模型对地理过程和空间格局的计算和分析。本书全面系统地介绍地理分析与模拟的科学内容，包括坐标系统与地图投影、全球定位的相关理论知识，地理统计分析中的基本问题与方法，地球表层系统建模基本定理及其推论，模型-数据同化算法的基本公式、机制和特点，并行计算、云计算和快速构建三维仿真地球场景的技术方法等内容。

　　本书是结合中国科学院大学多年地理信息科学类专业教学经验编写的，力求做到内容先进，概念清楚，便于阅读。本书以介绍基本知识、基本原理、基本方法和发展方向为宗旨，在保持全书体系完整和重点突出的前提下，帮助读者掌握地理分析与模拟知识体系的全貌。

　　本书共分八章。岳天祥负责摘要和前言的编写及全书统稿。边少锋和李厚朴编写第 1 章（坐标系统与地图投影）和第 2 章（全球定位），赵永编写第 3 章（地理统计分析），岳天祥编写第 4 章（地球表层系统建模基本定理），张慧芳编写第 5 章（模型-数据同化），王伟编写第 6 章（三维虚拟地球与仿真），赵明伟编写第 7 章（并行计算），闫长青编写第 8 章（云计算）。另外，王轶夫、史文娇、李启权、杜正平、范泽孟、陈传法和赵娜等也参与了相关工作。

　　根据 2016 年 1 月"高等院校地理科学类专业系列教材"编委会第二次会议的安排，《地理分析与模拟》作为地理科学类专业教材分册之一，正式启动了编写工作，经过多年努力，终于完稿并提交科学出版社。在出版过程中，经历了新冠疫情的严重影响。经过编委会和出版社的共同努力，终于呈献给广大读者。我们对完成本书过程中给予指导的老师、付出辛勤汗水的编委会成员以及出版社编辑们表示衷心感谢。

编　者

2024 年 10 月

目　　录

第1章 坐标系统与地图投影

教学及学习目标

本章主要介绍坐标系统与地图投影相关理论知识及应用实例，通过本章的学习，学生能够了解坐标系统和地图投影的概念和分类，掌握常用坐标系的定义和坐标转换方法，理解常用地图投影的特点，并能够利用给出的公式计算常用的投影坐标。

1.1 引　言

地理分析与模拟研究的主体是地理对象，而地理对象是与地理位置紧密相关的。确定地面及空间点位及其几何关系，在特定的情况下可以用一般的几何或三角函数解决，但更科学的方法是建立合理的坐标系，用分析或解析几何的方法确定地面或空间点位及其几何关系，这就需要引入坐标系统。

一个完整的坐标系统是由坐标系和基准两方面要素构成的，坐标系指的是为描述空间位置而定义的特定点线面及其几何关系，而基准则不但包括了有关的基本点线面，还包括特定的定向定位和一些重要的地球物理参数（如地球自转速度、重力场等）。

地球曲面和地图平面之间的矛盾构成了地图最基本的矛盾，解决这一矛盾的数学法则构成了地图的数学基础，这是地图最基本的特性之一，是地图科学性和精确性的重要体现。地图所采用的特殊数学法则便是地图投影。

地图投影学也称为数学制图学，是研究将地球椭球面（或球面）描绘到地图平面上，建立地图数学基础的一门科学，它在地图制作和应用中起着"基础"和"骨架"作用，是地图编制前首先考虑的问题，同时它又是现代地图学的重要组成部分（吴忠性和杨启和，1989）。地图投影是地图的空间数学基础，是地图学的理论基础，是空间信息处理、传输和解译各个阶段必不可少的工具，其相关理论和方法在空间分析、地理信息系统、地图制图等领域已经得到广泛的应用。

本章主要介绍坐标系统与地图投影的概念、分类、坐标转换，常用地图投影变换的计算公式及应用实例。

1.2 坐标系统

1.2.1 大地水准面与参考椭球

1. 地球自然表面和球面近似

地球表面高低起伏很不规则，有高山、深谷、平原、丘陵、江湖和海洋。地球表面最高的山峰是珠穆朗玛峰，海拔 8848.86m，在我国与尼泊尔交界处；海洋最深的地方在太平洋西部马里亚纳海沟，最深处达 11034m，两者高差近 20000m，约为地球半径的 3‰。全球陆地面积占 29%，平均海拔约为 875m；海洋面积占 71%，平均深度约为 3800m。显然这样一个自然的不规则面，无数学规律可言，这就需要选定一个与地球形体极为相近、可用简单的数学公式表示、能确定其与地球相关位置的表面作为基准面，以进行有关的计算。

　　地球的第一近似是球，其半径约为 6370km，这在精度要求不高或很多近似估算的场合是可以的。但实际上由于地球自转，它的形状更接近于椭球，地球的赤道半径比地球短半径约长 20km。卫星导航系统的定位精度一般要达到几十米甚至几米。很显然，以圆球代替地球，误差就太大了。为了高精度导航定位的需要，有必要引入能与大地水准面（体）吻合较好的基准（参考）椭球来代表地球。

　　2. 大地水准面与大地体

　　大地水准面是一个假想的海面。设想海洋处于静止平衡状态，且无风、无潮汐、无盐、无温差，即海水面的分布只由地球重力场决定，然后将它延伸到大陆内部。这样的一个海水面实际上是地球重力场的特殊等位面，称为大地水准面，其包围的地球形体基本上是地球的真实形体，称为大地体。因为地壳的质量仅占地球总质量的 0.42%，且不被大地体包围的地壳部分又只是整个地壳的比较小的部分。

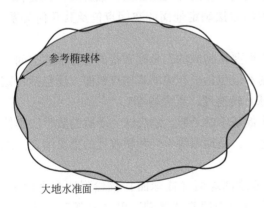

图 1.1　大地水准面和参考椭球体的相对关系示意图

　　大地体表面是光滑的，虽存在一定不规则起伏，但比地球自然表面的起伏小得多。从整体上看，大地体接近于一个具有微小扁率的旋转椭球（图 1.1）。

　　3. 基准（参考）椭球

　　与大地体吻合最好的旋转椭球，一般称为基准椭球或参考椭球，它应满足下列几个条件（边少锋等，2005）。

　　（1）椭球质量等于地球质量，两者的旋转角速度相等；

　　（2）椭球体积与大地体体积相等，它的表面与大地水准面之间差距的平方和最小；

　　（3）椭球中心与地球质心重合，椭球短轴与地球自转轴重合。

　　17 世纪以来，许多国家的学者和机构根据不同地区、不同年代的观测资料推算出了许多不同的参考椭球，具体见表 1.1。

表 1.1　具有代表性的若干参考椭球

参考椭球名称	年份	长半径 a/m	扁率 f
贝塞尔（Bessel）	1841	6377397	1/299.15
克拉克（Clarke）	1866	6378206	1/294.98
海福特（Hayford）	1910	6378388	1/297.0
克拉索夫斯基（Krassovsky）	1940	6378245	1/298.3

续表

参考椭球名称	年份	长半径 a/m	扁率 f
IUGG1975 椭球	1975	6378140	1/298.257
WGS-84 椭球	1984	6378137	1/298.257223563
CGCS2000 椭球	2008	6378137	1/298.257222101

4. 参考椭球几何参数定义

如图 1.2 所示，参考椭球是由一个椭圆绕其短轴旋转而成的椭球。常用点线面定义如下。

子午面，包含椭球短轴的平面。

子午圈，子午面与椭球面的截线，也称为经圈。

赤道面，通过椭球中心且垂直于旋转轴的平面。

赤道，赤道面与椭球面的截线。

平行圈，平行于赤道面的平面与椭球面的截线，也称为纬圈。

南极、北极，旋转轴的两端点，常用 S、N 表示。

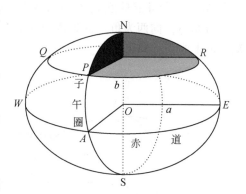

图 1.2　参考椭球

椭球的长半径、短半径又称为长半轴、短半轴。一个旋转椭球，只要知道它的长半径 a 和短半径 b，它的形状和大小就确定了，但在涉及椭球的计算中，直接使用长半径和短半径并不是很方便，因此有必要引入其他描述椭球几何性质的量。

极曲率半径 c：极点处子午圈曲率半径。

$$c = \frac{a^2}{b} \tag{1.1}$$

扁率 f：椭球长短半径之差与长半径的比值，反映了椭球的扁平程度。

$$\alpha = \frac{a-b}{a} \tag{1.2}$$

第一偏心率 e：子午圈椭圆焦距与椭球长半径的比值，它也反映了椭球的扁平程度。

$$e = \frac{\sqrt{a^2-b^2}}{a} \tag{1.3}$$

第二偏心率 e'：子午圈椭圆焦距与椭球短半径的比值，它也反映了椭球的扁平程度。

$$e' = \frac{\sqrt{a^2-b^2}}{b} \tag{1.4}$$

1.2.2　空间直角坐标系与大地坐标系

1. 空间直角坐标系

如图 1.3 所示，空间直角坐标系原点 O 位于椭球的中心，Z 轴指向椭球的北极 N，X 轴指向起始子午面与赤道的交点 G，Y 轴位于赤道面上，且按右手系与 X 轴呈 90°夹角。根据原点的不同，空间直角坐标系又有参心空间直角坐标系与地心空间直角坐标系之分。在空间直角坐标系中，空间中某点坐标可用该点在此坐标系的各个坐标轴上的投影表示。

2. 大地坐标系

大地坐标系如图 1.4 所示，空间某点 P 的大地坐标由大地纬度 B、大地经度 L 和大地高 H 来表示。大地纬度 B 是 P 点处参考椭球的法线 PO' 与赤道面的夹角，向北为正，称为北纬（0°~90°）；向南为负，称为南纬（0°~90°）。大地经度 L 是 P 点与参考椭球的自转轴所在的面 NPS 与参考椭球起始子午面 NGS 的夹角，由起始子午面起算，向东为正，称为东经（0°~180°），向西为负，称为西经（0°~180°）。大地高 H 是 P 点沿该点法线到椭球面的距离，向上为正，向下为负。

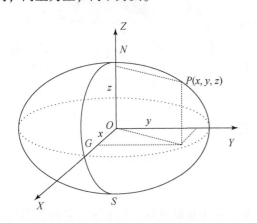
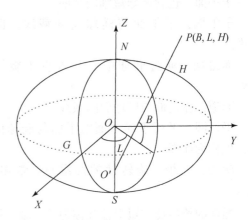

图 1.3 空间直角坐标系示意图　　　图 1.4 大地坐标系示意图

3. 空间直角坐标与大地坐标的转换

略去推导，由大地坐标 (B,L,H) 转换为空间直角坐标 (X,Y,Z) 的数学关系式为

$$\begin{cases} X=(N+H)\cos B\cos L \\ Y=(N+H)\cos B\sin L \\ Z=\left[N(1-e^2)+H\right]\sin B \end{cases} \tag{1.5}$$

式中，$N=\dfrac{a}{\sqrt{1-e^2\sin^2 B}}$ 为卯酉圈曲率半径；a 为椭球长半轴；e 为椭球第一偏心率。

空间直角坐标转换为大地坐标的经典方法是逐次趋近迭代解算，常用的计算公式为

$$\begin{cases} L=\arctan\dfrac{Y}{X} \\ \tan B=\dfrac{1}{\sqrt{X^2+Y^2}}\left[Z+\dfrac{ae^2\tan B}{\sqrt{1+(1-e^2)\tan^2 B}}\right] \\ H=\dfrac{\sqrt{X^2+Y^2}}{\cos B}-N \end{cases} \tag{1.6}$$

式（1.6）右端仍含有大地纬度，所以为一迭代式。为减少迭代次数，注意到

$$\tan B\approx\dfrac{Z}{\sqrt{X^2+Y^2}} \tag{1.7}$$

将式（1.7）代入式（1.6），经化简可得纬度正切更准确的近似值为

$$\tan B \approx \frac{Z}{\sqrt{X^2+Y^2}}(1+e^2) \tag{1.8}$$

当 $B \rightarrow 90°$ 时，式（1.6）中计算大地高 H 时出现奇异，算法不稳定。为消除奇异现象，可采用式（1.9）计算 H。

$$H=\sqrt{X^2+Y^2}\cos B+Z\sin B-N(1-e^2\sin^2 B) \tag{1.9}$$

为在提高计算精度的同时，尽可能加快解算速度，国内外相继推出了多种直接法。以下讨论的直接法是根据英国学者 Bowring（1985）研究思路导出的公式，可以保证对于任何位置上的 P 点，计算精度都高于 $10^{-7}''$（黄谟涛等，1999），这样高的精度已经完全能够满足各部门的使用要求。当大地纬度精度高于 $1''$ 时，大地高的计算精度不低于 10^{-2} cm，当大地纬度精度高于 $10^{-2}''$ 时，大地高的计算精度不低于 10^{-6} cm。

先计算辅助量

$$u=\arctan\frac{bZ}{a\sqrt{X^2+Y^2}}\left(1+e'^2\frac{b}{\sqrt{X^2+Y^2+Z^2}}\right) \tag{1.10}$$

则有

$$\begin{cases} B=\arctan\dfrac{Z+be'^2\sin^3 u}{\sqrt{X^2+Y^2}-ae^2\cos^3 u} \\ L=\arctan\dfrac{Y}{X} \\ H=\sqrt{X^2+Y^2}\cos B+Z\sin B-N(1-e^2\sin^2 B) \end{cases} \tag{1.11}$$

式中，$e'^2=\dfrac{a^2-b^2}{b^2}$ 为椭球第二偏心率的平方。

1.2.3　站心切平面坐标系

测量定位中常常是以测站为中心观测地面及天空目标的，为便于目标跟踪和数据处理及分析计算，需要建立以测站为中心的切平面空间直角坐标系。

如图 1.5 所示，坐标原点位于 P（X_0, Y_0, Z_0），以 P 点的法线为 z 轴，指向天顶为正，以子午线方向为 x 轴，指向北为正，y 轴与 x、z 轴垂直，构成左手坐标系，这种坐标系称为站心切平面坐标系。略去推导，空间任意一点在空间直角坐标系 O–XYZ 与切平面空间直角坐标系 P–xyz 中的相互关系为

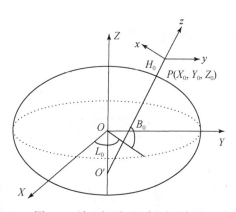

图 1.5　站心切平面坐标系示意图

$$\begin{pmatrix} x \\ y \\ z \end{pmatrix} = \begin{pmatrix} -\sin B_0 \cos L_0 & -\sin B_0 \sin L_0 & \cos B_0 \\ -\sin L_0 & \cos L_0 & 0 \\ \cos B_0 \cos L_0 & \cos B_0 \sin L_0 & \sin B_0 \end{pmatrix} \begin{pmatrix} \Delta X \\ \Delta Y \\ \Delta Z \end{pmatrix} \tag{1.12}$$

$$\begin{pmatrix} \Delta X \\ \Delta Y \\ \Delta Z \end{pmatrix} = \begin{pmatrix} -\sin B_0 \cos L_0 & -\sin L_0 & \cos B_0 \cos L_0 \\ -\sin B_0 \sin L_0 & \cos L_0 & \cos B_0 \sin L_0 \\ \cos B_0 & 0 & \sin B_0 \end{pmatrix} \begin{pmatrix} x \\ y \\ z \end{pmatrix} \tag{1.13}$$

式中，B_0 和 L_0 为测站点的大地纬度和大地经度；$\Delta X = X - X_0$；$\Delta Y = Y - Y_0$；$\Delta Z = Z - Z_0$。

在光学跟踪设备或预报卫星高度角、方位角和距离时，使用测站切平面极坐标系比较方便。设 r 为测站至观测目标距离，A 为测站与观测目标连线方位角，$\hbar$ 为观测目标高度角，则由极坐标与直角坐标关系易得

$$\begin{cases} x = r\cos\hbar\cos A \\ y = \cos\hbar\sin A \\ z = r\sin\hbar \end{cases} \tag{1.14}$$

$$\begin{cases} r = \sqrt{x^2 + y^2 + z^2} \\ A = \arctan\dfrac{y}{x} \\ \hbar = \arctan\dfrac{z}{\sqrt{x^2 + y^2}} \end{cases} \tag{1.15}$$

利用式（1.13），可将测站极坐标进一步表示成地心空间直角坐标的形式：

$$\begin{cases} r = \sqrt{\Delta X^2 + \Delta Y^2 + \Delta Z^2} \\ A = \arctan\dfrac{-\sin L_0 \Delta X + \cos L_0 \Delta Y}{-\sin B_0 \cos L_0 \Delta X - \sin B_0 \sin L_0 \Delta Y + \cos B_0 \Delta Z} \\ \hbar = \dfrac{\pi}{2} - \arccos\dfrac{\cos B_0 \cos L_0 \Delta X + \cos B_0 \sin L_0 \Delta Y + \sin B_0 \Delta Z}{r} \end{cases} \tag{1.16}$$

1.2.4   天文坐标系

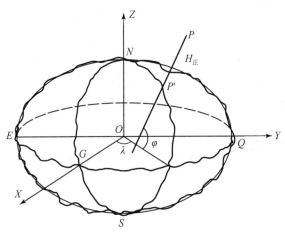

图 1.6   天文坐标系

地球虽然有起伏，但整体上来看这种起伏并不大。在许多情况下，通过观测天空中的恒星，就可确定观测点垂线在空间的相对位置。这就是天文定位的原理。

1. 天文坐标系的定义

天文坐标系如图 1.6 所示，设空间一点 P 沿垂线在大地水准面上的投影点为 P'。NS 为地球自转轴。NGS 是通过英国格林尼治天文台的起始天文子午面，EOQ 是通过地心并与地球自转轴垂直的地球赤道面。P 点的天文纬度定义为过

P' 点垂线与地球赤道面的夹角，一般用 φ 表示。天文经度定义为包含 P' 点垂线且与地轴 NS 平行的平面与格林尼治起始天文子午面的夹角，一般用 λ 表示。海拔高（正高）定义为 P 点到 P 点在大地水准面上的投影点 P' 的垂线距离。地球密度的不规则性导致了垂线变化的不规则性。因此，具有相同天文纬度或相同天文经度的经纬网并不是简单的平面曲线，而是既有曲率又有挠率的空间曲线。

相应地，天文方位角定义为过 P 点的铅垂线与照准点所作的垂直面，与过 P 点的天文子午面的夹角，并规定从 P 点正北方向起由 $0°$ 到 $360°$ 顺时针量取，一般用 α 表示。

大地坐标系和天文坐标系的对比见表 1.2。

表 1.2　大地坐标系和天文坐标系的对比

项目	大地坐标系	天文坐标系
基本面线	参考椭球面、法线	大地水准面、垂线
坐标面	起始大地子午面、椭球赤道面	起始天文子午面、地球赤道面
坐标	L：大地子午面间夹角 B：法线与赤道面夹角 $H_大$：沿法线至椭球面的距离	λ：天文子午面间夹角 φ：垂线与赤道面的夹角 $H_正$：沿垂线至大地水准面的距离
方位角	A：子午面与包含照准点法截面间的夹角	α：子午面与包含照准点垂直面间的夹角
确定方法	在椭球面上推算求得 观测地面点或卫星获得	不能经过推算求得 观测恒星独立获得
特点	1. 依附于椭球面法线 2. 各点大地坐标相关 3. 计算求得，定位精度高	1. 依附于水准面垂线 2. 各点天文坐标独立 3. 观测求得，定位精度低

2. 垂线偏差和大地水准面差距

大地水准面差距 N 和垂线偏差 θ 如图 1.7 所示，大地水准面起伏，导致同一点的法线和垂线不一致，两者之间的微小夹角称为垂线偏差；导致大地高和海拔高（正高）不一致，两者之间的差距称为大地水准面差距。

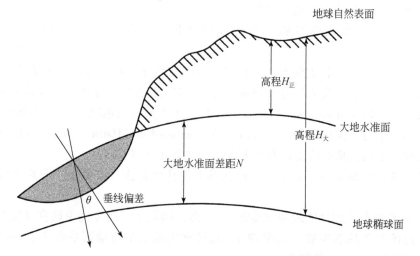

图 1.7　大地水准面差距 N 和垂线偏差 θ 示意图

设垂线偏差 θ 在子午面上的分量（即南北分量）为 ξ，在卯酉面上的分量（即东西分量）为 η。

考虑垂线偏差和大地水准面差距，大地坐标和天文坐标数学转换公式为

$$\begin{cases} \xi = \varphi - B \\ \eta = (\lambda - L)\cos\varphi \\ A = \alpha - \eta\tan\varphi \\ N = H_{大} - H_{正} \end{cases} \tag{1.17}$$

利用卫星导航定位技术确定的是几何高，是从椭球面起算的，一般称为大地高。我国高程系统使用正常高系统，与正高系统稍有不同，此时，大地水准面差距又称为高程异常。在一定精度范围内大地水准面与高程异常可以看作是一致的。大地水准面差距一般在十几米至几十米左右，个别较大的可达近百米。李建成（2012）绘制了我国最新重力似大地水准面（China Newest Gravimetric Quasi-Geoid 2011，CNGG2011）等值线图，表明我国区域内重力似大地水准面差距接近 100m，且呈现东高西低的趋势，东部沿海在 20m 左右，西部最低处接近 -70m，主要出现在塔里木盆地及周边区域。

1.2.5   我国常用的大地坐标系

由于历史和技术问题，我国在不同时期曾建立和使用过多种大地坐标系，大地坐标系经历了从参心坐标系到地心坐标系的发展过程，为我国经济建设、国防建设、社会发展及科学研究做出了不可或缺的贡献。本节将介绍我国常用的大地坐标系，并对它们的特点进行详细分析。

1. 1954 年北京坐标系

20 世纪 50 年代，为适应经济建设和国防建设的迫切需要，我国建立了第一个全国统一的大地坐标系——1954 年北京坐标系。1954 年北京坐标系是通过我国东北呼玛、吉拉林、东宁 3 个基线网与苏联远东大地控制网相连接，将苏联 1942 年普尔科沃（Pulkovo）坐标系延伸至我国所得的一个坐标系。1954 年北京坐标系属于参心坐标系，采用的参考椭球为克拉索夫斯基椭球，其椭球参数为：长半轴 $a = 6378245\text{m}$，扁率 $f = 1/298.3$。由于当时的条件限制，1954 年北京坐标系存在很多问题。

（1）采用的克拉索夫斯基椭球与现代椭球相比，长半轴大了 108m，扁率倒数大了0.04。

（2）椭球定位定向有较大偏差，与我国大地水准面存在着自西向东明显的系统性倾斜，最大倾斜量达 65m，全国范围平均为 25m；椭球短轴的指向既不是国际上较普遍采用的国际协议原点（conventional international origin，CIO），也不是我国地极原点 JYD1968.0；起始大地子午面也不是平行于国际时间局（Bureau International de l'Heure，BIH）所定义的格林尼治平均天文台子午面，从而给坐标换算带来了一些不便和误差。

（3）坐标系的大地原点不在北京，而在苏联的普尔科沃，取名为"北京坐标系"名不副实。

（4）只涉及两个几何性质的椭球参数（a、f），满足不了当今理论研究和实际工作中所需的描述地球的四个基本参数（长半轴 a、地球重力场二阶带球谐系数 J_2、地心引力常数 GM 和地球自转角速度 ω）的要求。

（5）大地测量几何计算中采用克拉索夫斯基椭球，而处理重力数据时采用的是赫尔默特 1901～1909 年正常重力公式 $\gamma_0 = 978030(1 + 0.005302\sin^2 B - 0.000007\sin^2 2B) \times 10^{-5}\,\mathrm{ms}^{-2}$，与该公式相对应的赫尔默特扁球不是旋转椭球，几何大地测量与物理大地测量采用的椭球不统一，给实际使用带来不便。

（6）由于采用了分区局部平差法，系统误差累积明显，大地网产生扭曲和变形，区与区之间产生裂隙。

（7）坐标精度偏低，相对精度为 5×10^{-6} 左右；较低精度的二维大地测量成果与高精度的三维卫星大地测量成果不匹配，引起使用上的麻烦。

2. 1980 年西安坐标系

针对 1954 年北京坐标系存在的问题，我国对全国的天文大地网进行整体平差，建立了新的参心坐标系——1980 年西安坐标系，该坐标系采用既含几何参数又含物理参数的 4 个椭球基本参数，数值采用国际大地测量学和地球物理学联合会（International Union of Geodesy and Geophysics，IUGG）1975 年第 16 届大会的推荐值：$a = 6378140\mathrm{m}$，$J_2 = 1.08263 \times 10^{-3}$，$GM = 3.986005 \times 10^{14}\,\mathrm{m}^3/\mathrm{s}^2$，$\omega = 7.292115 \times 10^{-5}\,\mathrm{rad/s}$。与 1954 年北京坐标系相比，1980 年西安坐标系有如下优点：

（1）理论严密，定义明确，坐标原点位于我国中部的陕西省泾阳县永乐镇，推算坐标的精度比较均匀。

（2）采用的参考椭球比较合适，椭球短半轴指向地极原点 JYD1968.0，指向明确。

（3）椭球面与我国大地水准面吻合较好，全国范围内的平均差值为 10m。

（4）严格地按投影法进行观测数据归算，全国统一整体平差，消除了分区局部平差不合理的控制影响，提高了平差结果精度。因此，用 1980 年西安坐标系坐标，通过不同类型数学模型及其转换参数转换得到的地心坐标精度均有提高。

但是，1980 年西安坐标系仍然存在以下几个问题：

（1）仍然是一个二维坐标系，不能提供高精度三维坐标。

（2）采用的椭球比现在国际上公认的，或是卫星定位技术中所采用的相应值要大 3m 左右，而这可能引起的地表长度误差达 5×10^{-7} 量级。

（3）椭球短轴指向地极原点 JYD1968.0，与国际上通用的地面坐标系，如国际地球参考系统（international terrestrial reference system，ITRS），或与全球定位系统（global positioning system，GPS）定位中采用的 1984 年世界大地坐标系（world geodetic system 1984，WGS84）等椭球短轴的指向（BIH1984.0）不同。

3. WGS84 坐标系

WGS84 坐标系是由美国国家影像制图局（National Imagery and Mapping Agency，NIMA）和其前身美国国防部制图局（Defence Mapping Agency，DMA）从初始的世界大地坐标系 WGS60 开始发展，并在随后的 WGS66、WGS72 基础上不断改进形成的。通过使用全球定位系统，WGS84 参考框架的实现已获得重大进展，WGS84 坐标系是通过精确计算全球定位系统跟踪站来实现的，这些跟踪站的坐标绝对精度为 ±5cm。WGS84 坐标系是现有应用于导航、精确大地测量和地图编制的较好的全球大地参考系。

WGS84 坐标系是一个协议地球参考系（conventional terrestrial reference system，CTRS）。该

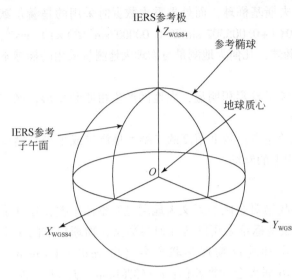

图 1.8   WGS84 坐标系示意图

坐标系的原点是地球的质心，因此它是一个地心坐标系，地心定义为包括海洋和大气的整个地球质量的中心。Z 轴指向国际地球自转服务（international earth rotation service，IERS）参考极的方向，这个方向与 BIH 协议地面极的指向（历元为1984.0）相差 ±0.005″。X 轴为 IERS 参考子午面与通过原点且与 Z 轴正交的赤道面的交线，这个方向与 BIH 协议零子午线（历元为1984.0）相差 ±0.005″。Y 轴与其他两轴构成右手地心地固（earth-centered earth-fixed，ECEF）直角坐标系。WGS84 坐标系如图 1.8 所示。

WGS84 坐标系的参考椭球为一旋转椭球，其几何中心与坐标系原点重合，其旋转轴与坐标系的 Z 轴一致。参考椭球面在几何上代表地球表面的数学形状，在物理上代表一个等位椭球，其椭球面是地球正常重力位的等位面。

WGS84 椭球定位采用地心椭球的形式。WGS84 最初定义的椭球参数有长半轴 a、地球引力常数 GM、扁率 f 和地球自转角速度 ω，见表 1.3。

表 1.3   WGS84 四个基本常数

参数	符号	数值
长半轴	a	6378137.0m
扁率	f	1/298.257223563
地球自转角速度	ω	7.292115×10^{-5} rad/s
地球引力常数（包括大气质量）	GM	$3.986004418 \times 10^{14}$ m³/s²

WGS84 以正常化的二阶带谐系数 $\bar{C}_{2,0}$ 作为基本参数使用。表 1.3 中的椭球扁率 f 是从 $\bar{C}_{2,0}$ 经严密推导得出的。

4. 2000 国家大地坐标系

中华人民共和国成立以来，我国先后使用过 1954 年北京坐标系、1980 年西安坐标系和新 1954 年北京坐标系，这些坐标系均为参心坐标系，曾在我国的经济建设和国防建设中发挥过巨大作用，但其成果受当时的技术条件制约，精度偏低，已不能适应科学技术（特别是空间技术）的发展需要。鉴于经济、社会和科学技术发展的需求，我国已从 2008 年 7 月 1 日起正式启用地心三维大地坐标系——2000 国家大地坐标系（China Geodetic Coordinate System，CGCS2000）作为新一代的大地基准（陈俊勇，2008；程鹏飞等，2008；Yang，2009）。

我国采用的三维地心坐标系统 CGCS2000 的定义和迄今为止比较符合客观实际的 ITRS 的定义在原则上保持一致，即符合下列条件：

（1）地心被定义为包括海洋和大气的整个地球的质量中心。

（2）长度单位为引力相对论意义下的局部地球框架中的米。

（3）它的定向初始值由 1984.0 时国际时间局的定向给定。

（4）定向随时间的演变由整个地球的水平构造运动无净旋转条件保证。

如图 1.9 所示，CGCS2000 为右手地固正交坐标系，它的原点和轴向定义如下：

（1）原点在地球质量的中心。

（2）Z 轴指向 IERS 参考极（IERS reference pole，IRP）方向。

（3）X 轴为 IERS 参考子午面（IERS reference meridian，IRM）与通过原点且同 Z 轴正交的赤道面的交线。

（4）Y 轴与 Z、X 轴构成右手正交坐标系。

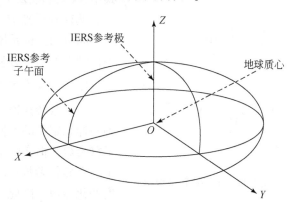

图 1.9　CGCS2000 示意图

CGCS2000 的参考椭球是一个等位旋转椭球，其椭球面是一个等位面。CGCS2000 的参考椭球的几何中心与坐标系的原点重合，旋转轴与坐标系的 Z 轴一致。CGCS2000 参考椭球的四个基本常数如表 1.4 所示。

表 1.4　CGCS2000 四个基本常数

基本常数	符号	数值
长半轴	a	6378137m
地心引力常数	GM	$3.986004418 \times 10^{14} \, \mathrm{m^3/s^2}$
自转角速度	ω	$7.292115 \times 10^{-5} \, \mathrm{rad/s}$
扁率	f	1/298.257222101

同一点在 CGCS2000 和 WGS84 椭球下大地经度相同，大地纬度的差异呈正弦曲线变化，差异的绝对值在赤道和两极处最小，均为 0，大约在 45°N 和 45°S 处最大，约为 $3.4 \times 10^{-6} ''$，相当于 0.105mm；同一点在 CGCS2000 和 WGS84 下大地高的差异呈反余弦曲线变化，在赤道处最小，为 0，在两极处最大，约为 0.105mm。总的来看，在当前坐标测量精度为 1mm 水平的情况下，同一点在 CGCS2000 和 WGS84 坐标系内的大地坐标差异是可以忽略的。

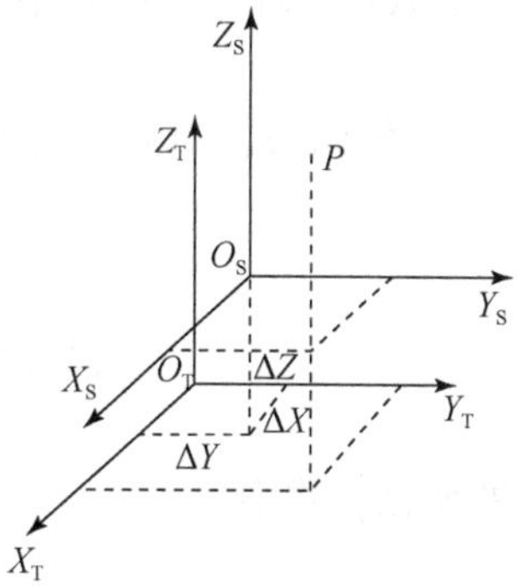

1.2.6　不同空间直角坐标的转换

1. 三参数转换模型

三参数转换模型如图 1.10 所示，如果坐标系各轴都是相互平行的，相对应的轴与轴之间不存在角度，两个坐标系仅仅是坐标原点不一致。于是两个坐标系通过平移就可以完成转换，如式（1.18）所示

图 1.10　三参数转换模型

$$\begin{bmatrix} X_{\mathrm{T}} \\ Y_{\mathrm{T}} \\ Z_{\mathrm{T}} \end{bmatrix} = \begin{bmatrix} \Delta X \\ \Delta Y \\ \Delta Z \end{bmatrix} + \begin{bmatrix} X_{\mathrm{S}} \\ Y_{\mathrm{S}} \\ Z_{\mathrm{S}} \end{bmatrix} \qquad (1.18)$$

式中，$(X_{\mathrm{S}}, Y_{\mathrm{S}}, Z_{\mathrm{S}})$ 为转换前点 P 的空间直角坐标；$(X_{\mathrm{T}}, Y_{\mathrm{T}}, Z_{\mathrm{T}})$ 为转换后点 P 的空间直角坐标；$(\Delta X, \Delta Y, \Delta Z)$ 为转换前空间直角坐标系原点相对于转换后空间直角坐标系原点在坐标轴上的三个分量，通常被称为三个平移参数。

2. 七参数转换模型

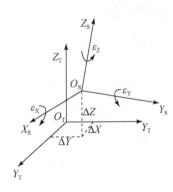

图 1.11　七参数转换模型

三参数转换模型是基于三个坐标轴方向一致的情况，两种坐标系定位的不同，即坐标系原点的不同，导致产生三个平移参数，但实际上，由于两种坐标系定向的不同，还将产生三个旋转参数；两种坐标系尺度的不同，又将产生一个尺度变化参数。因此，对于不同空间直角坐标转换来说，一般采用七个转换参数，如图 1.11 所示。

常用的转换模型有布尔莎模型、莫洛金斯基模型等。布尔莎模型是布尔莎（Bursa）和沃尔夫（Wolf）分别在 1962 年和 1963 年提出的，所以又称为布尔莎–沃尔夫（Bursa-Wolf）模型，该模型公式简单，参数意义明确，在实践中广泛应用。布尔莎模型为

$$\begin{bmatrix} X_{\mathrm{T}} \\ Y_{\mathrm{T}} \\ Z_{\mathrm{T}} \end{bmatrix} = \begin{bmatrix} \Delta X \\ \Delta Y \\ \Delta Z \end{bmatrix} + \begin{bmatrix} 0 & \varepsilon_Z & -\varepsilon_Y \\ -\varepsilon_Z & 0 & \varepsilon_X \\ \varepsilon_Y & -\varepsilon_X & 0 \end{bmatrix} \begin{bmatrix} X_{\mathrm{S}} \\ Y_{\mathrm{S}} \\ Z_{\mathrm{S}} \end{bmatrix} + (1+m) \begin{bmatrix} X_{\mathrm{S}} \\ Y_{\mathrm{S}} \\ Z_{\mathrm{S}} \end{bmatrix} \qquad (1.19)$$

式中，$(\Delta X, \Delta Y, \Delta Z)$ 为三个平移参数；$(\varepsilon_X, \varepsilon_Y, \varepsilon_Z)$ 为三个欧拉角，即旋转参数；m 为尺度变化参数，且 $m = \dfrac{S_{\mathrm{T}} - S_{\mathrm{S}}}{S_{\mathrm{S}}}$，其中，$S_{\mathrm{S}}$、$S_{\mathrm{T}}$ 为空间同一距离在转换前、转换后坐标系的度量，并设为均匀。

1.2.7　不同大地坐标的转换

1.2.6 节已经指出，不同空间直角坐标系换算公式一般涉及七个参数，即三个平移参数、三个旋转参数和一个尺度变化参数。对于不同大地坐标系的换算，还应在此模型中增加由于两个大地坐标系所采用的地球椭球元素不同而产生的两个转换参数：地球椭球的长半轴 a 和扁率 f 的变化值 $\mathrm{d}a$、$\mathrm{d}f$。

由式（1.5）可知，X、Y、Z 都各自是 L、B、H、a、f（或 e^2）的函数，对式（1.5）进行全微分可得

$$\begin{bmatrix} \mathrm{d}X \\ \mathrm{d}Y \\ \mathrm{d}Z \end{bmatrix} = \boldsymbol{J} \begin{bmatrix} \mathrm{d}L \\ \mathrm{d}B \\ \mathrm{d}H \end{bmatrix} + \boldsymbol{A} \begin{bmatrix} \mathrm{d}a \\ \mathrm{d}f \end{bmatrix} \qquad (1.20)$$

式（1.20）表示由于大地基准元素的变化所引起的空间直角坐标的变化，式中

$$\boldsymbol{J}=\begin{bmatrix}\dfrac{\partial X}{\partial L}&\dfrac{\partial X}{\partial B}&\dfrac{\partial X}{\partial H}\\[2mm]\dfrac{\partial Y}{\partial L}&\dfrac{\partial Y}{\partial B}&\dfrac{\partial Y}{\partial H}\\[2mm]\dfrac{\partial Z}{\partial L}&\dfrac{\partial Z}{\partial B}&\dfrac{\partial Z}{\partial H}\end{bmatrix}=\begin{bmatrix}-(N+H)\cos B\sin L&-(M+H)\sin B\cos L&\cos B\cos L\\(N+H)\cos B\cos L&-(M+H)\sin B\sin L&\cos B\sin L\\0&(M+H)\cos B&\sin B\end{bmatrix}\quad(1.21)$$

$$\boldsymbol{A}=\begin{bmatrix}\dfrac{\partial X}{\partial a}&\dfrac{\partial X}{\partial f}\\[2mm]\dfrac{\partial Y}{\partial a}&\dfrac{\partial Y}{\partial f}\\[2mm]\dfrac{\partial Z}{\partial a}&\dfrac{\partial Z}{\partial f}\end{bmatrix}=\begin{bmatrix}\dfrac{N}{a}\cos B\cos L&\dfrac{M}{1-f}\sin^2 B\cos B\cos L\\[2mm]\dfrac{N}{a}\cos B\sin L&\dfrac{M}{1-f}\sin^2 B\cos B\sin L\\[2mm]\dfrac{N}{a}(1-e^2)\sin B&-\dfrac{M}{1-f}\sin B(1+\cos^2 B-e^2\sin^2 B)\end{bmatrix}\quad(1.22)$$

式（1.21）和式（1.22）中，$M=\dfrac{a(1-e^2)}{(1-e^2\sin^2 B)^{3/2}}$ 为子午圈曲率半径。由式（1.20）可得

$$\begin{bmatrix}\mathrm dL\\\mathrm dB\\\mathrm dH\end{bmatrix}=\boldsymbol{J}^{-1}\begin{bmatrix}\mathrm dX\\\mathrm dY\\\mathrm dZ\end{bmatrix}-\boldsymbol{J}^{-1}\boldsymbol{A}\begin{bmatrix}\mathrm da\\\mathrm df\end{bmatrix}\quad(1.23)$$

式（1.23）中

$$\begin{bmatrix}\mathrm dX\\\mathrm dY\\\mathrm dZ\end{bmatrix}=\begin{bmatrix}X_\mathrm T\\Y_\mathrm T\\Z_\mathrm T\end{bmatrix}-\begin{bmatrix}X_\mathrm S\\Y_\mathrm S\\Z_\mathrm S\end{bmatrix}\quad(1.24)$$

$$\begin{bmatrix}\mathrm dL\\\mathrm dB\\\mathrm dH\end{bmatrix}=\begin{bmatrix}L_\mathrm T\\B_\mathrm T\\H_\mathrm T\end{bmatrix}-\begin{bmatrix}L_\mathrm S\\B_\mathrm S\\H_\mathrm S\end{bmatrix}\quad(1.25)$$

式（1.24）和式（1.25）中，$(X_\mathrm S,Y_\mathrm S,Z_\mathrm S)$、$(B_\mathrm S,L_\mathrm S,H_\mathrm S)$ 为转换前点的空间直角坐标和大地坐标；$(X_\mathrm T,Y_\mathrm T,Z_\mathrm T)$、$(B_\mathrm T,L_\mathrm T,H_\mathrm T)$ 为转换后点的空间直角坐标和大地坐标。

将式（1.19）代入式（1.24）可得

$$\begin{bmatrix}\mathrm dX\\\mathrm dY\\\mathrm dZ\end{bmatrix}=\begin{bmatrix}\Delta X\\\Delta Y\\\Delta Z\end{bmatrix}+\begin{bmatrix}0&\varepsilon_Z&-\varepsilon_Y\\-\varepsilon_Z&0&\varepsilon_X\\\varepsilon_Y&-\varepsilon_X&0\end{bmatrix}\begin{bmatrix}X_\mathrm S\\Y_\mathrm S\\Z_\mathrm S\end{bmatrix}+m\begin{bmatrix}X_\mathrm S\\Y_\mathrm S\\Z_\mathrm S\end{bmatrix}\quad(1.26)$$

将式（1.26）代入式（1.23），整理后可得

$$\begin{bmatrix}\mathrm dL\\\mathrm dB\\\mathrm dH\end{bmatrix}=\boldsymbol{J}^{-1}\begin{bmatrix}\Delta X\\\Delta Y\\\Delta Z\end{bmatrix}+\boldsymbol{J}^{-1}\begin{bmatrix}0&-Z_\mathrm S&Y_\mathrm S\\Z_\mathrm S&0&-X_\mathrm S\\-Y_\mathrm S&X_\mathrm S&0\end{bmatrix}\begin{bmatrix}\varepsilon_X\\\varepsilon_Y\\\varepsilon_Z\end{bmatrix}+\boldsymbol{J}^{-1}m\begin{bmatrix}X_\mathrm S\\Y_\mathrm S\\Z_\mathrm S\end{bmatrix}-\boldsymbol{J}^{-1}\boldsymbol{A}\begin{bmatrix}\mathrm da\\\mathrm df\end{bmatrix}\quad(1.27)$$

为求 $\boldsymbol{J}^{-1}$，将 $\boldsymbol{J}$ 分解为两个矩阵的乘积

$$\boldsymbol{J}=\boldsymbol{S}\cdot\boldsymbol{D}\quad(1.28)$$

式（1.28）中

$$\boldsymbol{S}=\begin{bmatrix}-\sin L&-\sin B\cos L&\cos B\cos L\\\cos L&-\sin B\sin L&\cos B\sin L\\0&\cos B&\sin B\end{bmatrix}\quad(1.29)$$

$$\boldsymbol{D}=\begin{bmatrix} (N+H)\cos B & 0 & 0 \\ 0 & M+H & 0 \\ 0 & 0 & 1 \end{bmatrix} \tag{1.30}$$

按矩阵求逆法则得

$$\boldsymbol{J}^{-1}=\boldsymbol{D}^{-1}\cdot\boldsymbol{S}^{-1} \tag{1.31}$$

S 为正交矩阵，其逆矩阵为

$$\boldsymbol{S}^{-1}=\begin{bmatrix} -\sin L & \cos L & 0 \\ -\sin B\cos L & -\sin B\sin L & \cos B \\ \cos B\cos L & \cos B\sin L & \sin B \end{bmatrix} \tag{1.32}$$

D 为对角矩阵，其逆矩阵为

$$\boldsymbol{D}^{-1}=\begin{bmatrix} 1/(N+H)\cos B & 0 & 0 \\ 0 & 1/(N+H) & 0 \\ 0 & 0 & 1 \end{bmatrix} \tag{1.33}$$

将式（1.32）和式（1.33）代入式（1.31）可得

$$\boldsymbol{J}^{-1}=\begin{bmatrix} -\dfrac{\sin L}{(N+H)\cos B} & \dfrac{\cos L}{(N+H)\cos B} & 0 \\ -\dfrac{\sin B\cos L}{M+H} & -\dfrac{\sin B\sin L}{M+H} & \dfrac{\cos B}{M+H} \\ \cos B\cos L & \cos B\sin L & \sin B \end{bmatrix} \tag{1.34}$$

将式（1.22）和式（1.34）代入式（1.27），整理后可得

$$\begin{pmatrix} \mathrm{d}L \\ \mathrm{d}B \\ \mathrm{d}H \end{pmatrix}=\begin{pmatrix} -\dfrac{\sin L}{(N+H)\cos B} & \dfrac{\cos L}{(N+H)\cos B} & 0 \\ -\dfrac{\sin B\cos L}{M+H} & -\dfrac{\sin B\sin L}{M+H} & \dfrac{\cos B}{M+H} \\ \cos B\cos L & \cos B\sin L & \sin B \end{pmatrix}\begin{pmatrix} \Delta X \\ \Delta Y \\ \Delta Z \end{pmatrix}$$

$$+\begin{pmatrix} \dfrac{N(1-e^2)+H}{N+H}\tan B\cos L & \dfrac{N(1-e^2)+H}{N+H}\tan B\sin L & -1 \\ -\dfrac{N(1-e^2\sin^2 B)+H}{M+H}\sin L & \dfrac{N(1-e^2\sin^2 B)+H}{M+H}\cos L & 0 \\ -Ne^2\sin B\cos B\sin L & Ne^2\sin B\cos B\cos L & 0 \end{pmatrix}\begin{pmatrix} \varepsilon_X \\ \varepsilon_Y \\ \varepsilon_Z \end{pmatrix}$$

$$+\begin{bmatrix} 0 \\ -\dfrac{N}{M+H}e^2\sin B\cos B \\ N(1-e^2\sin^2 B)+H \end{bmatrix}m+\begin{pmatrix} 0 & 0 \\ \dfrac{Ne^2\sin B\cos B}{(M+H)a} & \dfrac{M(2-e^2\sin^2 B)}{(M+H)(1-f)}\sin B\cos B \\ -\dfrac{N}{a}(1-e^2\sin^2 B) & \dfrac{M}{1-f}(1-e^2\sin^2 B)\sin^2 B \end{pmatrix}\begin{pmatrix} \mathrm{d}a \\ \mathrm{d}f \end{pmatrix} \tag{1.35}$$

因此，转换后点的大地坐标为

$$\begin{bmatrix} L_{\mathrm{T}} \\ B_{\mathrm{T}} \\ H_{\mathrm{T}} \end{bmatrix}=\begin{bmatrix} L_{\mathrm{S}} \\ B_{\mathrm{S}} \\ H_{\mathrm{S}} \end{bmatrix}+\begin{bmatrix} \mathrm{d}L \\ \mathrm{d}B \\ \mathrm{d}H \end{bmatrix} \tag{1.36}$$

式（1.35）和式（1.36）即为不同大地坐标的转换模型。

1.3 地图投影

1.3.1 地图投影的概念

地图投影，简略来说就是将椭球面上的元素（包括坐标、方位和距离）按一定的数学法则投影到平面上（吴忠性和杨启和，1989），可用两个方程式表示

$$\begin{cases} x = F_1(B, L) \\ y = F_2(B, L) \end{cases} \tag{1.37}$$

式中，(B, L) 为椭球面上某一点的大地坐标；(x, y) 为该点投影到平面上的直角坐标。这里所说的平面，通常也称为投影平面，是可以展成平面的曲面，如椭圆（圆）柱面、圆锥面及平面等。

式（1.37）表达了椭球面上一点同投影面上相应点坐标之间的解析关系式，称为坐标投影方程，F_1、F_2 称为投影函数，各种不同的投影就是按其特定的条件来确定具体的函数形式的。F_1、F_2 确定后，椭球面上各点的大地坐标对应的投影平面上的直角坐标就一一确定了，进而可以确定点与点之间的方位和距离。由此可见，地图投影的主要研究内容就是探讨所需的投影方法及建立椭球面元素和投影面相应元素之间的解析关系式。

1.3.2 地图投影的变形

1. 变形的种类

地图投影的方法很多，用不同的投影方法得到的经纬线网形式不同。用地图投影的方法将球面展为平面，虽然可以保持图形的完整和连续，但它们与球面上的经纬线网形状并不完全相似。这表明投影之后，地图上的经纬线网发生了变形，因而根据地理坐标展绘在地图上的各种地面事物也必然随之发生变形。这种变形使地面事物的几何特性（长度、方向、面积）受到破坏。把地图上的经纬线网与地球仪上的经纬线网进行比较，可以发现变形表现在长度、面积和角度三个方面，分别用长度比、面积比的变化显示投影中的长度变形和面积变形。如果长度变形或面积变形为零，则没有长度变形或没有面积变形。角度变形即某一角度投影后角值与它在地球表面上固有角值之差。

1）长度变形

地图上的经纬线长度与地球仪上的经纬线长度的特点并不完全相同，地图上的经纬线长度并非都是按照同一比例缩小的，这表明地图上具有长度变形。

在地球仪上经纬线的长度具有下列特点：①纬线长度不等，其中赤道最长，纬度越高，纬线越短，极地的纬线长度为零；②在同一条纬线上，经差相同的纬线弧长相等；③所有的经线长度都相等。长度变形的情况因投影而异。在同一投影上，长度变形不仅随地点而改变，在同一点上还因方向不同而不同。

2）面积变形

由于地图上经纬线网格面积与地球仪经纬线网格面积的特点不同，在地图上经纬线网格面积不是按照同一比例缩小的，这表明地图上具有面积变形。

在地球仪上经纬线网格的面积具有下列特点：①在同一纬度带内，经差相同的网络面积

相等。②在同一经度带内，纬线越高，网络面积越小。然而地图上却并非完全如此。如在图 1.12（a）上，同一纬度带内，纬差相等的网格面积相等，这些面积不是按照同一比例缩小的。纬度越高，面积变化比例越大。在图 1.12（b）上，同一纬度带内，经差相同的网格面积不等，这表明面积比例随经度的变化而变化了。由于地图上经纬线网格面积与地球仪上

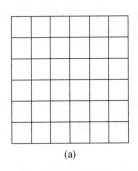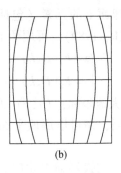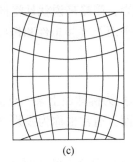

(a)   (b)   (c)

图 1.12　地图投影变形

经纬线网格面积的特点不同，在地图上经纬线网格面积不是按照同一比例缩小的，这表明地图上具有面积变形。面积变形的情况因投影而异。在同一投影上，面积变形因地点的不同而不同。

3）角度变形

地图上两条方向线所夹的角度不等于球面上相应的角度，如在图 1.12（b）和图 1.12（c）上，只有中央经线和各纬线相交呈直角，其余的经线和纬线均不呈直角相交，而在地球仪上，经线和纬线处处都呈直角相交，这表明地图上有了角度变形。角度变形的情况因投影而异。在同一投影图上，角度变形因地点而异。

地图投影的变形随地点的改变而改变，因此在一幅地图上，很难笼统地说它有什么变形，变形有多大。

2. 变形椭圆

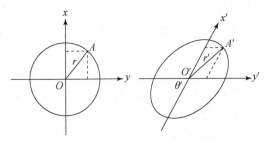

图 1.13　微分圆表示投影变形

变形椭圆是显示变形的几何图形，从图 1.12 可以看到，实地上同样大小的经纬线在投影面上变成形状和大小都不相同的图形（比较图 1.12 中三个格网）。实际应用中每种投影的变形各不相同，通过考察地球表面上一个微小的圆形（称为微分圆）在投影中的表象——变形椭圆的形状和大小，就可以反映出投影中变形的差异（图 1.13）。

1.3.3　地图投影的分类

地图投影分类方法很多，当前一般按两种标志进行分类：一是按投影的内在条件——投影变形性质分类；二是按投影的外在条件——正轴投影经纬网形状分类（孙达和蒲英霞，2005；吕晓华和李少梅，2016）。

1. 按投影变形性质分类

按变形性质不同地图投影可以分为三类：等角投影、等面积投影和任意投影。

1）等角投影

在投影面上任意方向线的夹角同地球面相应的夹角相等，即保证投影前后的角度不变形。在等角投影中，微分圆的投影仍为微分圆，投影前后保持微小圆形的相似性；投影的长度比与方向无关，即某点的长度比是一个常数。因此，等角投影又称为正形投影。该投影的缺点是面积变形比其他投影大，只有在小面积内可保持形状和实际相似。采用等角投影编制的地图有航海图、航空图、洋流图、风向图、气象图及军用地图等。

2）等面积投影

投影面上的有限面积与地球面上相应的面积相等，即保持投影前后的面积不变形。在等面积投影中，地球面上的微分圆投影到平面上后成为不同形状的椭圆，但其面积保持与地球面上的微分圆相等。等面积投影的角度变形较大，主要用于需进行面积量算、面积对比的各类自然和社会经济地图。

3）任意投影

既不等角又不等面积的投影，都属于任意投影。任意投影存在着角度、面积和长度的变形。在任意投影中，有一类投影称为等距离投影，它的条件是，在正轴投影中经线长度比为1，在斜轴或横轴投影中垂直圈长度比为1，主要用于某一方向上保持距离不变的交通、管道等建设用图上。在目前现有的投影中，等距离投影只存在于方位投影、圆柱投影和圆锥投影中，它们的变形情况介于等角投影与等面积投影之间。

2. 按正轴投影经纬网形状分类

这种分类方法是按正轴投影经纬网形状来划分，以采用的投影面名称来命名的。

1）方位投影

方位投影是假设一个平面与地球面相切或相离，根据某种条件（如等面积、透视等）将地球上的经纬网投影到该平面上而得到。根据投影中心点的位置不同，方位投影分为正轴投影、横轴投影和斜轴投影。根据投影的变形性质，方位投影分为等角投影、等面积投影和任意投影（主要是等距离投影）。

在方位投影中，纬线投影为以极点为圆心的同心圆，而经线投影为同心圆的直径，两经线间的夹角与相应经差相等。用极坐标表示的投影方程为

$$\begin{cases} \rho=f(B) \\ \delta=l \end{cases} \quad (1.38)$$

式中，ρ 为纬线投影半径；$f(B)$ 为纬度的函数；δ 为两经线投影后的夹角；l 为经差。

2）圆锥投影

圆锥投影是假设一个圆锥面与地球相切或相割，根据某种条件（透视、等角、等面积等）将地球面上的经纬网点投影到圆锥面上，然后沿圆锥面的一条母线切开展平，即得到圆锥投影。根据投影的变形性质，圆锥投影也分为等角投影、等面积投影和任意（主要是等距离）投影。根据圆锥面与地球面的关系位置不同，圆锥投影又分为正轴投影、横轴投影和斜轴投影，同时又有切圆锥与割圆锥之分。

在圆锥投影中，纬线投影为同心圆弧，经线投影为同心圆的半径，两经线间的夹角与相

应经差成正比。用极坐标表示的投影方程为

$$\begin{cases} \rho = f(B) \\ \delta = \beta l \end{cases}$$ (1.39)

式中，ρ 为纬线的投影半径；函数 $f(B)$ 由投影性质决定；β 为圆锥常数（比例系数）。很显然，方位投影是圆锥投影当 $\beta = 1$ 时的特例。

3）圆柱投影

圆柱投影是假设一圆柱面与地球面相切或相割，地球子午圈平面延伸与圆柱面相交，则成为圆柱面上的一组母线；纬圈平面延伸与圆柱面相交，则在圆柱面上形成与母线垂直的一组平行圈，沿圆柱面一条母线切开展平，便得到两组互相垂直的直线，即代表经纬线的投影。圆柱投影的分类也同其他投影一样，有正轴投影、横轴投影与斜轴投影；在性质上有等角投影、等面积投影和任意投影；此外还有透视圆柱投影。

在正轴圆柱投影中，纬线投影为平行直线，且关于赤道对称；经线投影为与纬线垂直而且间隔相等的平行直线，两经线间的距离与相应经差成正比。设中央经线投影为 x 轴，赤道投影为 y 轴，圆柱的半径为 C，则圆柱投影的一般方程为

$$\begin{cases} x = Cf(B) \\ y = Cl \end{cases}$$ (1.40)

4）多圆锥投影

多圆锥投影是假设有许多圆锥和地球相切，然后沿交于同一个平面的各圆锥母线切开展平得到的。

在多圆锥投影中，中央经线投影为直线且保持长度无变形；纬线投影为同轴圆弧，其圆心位于投影呈直线的中央经线及其延长线上，各纬线都保持投影后无长度变形且与中央经线正交；其余经线为关于中央经线对称的曲线。

5）伪方位投影

在正轴情况下，伪方位投影的纬线描写为同心圆，经线描写为交于各纬线共同圆心且关于中央经线对称的曲线。在斜轴或横轴投影中，等高圈描写为同心圆，垂直圈描写为交于各等高圈共同中心且关于中央垂直圈对称的曲线，而经纬线都描写为较为复杂的曲线。

伪方位投影的一般公式为

$$\begin{cases} x = \rho \cos\delta \\ y = \rho \sin\delta \\ \rho = f_1(Z) \\ \delta = f_2(Z, \alpha) \end{cases}$$ (1.41)

式中，Z 为天顶距；α 为方位角。

6）伪圆柱投影

伪圆柱投影是在圆柱投影的基础上，规定经纬线的描写形状，再根据一定投影条件求出投影公式。在伪圆柱投影中，规定纬线投影为相互平行的直线，中央经线投影为垂直于各纬线的直线，其他经线投影后成为关于中央经线对称的曲线。

如果以中央经线的投影为 x 轴，以赤道的投影为 y 轴，则 x 坐标仅是纬度 B 的函数，而与经差 l 无关；但 y 坐标则是 B 和 l 的函数。伪圆柱投影的一般公式为

$$\begin{cases} x = f_1(B) \\ y = f_2(B,l) \end{cases} \qquad (1.42)$$

伪圆柱投影的纬线为平行直线，经线为任意曲线，两者不能垂直相交，故无等角投影，只有等面积投影和任意投影，其中，等面积伪圆柱投影较为常用。伪圆柱投影的经线描写形状虽然可以是任意曲线，但一般多选择正弦曲线和椭圆曲线两种。

7）伪圆锥投影

在伪圆锥投影中，纬线投影为同心圆圆弧，中央经线投影为通过各纬线共同中心的直线，其他经线投影为关于中央经线对称的曲线。由于伪圆锥投影的经、纬线不正交，故无等角投影，只有等面积投影和任意投影。

在上述常用的方位投影、圆柱投影和圆锥投影中，除正轴投影外，由于投影面与地球面相对位置不同，还有横轴投影和斜轴投影，一般简称为正投影、横投影和斜投影，如图 1.14 所示。

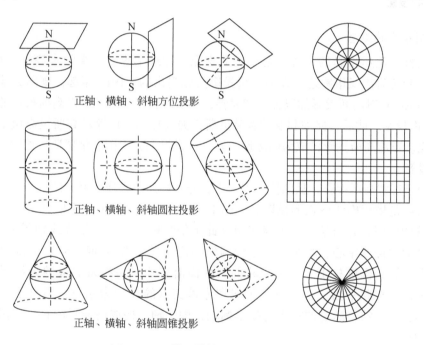

正轴、横轴、斜轴方位投影

正轴、横轴、斜轴圆柱投影

正轴、横轴、斜轴圆锥投影

图 1.14　正轴、横轴和斜轴投影示意图

1.3.4　地图投影的选择

地图投影选择得是否恰当，直接影响地图的精度和使用价值。这里所讲的地图投影选择，主要指中、小比例尺地图，不包括国家基本比例尺地形图。因为国家基本比例尺地形图的投影、分幅等，是由国家测绘主管部门研究制订，不容许任意改变的，另外，编制小区域大比例尺地图，无论采用什么投影，变形都是很小的。

选择制图投影时，主要考虑以下因素：制图区域的范围、形状和地理位置，地图的用途、出版方式及其他特殊要求等，其中，制图区域的范围、形状和地理位置是主要因素。

对于世界地图，常用的主要是正圆柱投影、伪圆柱投影和多圆锥投影。在世界地图中常用墨卡托投影绘制世界航线图、世界交通图与世界时区图。

我国出版的世界地图多采用等差分纬线多圆锥投影，选用这个投影，对于表现我国形状及与四邻的对比关系较好，但投影的边缘地区变形较大。

对于半球地图，东、西半球图常选用横轴方位投影；南、北半球图常选用正轴方位投影；水、陆半球图一般选用斜轴方位投影。

对于其他的中、小范围的投影选择，须考虑到它的轮廓形状和地理位置，最好是使等变形线与制图区域的轮廓形状基本一致，以便减少图上变形。因此，圆形地区一般适合采用方位投影，在两极附近采用正轴方位投影，以赤道为中心的地区采用横轴方位投影，在中纬度地区采用斜轴方位投影。在东西延伸的中纬度地区，一般多采用正轴圆锥投影，如中国与美国。在赤道两侧东西延伸的地区，则宜采用正轴圆柱投影，如印度尼西亚。在南北方向延伸的地区，一般采用横轴圆柱投影和多圆锥投影，如智利与阿根廷。

1.3.5　高斯投影

1. 高斯投影的概念

高斯投影是正形投影的一种，是德国数学家、物理学家、天文学家高斯（Gauss）在1820～1830年为解决汉诺威地区大地测量投影问题提出的。1912年起，德国大地测量学家克吕格（Kruger）对高斯投影加以补充和完善，并求出实用公式，所以高斯投影的全名应为高斯–克吕格投影。此后，保加利亚学者赫里斯托夫（Hristov）等对高斯投影做了进一步的更新和扩充。目前高斯投影已成为国际性投影，在世界上，中国、俄罗斯、德国等较多国家均采用此投影。

为了便于理解高斯投影，从感性认识入手，先对高斯投影作概略介绍。

高斯投影是横切椭圆柱正形投影。如图1.15（a）所示，可以想象有一个椭圆柱横套在地球椭球的外面，并与某一子午线相切（此子午线称为中央子午线或轴子午线）。椭圆柱的中心轴通过椭球中心，将中央子午线两侧一定经差（如3°或1.5°）范围内的椭球面元素，正形投影到椭圆柱上，然后，将椭圆柱面沿着通过南极及北极的母线展开，即成高斯投影平面。在此平面上，中央子午线和赤道交点的投影为原点，中央子午线的投影为纵坐标轴，即 x 轴，赤道的投影为横坐标轴，即 y 轴，构成高斯平面直角坐标系，如图1.15（b）所示。

我国从1952年开始正式采用高斯投影作为国家大地测量和地形图的基本投影，这使得计算大为简化，并以此作为我国1∶50万及更大比例尺的国家基本地形图的数学基础。

2. 高斯投影的分带

高斯投影中，除中央子午线没有长度变形外，其他位置上的任何线段，投影后均产生长度变形，而且离中央子午线越远，变形越大。为此，要对它加以限制，使其在测图和用图时的影响甚小，甚至可以略去。限制长度变形的最有效的方法是"分带"投影。具体地说，将椭球面沿子午线划分成若干经差相等的狭窄地带，各带分别进行投影，于是得出不同的投影带，位于各带中央的子午线即为该带的中央子午线，用以分带的子午线称为分带子午线。显然，在一定范围内，如果带分得越多，则各带所包含的投影范围越小，长度变形自然也就越小。

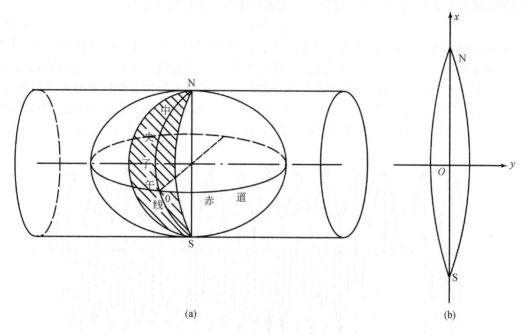

(a)　　　　　　　　　　　(b)

图1.15　高斯投影示意图

分带投影后，各投影带将有自己的坐标轴和原点，从而形成各自独立的坐标系。这样，在相邻两带的分带子午线两侧的点就分属于相邻两个不同的坐标系，在生产作业中往往需要化为同一坐标系，因此必须进行邻带之间的坐标换算。为了减少换带计算，要求分带不宜过多。

因此，在实际分带时，应兼顾这样两个方面的要求。

遵循上述原则，我国投影分带主要有6°带（每隔经差6°分一带）和3°带（每隔经差3°分一带）两种。《国家三角测量和精密导线测量规范》中规定：所有国家大地点均按高斯正形投影计算其在6°带内的平面直角坐标。在1∶1万和更大比例尺测图的地区，还应加算其在3°带内的平面直角坐标。

高斯投影6°带，在0°子午线起向东划分，每隔6°为一带。带号依次编为1，2，…，60。各带中央子午线的经度依次为3°，9°，…，357°。设带号为n，中央子午线经度为L_0，则有

$$\begin{cases} L_0 = 6°n - 3° \\ n = \dfrac{1}{6}\left(L_0 + 3°\right) \end{cases} \tag{1.43}$$

已知某点大地经度L时，可按式（1.44）计算该点所在的带号。

$$n = \frac{L}{6}\text{的整数商}+1\ (\text{有余数时}) \tag{1.44}$$

例如，假设某点的$L=114°36'$，则按式（1.44）可得$n=20$。

高斯投影3°带是在6°带的基础上划分的，它的中央子午线为：奇数带与6°带中央子午线重合，偶数带与6°带分带子午线重合。即自1.5°子午线起向东划分，每隔经差3°为一带。

带号依次编为 $1, 2, \cdots, 120$。设带号为 n'，则各带中央子午线的经度为

$$L_0 = 3° n' \tag{1.45}$$

我国幅员辽阔，西起 73°40′E（新疆帕米尔高原乌孜别里山口附近），东至 135°5′E（黑龙江省抚远市乌苏里江与黑龙江汇合处）；南起 3°52′N（南海南沙群岛的曾母暗沙），北至北纬 53°31′N（黑龙江省漠河镇以北的黑龙江江心）。《国家三角测量和精密导线测量规范》中规定，在我国的经度范围内，6°带和3°带的中央子午线经度，均由东经75°起，分别每隔6°和3°至东经135°。共计6°带11个或3°带21个。其分带方法如图1.16所示。

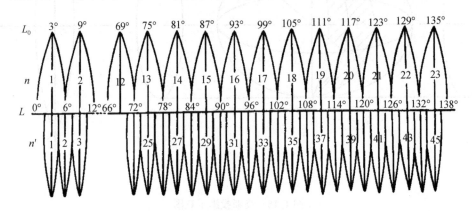

图 1.16 高斯投影的分带

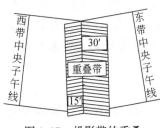

图 1.17 投影带的重叠

分带投影后，相邻两带的直角坐标系是相互独立的。为了进行跨带计算、地图使用，以及位于分带子午线附近的图幅测图，规定相邻投影带要有一定的重叠，如图1.17所示。

重叠就是在一定范围内大地点有相邻两带的坐标值，在这个范围内的地形图上有两套方里网（分别是本带和邻带坐标系的方里网）。

目前，我国对投影带重叠作如下规定：西带重叠东带为经差30′，相当于1:10万图幅的经幅；东带重叠西带为经差15′，相当于1:5万图幅的经幅。也就是说，每个投影带向东扩延30′，向西扩延15′。

为了避免横坐标出现负号，并对各带的坐标加以区别，规定在 y 值加上 500000m 的基础上，再在前面冠以带号。按上述规定形成的坐标，称为"假定坐标"。至于纵坐标，由于我国位于北半球，所以 x 均为正值。例如，在6°带第20带中，$y = -200.25$m，它的"假定坐标"是 $y_{假定} = 20499799.75$。在点的成果表中，均以 $y_{假定}$ 的形式表示。在实际投影的有关计算中，点的高斯坐标 y 不加 500000m，也不冠以带号，通常称为"自然值"。

3. 高斯投影正反解公式

高斯投影是一种应用范围比较广泛的投影。高斯投影可以由三个条件导出：①保角映射（正形、等角）；②中央子午线投影后为直线（习惯用 X 表示纵轴）；③中央子午线投影后长度不变。

实际应用中，经常会遇到该投影的正反解算问题。根据地球椭球体上各点的大地坐标计算投影平面上相应的直角坐标，称为高斯投影的正解；反之，已知投影平面上的直角坐标推

算相应的大地坐标，称为高斯投影的反解。

传统的高斯投影正反解的计算公式为

$$\begin{cases} x=X+Nt\cos^2 B\,\dfrac{l^2}{\rho^2}\left[0.5+\dfrac{1}{24}(5-t^2+9\eta^2+4\eta^4)\cos^2 B\,\dfrac{l^2}{\rho^2}+\dfrac{1}{720}(61-58t^2+t^4)\cos^4 B\,\dfrac{l^4}{\rho^4}\right] \\ y=N\cos B\,\dfrac{l}{\rho}\left[1+\dfrac{1}{6}(1-t^2+\eta^2)\cos^2 B\,\dfrac{l^2}{\rho^2}+\dfrac{1}{120}(5-18t^2+t^4+14\eta^2-58t^2\eta^2)\cos^4 B\,\dfrac{l^4}{\rho^4}\right] \end{cases} \tag{1.46}$$

$$\begin{cases} B=B_f-\dfrac{\rho t_f}{2M_f}y\left(\dfrac{y}{N_f}\right)\left[1-\dfrac{1}{12}(5+3t_f^2+\eta_f^2-9\eta_f^2 t_f^2)\left(\dfrac{y}{N_f}\right)^2+\dfrac{1}{360 M_f N_f^5}(61+90t_f^2+45t_f^4)\left(\dfrac{y}{N_f}\right)^4\right] \\ l=\dfrac{\rho}{\cos B_f}\left(\dfrac{y}{N_f}\right)\left[1-\dfrac{1}{6}(1+2t_f^2+\eta_f^2)\left(\dfrac{y}{N_f}\right)^2+\dfrac{1}{120}(5+28t_f^2+24t_f^4+6\eta_5^2+8\eta_f^4 t_f^2)\left(\dfrac{y}{N_f}\right)^4\right] \end{cases} \tag{1.47}$$

传统的高斯投影公式是实数型幂级数形式，虽然有容易理解和直观的优点，但表达式复杂冗长，计算起来也相当烦琐，而且对于正算中子午线弧长 X 和反算中底点纬度 B_f 的计算，给出的是适用于特定椭球如克拉索夫斯基椭球的数值公式，特别是反解中 B_f 需要迭代求出，较为烦琐。鉴于高斯投影是一种等角投影，而复变函数作为一种强有力的数学方法，在等角投影中的优势是无可替代的，Bian 和 Li（2012）、李厚朴等（2015）推导出了高斯投影正反解的非迭代复变函数表达式。

高斯投影正解的非迭代复变函数表达式为

$$\begin{cases} \boldsymbol{\Phi}=\arcsin\left[\tanh(q+\mathrm{i}l)\right] \\ z=x+\mathrm{i}y=a(a_0\boldsymbol{\Phi}+a_2\sin 2\boldsymbol{\Phi}+a_4\sin 4\boldsymbol{\Phi}+a_6\sin 6\boldsymbol{\Phi}+a_8\sin 8\boldsymbol{\Phi}+a_{10}\sin 10\boldsymbol{\Phi}) \end{cases} \tag{1.48}$$

式中，$q=\operatorname{arctanh}(\sin B)-e\cdot\operatorname{arctanh}(e\cdot\sin B)$，系数为

$$\begin{cases} a_0=1-\dfrac{1}{4}e^2-\dfrac{3}{64}e^4-\dfrac{5}{256}e^6-\dfrac{175}{16384}e^8-\dfrac{441}{65536}e^{10} \\[2mm] a_2=\dfrac{1}{8}e^2-\dfrac{1}{96}e^4-\dfrac{9}{1024}e^6-\dfrac{901}{184320}e^8-\dfrac{16381}{5898240}e^{10} \\[2mm] a_4=\dfrac{13}{768}e^4+\dfrac{17}{5120}e^6-\dfrac{311}{737280}e^8-\dfrac{18931}{20643840}e^{10} \\[2mm] a_6=\dfrac{61}{15360}e^6+\dfrac{899}{430080}e^8+\dfrac{14977}{27525120}e^{10} \\[2mm] a_8=\dfrac{49561}{41287680}e^8+\dfrac{175087}{165150720}e^{10} \\[2mm] a_{10}=\dfrac{34729}{82575360}e^{10} \end{cases} \tag{1.49}$$

高斯投影反解的非迭代复变函数表达式为

$$\begin{cases} \boldsymbol{\Psi}=\dfrac{x+\mathrm{i}y}{a(1-e^2)a_0} \\ w=q+\mathrm{i}l=\operatorname{arctanh}(\sin\boldsymbol{\Psi})+\xi_1\sin\boldsymbol{\Psi}+\xi_3\sin 3\boldsymbol{\Psi}+\xi_5\sin 5\boldsymbol{\Psi}+\xi_7\sin 7\boldsymbol{\Psi}+\xi_9\sin 9\boldsymbol{\Psi} \end{cases} \tag{1.50}$$

式中，系数为

$$\begin{cases} \xi_1 = -\dfrac{1}{4}e^2 - \dfrac{1}{64}e^4 + \dfrac{1}{3072}e^6 + \dfrac{33}{16384}e^8 + \dfrac{2363}{1310720}e^{10} \\[2mm] \xi_3 = -\dfrac{1}{96}e^4 - \dfrac{13}{3072}e^6 - \dfrac{13}{8192}e^8 - \dfrac{1057}{1966080}e^{10} \\[2mm] \xi_5 = -\dfrac{11}{7680}e^6 - \dfrac{29}{24576}e^8 - \dfrac{2897}{3932160}e^{10} \\[2mm] \xi_7 = -\dfrac{25}{86016}e^8 - \dfrac{727}{1966080}e^{10} \\[2mm] \xi_9 = -\dfrac{53}{737280}e^{10} \end{cases} \tag{1.51}$$

将式（1.48）确定的 q 代入式（1.52）可得大地纬度 B

$$\begin{cases} \varphi = \arcsin(\tanh q) \\ B = \varphi + b_2\sin2\varphi + b_4\sin4\varphi + b_6\sin6\varphi + b_8\sin8\varphi + b_{10}\sin10\varphi \end{cases} \tag{1.52}$$

式中，系数为

$$\begin{cases} b_2 = \dfrac{1}{2}e^2 + \dfrac{5}{24}e^4 + \dfrac{1}{12}e^6 + \dfrac{13}{360}e^8 + \dfrac{3}{160}e^{10} \\[2mm] b_4 = \dfrac{7}{48}e^4 + \dfrac{29}{240}e^6 + \dfrac{811}{11520}e^8 + \dfrac{81}{2240}e^{10} \\[2mm] b_6 = \dfrac{7}{120}e^6 + \dfrac{81}{1120}e^8 + \dfrac{3029}{53760}e^{10} \\[2mm] b_8 = \dfrac{4279}{161280}e^8 + \dfrac{883}{20160}e^{10} \\[2mm] b_{10} = \dfrac{2087}{161280}e^{10} \end{cases} \tag{1.53}$$

1.3.6　墨卡托投影

1. 墨卡托投影的特点

海图所采用的投影最常用的是由 16 世纪荷兰人墨卡托所创立的墨卡托投影。海图采用这种投影最主要的理由是，等角航线在图上表示为直线，沿该直线的方向舰船可以方便地航行到达目的地；而且图上经纬线都是平行的直线，判读清楚，绘算简单。因此世界各国的海图普遍采用这种投影。目前，国际水道测量组织已经做出规定，将墨卡托投影载入国际海图制图规范中。

墨卡托投影在数学上属于等角正圆柱投影，按圆柱面与椭球面相交时的位置不同，可分为切圆柱和割圆柱两种情况。

墨卡托投影既有正轴圆柱投影的性质，也有等角投影的性质，其主要特点如下。

（1）经线是平行的直线，其间隔相等。

（2）纬线是平行的直线，其间隔从赤道开始，随纬度的增加向两极逐渐伸长，至极地为无穷大。

（3）经纬线呈正交网。

（4）投影平面上同一点的两方向线（大地线或大圆弧）切线的夹角与实地一致。

（5）等角航线在投影平面上是一条直线。

（6）大地线或大圆弧（视地球为球时）在投影平面上是一条凸向极地的曲线。

2. 墨卡托投影公式

略去推导，墨卡托投影公式为

$$\begin{cases} x = r_0 \left[\operatorname{arctanh}(\sin B) - e \cdot \operatorname{arctanh}(e \cdot \sin B) \right] \\ y = r_0 L \end{cases} \tag{1.54}$$

式中

$$r_0 = \frac{a \cos B_0}{\sqrt{1 - e^2 \sin^2 B_0}} \tag{1.55}$$

式中，B_0 为基准纬度。根据圆柱面与椭球面相交时位置的不同，可分为切圆柱和割圆柱两种情况。在割圆柱时，基准纬度就是对称于赤道的两个平行圈的相应纬度，平行圈半径即为割圆柱半径，因此基准纬圈上没有投影变形。当 $B_0 = 0°$ 时，圆柱相切于地球椭球，它是割圆柱投影的一个特例，此时切圆柱半径为 a。

顾及 $q = \operatorname{arctanh}(\sin B) - e \cdot \operatorname{arctanh}(e \cdot \sin B)$，由式（1.54）可得墨卡托投影正解的复变函数表达式为

$$x + iy = r_0(q + il) = r_0 w \tag{1.56}$$

式（1.56）稍加变形可得墨卡托投影反解的复变函数表达式为

$$w = q + il = \frac{x + iy}{r_0} \tag{1.57}$$

将 q 代入式（1.52）可反解得到大地纬度 B。

1.3.7　等角圆锥投影

等角圆锥投影多用在小比例尺地形图和航空图中。通常所说的等角圆锥投影是等角正轴圆锥投影，为德国数学家兰勃特于 1772 年所创，故又称为兰勃特等角圆锥投影。按照圆锥面和地球椭球的关系可以分为切圆锥投影和割圆锥投影。

等角正轴圆锥投影的正解公式为

$$\begin{cases} x = \rho_s - \rho \cos\delta \\ y = \rho \sin\delta \end{cases} \tag{1.58}$$

式中，常数 ρ_s 为该投影下制图区域最低纬度的投影半径；ρ、δ 由式（1.59）确定

$$\begin{cases} \rho = C \exp(-\alpha q) \\ \delta = \alpha l \end{cases} \tag{1.59}$$

式中，C、α 为投影常数。

由式（1.58）可得等角正轴圆锥投影正解的复变函数表达式为

$$\begin{aligned} x + iy &= \rho_s - \rho(\cos\delta - i\sin\delta) = \rho_s - C\exp(-\alpha q)\exp(-i\alpha l) \\ &= \rho_s - C\exp[-\alpha(q + il)] = \rho_s - C\exp(-\alpha w) \end{aligned} \tag{1.60}$$

式（1.60）稍加变形，可得等角正轴圆锥投影反解的复变函数表达式为

$$w = q + il = \frac{1}{\alpha}\left[\ln C - \ln(\rho_s - x - iy)\right] \tag{1.61}$$

将 q 代入式（1.52）可反解得到大地纬度 B。

1.4　地图投影变换

1.4.1　地图投影变换基本原理

地图投影变换是测量和制图生产中经常遇到的一个实际问题。在地图编制的实践中，有时会遇到所选用的编图资料与新编地图的数学基础不相同的情况，例如，在编制跨海岸线的地形图时，陆地部分的地形图资料和海域部分的海图资料使用的投影方式不同；又如，编制跨国界的地图，国界线以外的地图资料多数与我国使用的投影方式不同，此时在制图作业中都需要实行投影变换。

在常规地图制图作业中，为了将基本制图资料填充到新编图的经纬网中，通常以照相拼贴法、方格转绘法及纠正仪转绘法等达到地图投影变换的目的。这种变换只是局部点间的坐标变换，而大量点只是一种近似的变换，其特点是不要求建立两投影间变换的严格的数学关系式。这种方法虽然勉强能够解决投影变换的问题，但费时费力，不适合大面积作业，而且其最大缺点是不能保证投影变换的精度。随着计算机技术的发展，计算机地图制图逐渐取代了常规地图制图，上述地图投影变换的方法显然已不适用了。根据计算机辅助地图制图的要求，必须首先提供从一种地图投影点的坐标变换到另一种地图投影点坐标的关系式，才能进行变换。因此，地图投影变换已成为计算机地图制图的一个重要组成部分，研究地图投影变换的理论和方法日益重要和迫切。

地图投影变换可广义地理解为研究空间数据处理、变换及应用的理论和方法，也可狭义地理解为建立两平面场之间点的一一对应的函数关系。假定已知原图点的坐标方程式为

$$\begin{cases} x = f_1(B, l) \\ y = f_2(B, l) \end{cases} \tag{1.62}$$

新编图点的坐标方程式为

$$\begin{cases} X = h_1(B, l) \\ Y = h_2(B, l) \end{cases} \tag{1.63}$$

由已知编图资料点坐标变换到新编图点坐标，其实质在于建立两平面场点的对应方程式：

$$\begin{cases} X = F_1(x, y) \\ Y = F_2(x, y) \end{cases} \tag{1.64}$$

由式（1.62）、式（1.63）得到式（1.64）的方法是很多的，即存在各种投影变换的方法，根据投影变换所采用的数学方法的不同，通常有如下三类方法。

1）解析变换法

这种方法能够建立两投影间坐标变换的解析计算公式，由于采用的计算方法不同又可分为间接变换法、直接变换法和综合变换法三种。

间接变换法是一种反解变换方法，即首先由式（1.62）反解出原地图投影点的大地坐标

$$B = B(x, y), \quad l = l(x, y) \tag{1.65}$$

然后代入式（1.63），即可得到由一种投影变换到另一种投影的关系式（1.64）。

这种变换方法是严密的，不受制图区域大小的影响，但纬度 B 或经差 l 有时为非常复杂的超越函数，直接建立反解式比较困难，往往需要迭代计算。

直接变换法是一种正解变换法，不要求反解出原地图投影点的大地坐标，而是直接建立两投影点的直角坐标关系［式（1.64）］。这种方法也是严密的，表达了编图和制图过程中的数学实质，不同投影之间具有精确的对应关系，不受制图区域大小的影响，但不是任何投影之间都易于建立解析式，有时建立的是它们之间的近似关系式。

综合变换法是将反解变换法与正解变换法结合在一起的一种变换方法，通常是根据原投影点的坐标 x 反解出纬度 B，然后根据 B、y 而求得新投影点的坐标 X、Y。对某些投影间的变换，采用这种方法比单用正解变换法或反解变换法要简便一些。

2）数值变换法

在原投影解析式不知道，或不易求出两投影点坐标之间的解析式情况下，可以采用多项式逼近来建立它们之间的联系，即利用两个投影平面间互相对应的若干离散点 (x_i, y_i) 和 (X_i, Y_i)，根据数值逼近的理论和方法来建立两投影间的关系式，这种变换方法称为地图投影的数值变换。

数值变换法中常用的逼近多项式包括二元 n 次多项式、乘积型插值多项式等，其中常见的有二元三次多项式、双二次多项式等。求解多项式系数时需要用到两投影间的共同点，当多项式系数个数与共同点个数相同时，可采用主元素消去法或其他算法直接确定逼近多项式；当共同点个数多于多项式系数个数时，通常采用最小二乘法确定逼近多项式；如果变换范围较大，共同点数不够，需要根据少量已知点的坐标利用三次样条函数或拉格朗日插值来加密共同点的坐标。

数值变换法是一种近似方法，受制图区域大小的影响，为保证变换的精度，一般要分块进行变换。

3）数值-解析变换法

当已知新投影方程式［式（1.63）］，而原投影方程式［式（1.62）］不知道时，可采取逼近多项式的方法，求原投影点的大地坐标 B、L，然后代入新投影方程式中，即可实现两投影间的变换，这种方法称为地图投影的数值-解析变换。这种方法也是一种近似方法，受制图区域大小的影响，适合采用分块进行变换，以保证一定的精度。

1.4.2　高斯投影和墨卡托投影变换的复变函数表示

在实际应用中，高斯投影、墨卡托投影和等角圆锥投影间的变换是经常会遇到的一个基本问题。杨启和（1990）曾对这一问题进行了探讨，给出了间接变换公式和直接变换公式，但间接变换公式需要反解大地纬度和经差，计算较为烦琐；采用级数展开法给出的直接变换公式为近似的解析变换式，计算精度受变换区域大小的限制；特别是这些公式均为实数形式，复杂冗长，应用时需要经过烦琐的参数求解过程，并且有的计算公式表现为具体的数值形式，仅可解决某一特定参考椭球下的计算问题。为此，本书将利用这三种等角投影正反解的复变函数表达式，导出它们之间变换的更为严密而简单的复变函数表达式。

记高斯投影坐标为 (x_G, y_G)，墨卡托投影坐标为 (x_M, y_M)，由高斯投影反解的非迭代复变函数表达式［式（1.50）］可得 w，将其代入墨卡托投影正解的复变函数表达式［式

（1.56）］，则由高斯投影变换为墨卡托投影的复变函数表达式为

$$\begin{cases} \boldsymbol{\Psi}=\dfrac{x_{\mathrm{G}}+\mathrm{i}y_{\mathrm{G}}}{a(1-e^2)a_0} \\ x_{\mathrm{M}}+\mathrm{i}y_{\mathrm{M}}=r_0[\,\mathrm{arctanh}(\sin\boldsymbol{\Psi})+\xi_1\sin\boldsymbol{\Psi}+\xi_3\sin3\boldsymbol{\Psi}+\xi_5\sin5\boldsymbol{\Psi}+\xi_7\sin7\boldsymbol{\Psi}+\xi_9\sin9\boldsymbol{\Psi}] \end{cases} \tag{1.66}$$

由墨卡托投影反解的复变函数表达式［式（1.57）］可得 w，将其代入高斯投影正解的非迭代复变函数表达式［式（1.48）］，则由墨卡托投影变换为高斯投影的复变函数表达式为

$$\begin{cases} \boldsymbol{\Phi}=\arcsin\left(\tanh\dfrac{x_{\mathrm{M}}+\mathrm{i}y_{\mathrm{M}}}{r_0}\right) \\ x_{\mathrm{G}}+\mathrm{i}y_{\mathrm{G}}=a(j_0\boldsymbol{\Phi}+j_2\sin2\boldsymbol{\Phi}+j_4\sin4\boldsymbol{\Phi}+j_6\sin6\boldsymbol{\Phi}+j_8\sin8\boldsymbol{\Phi}+j_{10}\sin10\boldsymbol{\Phi}) \end{cases} \tag{1.67}$$

需要说明的是，式（1.66）和式（1.67）的推导中假定两种投影的中央经线是一致的。若两种投影的中央经线不一致，记高斯投影的中央经线为 L_{G}，墨卡托投影的中央经线为 L_{M}，则由式（1.66）得到的 y_{M} 应修正为

$$y'_{\mathrm{M}}=y_{\mathrm{M}}+r_0(L_{\mathrm{G}}-L_{\mathrm{M}}) \tag{1.68}$$

式（1.67）中的 y_{M} 应修正为

$$y''_{\mathrm{M}}=y_{\mathrm{M}}+r_0(L_{\mathrm{M}}-L_{\mathrm{G}}) \tag{1.69}$$

1.4.3 高斯投影和等角圆锥投影变换的复变函数表示

记高斯投影坐标为 $(x_{\mathrm{G}},y_{\mathrm{G}})$，等角圆锥投影坐标为 $(x_{\mathrm{C}},y_{\mathrm{C}})$，由高斯投影反解的非迭代复变函数表达式［式（1.50）］可得 w，将其代入等角圆锥投影正解的复变函数表达式［式（1.60）］，则由高斯投影变换为等角圆锥投影的复变函数表达式为

$$\begin{cases} \boldsymbol{\Psi}=\dfrac{x_{\mathrm{G}}+\mathrm{i}y_{\mathrm{G}}}{R} \\ w=r_0(\mathrm{arctanh}(\sin\boldsymbol{\Psi})+\xi_1\sin\boldsymbol{\Psi}+\xi_3\sin3\boldsymbol{\Psi}+\xi_5\sin5\boldsymbol{\Psi}+\xi_7\sin7\boldsymbol{\Psi}+\xi_9\sin9\boldsymbol{\Psi}) \\ x_{\mathrm{C}}+\mathrm{i}y_{\mathrm{C}}=\rho_s-C\exp(-\alpha w) \end{cases} \tag{1.70}$$

由等角正轴圆锥投影反解的复变函数表达式［式（1.61）］可得 w，将其代入高斯投影正解的非迭代复变函数表达式［式（1.48）］，则由等角圆锥投影变换为高斯投影的复变函数表达式为

$$\begin{cases} \boldsymbol{\Phi}=\arcsin\left[\tanh\dfrac{\ln C-\ln(\rho_s-x_{\mathrm{C}}-\mathrm{i}y_{\mathrm{C}})}{\alpha}\right] \\ x_{\mathrm{G}}+\mathrm{i}y_{\mathrm{G}}=a(j_0\boldsymbol{\Phi}+j_2\sin2\boldsymbol{\Phi}+j_4\sin4\boldsymbol{\Phi}+j_6\sin6\boldsymbol{\Phi}+j_8\sin8\boldsymbol{\Phi}+j_{10}\sin10\boldsymbol{\Phi}) \end{cases} \tag{1.71}$$

上述推导中同样假定两种投影的中央经线是一致的。若两种投影的中央经线不一致，记等角圆锥投影的中央经线为 L_{C}，高斯投影的中央经线为 L_{G}，则由式（1.70）得到的 x_{C}、y_{C} 应修正为

$$\begin{cases} x'_{\mathrm{C}}=\rho_s-\rho\cos[\alpha(l-l')] \\ y'_{\mathrm{C}}=\rho\sin[\alpha(l-l')] \end{cases} \tag{1.72}$$

式中，$l'=L_{\mathrm{C}}-L_{\mathrm{G}}$，式（1.72）整理后可得

$$\begin{cases} x'_{\mathrm{C}}=\rho_s-(\rho_s-x_{\mathrm{C}})\cos\alpha l'-y_{\mathrm{C}}\sin\alpha l' \\ y'_{\mathrm{C}}=(\rho_s-x_{\mathrm{C}})\sin\alpha l'-y_{\mathrm{C}}\cos\alpha l' \end{cases} \tag{1.73}$$

式（1.71）中的 x_C、y_C 应修正为

$$\begin{cases} x''_\mathrm{C} = \rho_s - \rho\cos[\alpha(l+l')] \\ y''_\mathrm{C} = \rho\sin[\alpha(l+l')] \end{cases} \tag{1.74}$$

式（1.74）整理后可得

$$\begin{cases} x''_\mathrm{C} = \rho_s - (\rho_s - x_\mathrm{C})\cos\alpha l' + y_\mathrm{C}\sin\alpha l' \\ y''_\mathrm{C} = (\rho_s - x_\mathrm{C})\sin\alpha l' + y_\mathrm{C}\cos\alpha l' \end{cases} \tag{1.75}$$

1.4.4　等角圆锥投影和墨卡托投影变换的复变函数表示

记等角圆锥投影坐标为 $(x_\mathrm{C}, y_\mathrm{C})$，墨卡托投影坐标为 $(x_\mathrm{M}, y_\mathrm{M})$，由等角正轴圆锥投影反解的复变函数表达式［式（1.61）］可得 w，将其代入墨卡托投影正解的复变函数表达式［式（1.56）］，则由等角圆锥投影变换为墨卡托投影的复变函数表达式为

$$x_\mathrm{M} + \mathrm{i}y_\mathrm{M} = \frac{r_0}{\alpha}[\ln C - \ln(\rho_s - x_\mathrm{C} - \mathrm{i}y_\mathrm{C})] \tag{1.76}$$

由墨卡托投影反解的复变函数表达式［式（1.57）］可得 w，将其代入等角正轴圆锥投影正解的复变函数表达式［式（1.60）］，则由墨卡托投影变换为等角圆锥投影的复变函数表达式为

$$x_\mathrm{C} + \mathrm{i}y_\mathrm{C} = \rho_s - C\exp\left[-\frac{\alpha}{r_0}(x_\mathrm{M} + \mathrm{i}y_\mathrm{M})\right] \tag{1.77}$$

这些推导中同样假定两种投影的中央经线是一致的。若两种投影的中央经线不一致，记等角圆锥投影的中央经线为 L_C，墨卡托投影的中央经线为 L_M，则式（1.76）得到的 y_M 应修正为

$$y'_\mathrm{M} = y_\mathrm{M} + r_0(L_\mathrm{C} - L_\mathrm{M}) \tag{1.78}$$

式（1.77）中的 y_M 应修正为

$$y''_\mathrm{M} = y_\mathrm{M} + r_0(L_\mathrm{M} - L_\mathrm{C}) \tag{1.79}$$

1.5　应用实例

1.5.1　空间直角坐标转换为大地坐标算例

【例 1-1】　取 CGCS2000 椭球 $a = 6378137\mathrm{m}$，$f = 1/298.257222101$，$X = 3694419.145\mathrm{m}$，$Y = 3694419.145\mathrm{m}$，$Z = 5194455.190\mathrm{m}$。试按迭代法计算相应大地坐标。

【解】

Mathematica 计算机代数系统中的计算过程如下：

（1）输入已知数据。

a = 6378137；f = 1/298.257222101；e^2 = 2f$-$f^2；

X = 3694419.145；Y = 3694419.145；Z = 5194455.190；

（2）计算大地经度。

$$L = \mathrm{ArcTan}\left[\frac{Y}{X}\right] * \frac{180}{\pi}$$

45.

（3）迭代计算大地纬度。

$$TANB_0 = \frac{Z}{\sqrt{X^2+Y^2}} * (1+e^2)$$ （计算初值，e^2 表示第一偏心率的平方）

1.00087.

$$TANB_1 = \frac{1}{\sqrt{X^2+Y^2}} * \left(Z + \frac{a * e^2 * TANB_0}{\sqrt{1+(1-e^2) * TANB_0}} \right)$$

1.

$$TANB_2 = \frac{1}{\sqrt{X^2+Y^2}} * \left(Z + \frac{a * e^2 * TANB_1}{\sqrt{1+(1-e^2) * TANB_1}} \right)$$

1.

$$B = ArcTan [TANB_2]$$

0.785398.

（4）计算大地高。

$$n = \frac{a}{\sqrt{1-e^2 * Sin [B]^2}}$$ （N 在 Mathematica 代数系统中为保留字，此处用 n 表示卯酉圈曲率半径）

$6.38884×10^6$.

$$H = \sqrt{X^2+Y^2} * Cos[B] + Z * Sin[B] - n * (1-e^2 Sin[B]^2)$$

$1. ×10^6$.

（5）将大地纬度改为以度为单位表示。

$$B = B * \frac{180}{\pi}$$

45.

1.5.2 高斯投影正解算例

【例1-2】设参考椭球为 CGCS2000 椭球 $a=6378137$m，$f=1/298.257222101$，取 $B=45°$，$l=2°$。试利用高斯投影正解的复变函数表达式计算投影坐标。

【解】

Mathematica 计算机代数系统中的计算过程如下：

（1）输入已知数据。

$a=6378137$；$f=1/298.257222101$；

$B=45 * \frac{Pi}{180}$；$l=2 * \frac{Pi}{180}$；

（2）计算等量纬度。

$$e = \sqrt{f * (2-f)}$$

0.0818192

$$q = ArcTanh[Sin[B]] - e * ArcTanh[e * Sin[B]]$$

0.876635.

（3）计算复数等角纬度。

$$\Phi = \text{ArcSin}\,[\,\text{Tanh}\,[\,q + Il\,]\,]$$

0. 782346+0. 0247654i.

（4）计算高斯投影复数坐标。

$$a_0 = 1 - \frac{e^2}{4} - \frac{3e^4}{64} - \frac{5e^6}{256} - \frac{175e^8}{16\,384} - \frac{441e^{10}}{65\,536};$$

$$a_2 = \frac{e^2}{8} - \frac{e^4}{94} - \frac{9e^6}{1\,024} - \frac{901e^8}{184\,320} - \frac{16\,381e^{10}}{5\,898\,240};$$

$$a_4 = \frac{13e^4}{768} + \frac{17e^6}{5\,120} - \frac{311e^8}{737\,280} - \frac{18\,931e^{10}}{20\,643\,840};$$

$$a_6 = \frac{61e^6}{15\,360} + \frac{899e^8}{430\,080} + \frac{14\,977e^{10}}{27\,525\,120};$$

$$a_8 = \frac{49\,561e^8}{41\,287\,680} + \frac{175\,087\,e^{10}}{165\,150\,720};$$

$$a_{10} = \frac{34\,729e^{10}}{82\,575\,360};$$

$$z = a(a_0 * \Phi + a_2 * \text{Sin}\,[\,2\Phi\,] + a_4 * \text{Sin}\,[\,4\Phi\,] + a_6 * \text{Sin}\,[\,6\Phi\,] + a_8 * \text{Sin}\,[\,8\Phi\,] + a_{10} * \text{Sin}\,[\,10\Phi\,])$$

最后得出：$4.98689 \times 10^6 + 157\,694i$。

扩展阅读

1. 大地测量时空基准

大地测量时空基准就是指大地测量基准和时间基准，由相应的大地测量系统和时间系统及其相应的参考框架所构成。

大地测量系统规定了大地测量的起算基准和尺度标准及其实现方式。时间系统规定了时间测量的参考标准，包括时刻的参考基准和时间间隔的尺度基准。大地测量参考框架就是按大地测量系统所规定的原则，采用大地测量技术，在全球或局域范围内所测定的地面大地网（点）或其他实体（静止或运动的物体），因此大地测量参考框架就是大地测量系统的实现。而时间参考框架则是在全球或局域范围内，通过守时、授时和时间频率测量技术，实现和维持统一的时间系统。

大地测量系统包括坐标系统、高程系统/深度基准和重力系统。与上述大地测量系统相对应，大地测量参考框架有坐标（参考）框架、高程（参考）框架和重力测量（参考）框架三种。因此，大地测量基准建设的任务是，确定或定义坐标系统、高程系统/深度基准和重力系统，建立和维持坐标框架、高程框架和重力测量框架。而时间基准建设的任务是，确定或定义时间系统，建立和维持时间参考框架。也就是确定和维持时间频率基准，建立和维持基于时间频率基准的授时系统，建立和维持授时系统，建立时间频率测量的技术体系。

大地测量系统和时间系统是总体概念，大地测量参考框架和时间参考框架是大地测量系统和时间系统的具体实现。建立和维持大地测量时空基准，就是确定或定义大地测量系统和时间系统，建立和维持大地测量参考框架和时间参考框架。

人类在地球的一切活动都是在某一特定的时空中存在的，也就是在某一特定的时间和某一特定的地理空间中进行的。人和物所处的时空位置关系是人类政治、经济和社会活动的基本参考。大地测量时空基准及其支持下的信息和技术体系是人类活动的公共平台，它体现在国家各部门到社会各行业，政府行为到人们的日常生活、经济建设、社会建设、社会发展、科技发展，再到军事建设。

大地测量基准也是各种测绘工作的起算数据，是确定地理空间信息的几何形态和时空分布的基础，是在数学空间里表示地理要素在真实世界的空间位置的参考基准。大地测量基准是地理信息系统、数字地球、数字中国和数字区域的基础平台，它通过将各种无关联的信息源统一到一个大地测量系统中，从而重构这些信息源之间的几何和物理关系及它们的拓扑关联。地球多源多维信息的一致性、整体维护和分析以及数据共享的实现，也要求有统一的大地测量基准的支持。

时间基准是科学研究、科学实验和工程技术等方面的基本物理量。它为一切动力学系统和时序过程的测量和定量研究提供了必不可少的时间坐标。

时间不仅在基础研究领域有重要的作用，如地球自转变化等地球动力学研究、相对论研究和卫星测地学等，而且在应用研究、国防和国民经济建设中也有普遍的应用，如航空航天、导航定位、制导、通信、计量和电传输等。时间基准深入到人们社会生活的方方面面，几乎无所不在。现代社会的高速发展，对时间频率的高精度提出了高要求，特别是现代数字通信网的发展、信息高速公路建设。各种政治、文化、科技和社会信息的协调都需要建立在严格的时间同步基础上。

许多涉及国计民生的重大问题，如土地规划、环境评估、灾害监测等，都需将地球的多维信息与目标问题所涉及的时空信息统一置于一个连续的时空基准中进行分析，从而更好地理解人类与地球的关系，因此大地测量时空基准是规划、组织、管理、融合和分析地球海量时空信息的数学基础，是描述、构建和认知地球，进而解决地球科学问题的支撑平台。总之，大地测量时空基准是国家发展最具有重要性的基础设施之一，建立和维持国家大地测量时空基准是国家的一项公益性事业。

2. 计算机代数和计算机代数系统

科学计算可分为两类：一类是纯数值的计算，如求函数的值、方程的数值解；另一类是符号计算，又称为代数运算，这是一种智能化的计算，处理的是符号。人们把这种研究可代数化数学对象的计算理论与方法的学科，或者说符号计算与代数计算的学科称为计算机代数。简而言之，计算机代数是计算机科学与数学交叉融合的产物，主要研究符号、代数算法的设计、分析、实现和应用。

计算机代数技术的出现要晚于计算机数值计算技术。在19世纪之前，计算是数学家工作的主要内容，高斯对谷神星轨道的计算和提出最小二乘拟合的方法便是一个例子。在19世纪以后，数学研究发生了重大改变，计算的色彩日渐淡薄，数学家对数学理论和数学结构远比数学问题的求解计算更为关心。20世纪40年代中期，现代电子计算机的问世极大地推动了多个领域的进步，利用计算机求解数学问题或证明数学定理成为行之有效的新方法。近几十年来，计算机科学技术的飞速发展对数学科学产生了巨大的影响，各种高性能的算法日益得到重视和发展。由于设计计算机时用到了数学中的数理逻辑，所以人们希望应用它为数学推理研究服务。计算机代数是不同于数值计算的另一类数学演算，必须根据有关的数学理论，应用有关的数学公式才能完成符号表达式的各种运算，这类重要的数学演示称为符号代数演算，"符号"的运算在这里代替了"数"的运算。这是一种智能化的计算，处理的是符号。"符号"可以代表整数、有理数、实数和复数，也可以代表多项式、函数，强调求解数学问题的最终目的是把问题的答案用解析的公式和符号来表示。"代数"强调运算是根据代数规则精确实现的，而不是利用浮点数来实现的。计算机代数学已经成为科学研究的重要工具。计算机代数的内容分为两大部分，一部分是计算机代数系统（语言）学；另一部分是计算机代数算法。前者属于计算机范畴，后者属于数学范畴。在计算机科学内计算机代数涉及算法设计、数据结构、计算机语言和编译理论等领域。计算机代数算法又分成两类：一类是精确算法，另一类是人工智能专家系统算法。计算机代数算法以软件系统的形式在计算机上实现，允许输入和输出符号表达式，其基本功能的扩充能解决众多学科中复杂的公式推导问题，从而计算机代数倍受科技工作者重视。如果将计算机的数值计算称作计算机应用的算术阶段，那么计算机的公式推导可以称为计算机应用的代数阶段。

计算机代数系统是计算机科学与数学分析和代数推导相结合的产物。和数值运算不同的是，这类系统的最主要用途是完成符号的运算，即从公式到公式的解析运算，它们的运算对象是符号，而不必赋给每个符号具体的数值，它能够推导数学公式。计算机代数系统的优越性主要在于它能够进行大规模的代数运算，在一定程度上可以使科学研究和工程技术人员从枯燥烦琐的数学分析和代数推理中解脱出来，从而有效地提高工作效率，所以得到了比较广泛的应用。目前流行的计算机代数系统有 Mathematica、Maple、Mathcad 等，借助计算机代数系统，研究人员的注意力可着重放在解决问题的本质方面，并且计算机代数系统强大的可视化功能还会使枯燥的数学分析问题变得生动有趣，从而使研究人员更容易发现大量数据背后隐藏的规律。

Mathematica 是目前国内外较流行的一个计算机代数系统，广泛应用于各种基础研究、应用基础研究和工程技术等领域。Mathematica 计算机代数系统办有专门的学术刊物，以发表和交流用该系统解决各类数学分析问题的学术论文，且每年召开一次世界性 Mathematica 学术大会。

Mathematica 是美国物理学家 Stephen Wolfram 领导的一个小组开发的，后来他们成立了 Wolfram 研究公司，1987 年推出了系统的 1.0 版，目前已经推出了最新的 14.1 版，其工作界面如图 1.18 所示。

Mathematica 是一个交互式、集成化的计算机软件系统。它的主要功能包括三个方面：符号运算、数值计算和可视化输出。由于 Mathematica 计算机代数系统数学运算功能强大，使用操作简单方便，且兼有丰富的可视化输出，因而在科学与工程领域中得到了较广泛的应用，特对 Mathematica 计算机代数系统说明如下。

（1）所有输入均使用正黑体形式，输出使用一般正体，如：

123/456+1/3

$$\frac{275}{456}$$

（2）所有数学函数首字母输入均为大写且使用方括号代替圆括号表示函数关系，如：

Cos[30°]

$\sqrt{3}/2$

（3）N[x] 或//N 表示将 x 或前面的表达式转变为实数形式，如：

N[Cos[30°]]

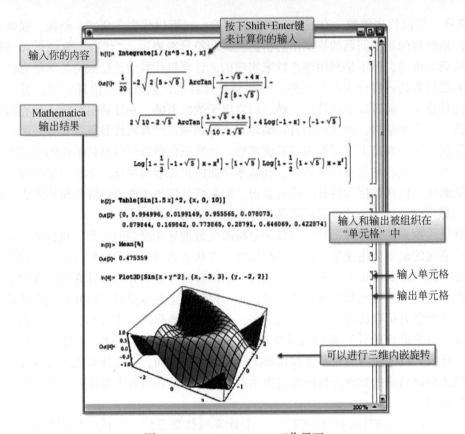

图 1.18   Mathematica14.1 工作界面

0.866025

Sin[30°]//N

0.5

（4）Mathematica 与一般数值计算软件相比，它的特点是可进行符号运算，如：

$$输入：Integrate\left[1/\sqrt{x^2+a^2},x\right]$$

$$输出：Log\left[x+\sqrt{a^2+x^2}\right]$$

（5）Mathematica 可以绘制二维或三维函数图形（图 1.19），如：

$$Plot3D\left[Sin\left[x+y^2\right],\{x,-3,3\},\{y,-2,2\}\right]$$

思　考　题

1. 名词解释

（1）大地水准面

（2）参考椭球

（3）空间直角坐标系

（4）大地坐标系

（5）地图投影

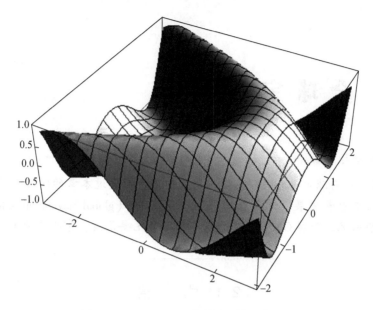

图 1.19　Mathematica 绘制的三维函数图形

2. 简答题

（1）简述地球自然表面、大地水准面和参考椭球体之间的相互关系。

（2）基准椭球的确定应满足哪些条件？

（3）地图投影是如何分类的？

3. 计算题

（1）取 CGCS2000 椭球 $a = 6378137\text{m}$，$f = 1/298.257222101$，$X = 3694419.145\text{m}$，$Y = 3694419.145\text{m}$，$Z = 5194455.190\text{m}$。试按直接法计算相应大地坐标。

（2）设参考椭球为 CGCS2000 椭球 $a = 6378137\text{m}$，$f = 1/298.257222101$，取 $B = 30°$，$l = 3°$。试计算高斯投影坐标。

4. 论述题

（1）试论述坐标系统在地理分析与模拟中的应用。

（2）试论述地图投影在地理分析与模拟中的应用。

第2章 全 球 定 位

教学及学习目标

　　本章主要介绍全球定位相关理论知识及应用实例，通过本章的学习，学生能够了解定位与导航的概念和发展，掌握全球导航卫星系统（global navigation satellite system，GNSS）的发展概况，理解 GNSS 定位的基本原理与主要误差，掌握差分 GNSS 定位技术的特点。

2.1　引　言

　　对地球表面的地物、地貌目标进行准确定位是地理分析的基础。从测绘的意义上说，定位就是测量和表达某一地表特征、事件或目标发生在什么空间位置的理论和技术。导航是实时测定运动载体或人员的位置和速度，并引导其沿一定的航线到达目的地的方法。导航技术最先被用于海上航行，导航过程中应能够随时提供反映载体运动状态的位置、速度、姿态以及相对于航行目的地的其他参数，以便于载体沿着航行安全、用时较短、费用经济的路线到达目的地。在这些导航参数中，最重要的还是载体的位置参数，所以导航的核心是定位，要实现导航必须对运动体实时定位，以便与目的地的位置进行比较，计算前进的距离和方向。人类的全球性经济和科学活动大大促进了对精确定位的需求，定位的理论和技术进入了一个空前的发展时期，定位的需求从静态发展到动态，从局部扩展到全球，从地球走向太空，同时也从陆地走向了海洋，从海洋表面走向了海洋深部。

　　本章主要介绍定位与导航技术的发展、全球导航卫星系统（GNSS）特别是我国北斗卫星导航系统的发展概况，阐述 GNSS 定位的基本原理和误差来源，介绍几种主要的差分 GNSS 定位技术，以及利用卫星工具包（satellite tool kit，STK）仿真软件模拟卫星导航星座的方法。

2.2　定位与导航技术的发展

　　定位与导航的实现需要依赖于一定的设备或系统，这些设备或系统有的非常简单，如指南针、罗盘；有的非常庞大，如近代的卫星导航系统。根据所依附的物理技术手段，导航又可分为地球导航（如指南针）、陆标导航（如港口灯塔）、天文导航、惯性导航、无线电导航，以及当代的卫星导航。

　　中国是世界四大文明古国之一，据史料记载，早在四千多年以前，黄帝和蚩尤作战时，为了辨明方向以追击敌人，就曾使用了指南车；中国很早就发明了利用地球磁场指明方向的指南针，如图 2.1 所示。

明代永乐年间（15 世纪）郑和下西洋，船队规模庞大，最多时达 200 多艘船，其中长 148m、宽 60m 的大型船只有 60 艘。舟师"昼识罗盘，夜观天象"，利用罗盘、测深器、牵星板（类似于现在的六分仪）等先进仪器，船队"云帆高张，昼夜星驰，涉彼狂澜，若履通衢"，在"洪涛接天，巨浪如山，视诸夷域，迥隔于烟霞缥缈之间"的海上，"涉沧溟十万余里"，创造了我国和世界航海史上的壮举。古代地中海国家的航海

图 2.1　司南（指南针）

和贸易也促进了导航和天文导航的发展。17 世纪初，欧洲各国开始进入资本主义社会，对外贸易的发展和海上掠夺殖民地的战争也推动了当时航海业的发展。在当时的条件下，天文学已经发展到了一定的水平，为了确定船舶的位置，人们就利用星体在一定时间与地球的地理位置具有固定关系的原理，发展了通过观测星体确定船舶位置的天文导航方法。1519 年，也就是大约在郑和下西洋一个世纪之后，葡萄牙航海家费迪南德·麦哲伦利用海图、地球仪、经纬仪、四分仪、圆规、磁针、沙漏计时器、测速器等导航和定位设备开启了环球航行。随着科学的发展和时代的进步，运载体对导航定位精度及其他方面的要求也越来越高，磁罗盘和原始的天文导航方法已经不能满足现代导航的需要了。

无线电导航的发明可以说是近代导航史的开端，它使导航技术成为航行中真正可以依赖的工具，因此对于导航技术的发展来说具有划时代的意义。在第一次世界大战期间，人们就发明了无线电导航信标台。各信标台发射调制有信标台识别信号的连续无线电波，用户通过可转动的环形天线测定其到信标台的方向，当两个或两个以上信标台的方向可以被测定时，就可以根据这些方向的交点及信标台的位置计算出舰船的位置。第二次世界大战及战后是导航技术大发展的时期。罗兰 A（Loran-A）、台卡（Decca）、罗兰 C（Loran-C）、奥米伽（Omega）等无线电导航系统相继出现。这些无线电导航系统从本质上说均是双曲线定位系统。各导航台以一定的重复周期相互同步地发射无线电导航信号，船载接收机接收两个导航台的信号，即可测量这两个信号到达接收机的时间差值，用这个时间差值乘以无线电传播的速度即可知接收机与两个导航台的距离差值，从而可知用户位于以两个发射台为焦点且位于地球表面的双曲线上；再测量另外两个导航台信号的时间差值，即可知接收机位于地球表面的另一条双曲线上，这两条双曲线的交点便是接收机所在的位置。以罗兰 C 系统为例，它的导航信号脉冲载波频率为 100kHz 左右，作用距离达 2000km 左右。正常情况下罗兰 C 的单次定位精度能达到几百米级，不过罗兰 C 接收机用户的实际定位精度还要受导航台与接收机的几何分布、接收机的性能及电磁波传输条件等因素的限制。20 世纪 60 年代，我国在沿海地区布设了罗兰 A 台链，取名为"长河一号"；20 世纪 90 年代，又分别在南海、东海和北海布设了罗兰 C 台链，取名为"长河二号"。这些系统的定位不像天文导航那样受气象条件的影响较大，但定位是区域性的，且定位精度也比较低。

与天文导航相比，无线电导航无论是在定位的速度还是在自动化程度方面都有了长足的进步，定位精度也有所改善，而且定位已基本上不受气候条件的限制；然而，地面无线电导航定位系统的作用距离（覆盖）和定位精度之间会产生矛盾。低频率的无线电电波可以沿

着地球表面传播到很远的地方，但长波信号的观测精度较差，且信号的传播路径又难以准确确定，加之信号需要在稠密的大气层中长距离传播而用户又无法测定信号传播路径上的气象元素，因而难以进行准确的气象改正，所以一些覆盖面大的地面无线电导航定位系统的定位精度较低。使用高频率的信号虽然可以获得较高的精度，但信号是沿着直线传播的，受地球曲率影响，覆盖面很小。因此，各个部门为了满足各自的应用要求相继建立了各种不同类型的地面无线电导航定位系统，如罗兰 C、微波着陆系统（microwave landing system，MLS）、伏尔/测距器（very high frequency omnidirectional range/distance measuring equipment，VOR/DME）和塔康（tactical air navigation system，TACAN）等。

惯性导航是根据牛顿力学原理，通过测量载体的加速度，经过积分运算得到运载体的速度和位置的导航方法。1942 年，德国在 V-2 火箭上第一次安装了初级的惯性导航系统，以提供火箭的姿态和入轨初速度，这一工作引起了人们极大的重视，推动了惯性导航的研究。1978 年，美国研制的 MK2mod7 型惯性导航系统与静电陀螺监控器组合使用，使"三叉戟"核潜艇在 48~72h 内定位精度可保持在 0.2 海里（1 海里=1852m），重调周期延长到 14d，这表明惯性导航技术已经十分成熟。惯性导航系统有许多优点，它不依赖于外界导航台和无线电的传播，因此其应用不受环境限制，可用于陆、海、空、天及水下导航定位；隐蔽性好，不会被干扰，无法反利用，生存能力强；输出信息量大，可以输出载体的三维位置、三维速度和航向姿态信息。惯性导航的这些优点使它在现代国防科技中占有十分重要的地位。但是惯性导航的定位误差是随时间积累的，很难满足海上舰船长时间使用的要求，并且高精度惯性导航设备属于精密仪器，成本非常昂贵，因此只能在少数大型舰船上装备，难以普及利用。

随着 1957 年苏联第一颗人造地球卫星的发射，20 世纪 60 年代，空间技术开始发展，各种人造卫星相继升空，人们很自然地想到如果把无线电信号从卫星上发射，组成一个卫星导航定位系统，就能较好地解决覆盖面与定位精度之间的矛盾。于是，出现了卫星导航定位系统，它具有地基无线电导航系统无法比拟的优点和精度，因而得到了迅速的发展，特别是美国全球定位系统（global positioning system，GPS）的投入使用和应用范围的不断扩大，逐渐使传统的天文导航和地面/近地无线电导航定位系统结束了长期的垄断地位。

卫星导航定位技术代表着无线电导航技术的发展趋势，对传统的导航理论与技术产生着深远的影响。随着卫星导航系统的建设与发展，一些传统的无线电导航系统有的已经关闭或退出现役，例如，美国的海军导航卫星系统（Navy Navigation Satellite System，NNSS）即子午仪卫星导航系统（简称子午仪系统）已退出现役，奥米伽系统已经关闭。一些已有的卫星导航系统如 GPS、格洛纳斯导航卫星系统（Global Navigation Satellite System，GLONASS）的发展与应用，以及地理信息技术在国民经济发展中凸显出的重要作用，促使一些国家和地区开始建设和发展其自身的卫星导航系统，如欧洲正在建设中的伽利略导航卫星系统（Galileo Navigation Satellite System，Galileo）、中国的北斗导航卫星系统（BeiDou Navigation Satellite System，BDS）、日本的准天顶导航卫星系统（Quasi-zenith Satellite System，QZSS）等。其中，GPS、GLONASS、Galileo、BDS 为全球导航系统，为方便起见，在本章中将以上卫星导航系统统一称为全球导航卫星系统 GNSS。GNSS 具有如下特点。

1. 覆盖区域广

GNSS 能为全球任何地点和近地空间用户提供连续的导航能力。而地面（或近地）无线电导航定位系统有效作用范围有限，子午仪系统也只能进行断续定位，且平均定位间隔为 1.5h 左右。

2. 测量精度高

GNSS 能连续地为各类用户提供三维位置、三维速度和精确的时间信息，GPS 相对定位精度在 50km 以内可达 10^{-6}，在 100～500km 范围内可达 10^{-7}，在 1000km 以上可达 10^{-9}，在 300～1500m 工程精密定位中，1h 以上观测的解算，其平面误差小于 1mm；测速精度优于 0.1m/s；相对于 GPS 时间标准的授时精度优于 10ns，而相对世界协调时（coordinated universal time，UTC）的授时精度优于 $1\mu s$，将来有可能提高到 100ns。

3. 观测时间短

一般的用户接收机冷启动时间约 35s，热启动时间为 1s，定位数据更新率可达 100Hz，这对于飞机、火箭、导弹等高动态用户来说有重要意义。当 GNSS 用于快速静态相对定位测量，且每个流动站与基准站相距在 15km 以内时，流动站只需观测 1～2min；当用于动态相对定位时，流动站出发时观测 1～2min，然后可以随时定位，每站观测仅需几秒钟。

4. 测站之间无须通视

GNSS 测量不需要测站之间互相通视，只需测站上空开阔即可，因此可以节省大量的造标费用。由于无须点间通视，点定位位置根据需要可疏可密，选点工作非常灵活，也可省去经典大地网中的传算点、过渡点的测量工作。

5. 抗干扰能力强

GNSS 导航信号是用导航电文和伪随机码去调制高频载波而得到的。通过给不同的导航卫星分配不同的伪随机码，用伪随机码对导航电文进行调制，使导航信号的带宽被扩展，进而调制高频载波，实现码分多址（code division multiple access，CDMA），从而使卫星导航信号具有 CDMA 抗干扰性强的基本特点。

6. 操作简便

GNSS 测量的自动化程度很高，在观测中，测量员的主要任务是安装并开关仪器、量取仪器高程、监视仪器的工作状态和采集环境的气象数据，其他的观测和数据记录等均由仪器自动完成；另外，GNSS 测量设备的体积小、重量轻，携带和搬运方便，大大减轻了测量工作者的劳动强度。

2.3 GNSS 定位的基本原理

卫星定位就是在测站上以卫星为观测目标，获取测站至卫星的观测矢量 $\boldsymbol{\rho}$，利用观测矢量和已知的卫星位置矢量 $\boldsymbol{r}$ 计算测站点坐标。

如图 2.2 所示，在测站观测卫星，若得到观测矢量 $\boldsymbol{\rho}$，已知卫星位置矢量为 $\boldsymbol{r}$，则测站的位置矢量 $\boldsymbol{x}$ 为

$$\boldsymbol{x} = \boldsymbol{r} - \boldsymbol{\rho} \tag{2.1}$$

相反，若已知测站矢量 $\boldsymbol{x}$，由观测矢量 $\boldsymbol{\rho}$ 可求出卫星位置矢量 $\boldsymbol{r}$，即

$$r = x + \rho \tag{2.2}$$

式 (2.1) 是利用卫星进行测站点定位的基本方程式，式 (2.2) 是由已知点测定卫星位置的基本方程式。

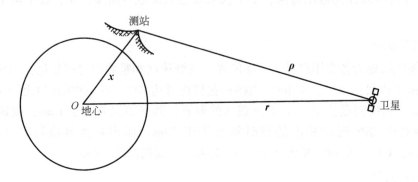

图 2.2   卫星定位示意图

虽然式 (2.1) 是利用卫星进行测站点定位的基本方程式，但前提是不但观测矢量的距离要确定，而且方向也要确定，而 GNSS 多采用测距体制进行定位。因此，导航卫星的定位原理与上述稍有不同。基础方程仍是式 (2.1)，不同的是联立多个距离方程来确定用户坐标定位。

GNSS 通过用户接收机接收卫星发射的导航信号，测出由卫星发出的信号传输到接收机的传输时间 t_i，就可计算出用户至第 i 颗卫星的距离 ρ_i

$$\rho_i = C t_i \tag{2.3}$$

式中，C 为无线电传播速度。

GNSS 的用户设备通过伪随机码跟踪环路及相关软件共同作用，可以读取 Z 计数，并实现对导航电文位、伪随机码周期数、伪随机码相位的测量，从而精确得到卫星信号的发射时间，与接收机的本地时钟比较，就能测出信号的到达时间，这个时间乘以光速就可以得到用户到卫星的距离。

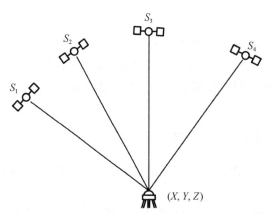

图 2.3   GNSS 定位原理

实际上，由于各种误差，测距定位问题远比上述过程复杂得多。用户测得的是包含各种误差影响在内的距离，称为"伪距"。这些误差有卫星钟差、接收机钟差、信号传输偏差。卫星钟差比较小，信号传输偏差也可以改正，一般的做法是将接收机钟差也作为未知数进行定位解算。

设用户待定坐标为 (X, Y, Z)；卫星坐标分别为 (X_i, Y_i, Z_i)，$i = 1, 2, 3, 4$；接收机用户钟差为 Δt_u；C 为无线电传播速度。如图 2.3 所示，则可以列出式 (2.4) 所示的方程。

$$
\begin{cases}
\rho_1 = \sqrt{(X_1-X)^2+(Y_1-Y)^2+(Z_1-Z)^2}+C\Delta t_u \\
\rho_2 = \sqrt{(X_2-X)^2+(Y_2-Y)^2+(Z_2-Z)^2}+C\Delta t_u \\
\rho_3 = \sqrt{(X_3-X)^2+(Y_3-Y)^2+(Z_3-Z)^2}+C\Delta t_u \\
\rho_4 = \sqrt{(X_4-X)^2+(Y_4-Y)^2+(Z_4-Z)^2}+C\Delta t_u
\end{cases}
\tag{2.4}
$$

式（2.4）为用户坐标 (X,Y,Z) 的非线性方程（Δt_u 为线性）。欲确定 $(X,Y,Z,\Delta t_u)$，一般的做法是在用户近似坐标附近作泰勒级数展开，取至一次项。令

$$
\begin{cases}
X = X_0 + \Delta X \\
Y = Y_0 + \Delta Y \\
Z = Z_0 + \Delta Z
\end{cases}
\tag{2.5}
$$

代入式（2.4）展开后并写成线性方程组习惯书写形式，有

$$
\begin{cases}
\dfrac{\partial \rho_1}{\partial X}\Delta X+\dfrac{\partial \rho_1}{\partial Y}\Delta Y+\dfrac{\partial \rho_1}{\partial Z}\Delta Z+C\Delta t_u = \rho_1-\rho_{01} \\
\dfrac{\partial \rho_2}{\partial X}\Delta X+\dfrac{\partial \rho_2}{\partial Y}\Delta Y+\dfrac{\partial \rho_2}{\partial Z}\Delta Z+C\Delta t_u = \rho_2-\rho_{02} \\
\dfrac{\partial \rho_3}{\partial X}\Delta X+\dfrac{\partial \rho_3}{\partial Y}\Delta Y+\dfrac{\partial \rho_3}{\partial Z}\Delta Z+C\Delta t_u = \rho_3-\rho_{03} \\
\dfrac{\partial \rho_4}{\partial X}\Delta X+\dfrac{\partial \rho_4}{\partial Y}\Delta Y+\dfrac{\partial \rho_4}{\partial Z}\Delta Z+C\Delta t_u = \rho_4-\rho_{04}
\end{cases}
\tag{2.6}
$$

$$
\begin{cases}
\dfrac{\partial \rho_i}{\partial X} = -\dfrac{X_i-X_0}{\rho_{0i}} \\[2mm]
\dfrac{\partial \rho_i}{\partial Y} = -\dfrac{Y_i-Y_0}{\rho_{0i}} \\[2mm]
\dfrac{\partial \rho_i}{\partial Z} = -\dfrac{Z_i-Z_0}{\rho_{0i}}
\end{cases}
\tag{2.7}
$$

$$
\rho_{0i} = \sqrt{(X_i-X_0)^2+(Y_i-Y_0)^2+(Z_i-Z_0)^2}, \quad i=1,2,3,4
\tag{2.8}
$$

记

$$
A = \begin{pmatrix}
\dfrac{\partial \rho_1}{\partial X} & \dfrac{\partial \rho_1}{\partial Y} & \dfrac{\partial \rho_1}{\partial Z} & 1 \\[3mm]
\dfrac{\partial \rho_2}{\partial X} & \dfrac{\partial \rho_2}{\partial Y} & \dfrac{\partial \rho_2}{\partial Z} & 1 \\[3mm]
\dfrac{\partial \rho_3}{\partial X} & \dfrac{\partial \rho_3}{\partial Y} & \dfrac{\partial \rho_3}{\partial Z} & 1 \\[3mm]
\dfrac{\partial \rho_4}{\partial X} & \dfrac{\partial \rho_4}{\partial Y} & \dfrac{\partial \rho_4}{\partial Z} & 1
\end{pmatrix}
\tag{2.9}
$$

$$
\Delta \rho_i = \rho_i - \rho_{0i}
\tag{2.10}
$$

则线性方程组式（2.6）可写为

$$
A\begin{pmatrix}
\Delta X \\
\Delta Y \\
\Delta Z \\
C\Delta t_u
\end{pmatrix}
=
\begin{pmatrix}
\Delta \rho_1 \\
\Delta \rho_2 \\
\Delta \rho_3 \\
\Delta \rho_4
\end{pmatrix}
\tag{2.11}
$$

A 非奇异且可逆，因此有

$$
\begin{pmatrix} \Delta X \\ \Delta Y \\ \Delta Z \\ C\Delta t_u \end{pmatrix} = A^{-1} \begin{pmatrix} \Delta\rho_1 \\ \Delta\rho_2 \\ \Delta\rho_3 \\ \Delta\rho_4 \end{pmatrix} \tag{2.12}
$$

如果考虑到近似坐标精度比较低，坐标改正量（$\Delta X, \Delta Y, \Delta Z$）的值较大，则可以用求解得到的坐标（$X_0+\Delta X, Y_0+\Delta Y, Z_0+\Delta Z$）作为新的近似坐标，重复上述迭代过程直至两次迭代坐标无明显差异为止。

如果利用四颗以上的卫星伪距确定用户坐标，则式（2.4）是一个超定方程组。此时可以令伪距观测值与计算值之差的平方和最小，利用最小二乘法确定用户坐标。

令

$$
V = \begin{pmatrix} \dfrac{\partial\rho_1}{\partial X} & \dfrac{\partial\rho_1}{\partial Y} & \dfrac{\partial\rho_1}{\partial Z} & 1 \\ \dfrac{\partial\rho_2}{\partial X} & \dfrac{\partial\rho_2}{\partial Y} & \dfrac{\partial\rho_2}{\partial Z} & 1 \\ \vdots & \vdots & \vdots & \vdots \\ \dfrac{\partial\rho_n}{\partial X} & \dfrac{\partial\rho_n}{\partial Y} & \dfrac{\partial\rho_n}{\partial Z} & 1 \end{pmatrix} \begin{pmatrix} \Delta X \\ \Delta Y \\ \Delta Z \\ C\Delta t_u \end{pmatrix} - \begin{pmatrix} \Delta\rho_1 \\ \Delta\rho_2 \\ \vdots \\ \Delta\rho_n \end{pmatrix} \tag{2.13}
$$

则依据最小二乘法有

$$
\begin{pmatrix} \Delta X \\ \Delta Y \\ \Delta Z \\ C\Delta t_u \end{pmatrix} = - (A^{\mathrm{T}}A)^{-1} A^{\mathrm{T}} \Delta\rho \tag{2.14}
$$

式中

$$
A = \begin{pmatrix} \dfrac{\partial\rho_1}{\partial X} & \dfrac{\partial\rho_1}{\partial Y} & \dfrac{\partial\rho_1}{\partial Z} & 1 \\ \vdots & \vdots & \vdots & \vdots \\ \dfrac{\partial\rho_n}{\partial X} & \dfrac{\partial\rho_n}{\partial Y} & \dfrac{\partial\rho_n}{\partial Z} & 1 \end{pmatrix} \tag{2.15}
$$

$$
\Delta\rho = (\Delta\rho_1, \Delta\rho_2, \cdots, \Delta\rho_n)^{\mathrm{T}} \tag{2.16}
$$

最后可得

$$
\begin{cases} X = X_0 + \Delta X \\ Y = Y_0 + \Delta Y \\ Z = Z_0 + \Delta Y \end{cases} \tag{2.17}
$$

【例2-1】 设用户近似坐标为 $(X_0, Y_0, Z_0) = (-730000, -5440000, 3230000)$，根据卫星星历计算的卫星坐标分别为：

$$(X_1, Y_1, Z_1) = (15524471.175, -16649826.222, 13512272.387)$$
$$(X_2, Y_2, Z_2) = (-2304058.534, -23287906.465, 11917038.105)$$
$$(X_3, Y_3, Z_3) = (16680243.357, -3069625.561, 20378551.047)$$
$$(X_4, Y_4, Z_4) = (-14799931.395, -21425358.240, 6069947.224)$$

相应的伪距观测值分别为：

$$\rho_1 = 22274133.863；\rho_2 = 19920232.728；\rho_3 = 24566287.852；\rho_4 = 21491226.260$$

试按上述方法进行定位解算。

【解】

$$r_{01} = \sqrt{(X_1-X_0)^2 + (Y_1-Y_0)^2 + (Z_1-Z_0)^2}（计算用户近似坐标到卫星距离）$$

$$r_{02} = \sqrt{(X_2-X_0)^2 + (Y_2-Y_0)^2 + (Z_2-Z_0)^2}$$

$$r_{03} = \sqrt{(X_3-X_0)^2 + (Y_3-Y_0)^2 + (Z_3-Z_0)^2}$$

$$r_{04} = \sqrt{(X_4-X_0)^2 + (Y_4-Y_0)^2 + (Z_4-Z_0)^2}$$

$$A = \begin{pmatrix} -\dfrac{X_1-X_0}{r_{01}} & -\dfrac{Y_1-Y_0}{r_{01}} & -\dfrac{Z_1-Z_0}{r_{01}} & 1 \\ -\dfrac{X_2-X_0}{r_{02}} & -\dfrac{Y_2-Y_0}{r_{02}} & -\dfrac{Z_2-Z_0}{r_{02}} & 1 \\ -\dfrac{X_3-X_0}{r_{03}} & -\dfrac{Y_3-Y_0}{r_{03}} & -\dfrac{Z_3-Z_0}{r_{03}} & 1 \\ -\dfrac{X_4-X_0}{r_{04}} & -\dfrac{Y_4-Y_0}{r_{04}} & -\dfrac{Z_4-Z_0}{r_{04}} & 1 \end{pmatrix}（计算 A 矩阵）$$

$$\{\{-0.730147, 0.503543, -0.461877, 1\}, \{0.0790505, 0.896337, -0.43627, 1\}, \{-0.709113, -0.0965445, -0.698454, 1\}, \{0.654904, 0.744061, -0.132189, 1\}\}$$

$$\rho_1 = 22274133.863；\rho_2 = 19920232.728；\rho_3 = 24566287.852；\rho_4 = 21491226.260；$$

$$L = \{\rho_1 - r_{01}, \rho_2 - r_{02}, \rho_3 - r_{03}, \rho_4 - r_{04}\}（计算自由项）$$

$$\{12212.1, 8174.66, 14138.2, 7279.98\}$$

$$\{\Delta X, \Delta Y, \Delta Z, C\Delta t_u\} = \text{Inverse}[A].L（计算用户坐标改正数和用户钟差影响值）$$

$$\{-3186.5, -3791.93, 1193.29, 12346\}$$

2.4　全球导航卫星定位系统的发展概况

导航卫星定位系统的建立，最初完全是出于军事目的。1964 年投入使用的子午仪系统，就是为修正北极星潜艇的惯性导航系统定位误差而研制的。随着冷战时代的结束以及导航卫星定位系统的发展和完善，卫星导航技术在军事和民用领域已经得到了广泛的应用，导航卫星定位技术的商业化趋势也越来越明显，从而形成了今后卫星导航定位技术的发展特点。

美国的 GPS 是迄今为止发展最成功的导航卫星系统，成为导航卫星系统的典范；俄罗斯的 GLONASS 经过过去几年的卫星补网发射，现已完成系统重建；中国也已全面完成覆盖全球的北斗卫星导航系统建设；其他国家和地区如欧盟、日本和印度也分别发展和提出了各自的卫星导航系统计划，概况如下。

2.4.1　美国子午仪卫星导航系统

美国子午仪卫星导航系统，又称为海军导航卫星系统。1964 年在军事上正式投入使用，1967 年开始提供民用，目前已停止使用。

子午仪系统由三部分组成，即空间部分、地面监控部分和用户部分。空间部分由 6 颗高约 1000km 的卫星组成，它们分布在 6 个轨道平面内，其轨道面相对地球赤道的倾角约为

90°，轨道形状近于圆形，运行周期约为 108min。卫星播发 400MHz 及 150MHz 两种频率的载波，供用户及监控站对卫星进行观测。在 400MHz 的载波上调制有导航电文，它向用户提供卫星位置和时间信息，用于测站位置解算。地面监控部分包括卫星跟踪站、计算中心和注入站。跟踪站不间断地观测卫星，将数据传至计算中心，计算中心根据跟踪数据计算卫星轨道，并形成对应不同时间的一系列导航电文，注入站将电文注入卫星存储器，由卫星定时提供给用户。用户部分主要是用户接收机。用户接收机接收卫星播发的无线电信号，测量因卫星对接收机不断运动而产生的多普勒频移，并根据卫星播发的导航电文计算卫星位置。多普勒频移反映了卫星与接收机的相对运动速度，因此，它包含了卫星与接收机的相对位置信息，根据卫星位置就可以计算接收机的位置。

子午仪系统只能提供二维导航解，取得一次导航解需对一颗卫星观测 8～10min，定位精度一般优于±40m。不同地理位置的测站，平均 1.5h 才能定位一次，利用卫星的瞬时位置和测站坐标之间的数学关系，可以计算出测站的地心坐标。固定地面测站，每隔 1h 可以观测到子午仪卫星通过一次，一般观测 40～50 次，利用收到的卫星星历和单点定位技术求得的测站地心坐标，其精度一般为±3m～±5m。

苏联在 20 世纪 70 年代也建成过类似于子午仪系统的奇卡达（Tsikada）卫星导航系统。奇卡达由 6 颗导航卫星组成卫星网，轨道高约 1000km，与赤道面夹角 83°，绕地球一周 105min。系统工作频率为 400MHz 和 150MHz，信号调制方法和子午仪系统有所不同。

2.4.2 全球定位系统

子午仪卫星导航系统实现了全球导航定位，但是它不能提供连续、实时和三维定位服务。为克服子午仪卫星导航定位系统的这些局限，美国国防部于 1973 年正式批准研制"导航星"全球定位系统（GPS）。GPS 计划是美国国防部的一项规模宏大的战略性计划，其目的是为美国各军兵种提供统一的导航定位及授时服务。

GPS 系统由三大部分组成，即空间部分、地面控制部分和用户部分。

1）空间部分

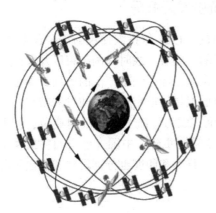

图 2.4 GPS 卫星星座

空间部分：原计划部署 24 颗卫星，均匀分布在 3 个轨道面上，后来调整为 24 颗卫星配置在 6 个轨道面上，每个轨道面上分布 4 颗，高度约 20000km，倾角 55°，周期 11h58min，各轨道面升交点赤经相差 60°，相邻轨道面邻近卫星的相位差 30°，卫星轨道为近圆形。GPS 卫星星座的分布保证了在地球上任何地点、任何时刻至少有 4 颗卫星可供观测。图 2.4 描述了 GPS 卫星星座。

GPS 的导航卫星从建设至今先后发展了 BLOCK Ⅰ、BLOCK Ⅱ、BLOCK Ⅱ A、BLOCK Ⅱ R、BLOCK Ⅱ R-M、BLOCK Ⅱ F、GPS Ⅲ/Ⅲ F 等多个型号。GPS 卫星正在更新为 GPS Ⅲ 新型导航卫星。2018 年 12 月 23 日，SPACE 公司使用"猎鹰"9-1.2 型运载火箭成功发射了首颗 GPS Ⅲ卫星，共将发射 32 颗卫星，具备高速上行/下行通信机制，定位精度号称达到 0.3m，抗干扰能力提高 8 倍，延续到 2025 年。截至 2021 年 6 月 15 日，

GPS 系统共用在轨工作卫星 31 颗,其中,8 颗 BLOCK Ⅱ R 卫星,7 颗 BLOCK Ⅱ R-M 卫星,12 颗 BLOCK Ⅱ F 卫星,4 颗 GPS Ⅲ 卫星。

GPS 卫星上最关键的设备是原子钟,它为 GPS 提供精确的时间和频率标准。原子钟的精度和稳定性决定着导航、定位和授时的精度和稳定性,原子钟的可靠性决定着导航卫星的寿命。前三颗 GPS Ⅰ 卫星每颗配置三台铷原子钟,由于早期铷原子钟的可靠性较差,而铯钟具有更好的性能,因此余下的 GPS Ⅰ 卫星的原子钟改为三台铷钟、一台铯钟。GPS Ⅱ 和 GPS Ⅱ A 都配置两台铷钟、两台铯钟,GPS Ⅱ 和 GPS Ⅱ A 的铷钟性能优于铯钟,但是寿命却比铯钟短,只能用铯钟来满足寿命要求。GPS Ⅱ R 的铷钟解决了长寿命、可靠性的问题,GPS Ⅱ R/Ⅱ RM 卫星每颗只配置三台铷原子钟,GPS Ⅱ F 卫星每颗配置两台铷原子钟和一台铯原子钟。

GPS 卫星的导航信号包括三个分量:载波信号、伪随机码和导航信号。导航信号与伪随机码进行模二和,所合成的信号被加载到载波上进行调制,然后将调制好的信号发送出去。载波信号使用 L 波段的三个频率:L1(1575.42MHz)、L1(1227.60MHz)和 L5(1176.45MHz)。GPS 伪随机噪声(pseudo-random noise,PRN)有 C/A 码、P 码、Y 码和 M 码。其中 C/A 码为民用码,P 码、Y 码和 M 码为军用码。GPS BLOCK Ⅰ 、BLOCK Ⅱ 、BLOCK Ⅱ A、BLOCK Ⅱ R 卫星的导航信号在 L1 频段提供一个 C/A 码导航信号,在 L1、L2 频段各提供一个 P(Y)码导航信号。从 GPS Ⅱ R-M 卫星开始,L2 频段增加了 L2C 民用导航信号,L1、L2 频段各增加了一个 M 码军用导航信号,GPS Ⅱ F 卫星又新增了 L5 频段的 L5C 民用导航信号。GPS 现代化计划将在 2012~2021 年提供第四个民用信号 L1C,该信号是频率为 1575.42MHz 的二进制偏移载波(binary offset carrier,BOC)调制导航信号。民用信号的增多使得民用用户可以从不同频段获得 GPS 卫星导航信号,并通过频率组合校正电离层传播的延迟,从而提高民用用户的定位精度。新的 M 码的启用使军用导航信号和民用导航信号分离,实现了不需要民用导航信号引导就可以直接访问 M 码军用导航信号,提高了美国军用导航信号的安全性和抗干扰能力。

2)地面控制部分

地面控制部分由主控站、监控站和注入站组成,它们分别包括:1 个主控站、1 个备用主控站、16 个监控站和 4 个注入站。

(1)主控站。GPS 系统的日常运行维护工作主要在主控站进行,由美国空军第二太空作战中队(2SOPS)和空军预备役第 19 太空作战中队(19SOPS)负责。主控站设在科罗拉多州施里弗空军基地(Schriever Air Force Base),另有一备用主控站设在加利福尼亚州范登堡空军基地(Vandenberg Air Force Base)。站内设有精密时钟,是 GPS 的时间基准,各监控站和各卫星的时钟都须与其同步。同步是使各时钟与主控站时钟信号同频同相,测得各时钟与主控站时钟的钟差。主控站设有计算中心,根据各监控站发送过来的测量数据计算各 GPS 卫星在太空中的位置,进而编制星历,计算各卫星原子钟钟差、电离层对流层校正参数等,然后将预测的卫星星历、钟差和校正参数等发送到注入站。主控站还负责监测 GPS 的完好性,评估和确定 GPS 星座的健康状况,调整偏离轨道的卫星的位置,保持良好的 GPS 星座构型,必要时用备用卫星代替失效的卫星。

(2)监控站。目前 GPS 共有 16 个监控站,其中 6 个为美国空军监控站,分别设在科罗拉多州施里弗空军基地、加利福尼亚州范登堡空军基地、佛罗里达州卡纳维拉尔角、大西洋的阿松森岛(Ascension)、印度洋的迭戈加西亚岛(Diego Garcia)和太平洋的夸贾林岛

（Kwajalein），其余10个为美国国家地理空间情报局（National Geospatial-Intelligence Agency，NGA）所属的监控站，分别设在华盛顿特区、阿拉斯加州、英国、厄瓜多尔、阿根廷、南非、澳大利亚、巴林、韩国、塔希提岛等地。每个监控站装备有多频GPS接收机、气象仪器、原子频标（即用铷钟、铯钟作为时间标准）、计算机及同主控站联系的通信设备。监控站都是无人的数据收集中心，在主控站的遥控下，监控站的天线能自动跟踪视界中的所有卫星，并在L波段接收来自卫星的导航信号。气象仪器收集当地的气象数据，用于计算修正对流层延迟参数。监控站的原子钟与主控站原子钟同步，作为监控站工作的精密时间基准。监控站的计算机控制监控站所有的数据收集，并将收集到的导航信号数据与气象数据等定时传输到主控站，由主控站处理。

（3）注入站。美国空军的4个注入站分别设在夸贾林岛、阿森松岛、迭戈加西亚岛和卡纳维拉尔角。当GPS卫星通过注入站视界时，注入站通过S波段无线链路卫星通信专用地面天线将主控站送来的星历数据、气象数据、钟差数据、电离层改正数据、对流层改正数据等上传到GPS卫星，所有这些数据均被存入卫星上的存储器中，以更新原来那些相应数据，并形成卫星向用户发送的新的导航信息。注入站还负责监测注入卫星的导航信息是否正确。注入站每24h向卫星至少注入一次新的导航数据。美国空军还有8个地面站可用来与GPS卫星进行通信和控制，但其作用与上述4个注入站有所不同，这8个站主要用于对卫星进行遥测跟踪和控制、计划和执行卫星动作调整任务等。

3）用户部分

用户部分由天线、接收机、数据处理机和控制/显示装置组成。现在世界范围内已有许多厂家生产出百种以上的GPS接收设备，经过多年的发展，其体积越来越小，性能越来越高。以美国为例，其GPS终端已应用于众多领域，并在近年的战争中发挥了关键作用。美国目前已成功开发出选择可用性/反电子欺骗模块（selective availability anti-spoofing module，SAASM），使GPS接收终端具有更高的安全性和抗干扰、反欺骗能力；开发了具有自适应调零天线技术的GPS时空抗干扰接收机，使GPS的抗干扰能力提高了40~50dB；成功研制了P（Y）码直捕GPS接收机，此接收机无需C/A码引导即可直接捕获P（Y）码；研制了集卫星遥感、超视距语音与数据通信和卫星导航功能为一体的接收机，将战场测绘、通信指挥、搜救与定位多功能融为一体；研制出了目前世界上体积最小的"锤头-Ⅱ"接收机，其体积仅为3.74mm×3.59mm×0.6mm。卫星导航接收机将向数字化、多通道、超小型、多功能、抗干扰、集成化、软件化的方向发展。

为了提高导航精度、可用性和完整性，世界各地发展了各种差分系统。特别是利用地球静止轨道卫星建立的地区性广域差分增强系统，如美国联邦航空管理局开发的广域增强系统（wide area augmentation system，WAAS）、欧洲星基增强系统（European geostationary navigation overlay service，EGNOS），以及日本星基增强系统（multi-functional transport satellite-based augmentation system，MSAS），可提供附加区域卫星导航测距信号、导航精度校正数据和在轨导航卫星的可用性信息，成为显著提高导航精度和可靠性的重要手段。

2.4.3 GLONASS 系统

GLONASS是俄罗斯全球卫星无线电导航系统，建设目的是能够在全球和近地空间连续地为无限制数量的空中、水域及其他类型的用户提供一种能够实现全天候三维定位、测速和授时的功能服务。从 20 世纪 70 年代中期开始，苏联就在其多普勒卫星系统奇卡达的基础上启动了 GLONASS 的开发。GLONASS 从 1982 年开始发射导航卫星，1993 年系统开始运行，1996 年完成系统星座组网，达到完全运行状态，并于 1999 年通过政府文件将 GLONASS 民用信号免费向国际用户开放。由于卫星使用寿命短，系统建设缺乏资金支持，GLONASS 的工作卫星数量在 1996 年之后逐渐减少，到 2001 年仅有 6 颗。从 2006 年开始，俄罗斯开始逐渐补发导航卫星，截至 2024 年 11 月 11 日，在轨卫星数目达到 26 颗（表 2.1），恢复了系统的完全运行状态，实现了导航信号的全球覆盖。

表 2.1 截至 2024 年 11 月 11 日 GLONASS 的星座状态

卫星种类	数量/颗
星座中的卫星	26
工作卫星	24
试运行阶段卫星	0
维护阶段卫星	0
处于卫星承包商检查阶段的卫星	0
备份卫星	0
飞行测试阶段的卫星	2

与 GPS 的系统组成一样，GLONASS 由卫星星座、地面测控网和用户接收设备这三大部分组成。

GLONASS 卫星星座由 24 颗卫星组成，这 24 颗卫星均匀分布在 3 个轨道平面上，三个轨道平面的升交点赤经相距 120°，每个轨道平面上布设 8 颗 GLONASS 卫星。图 2.5 描绘了 GLONASS 卫星星座。

最初的 GLONASS 卫星工作寿命很短，1996 年初建成的 24 颗 GLONASS 卫星工作星座到 2.5 年后的 1998 年 6 月，仅有 12 颗还能够提供导航定位服务，而同期的 GPS 卫星工作寿命最高达到 13.5 年。目前的 GLONASS 星座主要由 GLONASS-M 和 GLONASS-K 卫星组成，前者设计使用寿命为 5 ~ 7 年，后者达

图 2.5 GLONASS 卫星星座

10 年，较长的使用寿命将保证 GLONASS 星座工作卫星数目在一定时期的稳定性。

GLONASS 地面测控网的主要作用有：测量和计算卫星轨道和卫星钟差；向每颗卫星注入预测星历、钟差及历书信息；使各卫星与 GLONASS 系统时间同步；计算 GLONASS 时间与 UTC 时间的偏差；进行卫星跟踪、指挥与控制。

地面测控网作用的完成依赖于分布在全苏联境内的地面站。苏联解体后，GLONASS 的地面站规模一度缩减，且只分布在俄罗斯境内（若干激光跟踪站除外）。随着 GLONASS 差分校正和监测系统（system for differential correction and monitoring，SDCM）的建设，GLONASS 地面站的规模也将扩大。目前俄罗斯境内已有 12 个地面监测站，另有 1 个位于南极洲俄罗斯别林斯高晋科学考察站的监测站。俄罗斯还计划在其境内增设 8 个监控站，在境

外增设 5 个监控站，计划增设的境外监控站将分别位于古巴、巴西、越南、澳大利亚和南极洲。

　　传统的 GLONASS 导航信号是采用频分多址（frequency division multiple access，FDMA）来区分不同卫星的导航信号的，FDMA 信号增强了导航信号的抗干扰性能，但同时也增加了其接收机的复杂性，限制了 GLONASS 终端的应用和发展。俄罗斯计划将 GLONASS 的 FDMA 信号逐步过渡到 CDMA 信号。2011 年初发射的 GLONASS-K1 卫星在 L3 波段的 1202.025MHz 载波上增加了一个 CDMA 信号，GLONASS 还将在后续发射的 GLONASS-K2 卫星上增加 L1 和 L2 频段的 CDMA 导航信号。

　　为了增强 GLONASS 系统的性能，俄罗斯从 2002 年起就开始研发和建设 GLONASS 的星基增强系统——差分校正和监测系统。该系统将借助地面监测站网和"波束号"地球同步通信卫星，利用 GPS L1 频率发射差分修正值和完好性数据。SDCM 由地面监测站、中央处理设施和地球同步卫星三部分构成。地面监测站将该站的 GLONASS 和 GPS 信号伪距和载波相位原始观测值传送至中央处理设施，由其计算精密星历和时钟信息，进行完好性监测，并产生星基增强信号，通过"波束号"地球同步通信卫星转发至接收机用户，提高用户的定位精度。

　　GLONASS 系统已经进入了一个新的阶段，新的 CDMA 导航信号和 SDCM 的部署不仅能提高导航服务的性能，还形成了区域精密导航系统的基础，可以使俄罗斯及其邻国的用户实现分米级的导航。

2.4.4　北斗卫星导航系统

　　北斗卫星导航系统是中国自主建设、独立运行，并与世界其他卫星导航系统兼容共用的全球导航卫星系统。其发展历史可以分为北斗卫星导航试验系统（北斗一号系统）和北斗卫星导航系统，2012 年 12 月 27 日建成了服务于亚太地区的区域无源系统（北斗二号系统），2020 年 7 月 21 日建成了全球覆盖的卫星导航系统（北斗三号系统），其发展蓝图如图 2.6 所示。

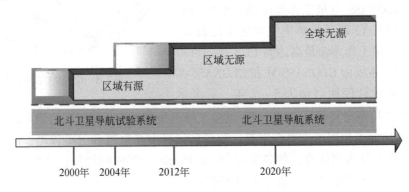

图 2.6　北斗卫星导航系统发展蓝图

1. 北斗卫星导航试验系统

1）系统概况

北斗卫星导航试验系统又称为北斗一号系统，是中国的第一代卫星导航系统，即有源区域卫星定位系统。该系统于 1994 年正式立项，2000 年发射两颗卫星后即能够工作，2003 年又发射了一颗备份卫星，完成了试验系统的组建。该系统服务范围为 70°E ~ 145°E，5°N ~ 55°N。该系统采用有源定位的方式，仅用少量卫星即可实现定位，因而系统建设成本低，见效快。

北斗卫星导航试验系统由导航通信卫星、地面测控网和用户设备组成，如图 2.7 所示。

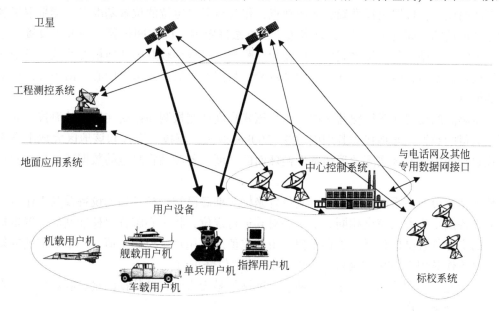

图 2.7   双星导航定位系统组成示意图

a. 导航通信卫星

系统中的卫星是空间导航站，即在空间的位置基准点，也是通信中继站。系统的卫星部分由三颗北斗一号卫星组成，均是离地面约 36000km 的地球同步静止卫星。其中，两颗工作卫星分别定点于 80°E、140°E 上空，因此北斗卫星导航试验系统又称为北斗双星导航定位系统，另一颗为在轨备份卫星，定点在 110.5°E。每颗卫星由有效载荷、电源、测控、姿态和轨道控制、推进、热控、结构等分系统组成。卫星上设置两套转发器，一套构成地面中心到用户的通信链路，另一套构成由用户到地面中心的通信链路，卫星波束覆盖我国领土和周边区域，主要满足国内导航通信的需要。

b. 地面测控网

地面测控网包括主控站（包括计算中心）、测轨站、气压测高站、校准站。

主控站设在北京，控制整个系统工作，其主要任务如下。

（1）接收卫星发射的遥测信号；向卫星发送遥控指令，控制卫星的运行、姿态和工作。

（2）控制各测轨站的工作，收集它们的测量数据，对卫星进行测轨、定位，结合卫星的动力学、运动学模型，制作卫星星历。

（3）实现中心与用户间的双向通信，并测量电波在中心、卫星、用户间往返的传播时间（或距离）。

（4）收集来自测高站的海拔数据和校准站的系统误差校正数据。

（5）利用测得的计算中心、卫星、用户间电波往返的传播时间，气压高度数据，误差校正数据，卫星星历数据，结合存储在中心的系统覆盖区数字地图，对用户进行精密定位。

（6）系统中各用户通过与中心的通信，间接地实现用户与用户之间的通信。由于中心集中了系统中全部用户的位置、航迹等信息，可方便地实现对覆盖区内用户的识别、监视和控制。

测轨站设置在位置坐标准确已知的地点，作为对卫星定位的位置基准点，测量卫星和测站间电波传播的时间（或距离），以多边定位方法确定卫星的空间位置，一般需设置三个或三个以上的测轨站，各测站之间应尽可能拉开距离，以得到较好的几何精度系数，三个测轨站分别设在佳木斯、喀什和湛江。各测站将测量数据通过卫星发送至中心，由中心进行卫星位置的解算。

气压测高站设置在系统覆盖区内，用气压式高度计测量测高站所在地区的海拔。通常一个测站测得的数据粗略地代表其周围 100～200km 地区的海拔。海拔和该地区大地水准面高度之代数和即为该地区实际地形离基准椭球面的高度。各测站将测量的数据通过卫星发送至中心。

校准站也分布在系统覆盖区内，其位置坐标应准确已知。校准站的设备及其工作方式和用户的设备及工作方式完全相同。由中心对其进行定位，将中心解算出校准站的位置坐标和校准站的实际位置坐标相减，求得差值，由此差值形成用户定位修正值，一个校准站的修正值一般可用作其周围 100～200km 区域内用户的定位修正值。

一般情况下，测轨站、气压测高站、校准站均是无人的自动数据测量、收集中心，在计算中心的控制下工作。

c. 用户设备

用户设备是带有全向收发天线的接收、转发器，用于接收卫星发射的 S 波段信号，并从中提取中心传送给用户的数字信息。用户设备仅是接收、转发设备，因此设备可做得简单些，成本也可降低。对于一个容量极大的系统，降低用户设备的价格是扩大系统用户、提高系统使用效率的关键，也是提高系统竞争能力的关键因素之一。

用户设备具有三大特点。

（1）开机快速定位功能：用户开机几秒就可以进行定位，而 GPS 等其他卫星导航系统需要几分钟。

（2）位置报告功能：用户与用户、用户管理部门及地面中心之间均可实行双向报文通信，传递位置及其他信息，这是目前其他卫星导航系统不具备的。

（3）双向授时功能：可以为用户提供双向授时服务，这也是目前其他卫星导航系统不具备的。

北斗卫星导航试验系统采用有源定位体制，使得系统在用户容量、定位精度、隐蔽性和定位频度等方面均受到一定限制，而且系统无测速功能，不能满足远程精确打击武器的高精度制导要求。但是与其他卫星导航系统相比，该系统的投资要少得多，而且它还具有其他系统不具备的位置报告功能，因此，可以说双星导航定位系统是一个性能价格比较高的、具有中国特色的卫星导航系统。

2）系统主要技术指标

（1）服务区域：经度为 70°E～145°E；纬度为 5°N～55°N。

（2）动态性能及环境条件：系统适合用户机载体瞬时速度小于 1000km/h 的动、静态用户使用。陆上各类用户机在公路上行进时被树木轻微遮挡的条件下能正常使用。

（3）用户容量：系统每小时可为以下用户提供 54 万次服务。其中，一类用户机 10000～20000 个，适合单兵携带用户，5～10min 服务一次；二类用户机 5500 个，适合汽车、坦克、装甲车、舰船及直升机等用户，10～60s 服务一次。

（4）系统阻塞率：不大于 10^{-3}。

（5）数据误码率：不大于 10^{-5}。

（6）定位精度：平面位置精度（1σ）20m（不设标校机区域 100m）；高程控制精度（1σ）10m。其中，1σ 表示达到指标的概率为 0.68。

（7）简短报文通信能力：用户每次最多可以传送 120 个汉字的信息。

（8）授时精度（相对于中心控制系统时统）：单向传递精度为 100ns，双向传递精度为 20ns。

3）北斗卫星导航试验系统定位解算

北斗卫星导航试验系统采用双星定位体制，其定位基本原理为三球交会测量原理：地面中心通过两颗卫星向用户广播询问信号（出站信号），并根据用户响应的应答信号（入站信号）测量并计算出用户到两颗卫星的距离；然后根据中心存储的数字地图或用户自带测高仪测出的高程算出用户到地心的距离，根据这三个距离就可以确定用户的位置，并通过出站信号将定位结果告知用户。授时和报文通信功能也在这种出入站信号的传输过程中同时实现。

首先由地面中心向卫星 1 和卫星 2 同时发送出站询问信号（C 波段）；两颗工作卫星接收后，经卫星上出站转发器变频放大向服务区内的用户广播（S 波段）；用户响应其中一颗卫星的询问信号，并同时向两颗卫星发送入站响应信号（用户的申请服务内容包含在内，L 波段），经卫星转发回地面中心（C 波段），地面中心接收解调用户发送的信号，测量出用户所在点至两颗卫星的距离和，然后根据用户的申请服务内容进行相应的数据处理。对定位申请：根据测量出的两距离和，加上从储存在计算机内的数字地图查寻到的用户高程值（或由用户携带的气压测高仪提供），计算出用户所在点的坐标位置，然后置入出站信号中发送给用户，用户接收此信号后便知自己的坐标位置。对通信申请：地面中心根据通信地址将通信内容置入出站信号发给相应用户。图 2.8 是用户响应卫星转发的出站信号的过程示意。

系统采用广域差分定位方法，利用标校机的观测信息，确定服务区内电离层、对流层以及卫星轨道位置误差等校准参数，从而为用户提供更高精度的定位服务。

2. 北斗卫星导航系统简介

北斗卫星导航试验系统是中国自主建立的卫星导航系统，系统仅使用两颗卫星就实现了对中国及其周边区域导航信号覆盖，并取得了良好的应用效果。然而试验系统采用主动定位的方式，导致系统容量、定位频度和信号覆盖范围有限；同时由于需要发射信号，用户接收机体积较大，携带不便；用户定位需依赖高程数据库的支持，精度也难以提高。北斗卫星导航试验系统已无法满足我国日益增长的导航需求。同时，GPS 和 GLONASS 的发展也对我国卫星导航系统的建设和发展提出了更高的挑战。

从 2004 年开始，我国就开始筹建第二代卫星导航系统，按照先区域、后全球的总体建

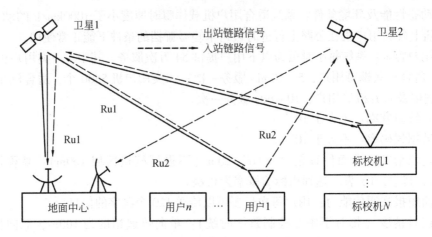

图 2.8　北斗卫星导航试验系统工作原理图

设思路，先建成导航信号覆盖中国及周边地区的北斗二号系统，这是第二步，已于 2012 年底完成。第三步，满星座的北斗三号系统已于 2020 年下半年完成，北斗卫星导航系统已能够实现全球的卫星导航、定位和授时功能，并为中国及周边地区用户提供定位精度为 1m 的广域差分服务和短报文通信服务。

北斗卫星导航系统由空间星座、地面控制和用户终端三大部分组成。

1）空间星座

2012 年 12 月 27 日，官方宣布北斗卫星导航系统正式提供区域服务，北斗二号系统建设完成，在轨工作卫星有 5 颗地球静止轨道（geostationary earth orbit，GEO）卫星、5 颗倾斜地球同步轨道（inclined geosynchronous orbit，IGSO）卫星和 4 颗中圆地球轨道（medium earth orbit，MEO）卫星。北斗二号系统空间星座组成如图 2.9 所示。相应的位置为：GEO 卫星的轨道高度为 35786km，分别定点于 58.75°E、80°E、110.5°E、140°E 和 160°E，如图 2.9 中 1 号轨道所示。

MEO 卫星的轨道高度为 21528km，轨道倾角为 55°，回归周期为 7 天 13 圈，相位从 Walker24/3/1 星座中选择，第一轨道面升交点赤经为 0°。4 颗 MEO 卫星位于第一轨道面 7、8 相位、第二轨道面 3、4 相位，如图 2.9 中 2 号轨道所示。

IGSO 卫星的轨道高度为 35786km，轨道倾角为 55°，分布在三个轨道面内，如图 2.9 中 3 号轨道所示，升交点赤经分别相差 120°，其中，三颗卫星的星下点轨迹重合，交叉点经度为 118°E，其余两颗卫星星下点轨迹重合，交叉点经度为 95°E。

北斗三号系统的空间星座由 3 颗 GEO 卫星和 27 颗非地球静止轨道（Non-GEO）卫星组成，Non-GEO 卫星由 24 颗 MEO 卫星和 3 颗 IGSO 卫星组成，星座结构如图 2.10 所示。分布于赤道上空的地球静止轨道的 3 颗卫星均为 GEO 卫星，其 MEO 卫星平均分布在 3 个轨道面上，每个轨道平均分布 8 颗卫星。北斗卫星导航系统的 GEO 卫星和 MEO 卫星如图 2.11 和图 2.12 所示。

截至 2020 年 6 月 23 日，北斗三号最后一颗全球组网卫星成功发射，至此，北斗三号全球卫星导航系统星座部署比原计划提前半年全面完成，构建了稳定可靠的星间链路，实现了星间星地联合组网。

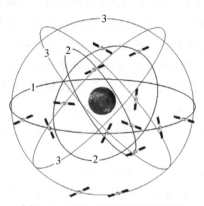

图 2.9　北斗二号系统空间星座
结构示意图

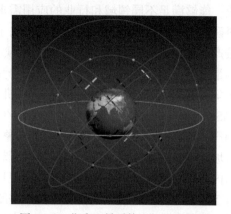

图 2.10　北斗三号系统空间星座结构
示意图

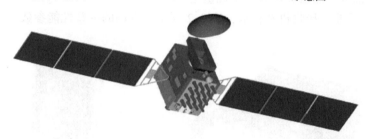

图 2.11　GEO 卫星示意图

图 2.12　MEO 卫星示意图

2）地面控制

　　地面控制部分由若干主控站、注入站和监测站组成。主控站的主要任务是收集各个监测站的观测数据，进行数据处理，生成卫星导航电文、广域差分信息和完好性信息，完成任务规划和调度，实现系统运行控制与管理等；注入站主要任务是在主控站的统一调度下，完成卫星导航电文、广域差分信息和完好性信息注入，以及有效载荷的控制管理；监测站对导航卫星进行连续跟踪监测、接收导航信号，并发送给主控站，为卫星轨道确定和时间同步提供观测数据。主控站设在北京，另有一个备份主控站设在成都；两个注入站分别设在喀什和三亚；监测站分为一类监测站和二类监测站，一类监测站设在北京、哈尔滨、乌鲁木齐、喀什、成都、汕头和三亚等地，二类监测站分别设在兰州、郑州、武汉、昆明和上海等地。

3）用户终端

　　北斗卫星导航系统的用户终端由各类北斗用户终端，以及与其他卫星导航系统兼容的终端组成，能够满足不同领域和行业的应用需求。北斗卫星导航系统开始建设后，一些高等院校、科研院所、卫星导航相关企业争相推出了众多的北斗卫星导航系统终端产品。这些终端产品按产品类型分为手持型、车载型、船载型及机载型等；按应用功能分为导航型、授时型、测量型等；按接收机可处理的频点数分为北斗单频接收机、北斗双频接收机、北斗三频接收机等；按导航系统分为单北斗接收机、北斗/GPS 双系统组合接收机及北斗/GPS/GLONASS 三系统组合接收机乃至北斗/GPS/GLONASS/Galileo 四系统组合接收机等。这些北斗终端产品均具有自主知识产权，并在气象、港口、铁路、公路、航空、渔业、地震、洪水、滑坡和森林防火等诸多应用领域得到了较好的应用。

国内卫星导航领域厂商起步较晚，在卫星导航终端设备设计制造的关键技术、理论算法及制造工艺上与国外著名厂商仍有一定的差距。在国家政策的扶持下，国内厂商在接收机整机和板卡领域已经取得了长足的进步，多家厂商陆续推出了具有自主知识产权的导航和测量型整机和板卡，部分产品已经进入了小批量生产阶段。

图 2.13 是几款北斗接收机及板卡，表 2.2 列出了它们的一些性能参数。

(a)UR360　　　　　　　　　　　　　(b)手持兼容性机

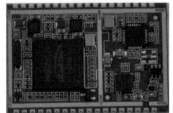

(c)BD/GPS OEM 板卡　　　　　　　　(d)CC50-BG 板卡

图 2.13　几款国产北斗接收机及板卡

表 2.2　几款北斗接收机板卡与整机产品

接收机型号	接收机类型	国别	信号源	通道数	定位精度
UR360	测绘型	中国	BD2 B1/B2 GPS L1/L2 GLONASS L1/L2	192	单点：1.5m 实时动态（real-time kinematic，RTK）： 1cm+1ppm（水平） 2cm+1ppm（垂直）

续表

接收机型号	接收机类型	国别	信号源	通道数	定位精度
CC50-BG	导航型	中国	BD2 B1 GPS L1	64	5m（水平） 10m（垂直）
兼容机	导航型	中国	BD2 B1 GPS L1	16	10m
BD/GPS OEM 板卡	导航型	中国	BD2 B1 GPS L1	12	10m

随着北斗卫星导航系统的建设和发展，北斗卫星导航系统空间接口控制文件正式版已发布，国内的北斗/GNSS 用户终端厂商将面临国外厂商的严峻挑战。国内北斗/GNSS 用户终端厂商只有不断加强自身的人才建设，不断地进行技术和工艺革新，才能在卫星导航终端领域站稳脚跟。

4）服务性能

北斗二号系统服务范围为：55°E ~ 180°E，55°S ~ 55°N 的大部分地区，其中，75°E ~ 135°E，10°N ~ 55°N 区域为重点服务区域，定位精度为 10m，其他区域定位精度为 20m。

2018 年 12 月 27 日，北斗三号基本系统已完成建设，开始提供全球服务。这标志着北斗卫星导航系统服务范围由区域扩展为全球，北斗卫星导航系统正式迈入全球时代。

目前，北斗卫星导航系统定位导航授时服务性能指标如下。服务区域：全球；定位精度：水平 10m、高程 10m（95%）；测速精度：0.2m/s（95%）；授时精度：20ns（95%）；服务可用性：优于 95%。

其中，在亚太地区，定位精度水平 5m、高程 5m（95%）。实测结果表明，北斗系统服务能力全面达到并优于上述指标。

未来，北斗卫星导航系统将持续提升服务性能，扩展服务功能，保障连续稳定运行，进一步提升全球定位导航授时和区域短报文通信服务能力，并提供星基增强、地基增强、精密单点定位、全球短报文通信和国际搜救等服务。

2.4.5 欧洲 Galileo 卫星导航系统

Galileo 是欧洲正在实施的一项重大民用航天项目，于 20 世纪 90 年代由欧盟委员会和欧洲空间局（European Space Agency，ESA）共同发起，其目标是建成欧洲自主的民用全球卫星导航系统，并与美国 GPS 和俄罗斯 GLONASS 导航系统相兼容，从而摆脱对 GPS 的依赖，打破美国对全球卫星导航定位产业的垄断。在使欧洲获得工业和商业效益的同时，它将为建立欧洲共同安全防务体系提供基础条件。

1. 概述

Galileo 计划的酝酿开始于 1990 年，欧洲空间局决定研制全球导航卫星系统。分为两个阶段：第一阶段是建立一个与美国 GPS、俄罗斯 GLONASS 及三种区域增强系统均能相容的第一代全球导航卫星系统（GNSS-1）；第二阶段是建立一个完全独立于 GPS 和 GLONASS 之外的第二代全球导航卫星系统（GNSS-2），也就是 Galileo。Galileo 将实现欧洲拥有自己独立的全球导航卫星系统的长远目标。

Galileo 可在民用部门控制下提供高度精确的、有保障的全球定位服务。它将与 GPS 和 GLONASS 兼容。用户可利用同一接收机从不同组合的卫星获得定位信息。不过，通过把双频工作作为标准配置，Galileo 系统将提供高达米级的定位精度，民用精度可达 6m，这是以往面向公众的系统从未达到过的。

Galileo 系统包括 30 颗导航卫星及其相关地面设施，按照欧盟的最初设想，Galileo 计划的安排共分为四个阶段。

第一阶段：系统的可行性评估或者称为定义阶段。2000 年底已完成。

第二阶段：研发和在轨验证阶段。此阶段的计划时间为 2001～2006 年，主要是系统的研发和检测阶段。2005 年 12 月 28 日，由英国萨里卫星技术公司研制的首颗在轨验证卫星的实验星 GIOVE-A 成功发射，标志着 Galileo 计划在轨验证阶段迈出重要一步。按计划，第二颗实验卫星 GIOVE-B 应于 2006 年 4 月发射，以确保国际电信联盟把已分配给 Galileo 系统的频率继续保留给它使用，后来由于种种原因，该颗卫星推迟至 2008 年 4 月 27 日在位于哈萨克斯坦的拜科努尔航天中心成功发射，并在入轨后运行良好。2009 年 6 月 15 日，欧洲空间局 Galileo 计划主任与阿里安航天公司首席执行官在巴黎航展上签署协议：使用两枚联盟火箭从欧洲的法属圭亚那航天中心（Centre Spatial Guyanais，CSG）发射首批 4 颗 Galileo 卫星，到 2010 年底，4 颗 Galileo 卫星将进入 23600km 高空的椭圆轨道运行。4 颗 Galileo 工作星发射成功后才标志着 Galileo 计划进行真正意义上的空间、地面和用户联合在轨验证试验。

第三阶段：部署与建设阶段。此阶段的计划时间为 2006～2008 年，主要任务是卫星的发射布网、地面站的架设、系统的整机联调。显然，此阶段已经推迟进行，并且此阶段是整个计划耗资最大的阶段。

第四阶段：系统商业运行阶段。此阶段计划于 2008 年底开始，系统原先预计到 2014 年达到收支平衡、实现独立运转的计划被推迟。

2. Galileo 的系统组成

1）空间段

（1）Galileo 卫星星座。Galileo 卫星星座由 30 颗卫星组成，其星座结构见图 2.14。这些卫星均匀分布在 3 个中高地球轨道上，其星座构形为 Walker27/3/1，并有 3 颗在轨备份星。卫星轨道高度为 23616km，轨道倾角为 56°，设计寿命 20 年。Galileo 卫星的尺寸为 2.7m× 1.2m×1.1m，太阳电池翼展开跨度为 13m，发射质量为 700kg，功率为 1.6kW，主要有效载荷包括质量为 130kg、功率为 900W 的导航载荷和质量为 15kg、功率为 50W 的搜救转发器。Galileo 卫星发送连续的测距码和导航数据，即使在恶劣情况下，时钟坐标和导航数据每 100min 上行注入一次，完好性数据每秒上行注入一次。Galileo 卫星提供 10 个右旋圆极化的导航信号和 1 个搜救信号。依据国际电联的规定：导航信号分别在分配的无线电导航卫星系统频段 1164～1215MHz、1260～1300MHz 和 1559～1591MHz 内发射；搜救信号将在一个紧急服务预留频段（1544～1545MHz）内广播。系统采用码分多址（CDMA）扩频技术，各卫星以相同的频率发射信号。Galileo 卫星射频信号的调制除了采用传统的双相移键控（binary phase-shift keying，BPSK）调制技术外，还采用一种新的调制技术——二进制偏移载波（binary offset carrier，BOC）调制。与 BPSK 相比，这种调制方式具有较好的抗多路径效应、降低码噪声和易于信号跟踪等优点，将成为未来卫星导航与通信系统信号的有效调制手段。

图 2.14　Galileo 星座结构图

截至 2025 年 3 月底，Galileo 卫星星座共有 32 颗卫星，其中 7 颗可用，5 颗不可用。

（2）Galileo 卫星有效载荷。导航有效载荷主要包括：①授时系统；②信号产生子系统，对载波频率进行格式化、编码和调制；③无线电频率子系统，放大调制载波；④天线子系统，向用户发送导航信号；⑤C 频段数据接收系统，负责接收导航电文和完好性数据。其中，授时系统由星载原子钟及相对应的功分器、功率合成器、频率分配网络、二次电源模块和锁相环（phase-locked loop，PLL）电路等部件构成。星载原子钟是卫星授时系统的核心，包括 2 台铷钟和 2 台氢脉泽钟。铷钟质量为 3.2kg，功率为 30W；氢脉泽钟质量为 18kg，功率为 70W。铷钟体积小，成本低，具有较短的周期稳定度（优于 10ns/d），是在星上采用的最先进的铷钟；而氢脉泽钟的周期稳定度更短（优于 1ns/d），世界上首次在星上采用这种氢钟。

搜救（search and rescue，SAR）有效载荷：每颗 Galileo 卫星上都安装有搜救有效载荷。它支持现有的国际低极轨道卫星搜救系统，并能满足国际海事组织（International Marine Organization，IMO）和国际民航组织（International Civil Aviation Organization，ICAO）在求救信号探测方面的要求。搜救有效载荷是一个变频转发器，质量约 15kg，功率为 50W。该有效载荷在 406MHz 频带上检出求救信号，将其转化为 1544MHz 频带（称为 L6 频带，保留为紧急服务使用）的信号发送到地面救援系统。另外，它还将把在 C 频段上接收到的由搜救注入站发来的救援指令变换到 L 频段发送给搜救终端。Galileo 将定位功能和搜救功能集成在一个系统中，并能够实现全球无缝覆盖，系统用户在任何地点和时间均可接收到 4 颗卫星的信号，从而确保实时报警和求救信号被可靠接收。搜救有效载荷具有双向转发功能，可以将救援指令发送到求救者所在区域，及时通知附近的救援组织前往营救；求救者收到此信号后，也可以确知求救信号已被受理，从而做好准备，以配合救援行动。

（3）Galileo 卫星研制进程。目前，Galileo 计划空间段的建造已完成两颗 GIOVE 试验卫星的研制、发射及运行，4 颗在轨验证（in-orbit validation，IOV）卫星通过了关键设计评审，工程模块和飞行模块已交付，于 2011 年分两次发射，GIOVE 卫星和 IOV 卫星的主要性能如表 2.3 所示。

表 2.3　GIOVE 卫星和 IOV 卫星主要性能比较

指标	GIOVE-A	GIOVE-B	IOV
寿命/年	2.25	2.25	12
卫星质量/kg	600	500	700
卫星功率/W	700	1100	1600
信号发送	E5+E2/L1/E1 或 E6+E2/L1/E1		
信号配置	E5：A1tBOC（15, 10），2×QPSK（10） E6-A：BOC（10, 5），E6-B：BPSK（5） E2/L1/E1-A：BOCc（15, 2.5） E2/L1/E1-B/C：BOC（1, 1）	E2/L1/E1-B/C：CBOC（1, 6, 1, 10/1）	L1-A：BOCc（15, 2.5） L1-B/C：CBOC（1, 6, 1, 10/1）
通道带宽/MHz	E5：51.15 E5a/E5b：20.46 E6：40.92 E2/L1/E1：32.74	E5：54 E6：40 E2/L1/E1：32	E5：92.07 E6：40.92 L1：40.92
地面最小接收功率/dBW	E5a：−154.4 E6：−154.1 E2/L1/E1：−156.6	E5a：−152.1 E5b：−152.5 E6：−152.3 E2/L1/E1：−156.5	E5/E6/L1：−152.0

GIOVE 试验卫星包括 GIOVE-A、GIOVE-B 2 颗卫星，如图 2.15 所示。这 2 颗卫星同时开始研制，以保证在 2006 年国际电信联盟（International Telecommunications Union，ITU）规定的最终日期之前能有 1 颗卫星入轨，2 颗卫星性能互补。萨里卫星技术有限公司研制的 GIOVE-A 卫星携带了 2 台铷钟，通过 2 个单独的通道同时发射试验信号，已于 2005 年 12 月 28 日由联盟号火箭发射；另一颗较大的 GIOVE-B 卫星由 Galileo 工业集团研制，携带了 2 台铷钟和 1 台被动氢脉泽钟，通过 3 个单独的通道发射试验信号，已于 2008 年 4 月 27 日发

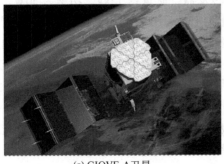
(a) GIOVE-A卫星

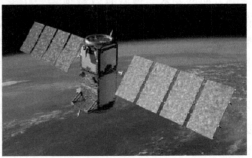
(b) GIOVE-B卫星

图 2.15　GIOVE-A 和 GIOVE-B 卫星

射。每颗卫星的设计寿命为 2 年。GIOVE 卫星是欧洲第一组导航卫星，也是欧洲第一组中高地球轨道卫星。研制和发射 GIOVE 卫星的目标是保证国际电信联盟分配给 Galileo 系统的频率占用；验证 Galileo 系统采用的关键技术；试验验证 Galileo 信号设计；测量 Galileo 卫星运行轨道周围的辐射环境。按照 Galileo 系统设计，2 颗试验卫星按高精度（优于 50cm）和低修正率（2h）发送近实时轨道确定和时间同步数据。

GIOVE-A 卫星尺寸为 1.3m×1.74m×1.65m，发射质量为 450kg，功率为 660W，有 2 副太阳电池翼，每副长 4.54m，推进系统有 2 个储箱，每个储箱携带 25kg 丁烷推进剂。卫星的三重冗余有效载荷在 2 个单独的频率通道上传输导航信号，其有效载荷的主要单元包括：①天线单元。独立的 L 频段阵元组成的相控阵列天线，其波束覆盖全球。②信号发生单元。产生 2 个独立的 Galileo 信号。③时钟单元。双重冗余的小型化铷钟，稳定度约为 1.16×10^{-13}/d。④辐射监测器单元。由 2 台辐射监测器组成，监测中地球轨道环境。⑤导航接收机单元。

GIOVE-B 卫星尺寸为 0.95m×0.95m×2.4m，发射质量为 523kg，有 2 副太阳电池翼，每副长 4.34m，能提供 943W 功率，推进系统有 1 个储箱，携带 28kg 肼推进剂。双重冗余有效载荷将在 3 个单独的频率通道上发射 Galileo 信号，主要载荷单元包括：①天线单元。独立的 L 频段阵元组成的相控阵列天线，其波束覆盖全球。②信号发生单元。产生不同的 Galileo 信号。③时钟单元。1 台氢脉泽钟，稳定度约为 1.16×10^{-14}/d，是目前在太空中飞行的最精确的时钟；2 台小型化铷钟，其中 1 台作为氢脉泽钟的热备份，1 台作为冷备份。④辐射监测器单元。由 2 台辐射监测器组成，监测中地球轨道环境。

4 颗 IOV 卫星既是在轨验证卫星，也是正式运行的 Galileo 卫星，主承包商是阿斯特留姆公司。2010 年 5 月，卫星的所有 4 个平台已经运送到泰雷兹–阿莱尼亚宇航公司的组装净化室。首发的 2 颗 IOV 卫星于 2011 年 10 月从法属圭亚那航天中心由联盟-2 火箭发射。在 IOV 卫星成功运行和在轨验证之后，Galileo 星座中的其余 26 颗具备完全运行能力的卫星陆续升空。IOV 卫星如图 2.16 所示，它的尺寸为 2.7m×1.1m×1.2m，太阳电池翼展开跨度为 13m，发射质量为 700kg，卫星在 1200 ~ 1600MHz 范围内发射 10 种信号。与 GIOVE 卫星相比，IOV 卫星有效载荷的性能有了改进和提高。IOV 卫星有效载荷仍然具备 GIOVE 卫星的基本导航特征，增加了一些附加功能，尤其是提供导航信号的 C 频段上行链路、有效载荷

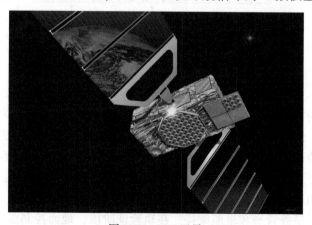

图 2.16 IOV 卫星

安全特征、搜救有效载荷前向和返回链路。IOV 卫星有效载荷设计特点如下。频率由 2 台氢脉泽钟和 2 台铷钟产生；2 个平行的主动固态功率放大器（solid state power amplifier，SSPA）提供更高效的等效全向辐射功率（effective isotropic radiated power，EIRP），在 L1 输出通道提供功率放大；专用的 C 频段任务上行链路，传输地面任务段（ground mission segment，GMS）和外部区域完好性系统（external regional integrity system，ERIS）数据；增加了 1 个安全单元防火墙，提供 C 频段上行链路数据接收认证，同时产生公共特许服务码；在 E6 通道上提供商业加密测距码；搜救有效载荷包括搜救转发器和搜救天线。

2）地面段

2009 年 11 月 19 日，Galileo 系统在法属圭亚那航天中心的库鲁地面站正式落成。库鲁地面站由法国航天研究中心（Centre National d'Études spatiales，CNES）负责建造，包括 1 个监控 Galileo 卫星星座的测控站（TT&C 站），1 个接收卫星发出信号的监测站及 2 个向卫星传输导航指令的上行站，Galileo 系统地面段组织结构如图 2.17 所示。该地面站包含了 Galileo 最全面的地面系统部分，对 Galileo 在轨验证阶段至关重要。

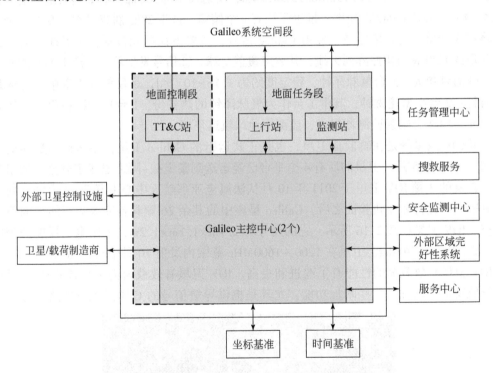

图 2.17　Galileo 地面段构成图

Galileo 地面段的主要任务是：承担卫星的导航控制和星座管理；为用户提供完好性系统数据的检测结果；保障用户安全、可靠地使用 Galileo 提供的全部服务。地面段由主控中心、地面控制段和地面任务段组成。主控中心是 Galileo 系统地面段的核心，共有 2 个（1 个位于意大利，1 个位于德国，在轨验证阶段启用 1 个），它们互为备份，设在欧洲大陆，负责管理地面控制段和地面任务段。

地面控制段负责星务管理和星座维持。在轨验证阶段，地面控制段启用 2 个测控站与每颗卫星进行通信，到星座组网完毕，测控站数量将达到 5 个。每个测控站都拥有一个口径为

13m 的大型天线，工作频带为 2GHz，在正常运行期间，将采用扩频调制，类似利用跟踪与数据中继卫星系统（tracking and data relay satellite system，TDRSS）和阿蒂米斯（ARTEMIS）卫星进行数据转播，从而能够提供不受干扰的强信号。而当某颗卫星的导航系统不能正常运行（如在发射、入轨初期或意外失效），无法使用正常标准的遥测、跟踪和指令调制时，将允许利用非欧洲空间局测控站维持运行。

地面任务段包括任务上行站和监测站，主要负责导航系统控制。在轨验证阶段，地面任务段启用 5 个任务上行站和 20 个监测站，到全面部署阶段时，将达到 10 个任务上行站和 40 个遍布全球的监测站。地面任务段将利用监测站网络监测所有卫星的连续导航信号；然后通过卫星和地面网络，将数据发送到主控中心；最后，地面任务段产生的导航和完好性信息通过 C 频段任务上行站发送给 Galileo 卫星。地面任务段传输给用户的所有数据产品包括：① 导航数据，包括星历、时钟修正数据、电离层和广播群延迟（发送给信号频率用户）；② 完好性数据，包括空间精确度信号（signal-in-space accuracy，SISA）、空间监测精确度信号（signal-in-space monitoring accuracy，SISMA）、完好性标记；③ 星载时钟时间同步数据。

每个上行站都有 4 副口径为 3.2m 的 C 频段天线，工作频带为 5GHz，其中，一部分天线覆盖整个星座的完好性信息，另一部分天线覆盖导航服务。每个监测站具备双重接收链路，一种具有测轨和时间同步（orbit determination and time synchronization，OD&TS）功能，每隔 10min 能提供一段持续时间内所有卫星观测的批处理数据，计算每颗卫星的精确轨道和时钟偏差，从而监测重力、热量、老化和其他衰减引起的长期变化参数；另一种具有完好性处理功能，提供对每颗卫星的瞬时观测数据，以验证其信号的完好性，从而监测由于突然失效或改变引起的卫星短期影响。这些对整个星座的计算结果将上行到选定的卫星上，然后发送给任何用户，这样所有用户都能接收至少 2 个完好性信息。

3）用户终端

Galileo 用户段终端主要由导航定位模块和通信模块组成，包括用于飞机、舰船、车辆等载体的各种用户接收机。由于 Galileo 系统尚未建成，目前还没有商品化的用户设备即接收机推向市场。从 Galileo 系统提供的多种应用与服务的模式来考虑，其用户接收机的设计和研制分为高、中、低 3 个档次。低档 Galileo 接收机一般只接收 Galileo 系统的免费单频信号；中档接收机可接收双频商业服务信号；而高档接收机计划可兼容 Galileo/GPS/GLONASS 系统的信号，从而获得更高的定位精度、保障导航和定位信息的可用性、完好性及连续性。

GPS 接收机和 GPS/GLONASS 兼容接收机已经具有成熟的产品，GPS 和 GLONASS 接收机的成熟技术完全可以用于低、中档 Galileo 接收机。Galileo 用户接收机需要解决的关键技术主要是高档接收机的多频、多星座系统融合技术。为此，Galileo 计划中专门组织了"用户段设计和性能"研究工作，Galileo 接收机设计中包括如下标准。

（1）Galileo 系统的坐标系统和时间系统标准。

（2）多星座组合导航坐标框架及时间系统标准格式。

（3）空间信号接口规范，包括：①接收机天线和信号参数标准；②导航电文数据标准及格式（含卫星星历、卫星健康状况、卫星工作状况、差分数据、差分状态、定位精度等）；③接收机测距数据格式（含伪距和载波相位测量、多普勒频移测量等）。

（4）接收机导航定位输出格式（含单点定位结果、卫星空间分布、定位精度、历书等）。

（5）差分信号格式（含航空、海用、陆用、信息服务、RTK 差分等）。

目前，Septentrio 卫星导航公司按照与欧洲空间局签订的合同，已研制出 Galileo 试验用户接收机（test user receiver，TUR）。TUR 接收机是一种完全独立操作、多频、多星座接收机，能独立生成测量和定位值。在 Galileo 在轨验证阶段，研制 TUR 接收机的目的是验证 Galileo 在轨验证星座的服务性能，并与 GPS 导航星座相兼容。该接收机能实现：①Galileo 单频和双频公开服务；②Galileo 单频和双频生命安全服务，包括整个 Galileo 导航报警算法；③Galileo 商业服务，包括跟踪和解码加密的 E6BC 信号；④GPS/SBAS/Galileo 单频和双频多星座定位；⑤Galileo 单频和双频差分定位；⑥Galileo 三频实时动态（RTK）测量。TUR 接收机的主要技术参数如表 2.4 所示。

表 2.4   TUR-N 接收机的主要技术参数

参数	指标
尺寸	450mm×295mm×310mm
质量	12kg
物理通道	78 对偶码通道
逻辑通道配置	5 频 13 通道（Galileo 接收机） 双频 26 通道（Galileo/GPS/SBAS 接收机）
耗费功率	80W
以太网络端口	2 个（支持 8 个远程并联）
串行端口	2 个
电源	交流 120V，220V；直流 10～36V

2010 年 7 月 30 日欧盟与美国发布的共同声明表示，要提升 GPS 和 Galileo 组合接收机的性能。双方设立的加强下一代 GPS 和 Galileo 合作的工作组完成了 GPS/SBAS 接收机性能的全球评估，这种接收机使用了欧洲地球静止卫星重叠导航服务（European geostationary navigation overlay service，EGNOS）和 GPS 广域增强系统（wide area augmentation systems，WAAS）。评估结果显示，全球范围内的航空服务可用性得到改善，并显著提高了 GPS 卫星的稳健性。工作组还完成了集成 GPS-3 和 Galileo 公开民用服务功能的互操作接收机组合评估，对 GPS、Galileo 和 GPS/Galileo 这 3 种接收机在 4 种情况下的工作性能进行了全面系统的分析比较。GPS/Galileo 组合接收机所提供的服务性能将显著提高，特别是在有遮蔽物的环境（如建筑物、树木或是被地形阻碍）下更加明显。双频接收机在大部分环境下可提供附加服务功能。

3. Galileo 的服务及性能

Galileo 系统在军事和民用等领域都具有十分广阔的应用前景，可提供免费服务和有偿服务两种服务模式。免费服务的设计定位精度为 6m，比现有 GPS 民用信号精度高；有偿服务的定位精度可优于 1m，将为民航等用户提供高可靠性和高精度的导航定位服务。虽然 Galileo 系统提供的信息仍然是位置、速度和时间，但是其服务种类比 GPS 多，GPS 仅有标准定位服务（standard positioning service，SPS）和精确定位服务（precise positioning service，PPS）2 种，而 Galileo 则能提供 5 种服务，分别是：①公开服务；②生命安全服务；③商业服务；④公共特许服务；⑤搜救服务。表 2.5 列出了 Galileo 系统导航服务性能参数。

表 2.5　Galileo 系统导航服务性能参数

Galileo 服务		公开服务	商业服务	生命安全服务	公共特许服务
覆盖		全球	全球	全球	全球
定位精度（水平，2dRMS，95%）（垂直，95%）		单频：15m 或 24m（水平）、35m（垂直）；双频：4m（水平）、8m（垂直）	双频：4m（水平）、8m（垂直）	单频：15m 或 24m（水平）、35m（垂直）；双频：6.5m（水平）、12m（垂直）
定时精度		30ns	30ns	30ns	30ns
完好性	警告限制	无	无	12m（水平）、20m（垂直）	20m（水平）、35m（垂直）
	警告时间			6s	10s
	完好性风险			$3.5 \times 10^{-7}/150s$	$3.5 \times 10^{-7}/150s$
连续性风险		无	无	$1 \times 10^{-5}/15s$	$1 \times 10^{-5}/15s$
服务有效性		99.5%	99.5%	99.5%	99.5%
通道控制		免费开放通道	控制通道：测距码和导航数据	导航数据的完好性信息证明	控制通道：测距码和导航数据
确认和服务保证		无	服务可用性保证	服务安全性保证	服务安全性保证

在 Galileo 系统提供的 5 种服务中，公开服务、生命安全服务、商业服务、公共特许服务是导航服务。

（1）公开服务。这种服务分为单频和双频两种，为大规模导航应用提供免费的定位、导航和授时服务，针对不需要任何保证的大市场应用，如车辆导航和移动电话定位。当用户在固定地面使用接收机时，可为网络同步和科学应用提供精确授时服务。公开服务和现有的 GPS、GLONASS 的类似服务相兼容，Galileo 接收机也能够接收 GPS 和 GLONASS 信号，其精度与常规的差分 GPS 精度相同，不需要额外的地面基础设施，任何用户只要配备 1 台接收机就可以使用。

（2）生命安全服务。这种服务主要涉及陆地车辆、航海和航空等危及用户生命安全的领域，要求提供迅速、及时和全面的系统完好性信息，以及高水平的导航定位和相关业务。它还将提供全球完好性信号，可以被加密，是公开服务信号的一部分。其性能与 ICAO 要求的标准和其他交通模式（地面、铁路、海洋）相兼容。生命安全服务和当前得到的欧洲地球静止卫星重叠导航服务校正增强的 GPS 系统相结合，能满足应用的更高要求。

（3）商业服务。这种服务主要涉及专业用户，是对公开服务的一种增值服务，以获取商业回报，它具备加密导航数据的鉴别功能，为测距和授时专业应用提供有保证的服务承诺。商业服务大部分与以下服务内容相关联：①分发公开服务中的加密附加数据；②非常精确的局部差分应用，使用公开信号覆盖公共特许服务信号 E6；③支持 Galileo 系统定位应用和无线通信网络的完好性领航信号。商业服务中，2 种额外加密信号的接入使其具有更快的数据吞吐量和更高的精度，授时精度达到 100ns。商业服务采用准入控制措施，其实现将通过接收机上的"进入密码"［类似移动通信中的个人识别码（personal identification number，PIN）］来保证，这样就无须使用昂贵的信号编码技术。

（4）公共特许服务。这种服务是为欧洲/国家安全应用专门设置的，主要用户包括警察、海岸警卫队及海关等。公共特许服务以专门的频率向欧盟各成员方提供更广泛的连续性定位和授时服务，其卫星信号具有高连续性和强抗干扰性，并受成员方控制。这种服务主要用于：欧洲/国家安全、应急服务、全球环境和安全监测，其他政府行为，某些相关或重要的能源、运输和电信应用，对欧洲有战略意义的经济和工业活动，等等。成员国采取准入控制技术对用户进行授权。公共特许服务有 2 个加密测距码和导航数据可用。

（5）搜救服务。搜救服务主要用于海事和航空领域，能够收集从失事船只、飞机携带的紧急信标发出的信号，并中继给国家救援中心，救援中心由此确定事件的精确位置。每颗 Galileo 卫星能中继 150 个浮标同时发出的信号，10min 之内浮标信息就能发送到搜救地面站，其码误差率小于 10^{-5}，卫星每分钟能发送 6 条 100bit 的信息。Galileo 系统搜救服务的优势在于：缩短对事件地点探测和定位的时间；提供包括其他信息在内的扩展灾难通报，有利于搜救行动的开展；多颗卫星覆盖避免在极端情况下的信息阻塞。

4. Galileo 的优势

首先，它是世界上第一个基于民用的全球导航卫星定位系统，投入运行后，全球的用户将使用多制式的接收机，获得更多的导航定位卫星的信号，这就在无形中极大地提高了导航定位的精度，这是 Galileo 计划给用户带来的直接好处。其次，Galileo 计划是欧洲自主、独立的全球多模式卫星定位导航系统，可提供高精度、高可靠性的定位服务，实现完全非军方控制、管理，可以实现覆盖全球的导航和定位功能。Galileo 还能够和 GPS、GLONASS 实现多系统内的相互合作，任何用户将来都可以用 1 个多系统接收机采集各个系统的数据或者各系统数据的组合来实现定位导航的要求。再次，Galileo 可以发送实时的高精度定位信息，这是现有的卫星导航系统所没有的，同时，其还能够保证在许多特殊情况下提供服务，如果通信失败也能在几秒钟内通知客户。与美国的 GPS 相比，Galileo 更先进，也更可靠。例如，GPS 向别国提供的卫星信号只能发现地面大约 10m 长的目标，而 Galileo 的卫星则能发现 1m 长的目标。虽然 Galileo 与 GPS、GLONASS 都采用时间测距原理进行导航定位，但它与后两者有较大的不同并且具有一些优越性。例如，Galileo 星座的卫星数量多，轨道位置高，轨道面少，其覆盖面积将是 GPS 的 2 倍，所以可为更广泛的人群提供卫星导航，而且精确度更高，防干扰性更强。Galileo 可为地面用户提供免费使用的信号、加密且需交费使用的信号、加密且需满足更高要求的信号等多种信号，且精度依次提高，最高精度比目前的 GPS 高 10 倍左右，即使是免费使用的信号精度也达到 6m。

2.5 GNSS 定位误差分析

GNSS 定位测量的主要误差来源有三个方面：GNSS 卫星有关误差；卫星信号传播误差；接收设备误差。误差种类如表 2.6 所列，其中，卫星星历误差、电离层折射误差、对流层折射误差是影响 GNSS 定位精度的主要因素。

表 2.6 GNSS 定位误差的种类

误差来源	误差种类	对距离的影响/m
GNSS 卫星	卫星星历误差、卫星钟差、相对论效应	1.5~15
信号传播	电离层折射误差、对流层折射误差、多路径误差	1.5~15
接收设备	接收机钟误差、相位中心位置误差	1.5~5

2.5.1 GNSS 卫星有关误差

1. 卫星星历误差

某一瞬间的卫星位置是根据卫星星历计算得到的。卫星星历误差是指根据星历计算的卫星位置与其真实位置的误差。星历误差是一种起始数据误差，其大小主要取决于卫星跟踪站的数量及空间分布，观测值的数量及精度、轨道计算时所用的轨道模型及定轨软件的完善程度等。星历误差是 GNSS 定位的重要误差来源之一。

卫星星历的数据来源有两类：广播星历和实测星历。

1) 广播星历

广播星历是卫星电文中所携带的主要信息。它是根据美国 GNSS 控制中心跟踪站的观测数据进行外推，通过 GNSS 卫星播发的一种预报星历。由于尚不能充分了解作用在卫星上的各种摄动因素的大小及变化规律，预报数据中存在着较大的误差。目前从卫星电文中解译出来的星历参数共 17 个，每小时更新一次。由这 17 个星历参数确定的卫星位置精度一般为 20 ~40m，有时可达 80m。全球定位系统投入运行后，启用全球均匀分布的跟踪网进行测轨和预报，由星历参数计算的卫星坐标可精确到 5 ~ 10m。

2) 实测星历

实测星历是根据实测资料进行拟合处理而直接得出的星历。它需要在一些已知精确位置的点上跟踪卫星来计算观测瞬间的卫星真实位置，从而获得准确可靠的精密星历。这种星历要在观测后 1 ~ 2 周才能得到，这对导航和动态定位无任何意义，但是在静态精密定位中具有重要作用。另外，GNSS 卫星是高轨卫星，区域性的跟踪网也能获得很高的定轨精度。所以许多国家和组织都在建立自己的 GNSS 卫星跟踪网以开展独立的定轨工作。

因为星历误差对相距不太远的两个测站的影响基本相同，所以 GNSS 差分在确定两个测站之间的相对位置时，基本上不受星历误差的影响。

2. 卫星钟差

在 GNSS 测量中，卫星作为高空观测目标，其位置在不断变化，必须有严格的瞬间时刻，卫星位置才有实际意义。而且，GNSS 测量就是通过接收和处理 GNSS 信号实现定位的，必须准确测定信号传播的时间，才能准确测定观测站至卫星的距离，所以时钟误差是重要误差源之一。

卫星钟采用的是 GNSS 时，它是由主控站按照美国海军天文台（United States Naval Observatory，USNO）的协调世界时 UTC 进行调整的。GNSS 时与 UTC 在 1980 年 1 月 6 日零时对准，不随闰秒增加，时间是连续的，随着时间的积累，两者之间的差别将表现为秒的整倍数，至 1989 年这个差值已达 5s。如有需要，可由主控站对卫星钟的运行状态进行调整，不过这种遥控调整仍然满足不了定位所需的精度。而且，尽管 GNSS 卫星均设有高精度的原子钟（铷钟和铯钟），但它们与理想的 GNSS 时之间仍存在着难以避免的偏差或漂移。这些偏差总量在 1ms 以内，由此引起的等效距离误差可达 300km。

为保证测量精度，由主控站测定出每颗卫星的钟参数，编入卫星电文发布给用户。卫星钟在时刻 t 的偏差可表示为二阶多项式形式，即

$$\Delta t_s = a_0 + a_1(t-t_0) + a_2(t-t_0)^2 \tag{2.18}$$

式中，t_0 为一参考历元；a_0 为钟差常值；a_1 为卫星钟钟速（或频率偏差）；a_2 为卫星钟的钟速变率（或老化率）。

经上述钟差改正后，各卫星钟之间的同步差可保持在 20ns 以内，由此引起的等效距离误差不超过 6m。

3. 相对论效应

GNSS 卫星以 14000km/h 的速度绕地球飞行。根据狭义相对论，当物体运动时，时间会变慢，运动速度越快，时间就越慢。因此在地球上看 GNSS 卫星，它们携带的时钟要走得比较慢，用狭义相对论的公式可以计算出，每天慢大约 7μs。

GNSS 卫星位于距离地面大约 20000km 的太空中。根据广义相对论，物质质量的存在会造成时空的弯曲，质量越大，距离越近，就弯曲得越厉害，时间则会越慢。受地球质量的影响，在地球表面的时空要比 GNSS 卫星所在的时空更加弯曲，这样，从地球上看，GNSS 卫星上的时钟要走得比较快，用广义相对论的公式可以计算出，每天快大约 45μs。

在同时考虑了狭义相对论和广义相对论后，GNSS 卫星时钟每天还要快上大约 38μs，这似乎微不足道，但是如果我们考虑到 GNSS 系统必须达到的时间精度是纳米级的，这个误差就非常可观了（38μs=38000ns）。如果不校正的话，GNSS 系统每天将会累积大约 10km 的定位误差，这样的系统是无法用于导航定位的。为此，在 GNSS 卫星发射前，要先把其时钟的走动频率调慢 4.465/100 亿，把 10.23MHz 调为 10.22999999543MHz。此外，GNSS 卫星的运行轨道并非标准的圆形，与地面的距离和运行速度会有所变化，如果轨道偏心率为 0.02，时间就会有 46ns 的误差。由于地球的自转，GNSS 导航仪在地球表面上的位移也会产生误差，例如，当 GNSS 导航仪在赤道上，而 GNSS 卫星在地平线上时，位移产生的误差将会达到 133ns。GNSS 导航仪在定位时还必须根据相对论进行计算，以纠正这些误差。这是精密定位中必须顾及的一种误差影响因素。

2.5.2 卫星信号传播误差

与卫星信号传播有关的误差主要包括电离层折射误差、对流层折射误差、多路径误差等。

1. 电离层折射误差

电离层是指地球上空大气圈的上层，一般为距离地面高度在 50～1000km 的大气层。电离层的气体分子由于受到太阳等天体各种射线作用，产生强烈的电离，形成大量的自由电子和正离子，当 GNSS 信号通过电离层时，如同其他电磁波一样，信号的路径会发生弯曲，传播速度会发生变化。此时再用光速乘以信号传播时间就不等于卫星至接收机的实际距离。对于 GNSS 信号，这种距离差在天顶方向最大可达 50m，在接近地平方向时可达 150m。可见它对观测量的精度影响较大，必须采取有效措施削弱它的影响。

电离层含有较高密度的电子，它属于弥散性介质，电磁波在这种介质内传播时，其速度与频率有关。

计算电离层折射改正的关键在于确定电子密度。可是电子密度随着距离地面的高度、时间变化、太阳活动程度、季节、测站位置等多种因素而变化。目前还无法用一个严格的数学模型来描述电子密度的大小和变化规律，所以也不可能用公式直接求出电离层折射改正数的确切数值。

目前减弱电离层影响的有效措施如下。

（1）差分定位。当测站间的距离不太远（如 30km 以内）时，两个测站上的电子密度变化不大，卫星的高度角相差不多，此时卫星信号到达不同观测站所经过的介质状况相似、路径相似，当利用两台或多台接收机对同一组卫星的同步观测值求差时，可以有效地减弱电离层折射的影响，即使不对电离层折射进行改正，对基线成果的影响一般也不会超过百万分之一（1part per million，1ppm），所以在短基线上用单频接收机也能获得很好的定位结果。

（2）双频接收。理论分析表明，用双频接收机进行伪距测量，能根据电离层折射和信号频率有关的特性，从两个伪距观测值中求得电离层折射改正数。正因为如此，具有双频的 GNSS 接收机在精密定位中得到了广泛应用。

2. 对流层折射误差

对流层是高度为 40km 以下的大气底层，其大气密度比电离层更大，大气状态变化也更复杂。对流层与地面接触并从地面得到辐射热能，其温度随高度的上升而降低。对流层中虽有少量带电离子，但对电磁波传播影响不大，不属于弥散性介质，也就是说，电磁波在其中的传播速度与频率无关，所以其群折射率与相折射率可认为相等。

对流层的折射率与大气压力、温度和湿度密切相关，由于大气的对流作用很强，大气状态变化复杂，大气折射率的变化及其影响难以准确地模型化，使用较多的是霍普菲尔德（Hopfield）模型

$$\Delta S = \Delta S_d + \Delta S_w = \frac{K_d}{\sin\sqrt{E^2 + 6.25}} + \frac{K_w}{\sin\sqrt{E^2 + 2.25}} \qquad (2.19)$$

式中，E 为卫星的高度角（度）；K_d、K_w 分别为卫星位于天顶方向时（$E = 90°$）的对流层干气改正和湿气改正。

目前减弱对流层影响的措施如下。

（1）利用改正模型进行对流层改正。其设备简单，方法易行。但是由于水汽在空间的分布很不均匀，不同时间、不同地点水汽含量相差甚远，用统一模型难以准确描述，所以对流层改正的湿气部分精度较低。

（2）利用同步观测值求差。与电离层的影响类似，当两个观测站相距不太远（如小于 10km）时，由于信号通过对流层的路径大体相同，对同一卫星的同步观测值求差，可以明显地减弱对流层折射的影响。这一方法在精密差分定位中被广泛应用。不过随着同步观测站之间距离的增大，大气状况的相关性减弱。当距离大于 10km 时，对流层折射就成为 GNSS 定位精度的重要制约因素。

3. 多路径误差

接收机天线在直接收到卫星信号的同时，还可能收到经天线周围地物反射的卫星信号，两种信号叠加就会引起测量参考点（相位中心）的位置变化，这种由于多路径的信号传播所引起的干涉时延效应称为多路径效应（图 2.18）。

多路径效应的影响随着天线周围反射物面的性质而异。反射物面反射信号的能力可用反射系数 a 来表示。$a = 0$ 表示信号完全被吸收不反射，$a = 1$ 表示信号完全被反射不吸收。

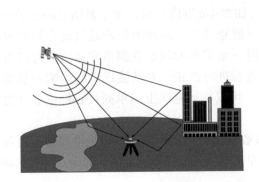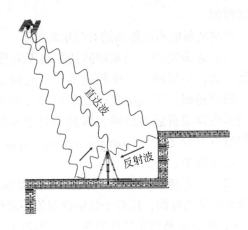

图 2.18 多路径效应示意图

表 2.7 给出了不同反射物面对频率为 2GHz 的微波信号的反射系数。

表 2.7 反射系数表

水面		稻田		野地		森林山地	
反射系数 a	损耗/dB	反射系数 a	损耗/dB	反射系数 a	损耗/dB	反射系数 a	损耗/dB
1.0	0	0.8	2	0.6	4	0.3	10

多路径误差不仅与反射系数有关，也与反射物离测站的距离及卫星信号方向有关，无法建立准确的误差改正模型，只能恰当地选择站址，避开信号反射物。举例如下。

（1）选设点位时应远离平静的水面，地面有草丛、农作物等植被时能较好吸收微波信号的能量，反射较弱，是较好的站址。

（2）测站不宜选在山坡、山谷和盆地中。

（3）测站附近不应有高层建筑物，观测时也不要在测站附近停放汽车。

2.5.3 接收设备误差

在 GNSS 导航定位误差中，与接收设备有关的误差有接收机钟误差、相位中心位置误差等。

1. 接收机钟误差

在 GNSS 测量时，无论是码相位观测或载波相位观测，均要求卫星钟与接收机钟保持严格同步。由于卫星钟的改正系数不能频繁更新，为了保证随时导航定位的需要，卫星钟必须具有极好的长期稳定度。而接收机钟则只需在一次定位期间保持稳定，所以一般使用短期稳定度较好、便宜轻便的石英钟，其稳定度约为 10^{-10}。

处理接收机钟差比较有效的方法是把每个观测时刻的接收机钟差当作一个独立的未知数，在数据处理中与观测站的坐标参数一并求解，伪距测量的数据处理就是根据这一原理进行的。

在静态绝对定位中，可以认为各观测时刻的接收机钟差是相关的，设法建立一个钟误差模型，例如，像卫星钟那样，采用一个时间多项式，在平差计算中求解多项式系数。不过接收机钟的稳定性较差，钟差模型不易反映真实情况，难以充分消除其误差影响。

此外，还可以通过在卫星间求一次差来削弱接收机钟差的影响。

2. 相位中心位置误差

在 GNSS 测量中，观测值都是以接收机天线的相位中心位置为准的，所以天线的相位中心应该与其几何中心保持一致。可是实际上，天线的相位中心位置会随信号输入的强度和方向不同而发生变化，逐渐偏离几何中心。这种偏差视天线性能的好坏可达数毫米至数厘米，这对精密相对定位来说，也是不容忽视的。

前面阐述了 GNSS 卫星定位各种误差的来源、影响与减弱方法。这些误差对 GNSS 卫星定位的综合影响可用一个精度指标表示，即等效距离误差。等效距离误差是各项误差投影到测站至卫星方向上的具体数值。如果认为各项误差之间相互独立，就可以求出总的等效距离误差，其可以作为 GNSS 定位时衡量观测精度的客观标准。

2.5.4 几何精度因子

GNSS 定位的精度除了取决于等效距离误差以外，还取决于地面接收机与高空 GNSS 卫星空间后方交会的几何图形结构。

在测距误差为定值的条件下，观测点与卫星的几何图形不同时，定位误差的大小也不同，以图 2.19 的双星测距为例，图 2.19（a）和图 2.19（b）中的测距误差相同，但图 2.19（a）的用户与卫星间的几何位置好，定位误差小；图 2.19（b）的几何位置差，定位误差大。用户与卫星间的几何关系对定位误差影响的大小，用几何精度因子（geometric dilution of precision，GDOP）来表示。

GDOP 是一个直接影响定位精度、但又独立于观测值和其他误差之外的量。其值恒大于 1，最大值可达 10，其大小随时间和测站位置而变化，在 GNSS 定位时，希望 GDOP 越小越好。

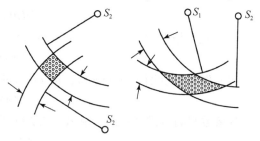

(a) GDOP 小，定位误差小　(b) GDOP 大，定位误差大

图 2.19　GDOP 不同，定位误差不同

设用户坐标为局部切平面坐标系，记误差向量 $\boldsymbol{\Delta} = (\Delta x, \Delta y, \Delta z, \Delta t_u)$，并设各卫星伪距误差相等，互相独立，且具有零均值以及方差 σ^2，则根据误差传播理论由式（2.14）可得

$$\text{cov}(\boldsymbol{\Delta}\boldsymbol{\Delta}^{\text{T}}) = (A^{\text{T}}A)^{-1}\sigma^2 \tag{2.20}$$

令

$$\boldsymbol{Q} = (A^{\text{T}}A)^{-1} = \begin{pmatrix} q_{11} & q_{12} & q_{13} & q_{14} \\ q_{21} & q_{22} & q_{23} & q_{24} \\ q_{31} & q_{32} & q_{33} & q_{34} \\ q_{41} & q_{42} & q_{43} & q_{44} \end{pmatrix} \tag{2.21}$$

则称 $\boldsymbol{Q}$ 为几何（图形结构）精度系数矩阵，它取决于接收机与各卫星间的相对图形结构。由协方差定义可知

$$cov(\boldsymbol{\Delta\Delta}^{\mathrm{T}}) = \begin{pmatrix} \sigma_x^2 & \sigma_{xy} & \sigma_{xz} & \sigma_{xt} \\ \sigma_{yx} & \sigma_y^2 & \sigma_{yz} & \sigma_{yt} \\ \sigma_{zx} & \sigma_{zy} & \sigma_z^2 & \sigma_{zt} \\ \sigma_{tx} & \sigma_{ty} & \sigma_{tz} & \sigma_t^2 \end{pmatrix} \tag{2.22}$$

因此定义

$$\mathrm{GDOP} = \frac{\sqrt{\sigma_x^2+\sigma_y^2+\sigma_z^2+\sigma_t^2}}{\sigma} = \sqrt{\mathrm{Trace}\left[\boldsymbol{Q}\right]} = \sqrt{q_{11}+q_{22}+q_{33}+q_{44}}$$

式中，Trace $\left[\boldsymbol{Q}\right]$ 为矩阵 $\boldsymbol{Q}$ 的迹，即矩阵 $\boldsymbol{Q}$ 的对角线元素之和。

由此可见，GDOP 最后表示定位误差是伪距测距误差的多少倍，表示接收机与各卫星之间相对图形结构对定位误差的影响大小。

实际上，为了关系式规范化，GDOP 是以规定等效距离误差为单位误差的方式来计算的，即

$$\mathrm{GDOP} = \sqrt{\sigma_x^2+\sigma_y^2+\sigma_z^2+\sigma_t^2} \tag{2.23}$$

式中，GDOP 是总的几何精度因子。

为表明测距误差对有关分量的影响大小，又可以引入

（1）位置（三维）精度因子（position dilution of precision，PDOP）

$$\mathrm{PDOP} = \sqrt{\sigma_x^2+\sigma_y^2+\sigma_z^2} \tag{2.24}$$

（2）水平（二维）精度因子（horizontal dilution of precision，HDOP）

$$\mathrm{HDOP} = \sqrt{\sigma_x^2+\sigma_y^2} \tag{2.25}$$

（3）垂直精度因子（vertical dilution of precision，VDOP）

$$\mathrm{VDOP} = \sigma_z \tag{2.26}$$

（4）时间精度因子（time dilation of precision，TDOP）

$$\mathrm{TDOP} = \sigma_t \tag{2.27}$$

各参数间满足式（2.28）和式（2.29）所示的关系。

$$\mathrm{GDOP} = \sqrt{(\mathrm{PDOP})^2 + (\mathrm{TDOP})^2} \tag{2.28}$$

$$\mathrm{PDOP} = \sqrt{(\mathrm{HDOP})^2 + (\mathrm{VDOP})^2} \tag{2.29}$$

利用上面的关系式，可以得到式（2.30）所示的误差表达式。

$$\left\{ \begin{array}{l} \text{三维空间用户位置的径向误差} = \mathrm{PDOP} \times \text{测距误差} \\ \text{二维水平面内用户位置的径向误差} = \mathrm{HDOP} \times \text{测距误差} \\ \text{用户位置的垂直高度误差} = \mathrm{VDOP} \times \text{测距误差} \\ \text{用户时钟偏差的等效距离误差} = \mathrm{TDOP} \times \text{测距误差} \end{array} \right. \tag{2.30}$$

由式（2.30）可见，几何误差表示定位误差是测距误差的多少倍，它表明用户与卫星之间相对几何关系对定位误差影响的大小。

【例 2-2】利用 2.3 节的例 2-1 计算的 A 值计算用户几何精度因子、位置精度因子和时间精度因子。

【解】

Q = Inverse $\left[$ Transpose $\left[A\right].\,A\right]$

$\{\{3.14599,-0.529361,-7.15304,-2.26585\},\{-0.529361,4.18651,-4.62959,$
$-4.2371\},\{-7.15304,-4.62959,30.7488,14.3979\},\{-2.26585,-4.2371,14.3979,$
$8.24198\}\}$

GDOP $=\sqrt{\mathrm{Tr}[Q]}$ （几何精度因子）

6.80612.

PDOP $=\sqrt{3.14599+4.186451+30.7488}$ （位置精度因子）

6.171.

TDOP $=\sqrt{8.24198}$ （时间精度）

2.87088.

还可以从另一角度对 GDOP 做出解释，卫星的分布如半球状，用户到卫星 S 的单位矢量分别为 e_1，e_2，e_3，e_4，显然这些矢量的末端 A，B，C，D 都在以用户为中心、以 1 为半径的半球面上，设 A，B，C，D 四点连成的四面体体积为 V，则可以证明

$$\text{GDOP} \propto 1/V \tag{2.31}$$

通过模拟计算可知，随 V 的增大，GDOP 将减小，也就是说，当所选的 4 颗卫星使四面体 $ABCD$ 的体积为最大时，可得到最小的 GDOP，这时，这 4 颗卫星和用户相对几何位置亦为最佳。当允许 GDOP 数值不大于 3 时，能满足要求的 GNSS 卫星出现的概率高达 95.8% 以上。

2.6 差分 GNSS 定位

为了消除 GNSS 卫星钟差、轨道误差、大气传播误差等的影响，在利用 GNSS 定位时广泛使用差分 GNSS 定位技术。根据差分 GNSS 基准站发送信息的方式可将差分 GNSS 定位分为 4 类，即位置差分、伪距差分、相位平滑伪距差分和载波相位差分。这 4 类差分方式的工作原理是相同的，即都是由基准站发送改正数，由用户接收并对其测量结果进行改正，以获得精确的定位结果。所不同的是，发送改正数的具体内容不一样，其差分定位精度也不同。差分 GNSS 定位示意图如图 2.20 所示。

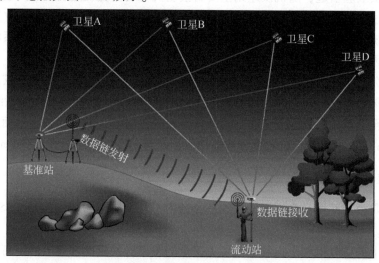

图 2.20 差分 GNSS 定位示意图

2.6.1 位置差分

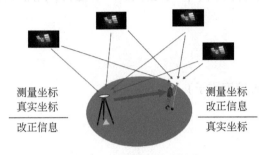

测量坐标
真实坐标
改正信息

测量坐标
改正信息
真实坐标

图 2.21 位置差分示意图

这是一种最简单的差分方法，任何一种 GNSS 接收机均可改装和组成这种差分系统。如图 2.21 所示，安装在基准站上的 GNSS 接收机观测卫星后便可进行三维定位，解算出基准站的坐标。由于存在着轨道误差、时钟误差、大气传播误差和多路径效应及其他误差。解算出的坐标与基准站的已知坐标是不一样的，存在误差，即

$$\begin{cases} \Delta X = X_b' - X_b \\ \Delta Y = Y_b' - Y_b \\ \Delta Z = Z_b' - Z_b \end{cases} \tag{2.32}$$

式中，X_b'，Y_b'，Z_b' 为 GNSS 实测的坐标；X_b，Y_b，Z_b 为采用其他方法求得的基准站精确坐标；ΔX，ΔY，ΔZ 为坐标改正数，基准站利用数据链将此改正数发送出去，由用户站接收，并且对其解算的用户站坐标进行改正

$$\begin{cases} X_u = X_u' - \Delta X \\ Y_u = Y_u' - \Delta Y \\ Z_u = Z_u' - \Delta Z \end{cases} \tag{2.33}$$

最后得到的改正后的用户坐标已消去了基准站与用户站的共同误差，如卫星轨道误差、大气影响等，提高了定位精度。以上方法的先决条件是基准站和用户站观测的是同一组卫星。这种差分方式的优点是计算方法简单。只需要在解算的坐标中加改正数即可。能适用于一切 GNSS 接收机，包括最简单的接收机。

根据误差源的性质，伪距误差可分为系统误差和随机误差两部分。系统误差主要由电离层效应、对流层效应引起；随机误差则主要由接收机通道误差、接收机噪声以及地面多路径效应引起。通过对位置差分下的 GNSS 定位误差协方差分析可知，位置差分方法已有效消除了绝大部分系统误差。尽管测距随机误差引起的定位误差有所增大，但其在系统总误差中所占比例较小，因此，总体定位误差显著降低。

另外通过分析可知，消除系统误差的关键在于卫星至用户矢径方向的余弦，以及卫星至用户的电磁波传播路径。若用户至卫星的矢径指向变化 $1° \sim 2°$，可以认为系统误差变化不大。由于用户至卫星的距离大于 20000km，矢径方向变化 $1° \sim 2°$，相当于地面上用户位置变化 $350 \sim 700$km 以上。因此，位置差分法适用于用户与基准站间距离在 1000km 以内的情况。

2.6.2 伪距差分

伪距差分是目前使用最为广泛的一种差分技术，几乎所有的商用差分 GNSS 接收机均采用了这种技术。

在参考站上的接收机要求得到它至可见卫星的距离，并将此计算出的距离与含有误差的测量值加以比较，求出其偏差。然后将所有卫星的测距误差传输给用户，用户利用此测距误

差来修正测量的伪距。最后，用户利用修正后的伪距求解出本身的位置，就可消除公共误差，提高定位精度。伪距差分示意图如图 2.22 所示。

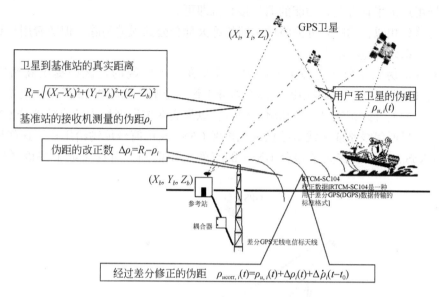

图 2.22 伪距差分示意图

基准站的 GNSS 接收机测量出全部卫星的伪距 ρ_i，并收集全部卫星的星历文件和轨道参数。利用已采集的轨道数可计算出各个卫星的地心坐标 (X_i, Y_i, Z_i)，同时可采用各种方法精确求出基准站的地心坐标 (X_b, Y_b, Z_b)。这样，利用每一时刻计算的卫星地心坐标和基准站的已知地心坐标反求出每一时刻到基准站的真实距离 R_i。

设参考站的地心坐标为 (X_b, Y_b, Z_b)，参考站到卫星 S_i 的真实距离为

$$R_i = \sqrt{(X_i - X_b)^2 + (Y_i - Y_b)^2 + (Z_i - Z_b)^2} \tag{2.34}$$

伪距修正量和它的变化率分别为

$$\Delta\rho_i = R_i - \rho_i$$
$$\Delta\dot{\rho}_i = \Delta\rho_i / \Delta t \tag{2.35}$$

式中，下标 i 为第 i 颗卫星对应量；Δt 为观测时间间隔；因而用户伪距的修正量为

$$\Delta\rho_{u,i} = \Delta\rho_i(t) + \Delta\dot{\rho}_i(t - t_0) \tag{2.36}$$

基准站将 $\Delta\rho_i$ 和 $\Delta\dot{\rho}_i$ 传送给用户台，用户台测量出伪距 $\rho_{u,i}$，再加上以上的改正数，便求得经过改正的伪距，即

$$\rho_{ucorr,i}(t) = \rho_{u,i}(t) + \Delta\rho_i(t) + \Delta\dot{\rho}_i(t - t_0) \tag{2.37}$$

只要观测 4 颗卫星，利用改正后的伪距 $\rho_{ucorr,i}$，就可按式 (2.38) 计算用户站的坐标

$$\rho_{ucorr,i} = R_{u,i} + cd\tau + n_i = \sqrt{(X_i - X_b)^2 + (Y_i - Y_b)^2 + (Z_i - Z_b)^2} + cd\tau + n_i \tag{2.38}$$

式中，$d\tau$ 为用户钟差；n_i 为用户接收机噪声；c 为光速。

这种差分的主要优点如下。

（1）修正量是直接在 WGS84 坐标系上计算的，无须坐标变换，因而可保证精度。

（2）这种方法能提供伪距修正量及其变化率，它可以精确地考虑时间延迟的影响，使

得在未得到改正数的时间间隔内能继续进行精密定位。

（3）它能提供所有卫星的修正量，用户可选用任意 4 颗卫星定位，不必担心两者完全相同，这样用户采用具有差分功能的简易接收机即可。

与位置差分相似，伪距差分能将两站间的绝大部分公共误差消除，但随着用户到参考站距离的增加，系统误差将增大。

广域差分是伪距差分在空域上的扩展，旨在在一个广阔的地区内提供高精度的差分 GNSS 服务，以消除用户至参考站的距离对差分工作的影响。如图 2.23 所示，主差分站接收来自各监控站的差分改正信号，然后将其组合，以形成在扩展区域内的有效差分 GNSS 改正电文。通过卫星通信线路或无线电数据链把扩展 GNSS 改正信号传输给用户。这就形成了扩展的差分 GNSS。它不仅扩大了差分 GNSS 的有效工作范围，而且保证了在该区域的定位精度。

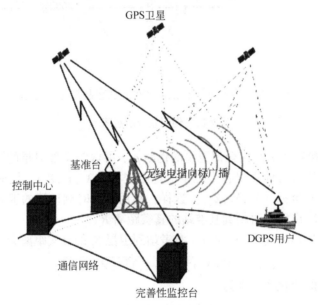

图 2.23   广域差分 GNSS 定位

2.6.3   相位平滑伪距差分

GNSS 接收机除了可以提供伪距测量外，稍加改进还可提供载波相位测量。由于载波相位的测量精度比码相位的测量精度高两个数量级，因此，如果能获得载波整周数，就可以获得近乎无噪声的伪距测量。载波整周数（或称为整周模糊度）的求解很困难，是目前正在研究的课题。但要获得载波多普勒频率却是比较方便的，载波多普勒计数反映了载波相位变化信息，也就反映了伪距的变化率，利用这一信息来辅助码伪距测量可以获得比单独采用码伪距测量更高的精度，称为载波多普勒计数平滑伪距差分。另外，在同一颗卫星的两历元间求差，可消除整周未知数，可利用历元间的相位差观测值对伪距进行修正，即相位平滑伪距差分。关于相位平滑伪距差分具体的公式推证过程可参见其他 GNSS 方面的文献，此处略。

2.6.4 载波相位差分

载波相位差分技术又称为实时动态（real time kinematic，RTK）技术，是建立在实时处理两个用户测点的载波相位基础上的。它能实时提供观测点的三维坐标，并达到厘米级的精度。

与伪距差分原理相同，由参考站通过数据链实时将其载波观测量及坐标信息一同传送给用户。用户接收 GNSS 卫星的载波相位与来自参考站的载波相位，组成相位差分观测值进行实时处理。实现载波相位差分 GNSS 的方法分为两类：修正法和相位法。前者与伪距差分类似，基准站将载波相位修正量发送给用户站，后者是直接将基准站与用户相位进行差分。

设安置在基线端点的 GNSS 接收机 T_i（$i=1,2$），相对于 GNSS 卫星 S^j 和 S^k，在历元 t_i（$i=1,2$）进行同步观测，则可获得独立的载波相位的观测量：$\varphi_1^j(t_1),\varphi_1^j(t_2),\varphi_1^k(t_1),\varphi_1^k(t_2),\varphi_2^j(t_1),\varphi_2^j(t_2),\varphi_2^k(t_1)$ 及 $\varphi_2^k(t_2)$。

在静态相对定位中，目前普遍采用的是这些独立观测量的 3 种差分形式：单差、双差、三次差。

1. 单差

取符号 $\Delta\varphi^j(t)$、$\Delta\varphi_i(t)$、$\delta\varphi_i^j(t)$ 分别为不同接收机之间、不同卫星之间、不同历元之间的相位观测量的一次差（图 2.24），称为站间单差、星间单差和历元间单差，有

$$\begin{cases} \Delta\varphi^j(t) = \varphi_2^j(t) - \varphi_1^j(t) \\ \Delta\varphi_i(t) = \varphi_i^k(t) - \varphi_i^j(t) \\ \delta\varphi_i^j(t) = \varphi_i^j(t_2) - \varphi_i^j(t_1) \end{cases} \tag{2.39}$$

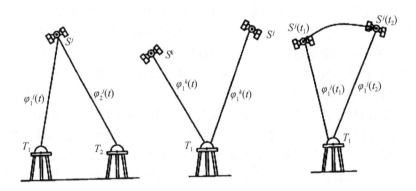

图 2.24 三种单差示意图

将载波相位观测方程代入式（2.39）中，则可分别获得站间单差观测方程、星间单差观测方程、历元间单差观测方程。

2. 双差

（1）取符号 $\nabla\Delta\varphi^k$ 表示对站间单差关于不同卫星再求二次差，称为站间星间双差（图 2.25），有

$$\nabla\Delta\varphi^k = \Delta\varphi^k(t) - \Delta\varphi^j(t) = \left[\varphi_2^k(t) - \varphi_1^k(t)\right] - \left[\varphi_2^j(t) - \varphi_1^j(t)\right] \tag{2.40}$$

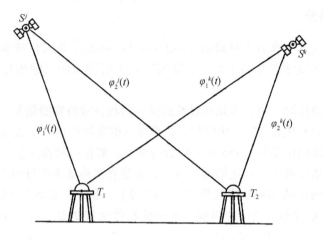

图 2.25   站间星间双差示意图

（2）取符号 $\delta\nabla\varphi_i(t)$ 表示对星间单差关于不同历元再求二次差，称为星间历元间双差。有

$$\delta\nabla\varphi_i(t)=\nabla\varphi_i(t_2)-\nabla\varphi_i(t_1)=\left[\varphi_i^k(t_2)-\varphi_i^j(t_2)\right]-\left[\varphi_i^k(t_1)-\varphi_i^j(t_1)\right] \tag{2.41}$$

（3）取符号 $\delta\nabla\varphi^j(t)$ 表示对站间单差关于不同历元再求二次差，称为站间历元间双差。有

$$\delta\Delta\varphi^j(t)=\Delta\varphi^j(t_2)-\Delta\varphi^j(t_1)=\left[\varphi_2^j(t_2)-\varphi_1^j(t_2)\right]-\left[\varphi_2^j(t_1)-\varphi_1^j(t_1)\right] \tag{2.42}$$

3. 三次差

由上述的三种双差观测值中的任一种，再按第三个要素求差，所得的三次差分观测值都是相同的。三次差分模式中不包含整周待定值，因此可利用三次差分法来探测和修复周跳，由于还在相邻历元间求差，历元间隔 $t_{i+1}-t_i$ 一般取数秒至数分钟，使得接收机钟误差前面的系数较小，于是钟误差的影响也就较小。若接收机频率漂移不大，可仅取起始历元的两接收机的相对钟误差 b_0 作为待定钟误差参数，而舍去其他钟误差参数。但须注意的是，三次差分观测值的量值也较小，因此更须注意右端各项的小量舍取和计算误差。另外，三次差分观测值与双差分观测值相比，其相关性更强，在组成观测值的权矩阵时需做相应的考虑。由三次差分观测值进行最小二乘求解，也可得出相对定位解，但解的稳定性往往不如对站间星间双差观测值的求解结果。不须求解整周待定值固然可减少待定参数的数量，是它的优点；但换个角度来说，却也不能像站间星间双差模式那样可利用其整数特性，作为衡量观测质量的一个标识。

上述是关于载波相位原始观测值的不同线性组合。根据需要可选择某些差分的观测量作为相对定位的基础观测值来解算所需的未知位置参数。不同的差分模型无论是在工程应用中或科学研究中，都获得了广泛的应用。

虽然载波相位法精度较高，但由于存在着整周模糊度不确定性问题，解算过程比较复杂，这是其缺点。

2.7   GNSS 的应用

GNSS 的基本作用是向各类用户和运动平台实时提供准确、连续的位置、速度和时间信息。卫星导航定位技术目前已基本取代了无线电导航、天文导航、传统大地测量技术，并推动了全新的导航定位技术的发展，成为人类活动中普遍采用的导航定位技术，而且在精度、实时性、全天候等方面对这一领域产生了革命性的影响。

2.7.1 GNSS 为民用领域带来巨大的经济效益

GNSS 广泛应用于海洋、陆地和空中交通运输的导航，推动世界交通运输业发生了革命性变化。例如，GNSS 接收机已成为海洋航行不可或缺的导航工具；国际民航组织在力求完善 GNSS 可靠性的基础上推动以单一 GNSS 取代已有的其他导航系统；陆上长、短途汽车正在以装备 GNSS 接收机作为发展时尚。

GNSS 在工业、精细农业、林业、渔业、土建工程、矿山、物理勘探、资源调查、陆地与海洋测绘、地理信息产业、海上石油作业、地震预测、气象预报、环保研究、电信、旅游、娱乐、管理、社会治安、医疗急救、搜索救援以及时间传递、电离层测量等领域已得到大量应用，已显示出巨大的应用潜力。

GNSS 还用于飞船、空间站和低轨道卫星等航天飞行器的定位和导航，提高了飞行器定位精度，并简化了相应的测控设备，推动了航天技术的发展。

GNSS 已经渗透到国民经济的许多部门。随着 GNSS 接收机的集成微小型化，它可以被嵌入其他的通信、计算机、安全和消费类电子产品中，扩展其应用领域。GNSS 用户接收机生产和增值服务本身也是一个蓬勃发展的产业，是重要的经济增长点之一。

当今社会，GNSS 已成为经济发展的强大发动机，导航卫星系统已成为重要的基础设施。

2.7.2 军事应用历来是 GNSS 的重要领域

GNSS 可为各种军事运载体导航。例如，为弹道导弹、巡航导弹、空地导弹、制导炸弹等各种精确打击武器制导，可使武器的命中率大为提高，武器威力显著增长。武器毁伤力大约与武器命中精度（指命中误差的倒数）的 3/2 次方成正比，与弹头三硝基甲苯（trinitrotoluene，TNT）当量的 1/2 次方成正比。因此，命中精度提高 2 倍，相当于弹头 TNT当量提高 8 倍。提高远程打击武器的制导精度，可使攻击武器的数量大为减少。GNSS 已成为武装力量的支撑系统和倍增器。

GNSS 可与通信、计算机和情报监视系统构成多兵种协同作战指挥系统。

GNSS 可完成各种需要精确定位与时间信息的战术操作，如布雷、扫雷、目标截获、全天候空投、近空支援、协调轰炸、搜索与救援、无人驾驶机的控制与回收、火炮观察员的定位、炮兵快速布阵以及军用地图快速测绘等。

GNSS 可用于靶场高动态武器的跟踪和精确弹道测量及时间统一勤务的建立与保持。当今世界正面临一场新军事革命，电子战、信息战及远程作战成为新军事理论的主要内容。导航卫星系统作为一个功能强大的军事传感器，已经成为天战、远程作战、导弹战、电子战、信息战的重要武器，并且敌我双方对控制导航作战权的斗争将发展成为导航战。谁拥有先进的导航卫星系统，谁就在很大程度上掌握未来战场的主动权。

2.7.3 我国卫星导航应用展望

按照美国的经验，开展导航军事应用的同时开发民间应用，可广泛带动导航产品市场。

美国政府早在 2000 年 5 月宣称，其 GPS 设备在全球范围拥有用户 400 万以上，有关 GPS 商品和服务的应用市场在今后 3 年内将翻一番，即由 80 亿美元上升至 160 亿美元以上。欧洲导航市场估计在 2025 年用户设备收益为 880 亿欧元，服务收益为 1120 亿欧元，由 Galileo 引起的欧洲设备工业出口为 700 亿欧元，总和为 2700 亿欧元。其中新兴的最有希望的道路交通应用占 77%，海运占 1%，民航和铁路各占不到 1%，其他如精细农业、海上勘探、大地测量和精密时间同步等占 21%。Galileo 计划投资为 35 亿欧元，预计 2005～2025 年（相当于两代 Galileo 卫星）民用经济效益为 900 亿欧元，返回政府的直接与间接税收是 450 亿欧元，提供 10 万个高新技术就业机会。

中国民用卫星导航市场广阔，潜在经济效益巨大，是今后可持续发展的重要因素。在北斗卫星导航系统正式运行以前，中国民用卫星导航主要集中于对 GPS 的应用。

1. 交通运输

卫星导航首先在远洋和近海实现了普及应用，尤其是已有 10 万条渔船装备了 GPS 接收机，占中国全部渔船的 1/3。交通运输部为了向船舶提供差分修正信息，在中国沿海已相继建立了 GPS 差分信息短波发送站（每个台站覆盖半径近 300km），基本覆盖了沿海地区及部分大陆。交通运输部开发的电子海图可以提供对远洋运输船舶的监控与指挥。

中国民航做过一些用 GPS 进行飞机导航和精密近场着陆的试验。但鉴于民航对飞机导航安全性要求很高，而用户为数不多、投资有限，实际投入使用相对迟缓。民航单一应用卫星导航系统的前景寄望于民用卫星导航精度、可用性和完好性的大幅度提高。

在国外，陆上交通车辆是 GPS 应用最为广泛的领域，据全球统计，使用 GPS 车辆系统的用户几乎占整个用户数的 2/3，日本已达数百万台。中国也已经开始了这一领域的应用，目前市场逐步成熟，进入迅速发展的态势。一些大城市，如北京、上海，已开始在公共汽车、出租车的监控、调度与管理中应用 GPS 导航设备。GPS 车辆系统的功能一般可分为自我导航和中心对车定位并调度指挥（如出租车的调度，公安、银行、保险及危险物品运输等部门对车辆的跟踪监控，失窃车辆的自动定位告警等）两类。前者往往需要在微机上自备电子地图和目的地路径引导软件，后者必须与移动通信、指挥调度中心相配套，甚至全国联网。其移动通信早期常采用专用移动通信网，如集群电话或卫星通信，廉价的方法则是采用公用移动通信网，例如现在中国已经广阔覆盖了全球移动通信系统（global system for mobile communications，GSM），使用其短信息业务尤其经济。指挥控制中心一般通过数据网络与移动通信接口，配置相应容量的计算机系统和数据库，并具有按任务需求的地理信息系统和众多远端车辆位置同时在电子地图上显示的功能。总的来说，交通运输与卫星导航相结合，社会效益显著，经济效益巨大。卫星导航用于城市交通管理，可防止交通拥挤和堵塞现象，用于公路管理可使运输能力提高 30%。

2. 测绘、资源勘探等静态定位

这是国内开展 GPS 定位应用较早的另一个领域，现已建成连续运行的 GPS 观测站 30 多个，其中 7 个纳入国际 GPS 服务站（international GPS service，IGS）网，全国 GPS 二级网站布测 534 点，平均边长约 160km，从根本上解决了中国测量使用参考框架的问题，其绝对定位精度好于 0.1m，相对定位精度好于 10^{-7}，比传统测量方法提高效率 3 倍以上，费用降低 50%，精度大幅提高。同时，在过去人迹罕至的高原、沙漠、海洋获得了大量的定位成果，为国家制图、城乡建设开发、资源勘察等做出了贡献。与此相关的还有中国地壳运动观测网，网中包括 25 个基准站、56 个基本站和 1000 个分布在主要地震带上的区域站，其数据处理结果为全国大地震活动趋势分析提供了新的依据。此外，还广泛、有效地应用于城市规划测量、厂矿工程测量、交通规划与施工测量、石油地质勘探测量及地质灾害监测等领域，产生了良好的社会和经济效益。

3. 高精度授时

高精度授时是卫星导航应用领域的另一个重要项目。中国长波台的授时精度为微秒级，GPS 在取消选择利用性（selective availability，SA）政策以后有可能获得 4ns 精度，且装备简易，在国内已经普遍应用，如用于各级计量部门、通信网站和电力输送网等。如果用卫星导航系统授时接收机做成电子手表，成为商品，更是未来非常巨大的应用市场。

4. 科学研究

例如，利用 GPS 研究电离层延迟及电子浓度变化规律，建立了中国区域的电离层网格模型，完成了全国分布式广域差分科学试验，为广域差分 GPS 技术应用推广做了有益有效的前期工作。地面 GPS 观测在气象学上的国内应用也逐步受到重视，它可提供几乎连续的、高精度的可降水汽量数据，有可能用于恶劣天气预报。

5. 卫星导航与信息化

当前，进入了大数据、智能化、无线革命的时代，信息产业从数字化发展到互联化，如今又发展到智能化时代。一些大中城市已将 GPS 信息综合应用服务体系纳入其城市信息化建设计划之中。当前，人们对基于位置的服务（location based service，LBS）的需求已延伸至旅游、交通、咨询服务、车辆管理等地理信息结合应用的方方面面，卫星导航系统作为重要的基础信息平台，在 LBS 领域的应用具有巨大的商机。

2.8　应用实例——卫星导航星座模拟

卫星工具包（STK）是广泛应用于航空、航天领域并可以快速方便地分析各种复杂任务的一种计算机仿真软件。STK 包含各种集成模块，可以进行多个应用领域的分析计算，可以将仿真结果通过二维和三维图形窗口动态地演示出来。

随着计算机和信息技术等高新技术的飞速发展，计算机仿真技术也正在全球范围内得到迅速的推动，并在航天、航空、地面战场模拟以及其他复杂任务分析中发挥着越来越重要的作用。

美国 Analytical Graphics 公司（简称 AGI）开发的 STK 是一款在航天工业领域中处于绝对领先地位的商品化分析软件。它支持航天任务周期的全过程，包括概念、需求、设计、制造、测试、发射、运行和应用等。STK 是先进的商用现货分析和可视化工具，它可以支持航天、防御和情报任务。利用它可以快速方便地分析复杂任务，获得易于理解的图表和文本形式的分析结果，以确定最佳的解决方案。

STK 起初多用于卫星轨道分析，最初的应用集中在航天、情报、雷达、电子对抗、导弹防御等方面。但随着软件的不断升级，其应用也得到了进一步深入，STK 现已逐渐扩展成为分析和执行陆、海、空、天、电（磁）任务的专业仿真平台。目前常用的是 STK10.0 版本。

以 GPS 星座模拟为例，打开 STK 10.0，单击 "File" 下拉菜单中的 "New" 弹出空白场景"Scenario1",向场景中添加一颗卫星"Satellite1"并重命名为"GPS"。第一颗卫星进行轨道参数设置如图2.26所示。

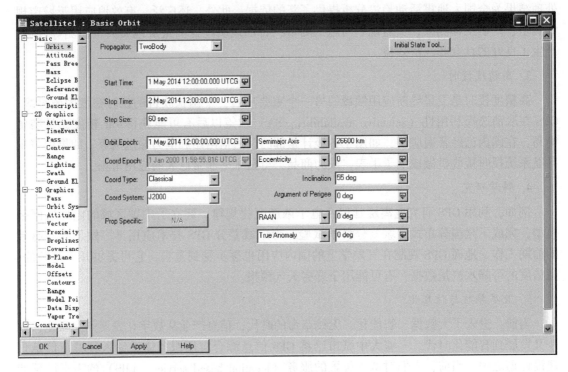

图2.26   GPS轨道参数设置

右击卫星"GPS"→"Satellite Tools"→单击"Walker",出现"Walker for Satellite"设置界面,轨道数设置为6,每个轨道上分布4颗卫星,如图2.27所示。

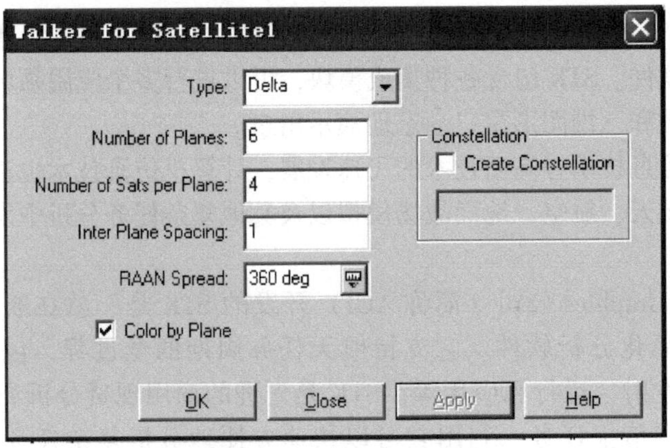

图2.27   Walker设置界面

单击"OK"后,对象浏览器、3D图形窗口和2D图形窗口将依次显示。

扩展阅读

辅助 GNSS（assisted GNSS，A-GNSS），在便携式导航设备中得到了广泛的应用。A-GNSS 在接收卫星导航信号进行导航的同时，还从无线通信网中获取与卫星导航相关的数据，大大缩短接收机成功定位的时间，从而提高接收机的定位性能。

传统的 GNSS 接收机在开机后首先需要搜索和捕获来自各卫星的导航信号。GNSS 搜索和捕获卫星信号的过程与用调频收音机搜台的过程类似。由于 GNSS 卫星高速运动引起的多普勒频移效应，每颗 GNSS 卫星发送的导航信号的频率均不相同。地面用户的频率观测结果与用户到卫星距离的变化率成正比。但接收机在测得自身准确位置之前无法计算在观测处各卫星的多普勒频移值，因而传统的 GNSS 接收机就采取类似于调频收音机搜台的方式进行简单耗时的频率搜索。在频率搜索卫星信号的同时，接收机还需要对导航信号进行码相关计算。通过频率搜索和码相关计算捕获来自特定卫星的信号是一个非常耗时的过程。接收机对 C/A 码进行一次码相关计算需要 1ms 的时间，地面上的静态用户所能观测的卫星信号多普勒频移最大约 5kHz，取最大频移值为 6kHz，将可能的多普勒频移值范围分成 50 个搜索区间（每个搜索间隔为 $2 \times 6000/50 = 240$Hz），则需要进行 $1023 \times 50 = 51150$ 次码相关计算，需时间约 51s，即使采用傅里叶变换和并行搜索等先进方法，接收机开机自主完成信号搜索和捕获的时间仍相对较长。

当接收机关机时间超过 2h 后，接收机中原有的卫星星历数据就不准确了。因此 GNSS 接收机在完成信号搜索和捕获后，还需要下载更新机内原有的星历数据。接收机通常需要 $18 \sim 36$s 才能完成星历数据下载和首次定位计算。在复杂的接收环境（如城区高楼林立的环境，信号被遮挡严重）下，接收机可能要耗时数分钟才能完成这个过程。

随着卫星导航技术的发展，GNSS 民用终端的数量远远超过了军用终端的数量。民用用户的使用环境多样，在一些特殊的环境（如城市乡道、高山峡谷、密林及室内等）下导航信号微弱，用户可见卫星数目也可能少于 4 颗；有的应用还要求接收机能够即时定位；民用接收机还要求保持外形小巧、价格低廉、功耗较低等特点。现代接收机的这些使用要求对传统的 GNSS 技术提出了挑战，并催生和推动了 A-GNSS 技术的发展。

图 2.28 是一个最简单的 A-GNSS 系统原理图，利用 A-GNSS 系统进行定位仍需要对 GNSS 导航信号进行接收和处理。每颗卫星发送的导航数据均包含伪随机码（PRN）和数据，在图 2.28 中，伪随机码用正弦波表示，数据用方波表示。在信号传播的过程中，若遇到障碍物，信号经过反射、折射和散射会变弱，弱化的信号中包含的数据可能就无法被检测出来，但伪随机码仍然可以被检测到。在 A-GNSS 中，原本需要通过卫星导航信号传输的数据通过无线通信网的基站被发送到用户的接收机上，由于无线通信网的数据传输速度要远远高于卫星导航信号的数据传输速度，A-GNSS 接收机可以很快得到定位解。因此，与一般的无辅助的接收机相比，A-GNSS 接收机所需要从卫星导航信号获取的数据和定位所需要的时间均大大减少，同时接收机也能够处理更微弱的信号。

A-GNSS 服务器向用户提供的数据包含卫星历书、卫星星历、时间信息和接收机多普勒频移等，利用这些数据，接收机即使在信号很弱的环境下也可以很快得到定位解。接收机可以获得的辅助数据越充分，其首次定位的所需时间越短。

A-GNSS 对缩短接收机首次定位时间的贡献主要在于节省了接收机通过卫星信号接收卫

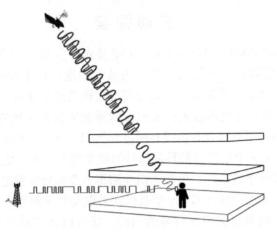

图 2.28   A-GNSS 简化系统原理图

星星历数据所需耗费的时间，此外，由于辅助数据中包含接收机处各卫星信号的多普勒频移值，接收机对导航信号的捕获时间也会被大大缩短，A-GNSS 缩短接收机信号捕获时间过程如图 2.29 所示。利用 A-GNSS 的辅助数据，接收机对信号捕获由对多普勒频移–码偏移的二维搜索过程简化为对码偏移的一维搜索过程。

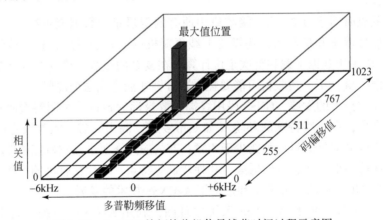

图 2.29   A-GNSS 缩短接收机信号捕获时间过程示意图

A-GNSS 的辅助数据可以通过两种方式获取：在线方式和离线方式。

（1）在线方式：接收机实时从 A-GNSS 服务器端下载辅助数据，这种方式的辅助数据时效短。

（2）离线方式：接收机预先从服务器端下载预测历书和星历数据，这种方式的辅助数据最长可在 10d 内有效。

这两种方式获取的 A-GNSS 辅助数据均是通过全球各个 GNSS 参考站采集的。

图 2.30 是一个典型的 A-GNSS 系统的组成示意图。它包含一个 GNSS 参考站接收机，一个用于分发辅助数据的中央服务器和一个 A-GNSS 接收机。GNSS 参考站接收机接收相关卫星的数据信息并将它传送到服务器，服务器完成辅助数据的计算并响应用户接收机的请求将辅助数据通过无线通信网络或互联网发送给用户，使用户可以更快地得到定位解。

辅助数据的获取是通过分布于全球的 GNSS 参考站网络对 GNSS 卫星的连续不间断的监

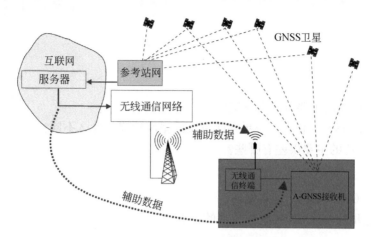

图 2.30　A-GNSS 系统的组成示意图

测获得的。目前全球最大的 GNSS 参考站网络是国际 GNSS 服务组织（International GNSS-Service，IGS），它是国际上公认的精度最高的民间 GNSS 服务组织。

IGS 无偿向全球用户提供各种 GNSS 信息，如 GNSS 精密星历、快速星历、预报星历、IGS 站坐标及其运动速率、IGS 接收 GNSS 信号的相位和伪距数据、地球自转速率等。这些信息支持了大地测量和地球动力学方面无数的科研项目，包括电离层、气象、参考框架、精密时间传递、地壳运动、高分辨率的地球自转速率及其变化等。IGS 提供的主要服务和数据有以下几种。

（1）轨道数据。按其轨道精度分为三类。一类是最终轨道，要在 10 ~ 12d 后才可以得到，常用于精密定位；第二类是快速轨道，要在 1d 以后得到，它常用于大气的水汽含量、电离层计算等。第三类是预报轨道。GNSS 星钟偏差方面的数据由两个 IGS 分析中心提供。IGS 在近 200 个永久连续运行的全球跟踪站中，使用的外部频率标准有 70 多个，其中，30 个使用氢钟，20 个使用铯原子钟，20 个使用铷原子钟，其余的使用 GNSS 内部的晶体振荡器。

（2）极移和世界时间信息。IGS 公布最终的每日极坐标 (x,y)，其精度为 ±0.1mas，快报的相应精度为 ±0.2mas。GNSS 作为一种空间大地测量技术，本身并不具备测定世界时的功能，但是，GNSS 卫星轨道参数和 UT 有关，也和测定地球自转速率有关，而自转速率又是 UT 的时间导数，因此 IGS 仍能给出每天的日长值。目前，由于 IGS 各观测站数据传输及数据处理方法的改进，使求定章动项和高分辨率的极移，由过去的 1d 1 次提高到每 2h 1 次。

（3）连续运行站的坐标、相应的框架、历元和站移动速度。

（4）短期章动。

目前 IGS 参考站网络已成为 A-GNSS 数据的可靠来源。

思　考　题

1. 名词解释

（1）GNSS

（2）GPS

（3）定位

（4）导航

（5）伪距

2. 简答题

（1）定位与导航的主要方法有哪些？

（2）GPS、GLONASS 和北斗卫星导航系统的星座构成有什么不同？

（3）GNSS 定位的主要误差有哪些？

3. 论述题

（1）试论述 GNSS 定位的基本原理。

（2）试论述几种差分 GNSS 定位技术的特点。

第3章 地理统计分析

 教学及学习目标

本章介绍地理统计分析中的基本问题与方法。学完本章后，能够理解空间自相关、空间分异性和可变面元等基本概念，掌握和应用空间点模式、空间面模式的探索性分析方法和空间统计分析方法，理解空间回归模型。

3.1 引　　言

在地理问题研究中，无论是早期的计量革命还是现代的空间分析，统计方法一直扮演着重要角色，它允许我们提出和检验假设。而地理学家至少有两种不同的应用分析：探索性分析和验证性分析。探索性分析方法用于提出假设，验证性分析方法用于检验假设。可视化和描述性分析属于探索性方法，由于有可用的大数据集和包括地理信息系统（geographic information system，GIS）在内的相关软件，探索性方法在过去若干年内进展迅速，是空间分析中重要的第一步；统计分析属于验证性方法，尽管由于现实世界的复杂性，不能总是承认或者拒绝假设，但统计方法在启迪思想，以及应用严肃科学的方法回答问题方面很重要（Rogerson，2015）。针对空间数据，其统计分析需要特别关注空间自相关、空间分异性和可变面元问题等。

3.2 地理统计分析的基本问题

3.2.1 空间自相关

空间数据之所以特殊，最根本的原因是数据之间不独立，即存在空间自相关。说得更准确些，任何空间数据集可能具有特征距离或者长度，或者滞后，在其上它与自己相关。这可以用地理学第一定律描述，该定律也称为 Tobler 定律：任何事物都是相关的，但距离近的事物比距离远的事物相关性更强（Tobler，1970）。如果知道 X 点的高程是 200m，那么对于到 X 的距离为 10m 的 Y 点高程，它可能是在 190~210m。当然，这两个位置之间可能有一个大的悬崖，位置 Y 可以高出海平面 500m，虽然这极不可能，但它几乎肯定不会是海拔 1000m。可以用空间自相关把许多地理现象描述为某些空间变化的局部相似性。例如，城市是人口在空间上局部集中的地方，邻近居民由于目的地具有相似的可达性，出行行为的相关性更强，以及如社会、经济活动等其他许多现象也是如此。暴雨是特殊大气状况的局部焦点，在特定地区，气候由天气的相似空间模式重复发生形成。如果地理学从根本上值得研究，那一定是因为现象在空间上不是随机变化的。因此在地理学中，空间自相关的存在是一个假设事实。不幸的是，它也是应用经典统计学的一个障碍（O'Sullivan et al.，2013）。

空间现象的非随机分布，对常规统计分析有多方面的影响。例如，基于在空间上非随机分布的样本，通常的参数估计将是有偏的，偏向抽样方案地区中的常见值。看待该问题的另一种角度是，空间自相关在数据中引入了冗余信息，因此与基于样本量 n 的一个简单估计相比，每项数据提供了较少的新信息，或者说数据重复提供了某些信息。这种影响意味着在做任何常规统计分析之前，有充分的理由估计空间数据的自相关强度。空间自相关一般有三种：正相关、负相关和零相关（或不相关）。正相关最常见，它是指相互邻近的观测值可能彼此更相似的情况；负相关不太常见，指邻近位置的观测值可能彼此不同的情况；零相关是识别不出空间效应的情况，即观测值在空间上看起来是随机变化的。在空间分析中，描述和模拟模式在研究区域上的变化，有效地描述自相关结构是首要问题。笼统地说有两类空间变化：一阶变化和二阶变化。局部环境的基本特性发生改变而导致研究区域上的观测值随地点的变化而不同，这时就会产生一阶空间变化。例如，仅仅因为人口密度的变化而导致犯罪率可能在空间上发生变化，因此在大城市的中心附近犯罪率上升。相比之下，二阶变化是由观测值之间的相互作用引起的，例如，一个地区发生的犯罪案，将会导致该地区周围有更多的犯罪发生，这可能是在酒吧或俱乐部附近，或当地街头毒品市场附近的局部"热点"周围（O'Sullivan et al.，2013）。

虽然空间自相关对常规统计方法提出了相当大的挑战，并且仍然存在问题，但地理学家发展出的很多空间自相关测度指标成了强有力的描述性工具。虽然不能说空间自相关问题已经解决，但在技术上已有很大进展。

3.2.2　空间分异性

地球上的自然环境和经济社会现象呈现出空间分布不均匀的特征。几乎没有地方可描述为是空间均匀的，空间异质性（spatial heterogeneity）趋向于影响对地理数据进行的几乎任何类型的空间分析。许多技术，如三明治空间插值模型（Wang et al.，2013）、局域 Getis G 统计（Ord and Getis，1995）、局域 Moran's I 统计（Anselin，1995）、地理加权回归（Fotheringham et al.，2002）均是针对异质性的空间分析方法。

空间异质性包括空间局域异质性（local heterogeneity），指某点上的属性值与周围不同，即热点；空间分层异质性（stratified heterogeneity），简称空间分异性，指多区域之间不同，即层内方差最小并且层间方差最大的现象（Wang et al.，2016；王劲峰和徐成东，2017）。

空间分异性影响了空间依赖关系以及空间过程的统一描述。空间分异性意味着为全系统所估计的总体参数并不能恰当地描述任何一个给定点的过程。因此，在任何空间数据统计之前，应当对空间分异性进行识别。

如果存在空间分异，则应当进行如下操作：①分区后使模型参数区域化，反映区域特点。但分区将减少样本量，影响统计推断的可靠性。②局域空间回归，如地理加权回归（geographical weighting regression，GWR）（Fothringham，2002）、多水平模型（multi level modelling，MLM）（Goldstein，2011）。③基于分异性的空间插值。空间分异性为空间插值提供了一种可能性，成就了面插值和三明治空间插值方法（Wang et al.，2013）（www. sssampling. cn/sandwich）。④空间分异性还提示了空间格局的控制因子，可以用地理探测器来检测（Wang et al.，2010）（www. geodetector. cn）。

空间分异性通过分类（classification）来识别，统计学称为分类层（stratification）。其原理是对总体进行划分，使类层内离散方差最小（minimizing the within strata variance），类层间离散方差最大（maximizing the between strata variance）。假设在研究区 Ω，属性值 y 以格点记录（图 3.1），研究区被分层（分类）$h=1,2,\cdots,L$。空间分异性 q-统计（spatial stratified heterogeneity q-statistic）（Wang et al.，2016）

$$q = 1 - \frac{1}{N\sigma^2}\sum_{h=1}^{L} N_h\sigma_h^2, \quad q \in [0, 1] \tag{3.1}$$

$$F = \frac{N-L}{L-1}\frac{q}{1-q} \sim F(L-1, N-L; \lambda) \tag{3.2}$$

$$\lambda = \frac{1}{\sigma^2}\Big[\sum_{h=1}^{L}\mu_h^2 - \frac{1}{N}\big(\sum_{h=1}^{L}\sqrt{N_h}\mu_h\big)^2\Big] \tag{3.3}$$

式中，N 和 N_h 分别为总体和类层 h 的样本量；μ_h 为类层 h 的均值，σ^2 和 σ_h^2 分别为总体和类层 h 的方差。当类层内方差为 0 时，$q=1$，即完美分异；当类层内方差与类层间方差没有区别时，$q=0$，即没有分异；$q \in [0,1]$，服从非中心 F 分布。

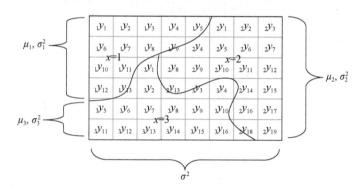

图 3.1 空间分异 q-统计（Wang et al.，2010；2016）

如果分类层是由变量 y 产生的，则 $100\times q\%$ 反映 y 的分异程度；如果分类层是由自变量 x 生成的，$100\times q\%$ 反映 x 对于 y 的解释程度。

3.2.3 可变面元问题

对空间面数据而言，统计分析的另一个主要问题是数据通常由一个较详细层次上的数据聚合而来。一个例子是各种数据的普查和发布，数据收集通常在家庭层次上进行，但由于实际或隐私原因，结果是在不同的聚合层次上发布的，例如，在县级、地市级和省级层次上发布。这里的问题是相对于调查数据，所用的聚合单位是随意的，而所用的单位直接影响报告结果。该问题称为可变面元问题（modifiable areal unit problem，MAUP），MAUP 最早由 Gehlke 和 Biehl（1934）提及，后来由 Openshaw（1984）详细阐述。MAUP 包括两个相互关联的部分：尺度效应和区划效应或聚合效应。尺度效应指在不同的空间分辨率上（如县级、地市级或省级）进行分析得到不同的结果，区划效应或聚合效应指在给定尺度的条件下，不同区划或聚合方案对结果的影响。如果对一个具体研究设定不同的分析尺度或不同的组合方式，可以观测到非常不同的模式和关系。图 3.2 说明了该问题，其中，第一行的三个图从左到右分别表示自变量 x、因变量 y 的原始数据和线性回归结果，第二/三行的三个图从左到右分别表示对应 x、y 的原始数据在水平方向上/垂直方向上两个相邻像元的聚合和线性回归结果，可以看到不同尺度（如第一行与第二或第三行相比），以及两种不同的区划或聚合方案（第二行与第三行相比）得到的对回归方程和决定系数 R^2 有明显影响的不同结果。

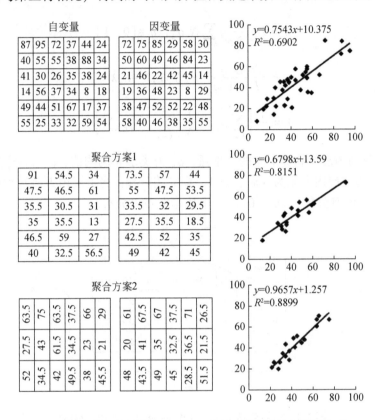

图 3.2　可变面元问题（MAUP）示意：尺度效应和区划效应

首先，尺度问题并不难理解，即组合任意一对观测值，将会得到更接近于总体数据均值的结果，因此聚合后的新数据将更加紧密地聚集在回归线周围，有更好的决定系数（O'Sullivan et al., 2013）。图 3.2 的例子也显示两种聚合方案都比原始数据的拟合效果好。通常，当采用更大的聚合单位时，该问题仍然存在。因为地理实体的表达依赖于尺度，例如，在大陆尺度上城市可以方便地用一个点表示，在区域尺度上它变为一个面对象，在本地尺度上城市变为一个点、线、面和网络对象的集合。所用的尺度影响着表达方式，这反过来可能影响空间分析与统计。然而一般来说，不可能事先确定一个研究的正确尺度和合适尺度，对这个问题要给予应有的关注。其次，区划效应或聚合效应表明在不同的聚合方案条件下所得结果的重要差异。实际上，Openshaw 等（1979）应用模拟方法表明，使用相同的基础数据，采用不同的聚合层次，得到了相关性可能为−1.0～1.0 的任何值。

MAUP 不仅仅在学术上或理论上让人感兴趣，对政客来讲，它的影响也已经闻名遐迩，政客确保用对他们最有利的方式划分选区边界。一个例子说明了其中的原因，在 2000 年的美国总统选举中，阿尔·戈尔（Al Gore）比乔治·布什（George Bush）获得了更多的民众投票，但仍然没有成为总统。其中，把县聚合到州层次上的不同方法，可以产生不同的结果

（实际上，在这场势均力敌的选举中，只要交换佛罗里达州北部的一个或两个县到佐治亚州或亚拉巴马州，很可能就会产生不同的结果）。

对几乎所有用到地理信息系统技术的决策过程，MAUP 的实际影响是巨大的，因为现在详细但仍然聚合的数据唾手可得，如果聚合方案发生变化，政策可以很容易地专注于看起来可能非常不同的情况和问题。其含义是，选择的空间参照框架本身是统计和其他观测模式的一个重要决定因素。Openshaw（1984）指出，由于对 MAUP 缺乏了解，许多人为了完成某些分析选择假装这个问题不存在，因此可以"继续进行下去"。这是一个严重的问题，它值得关注但关注较少。Openshaw 的建议是如同空间自相关那样，把 MAUP 变为一个探索性和描述性的工具。用这种观点可以探测如收入与犯罪之间的关系等问题，然后寻找最大化这种关系的一种聚合方案。

3.2.4 生态谬误

MAUP 与一个更一般的统计问题密切相关：生态谬误或层次谬误。当假设在某一聚合层次上观测到的统计关系成立，进而认为该关系在更为详细的层次上也成立时，或者说用宏观结果解释微观现象时，就可能产生生态谬误问题。例如，在县级层次上观测到收入和犯罪之间在统计上的强相关性——低收入县具有较高的犯罪率，若据此得到低收入个体更可能犯罪的结果，那么就犯了生态谬误的错误。实际上，该结果只有在县级层次上解释时才合理，即低收入县趋向于有高的犯罪率。至于是什么导致了所观察到的结果，则可能是完全不同的——或许是因为低收入家庭具有较为无效的家庭安全系统而更容易遭受入室盗窃（一种相对直接关联）；或者低收入地区居住着更多的慢性吸毒者，不论其收入高低他们都犯罪（一种间接关联）；或者其原因根本与收入无关。

重要的是要认识到，在高聚合层次上的关系可以由低层次上的相同关系进行解释。如吸烟与肺癌之间关系的最早证据之一由 Doll（1955）提出，采用 11 个国家的人均吸烟率与肺癌死亡率的散点图进行说明，在图中有一个很明显的强相关性。然而，仅基于该证据说吸烟导致了肺癌，结论将是错误的。事实证明吸烟导致了肺癌，但这一结论是在个体层次上进行了许多其他研究得出的。国家层次上的吸烟和癌症数据，依然只支持以下结论：具有大量烟民的国家趋向于具有较高的肺癌死亡率。

现在人们已经意识到这一问题，如果稍加关注新闻就会发现，日常生活中和媒体话语中的生态谬误很常见。犯罪率、交通事故发生率、人均平均收入，或安全带法律都是典型的例子。不幸的是，在学术著述中该谬误几乎一样常见。它似乎通常出于一种对问题进行简单解释的期望，但是在人文地理学中如此简单的事情很少见。生态谬误和 MAUP 的共同点是，统计关系可能随着聚合层次的不同而变化（O'Sullivan et al.，2013）。

3.3 空间点模式分析

3.3.1 概述

空间点数据在自然、资源环境和社会经济现象中普遍存在，在一定的尺度下，如疾病发生地、犯罪地点、污染源、居民点、树木位置、地震震中、交通事故发生地，以及学校、商场、村庄、城市、宇宙中的星体等都可以在地图上抽象为点数据，进而用一个理想化的点来表示，由此可见空间点模式分析的应用领域非常广泛。空间点模式分析最早由植物生态学家在20世纪30年代应用，后来发展到动物生态学等领域，经过20世纪60年代的区域和地理学的"计量革命"，在20世纪70年代扩展到考古学、天文学和材料科学等领域。现在，空间点模式分析在生态学、流行病学、犯罪学和天文学等领域有重要应用。代表性的专著可参考Diggle（2003；2013）、Illian等（2008）、Baddeley等（2015）、Cressie（1991）和Cressie和Wikle（2011）。

空间点模式通常指二维空间上有界区域内点的集合，一个空间点模式由研究区域中的一组点对象组成，通常用事件（event）这一术语表示在特定位置上一个感兴趣对象的发生。在简单情况下，每一事件只表示对象发生的位置，其中仅有点对象的空间位置信息，即纯粹点模式。但事件也可以有附加信息，例如，树在空间上有一个位置，依附信息包括树的胸径、高度等，即具有一维或多维属性值标记点模式（marked point pattern）。这里只涉及第一种点模式的分析方法，即纯粹点模式分析。

一组事件要构成一个点模式，有如下要求（O'Sullivan et al., 2013）：首先，点模式应当在平面上能够进行图示。因此应正确地投影经纬度数据，以便精确地计算两点之间的距离。其次，应当客观地确定研究区域。这很重要，因为应用不同的研究区域可能得到不同的分析结果，从而导致不同的结论。实践中，获得这种独立性很难，通常是不可能的。研究区域可以由一个国家的边境线、一个岛屿的海岸线，或森林的边界组成，但往往不存在针对研究区域的天然边界。在这种情况下，需要认真考虑研究区域定义背后的合理性，并应用边界校正方法尝试校正由其产生的一些后果。再次，模式应该是感兴趣实体的一种枚举或普查，而不是一个样本。也就是说，模式中应当包括研究区域中所有相关的实体。但是在地理学的大多数研究中，事件位置在研究之前就已给出，模式没有被抽样的可能性。最后，区域中的研究对象与模式中的事件点之间应该一一对应。

空间点模式通常有三种基本分布类型（图3.3）：聚集分布、随机分布和均匀分布。聚集分布是许多事件集中在一个或少数几个区域，大面积的区域没有或仅有少量事件，总体中一个或多个事件的存在影响其他事件在同一取样单位中的出现概率。随机分布即完全空间随机（completely spatial random，CSR），又称为泊松分布（Poisson distribution），有两个基本条件：一是任何事件点在任何位置发生的概率相同（等概率）；二是某事件的存在不影响其他事件的分布（独立性）。均匀分布是事件间保持一定的距离，每一个事件尽量地远离其周围的邻近事件，在单位面积内事件出现与不出现的概率完全或几乎相等。

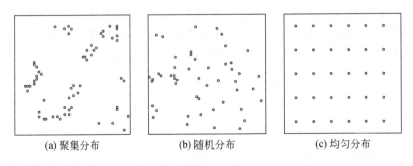

(a) 聚集分布　　　　　(b) 随机分布　　　　　(c) 均匀分布

图3.3　空间点模式的三种基本分布类型

　　完全空间随机是一个简洁的空间模型，也是很多点模式统计分析的零假设。它满足两个基本条件：等概率和独立性。但现实世界中的一个事件与其他事件之间很少相互独立，所以实际过程一般呈现出空间依赖性，因而并不满足随机性假设，这在空间点模式中表现为"一阶效应"和"二阶效应"两种形式。

　　一阶效应，就是研究区域内每一面积上事件出现的等概率假设条件不成立，它描述的是空间过程均值的变化，是一个全局或大尺度上的趋势。例如，疾病点、犯罪地点的空间分布会趋向于聚集在人口密度更大的区域，全球范围内地震的震中趋向于聚集在板块交界处等。二阶效应就是事件之间的独立性假设条件不成立，它源于空间相关性或空间依赖性，是局部或小尺度意义上的概念，可以分为"排斥"和"聚集"两种作用类型。例如，城镇的形成，随着居民的增多，城镇之间相互竞争，由于各种各样的原因，极可能是一些城镇繁荣，另一些城镇衰退，但一个繁荣的城镇倾向于"远离"另一个繁荣的城镇，即排斥作用。另外，现实世界的其他过程表明一个事件在特定地方的出现，可以提高附近其他事件出现的概率。例如，农业技术革新扩散时，已经获得成功的农民的邻居更有可能采用新技术，即聚集作用。

　　下述例子可以说明一阶效应和二阶效应（Bailey and Gatrell，1995）。假如完全随机地把碎铁屑撒在画有规则方格网的纸上，碎铁屑在纸上不同格网内的分布可以看作空间随机过程的一个实现。只要碎铁屑是随机撒落在纸上，将不会出现一阶效应或二阶效应——不同数量的铁屑将随机地落在任一规则格网内，而它们的差别完全由随机因素引起。现在，假设先把具有微弱吸引力的一些小磁铁放在纸下面不同的点上，然后再撒碎铁屑，结果将呈现一阶效应的空间模式——在整张纸的格网上，碎铁屑在小磁铁处或围绕小磁铁聚集。现在移去磁铁，并用磁铁磁化碎铁屑，然后再一次把碎铁屑撒到纸上，结果将呈现二阶效应的空间模式——由于碎铁屑之间的吸引出现了局部的空间聚集。如果把小磁铁重新放到纸下，并把磁化了的碎铁屑撒到纸上，结果将呈现一阶、二阶混合效应模式。

　　一阶效应或二阶效应是概念上的，实践中通常难以简单地通过观察来区分空间数据的各种效应。如图 3.4 所示的三种点模式（O'Sullivan et al.，2013），图 3.4（a）存在一阶效应，其密度从东北向西南增加，图 3.4（b）二阶效应强烈，有明显的聚集现象，而图 3.4（c）则呈现出复杂的情况，两种效应难以区分，而实际空间模式通常是一阶效应和二阶效应的混合体。这些困难最终导致在分析时一定程度上的主观性。

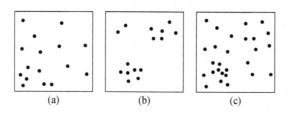

图 3.4　一阶效应与二阶效应

　　无论是一阶效应还是二阶效应，都意味着事件在空间上发生的机会是变化的，因而过程是非平稳的。平稳（stationary）不是一个简单概念，而是"管控"过程和事件"放置"规则的一种重要思想，平稳性假设是关于模型或过程的，而不是关于数据的。在空间点过程中，过程的基本特性由强度（intensity）——任何一个邻域接收一个事件的概率所管控。如果一个空间点过程的强度在空间上没有变化，则称为一阶平稳，如果点之间没有相互作用，则称为二阶平稳。完全空间随机过程是一阶和二阶平稳的。如果在空间模型中没有某些形式的平稳性假设，用模型拟合数据就很困难，因为涉及的参数数量变得难以处理。

3.3.2 分布中心与离散度

在空间点模式的探索性数据分析中，可以用简单的统计方法进行概括性分析。例如，描述分布中心的平均中心和中位中心，描述离散度的标准距离和标准差椭圆。离散度是对分布中心的补充，因为在分布中心相同或相近的情况下，不同的离散度反映点模式不同的空间分布特性。

平均中心（mean center）也可称为空间均值，指点模式的中心位置，表达式为

$$\bar{s} = (\bar{x}, \ \bar{y}) = \left(\frac{\sum\limits_{i=1}^{n} w_i x_i}{\sum\limits_{i=1}^{n} w_i}, \ \frac{\sum\limits_{i=1}^{n} w_i y_i}{\sum\limits_{i=1}^{n} w_i} \right) \tag{3.4}$$

式中，x_i 和 y_i 分别为事件 i 的 x 坐标和 y 坐标；n 为事件总数。对应模式中的每个事件或代表多边形的每个质心，如果权重 w_i 均取 $1/n$，$\bar{s}$ 为简单平均中心，即所有事件对应坐标的算术平均；否则 $\bar{s}$ 为加权平均中心，其中，w_i 的确定是一个关键问题，而简单平均中心是加权平均中心的特殊形式。二维空间的平均中心类似于经典统计学中一维数据的平均值，是数据的平衡点。平均中心在点模式的比较分析中尤其有用（Stoot，1977），这些比较可以是同一变量在不同时间点的比较，如人口平均中心随时间的变化，也可以是同一时点不同变量之间的比较，如疾病点模式与环境危险因素点模式的对比分析。

中位中心（median center）类似于经典统计学中的中位数，计算公式为

$$\sum_{i=1}^{n} \sqrt{(x_i - x_m)^2 + (y_i - y_m)^2} = \min \tag{3.5}$$

式中，(x_m, y_m) 为中位中心；x_i、y_i 为 i 事件的坐标。式（3.5）表明中位中心是到空间点模式中其他事件距离之和最小的点。相对于平均中心，中位中心对于模式中特别大或特别小的奇异值较为稳健。中位中心的计算比平均中心复杂，通常采用迭代算法得到，迭代的起始点可以设定为平均中心，直到前后两次计算出的中位中心差别不大，迭代结束。也可以通过在点模式中设置两条相互垂直的直线，使得每条直线的两侧各有一半的点，则两条直线的交点就是中位中心的近似值（郭仁忠，2001）。中位中心在商业、消防站点等的选址中可作为参考依据，也有权重的概念，如商业选址仅考虑到居民点的距离是不够的，还应考虑居民点的人口规模或消费水平等。

标准距离（standard distance，sd）的表达式为

$$\text{sd} = \sqrt{\sum_{i=1}^{n} w_i \left[(x_i - \bar{x})^2 + (y_i - \bar{y})^2 \right] \Big/ \sum_{i=1}^{n} w_i} \tag{3.6}$$

式（3.6）输出的是一个以平均中心 $\bar{s}$ 为圆心、标准距离 sd 为半径的圆，描述了事件围绕其平均中心的聚集程度（半径较小）或离散程度（半径较大），其他符号同式（3.4），这是 Bachi（1963）标准距离的加权形式。标准距离类似于经典统计学中对非空间数据用标准差测度数据围绕平均值的聚集（标准差较小）或离散（标准差较大），如图 3.5（a）所示。

但在空间数据中距离是非负值，因此更简洁的标准距离可定义为观测值点到平均中心的平均距离或加权平均距离，即去掉式（3.6）中的根号。

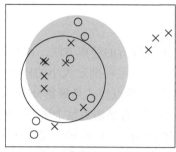 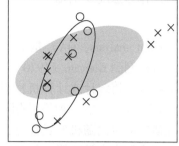

(a) 两个点模式的标准距离　　　　　　　(b) 标准差椭圆

图 3.5　两个点模式的标准距离（a）和标准差椭圆（b）

图中黑色圆和椭圆对应 "○" 事件，而灰色阴影对应 "×" 事件

标准差椭圆（standard deviation ellipse，sde）是稍复杂的一种处理方法，是对标准距离的扩展（Furfey，1927），同时概括了空间点模式的中心趋势、离散度和方向趋势。标准差椭圆以平均中心为椭圆圆心，长、短半轴取决于数据的标准距离 sde_x 和 sde_y，即对每一个轴分别计算标准距离

$$sde_x = \sqrt{\sum_{i=1}^{n}(x_i - \bar{x})^2/n}, \quad sde_y = \sqrt{\sum_{i=1}^{n}(y_i - \bar{y})^2/n} \tag{3.7}$$

椭圆的角度 θ 以正北方向为 0°，顺时针旋转，公式为

$$\tan\theta = \frac{A + B}{C}$$

$$A = \sum_{i=1}^{n}\tilde{x}_i^2 - \sum_{i=1}^{n}\tilde{y}_i^2, \quad C = 2\sum_{i=1}^{n}\tilde{x}_i\tilde{y}_i, \quad B = \sqrt{A^2 + C^2} \tag{3.8}$$

式中，$\tilde{x}_i$ 和 $\tilde{y}_i$ 为 i 事件（或多边形质心）的 x、y 坐标与平均中心之差，即 $\tilde{x}_i = x_i - \bar{x}$、$\tilde{y}_i = y_i - \bar{y}$，其他符号同式（3.4）。标准差椭圆的长半轴表示数据分布的方向，短半轴表示数据分布的特征，短半轴越短，表示数据越聚集；短半轴越长，表示数据越离散。长短半轴的差别越大，表明方向性越强，反之；方向性越弱，如图 3.5（b）所示。如果长短半轴相等则为一个圆，表示无方向特征和分布特征，这类似于标准距离，仅概括数据的聚集或离散程度。标准差椭圆也有加权形式，当用普查单元的质心代替居民点时，可以按人口数进行加权。

这些方法在文献中称为地理分布中心（centrography），这在比较空间点模式，或者跟踪点模式随时间的变化时是有用的，但它们不能提供有关点模式本身更多的信息，并对研究区域边界的选择极其敏感（O'Sullivan et al.，2013）。分布中心和离散度的计算有一个前提，就是点模式具有一定的集中趋势，如果是均匀分布或者随机分布的，则前述计算一个分布中心和一个离散度的做法将没有实际意义。更进一步的空间点模式分析与一阶效应或二阶效应密切相关，需要用比地理分布中心更为复杂的方法，如下所述。

3.3.3　基于密度的点模式分析

基于密度的方法根据点模式的一阶特征进行分析。一阶效应通常用点过程的强度 λ 来描述，强度指某空间位置处单位面积内事件数量的期望值（Diggle，1983）。需要注意 λ 与研究区域中事件的观测密度之间的区别，对于一个点模式，其观测密度等于事件总数除以研究区域面积，并以此作为强度 λ 的估计。

1. 样方分析

样方分析（quadrat analysis，QA）是空间点模式分析的经典方法，由早期的植物生态学家首先应用，最早可追溯到 Gleason（1920）。基本方法是在固定大小的样方内，记录事件发生的数量，并构造指标，用统计或计算机模拟方法判断点模式是聚集分布、均匀分布，还是随机分布。样方计数有两种方式，一种是用格网连续不重叠地覆盖整个研究区域，如图 3.6（a）所示；另一种是在研究区域内随机放置样方，如图 3.6（b）所示。第一种方法在空间流行病学或犯罪学等地理应用中常见，第二种方法在野外工作中更常用。样方可以是圆形、矩形或正六边形等规则形状，也可以是不规则形状，但通常采用正方形样方。

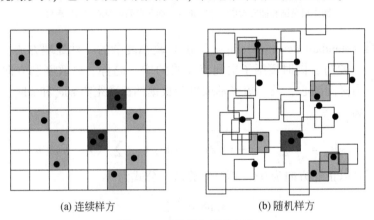

(a) 连续样方   (b) 随机样方

图 3.6   两种样方计数方法

样方分析的第一步是确定样方大小，其对计算结果影响较大。最优样方大小根据研究区域面积（A）和事件总数（n）确定，公式为

$$Q = \frac{2A}{n} \tag{3.9}$$

式中，Q 为样方面积。式（3.9）表明，对于正方形样方，最优样方的边长为 $\sqrt{2A/n}$，此时样方的数量大约为 $n/2$；对于圆形样方，最优半径为 $\sqrt{2A/\pi n}$。另外，Bailey 和 Gatrell（1995）建议每个样方内事件数量的均值为 1.6，de Smith 等（2009）认为理想样方的大小应该为 $[A/n, 2A/n]$。

然后，应用该样方连续不重叠地覆盖研究区域或者采用随机放置样方的方法，无论采用哪种方法，结果都是样方计数的一个列表（或者说频率分布），其中记录了发生在每一个样方内的事件数量，列出有多少个样方内含有 0 个事件、1 个事件、2 个事件、……、k 个事件等，并应用泊松分布

$$p(k) = \frac{\lambda^k e^{-\lambda}}{k!} \tag{3.10}$$

均值 λ 等于方差的特性，构造方差均值比（variance mean ratio，VMR）或离散指数（index of dispersion）：如果 VMR=1，模式趋于随机分布；如果 VMR>1，每个样方内事件数

量的差异较大，即少数样方内具有比期望值多的事件数量，而多数样方内具有比期望值少的事件数量甚至没有事件，表明模式趋于聚集分布；如果 VMR<1，极端情况是每个样方具有相同的事件数量，使得方差为 0，导致 VMR = 0，表明模式趋于均匀分布。最后，可以用统计或计算机模拟方法检验观测模式与随机模式（由泊松分布产生）之间的差异是否显著。

下例说明了样方分析及其统计显著性检验。

图 3.7 是由 62 棵红杉树幼苗组成的点模式，来自 R 语言（R Core Team，2015）spatstat 包[①]（Baddeley et al.，2015）中的红杉树数据，假设分布于 $m = 6×6 = 36$ 个样方内。红杉树点模式的样方计数和卡方（χ^2）检验见表 3.1。若考虑单位样方，则样方计数的均值 $\mu = n/A = 62/36 = 1.72$，式中，n 为事件总数；A 为研究区域面积；方差 $s^2/(m-1) = 123.2220/(36-1) = 3.52$，有 VMR = $3.52/1.72 = 2.05$，是随机分布（泊松分布情况下 VMR 的期望值为 1）的 2 倍多，表明样方计数的变化较大，更多的样方包含比期望值更多和更少的事件，即模式趋于聚集分布。

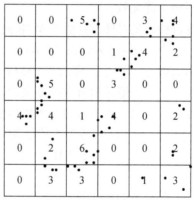

(a) 单位正方形区域内红杉树点模式　　　　　　(b) 样方计数

图 3.7　样方分析示例

表 3.1　图 3.7 红杉树点模式的样方计数和 χ^2 检验

样方内的事件数（k）	观测到的样方个数（O）	泊松概率（p）	样方个数期望值（$E = 36×p$）	$(O-E)^2/E$（基于样方）	$O×(k-\mu)^2$	$O×(k-\mu)^2/\mu$（基于事件）
0	16	0.17907	6.4464	14.1586	47.3344	27.5200
1	3	0.30799	11.0878	5.8995	1.5552	0.9042
2	4	0.26487	9.5355	3.2134	0.3136	0.1823
3	5	0.15186	5.4670	0.0399	8.1920	4.7628
4	5	0.06530	2.3508	2.9854	25.9920	15.1116
5	2	0.02246	0.8087	1.7550	21.5168	12.5098
6	1	0.00644	0.2318	2.5455	18.3184	10.6502
总计	36		36	$\chi^2 = 30.597$	123.2220	$\chi^2 = 71.641$

---

① spatstat：空间点模式分析、模型拟合、模拟和检验的包，版本：v1.47-0。

VMR 除了用作描述性指数外，还可用于统计检验。样方分析显著性检验的最常见方法是以 χ^2 分布为标准，把其作为一个拟合优度检验问题进行处理。在完全空间随机零假设条件下，$(m-1)$VMR 的抽样分布为 χ^2_{m-1}，式中，m 为样方总数（Diggle，2013）。有趣的是 $\chi^2 = (m-1)$VMR（Rogerson，2013）可以写为

$$\chi^2 = (m-1)\text{VMR} = \frac{(m-1)s^2}{\bar{x}}$$
$$= \frac{(m-1)\sum(x_i-\bar{x})^2}{\bar{x}(m-1)} = \frac{\sum(x_i-\bar{x})^2}{\bar{x}} \tag{3.11}$$

式中，x_i、$\bar{x}$ 分别为观测值和期望值。

在红杉树例子中，样方总数 $m=36$，在 7 种（表 3.1 第二列）样方观测个数下的自由度为 $7-1=6$ 个，得到的 χ^2 值为 30.597（表 3.1 第五列），远大于 95% 置信水平下的值 $\chi^2_5 = 11.07$，故拒绝零假设 CSR，模式为聚集分布。但该方法存在一些问题，当期望值太小时，这种 χ^2 近似可能无效。

另一种等价检验是对样方计数的 VMR 进行统计评价。在这种情况下，红杉树点模式的卡方检验统计量为 $(36-1)\times2.05=71.641$（表 3.1 最后一列），相关的 p 值为 0.0005，意味着如果模式由 CSR 过程产生，那么在 1000 次观测中，只有不到 1 次机会看到图 3.7（a）所示的红杉树模式，即拒绝随机分布的零假设，模式为聚集分布。

当自由度比较大时，$\chi^2 = (m-1)$VMR 趋于正态分布。特别地，当零假设为真、自由度大于 30 的情况下，$(m-1)$VMR 近似为均值为 $m-1$、方差为 $2(m-1)$ 的正态分布。这意味着

$$z = \frac{(m-1)\text{VMR}-(m-1)}{\sqrt{2(m-1)}} = (\text{VMR}-1)\sqrt{(m-1)/2} \tag{3.12}$$

是均值为 0、方差为 1 的标准正态分布，在 95% 的显著性水平下左、右侧临界值分别为 -1.96 和 1.96。在红杉树的例子中，标准正态统计量 $z=(\text{VMR}-1)\sqrt{(36-1)/2}=4.39>1.96$，故拒绝零假设，同样也表明模式为聚集分布。样方分析的显著性检验也可以采用 K-S（Kolmogorov-Smirnov）检验，如 Lee 等（2000），或者蒙特卡罗（Monte Carlo）模拟方法，如 Rogerson（2015）等。

样方分析通过对研究区域进行主观划分，并计数单元格内的事件数量，把点数据转换为栅格数据，或者说转换为面数据，导致事件无法跨越边界进行信息交流。正因为如此，样方分析有如下局限性：一是样方大小对结果影响较大。点模式分析中一个重要的参数是强度 λ，其估计通常用单位面积内的事件数量来表示，如图 3.8（a）所示，当样方大小分别取 a、$4a$、$16a$ 和 $64a$ 时，事件数量分别为 2、2、5 和 10，如果考虑 a 为单位样方，则强度 λ 分别为 2.0、0.5、0.31 和 0.15，差别较大，这与前述的 MAUP 有关。二是样方分析基于点密度，只能获得样方内事件的数量信息，没有样方内、外事件之间的信息，人为割裂了事件之间的空间关系，所以不能区分图 3.8（b）和图 3.8（c）所示的两种情况，显然图 3.8（c）是更为聚集的点模式。

2. 核密度分析

样方分析虽然给出了研究区域中事件强度的分布特征，但丢弃了很多空间信息。一种改进方法是假设任何位置都有一个强度值，采用移动样方或者"窗口"，使大小合适的"窗

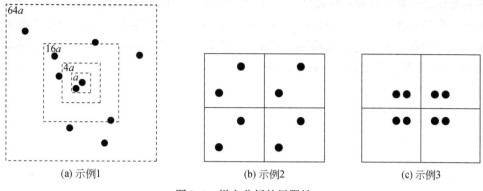

(a) 示例1　　　　　　　　　　(b) 示例2　　　　　　　　　(c) 示例3

图 3.8　样方分析的局限性

口"在覆盖整个研究区域的精细格网中心上顺次"移动",并计算出窗口内单位面积的事件数量作为强度的估计

$$\hat{\lambda} = \frac{\#\left[S \in C(p,r) \right]}{\pi r^2} \tag{3.13}$$

式中,$C(p,r)$ 为以待估点 p 为圆心、r 为半径的圆;#为事件 S 落入 C 的数量。如果进一步考虑窗口内其他事件的影响随距离窗口中心的增加而变小,这种对样方思想的自然扩展称为核密度估计(kernel density estimation,KDE)。

空间点模式的 KDE 非常类似于二元概率密度估计。假设 s 是研究区域上的任何位置,s_1、s_2、$\cdots$、s_n 是点模式中的 n 个观测事件,s_i 是第 i 个观测事件,则 s 处的强度估计(Gatrell et al.,1996)为

$$\hat{\lambda}(s) = \sum_{i=1}^{n} \frac{1}{h^2} k\left(\frac{s - s_i}{h} \right) \tag{3.14}$$

这是一个加权平均,其中,核函数 $k(\cdot) \geq 0$ 是一个权函数,其形状和值域控制着在点 x 处进行密度估计时所用的数据个数和利用的程度;$h>0$ 为平滑参数或带宽,决定了估计结果的平滑程度;$s-s_i$ 表示待估点 s 到 s_i 的距离。如图 3.9 所示,可以想象一个三维函数"探访"精细格网中的每一个点 s,位于影响区域(由 h 控制)内的每一个事件 s_i 对 s 处的强度估计均有贡献,贡献大小与 s_i 距离 s 的远近有关。然后,把 s_i 的影响加和得到格网值,用于表示研究区域上强度估计值的连续变化表面。

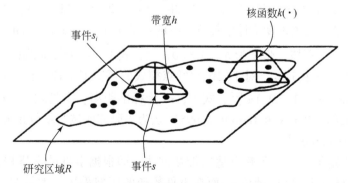

图 3.9　空间点模式核密度估计示意图

核密度估计的好坏依赖于核函数 $k(\cdot)$ 和带宽 h 的选取。对于 $k(\cdot)$ 函数，通常采用关于原点对称的标准形式（即中心在原点，曲面下的体积积分为 1），且随离原点距离的增加而变小。常用的二元核函数有高斯（Gaussian）核、四次（quartic，又称为 biweight）核和 Epanechikov 核等。若令 $u=(s-s_i)/h$，则

高斯核：$k(u)=\dfrac{1}{\sqrt{2\pi}}e^{-\frac{u^2}{2}}$

四次核：$k(u)=\dfrac{15}{16}(1-u^2)^2\mathbf{1}_{\{|u|\leqslant 1\}}$

Epanechikov 核：$k(u)=\dfrac{3}{4}(1-u^2)\mathbf{1}_{\{|u|\leqslant 1\}}$

若用高斯核函数，由式（3.14）可以看出，s_i 离 s 越近，u 越接近于零，从而 $k(u)$ 越大，因为标准正态分布的值域为整个实轴，故所有数据都用来估计式（3.13）的值，但距离 s 越近的事件权重越大，越远权重越小。如果使用四次核或 Epanechikov 核，则只有距离 s 小于带宽 h 的事件才起作用（指示函数 $\mathbf{1}_{\{|u|\leqslant 1\}}$），但不考虑距离 s 大于带宽 h 的事件。高斯核、四次核与 Epanechikov 核的形态如图 3.10 所示。

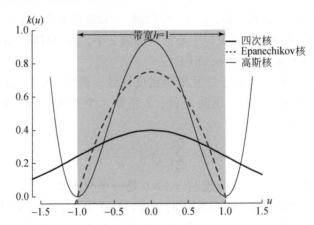

图 3.10　核密度估计中常用的高斯核函数、四次核函数与 Epanechikov 核函数

核密度估计中最重要的参数是带宽 h，带宽越大估计结果越平滑，带宽越小则给出的局部信息越详细，而不同核函数对估计结果的影响较小，如图 3.11 所示。带宽可以优化，如交叉验证（cross-validation）等方法（Härdle et al., 2015; Li et al., 2007）。Silverman（1986）给出了一维数据核密度估计中带宽选择的拇指法则（rule of thumb），即根据经验方法设定带宽 h：对于高斯核，带宽为 $h_G=1.06\hat{\sigma}n^{-0.2}$，式中，$\hat{\sigma}$ 为标准差；n 为事件总数。对于四次核，带宽为 $h_Q=2.62h_G$。对于二维空间点模式的核密度估计：在 ArcGIS 10.x 中，带宽设定为 $h=0.9\min(\text{sd},\ 1.2D_m)n^{-0.2}$，式中，sd 为标准距离，参见式（3.6），$D_m$ 为中值距离（median distance）；Bailey 和 Gatrell（1995）认为当研究区域为单位正方形时，一个粗略的点模式带宽为 $h=0.68n^{-0.2}$。

除了上述的固定带宽外，还有自适应带宽方法，即根据事件的密集程度自动调整带宽 h：在事件密集的区域采用较小带宽，而在事件稀疏的区域采用较大带宽。在这种情况下，式（3.14）中的带宽 h 用关于事件的某种函数 $h(s_i)$ 代替。

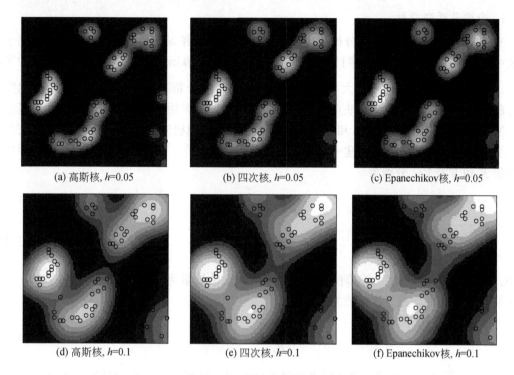

图 3.11　图 3.7（a）红杉树点模式的核密度估计

　　通常，人为划分的研究区域边界割裂了边界内外事件之间的自然联系，导致靠近边界的外部事件不能参与相应的核密度估计，即存在边界效应。对该问题进行改进的一种简单方法是在研究区域外部建立一个警戒区或缓冲区，计算时考虑位于警戒区中的事件，但不认为它是点模式的一部分。另一种边界矫正方法（Bailey and Gatrell，1995）为

$$\hat{\lambda}(s) = \frac{1}{\delta(s)} \sum_{i=1}^{n} \frac{1}{h^2} k\left(\frac{s - s_i}{h}\right) \tag{3.15}$$

其中，边界矫正项

$$\delta(s) = \int_R \frac{1}{h} k\left(\frac{s - u}{h}\right) \mathrm{d}u$$

表示以事件 s 为中心的核函数位于研究区域 R 内部的体积。实际上，高维度 KDE 中的边界效应比低维度更强，因为随着维度的升高，研究区域边界外部与内部事件之间的相关性将大幅增加。

　　KDE 可以对点模式进行热点探测，把离散点值转换为空间上的连续值，如可以用 KDE 探测疾病事件与点源污染之间的空间关系。关于 KDE 的更深入讨论有网络核密度估计（network KDE）、时空核密度估计（STKDE）。

3.3.4　基于距离的点模式分析

　　与基于密度的方法描述点模式中的一阶特征不同，基于距离的方法研究点模式中事件之间的位置关系，可以更为直接地描述点模式的二阶特性。

1. 平均最近邻指数

事件之间的距离是点模式分析中可以利用的最直接的客观信息。平均最近邻距离基于点模式中每个事件 i 到其最近邻事件的距离（d_{min}），然后计算所有 n 个事件最近邻距离的平均值（$\bar{d}_{min}$）。平均最近邻距离的大小反映事件在空间上的分布特征，值越小说明事件的空间分布越密集，反之越离散，其缺点是丢弃了模式中的大量可用信息，仅用单独一个值概括模式中所有的最近邻距离。Clark 和 Evans（1954）采用观测模式的平均最近邻距离与完全空间随机模式下的期望值之比构建一个平均最近邻指数，其中，CSR 模式下平均最近邻距离的期望值 R_e 和方差 Var_e 分别为

$$R_e = \frac{1}{2\sqrt{\lambda}} \tag{3.16}$$

$$\mathrm{Var}_e = \frac{4-\pi}{4\pi\lambda n} \tag{3.17}$$

式中，λ 为点过程的强度，即单位面积内的事件数，估计量为 $\hat{\lambda} = n/A$；n 为事件数；A 为研究区域面积。故平均最近邻指数为

$$R = \frac{\bar{d}_{min}}{R_e} = 2\bar{d}_{min}\sqrt{\lambda} \tag{3.18}$$

式中，$\bar{d}_{min} = \sum_{i=1}^{n} d_{min}/n$ 为观测模式的平均最近邻距离。这相当于对平均最近邻距离进行标准化，使其在不同的点模式之间具有可比性。

平均最近邻指数 R 可以描述观测点模式与 CSR 模式的接近或偏离程度（Clark and Evans，1954）：如果 $R=1$，$\bar{d}_{min}$ 与 R_e 无显著差别，模式为随机分布；如果 $R<1$，模式为聚集分布，当所有事件聚集在同一个空间位置时 R 取最小值 0；如果 $R>1$，模式为均匀分布，当事件在空间上呈正六边形规则分布时 R 取最大值 2.1491。平均最近邻指数与空间分布模式之间的关系如图 3.12 所示，$R=1.35$ 为某地区七个最大城市的实际空间分布（Wong et al.，2004）。该指数虽然概略，但易于计算和解释，例如，$R=0.5$ 表明：平均而言，观测模式的平均最近邻距离是随机情况下平均最近邻距离的一半。

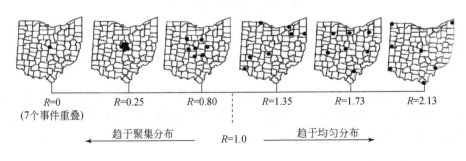

图 3.12   平均最近邻指数与空间分布模式

图 3.13 所示的点模式共有 $n=15$ 个事件，分布在 100m×100m 的正方形区域内，每个事件的 x、y 坐标，以及最近邻事件和最近邻欧氏距离的计算见表 3.2。注意，不同事件可能具有相同的最近邻事件，如事件 3、13、15 的最近邻均为事件 14，而事件也可能互为最近

邻,如事件 9、11 和事件 5、12 等。本例中 $\sum d_{min} = 247.3\,\mathrm{m}$,因此平均最近邻距离 $\bar{d}_{min} = \sum d_{min}/n = 16.48\,\mathrm{m}$。在完全空间随机假设条件下,平均最近邻距离的期望值 $R_e = 0.5\sqrt{\dfrac{A}{n}} = 0.5 \times \sqrt{\dfrac{100\mathrm{m} \times 100\mathrm{m}}{15}} = 12.91\,\mathrm{m}$。故平均最近邻指数 $R = 16.48\,\mathrm{m}/12.91\,\mathrm{m} = 1.28$,比 1 稍大,$\mathrm{Var}_e = 3.04\,\mathrm{m}^2$。

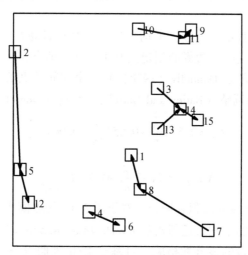

图 3.13　点模式的最近邻距离,箭头指向每个事件的最近邻

表 3.2　图 3.13 所示点模式的最近邻距离计算

事件	x 坐标	y 坐标	最近邻事件	最近邻距离 d_{min}/m
1	51.54	39.31	8	15.16
2	0.56	83.50	5	50.64
3	63.03	67.99	14	13.29
4	33.25	14.85	6	14.37
5	2.97	32.92	12	14.53
6	46.49	9.27	4	14.37
7	85.67	7.19	8	34.83
8	55.55	24.69	1	15.16
9	77.73	93.13	11	4.49
10	54.67	93.46	11	20.37
11	74.71	89.80	9	4.49
12	6.75	18.89	5	14.53
13	63.40	50.69	14	12.83
14	73.00	59.20	15	9.10
15	80.78	54.47	14	9.10

也可以对平均最近邻指数进行扩展,引入二阶、三阶及其他高阶平均最近邻指数统计量

（Wong et al.，2008）。具体而言，可以用同样的方法构建二阶平均最近邻指数 $R_2 = \bar{d}_{min}/R_{e2}$，其中，$R_{e2} = 0.75\lambda^{-1/2}$。高阶最近邻指数有助于区分不同的点模式，例如，一阶平均最近邻指数不能区分图 3.8 中的（b）、（c）两种模式，因为两种模式中各事件都与其最近邻离得很近。但若计算二阶平均最近邻指数，就会发现图 3.8（b）趋于均匀分布，因为各事件的二阶最近邻都在其他样方中。相反，图 3.8（c）趋于聚集分布，因为所有事件的二阶最近邻都靠得很近。由此也可以看出，不同阶的平均最近邻指数统计量能在较大程度上测度不同空间尺度上的异质性。

对于观测模式，事件数量是常数，平均最近邻指数统计量的一个重要问题是 R_e 仅与研究区域的面积有关，而研究区域边界的划定具有主观性，即存在边界效应。在对边界进行矫正的解决方法中，最常用的是 Donnelly（1978）在完全空间随机条件下对平均最近邻距离的期望值 R_e 及其方差 Var_e 的调整（Bailey and Gatrell，1995；Wong et al.，2008）

$$R_{ed} = 0.5\sqrt{\frac{A}{n}} + 0.051\frac{P}{n} + 0.041\frac{P}{n^{\frac{3}{2}}} \tag{3.19}$$

$$Var_{ed} = 0.0683\frac{A}{n^2} + 0.037P\sqrt{\frac{A}{n^5}} \tag{3.20}$$

式中，A、P 分别为研究区域的面积和周长。对于图 3.13 的点模式，调整后的 $R_{ed} = 14.55m$、$Var_{ed} = 4.73m^2$，故调整后的平均最近邻指数 $R = 16.48m/14.55m = 1.13$，较调整之前小。

平均最近邻指数统计量的显著性检验，可基于 CSR 零假设条件下平均最近邻距离的期望值和标准差构建一个标准正态统计量 Z_R，有

$$Z_R = \frac{\bar{d}_{min} - R_e}{\sqrt{Var_e}} \tag{3.21}$$

该统计量能够揭示平均最近邻距离的观测值与期望值之间的差异有多大可能是由纯粹的偶然因素造成的。如果该值较小，说明差异在统计上不显著；如果该值较大，说明差异具有统计显著性，即不是偶然因素造成的。在 $\alpha = 0.05$ 的显著性水平下，如果 $Z_R > 1.96$ 或 $Z_R < -1.96$，可以认为观测模式与 CSR 模式有显著差异，模式是聚集分布或均匀分布；如果 $-1.96 \leqslant Z_R \leqslant 1.96$，则认为观测模式与 CSR 没有显著差异，模式是随机分布的。

对于图 3.13 的点模式，没有边界矫正的 $Z_R = 1.28$，采用 Donnelly 方法进行边界矫正后的 $Z_R = 1.13$，均属于 $[-1.96, 1.96]$，所以该模式与 CSR 模式没有显著差异，即事件在空间上是随机分布的。如果 Z_R 具有统计显著性，Z_R 的符号可用于判断观测模式是趋于聚集分布还是均匀分布：Z_R 为正，说明观测模式的平均最近邻距离大于零假设条件下的期望值，模式趋于均匀分布；Z_R 为负，说明观测模式的平均最近邻距离小于零假设条件下的期望值，模式趋于聚集分布。

2. G 函数和 F 函数

G 函数也称为改进的最近邻，它同样利用表 3.2 中事件与事件之间的最近邻距离信息，但不是用平均值去概括，而是采用最近邻距离的累积频率分布。G 函数（O'Sullivan et al.，2013）定义为

$$G(d) = \frac{\#[d_{min}(s_i) < d]}{n} \tag{3.22}$$

式中，$d_{min}(s_i) < d$ 为事件 s_i 的最近邻距离小于 d；#为事件个数；n 为事件总数。由此可见，G 函数是一个比率，表示在模式的所有最近邻距离中有多大的比例小于 d，G 的取值范围为 $[0，1]$。图 3.14 显示了图 3.13 和表 3.2 所示点模式的 G 函数。

图 3.14 的做法如下：根据表 3.2，最近邻距离的最小值是 4.49m，因为 15 个事件中有 2 个事件（互为最近邻的事件 9 和 11）的最近邻距离为 4.49m，故其比例为 2/15 = 0.133，从而 G 函数在距离 d = 4.49m 上的累积频率为 0.133。第二小的最近邻距离是 9.10m（互为最近邻的事件 14 和 15），因而在小于等于该距离上共有 4 个事件（事件 9、11、14、15），15 个事件中有 4 个这样的事件，所以其累积频率为 4/15 = 0.267，故 G 函数中的下一个点是（9.10，0.267）。随着距离 d 的增加，所有最近邻距离小于 d 的比例也在增加。继续该过程，直到做完所有 15 个事件，G 函数的累积频率达到最大值 1。

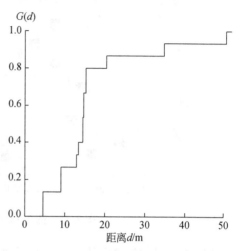

图 3.14　图 3.13 和表 3.2 所示点模式的 G 函数

G 函数的形状蕴含着点模式中事件分布的一些信息：如果事件紧密地聚集在一起，那么 G 值在短距离内快速上升；如果事件趋于均匀分布，那么 G 值缓慢地上升到大多数事件被隔开的距离阈值之后才快速上升。在上述例子中：G 值在 10m < d < 20m 范围内增加最快，反映了模式中许多事件的最近邻距离集中在该范围内；G 值在 20m < d < 50m 范围内上升缓慢，说明在该范围内事件的最近邻距离较少且 d 值较大，暗含事件在空间上的分布较为分散。图 3.14 呈阶梯状从而显得不平滑，因为它仅是基于 15 个事件的最近邻距离，通常情况下事件数量比较大，可以观测到平滑的 G 函数。

F 函数与 G 函数密切相关，但它揭示模式其他方面的信息。F 函数不是用事件与事件之间最近邻距离的累积频率分布，而是用研究区域中随机选择的点，确定从这些点到模式中事件的最近邻距离。F 函数是这个新距离集合的累积频率分布。如果 $\{p_1 \cdots p_i \cdots p_m\}$ 是用于确定 F 函数的一组随机选择的 m 个点，那么正式地（O'Sullivan et al.，2013），有

$$F(d) = \frac{\#[d_{min}(p_i, S) < d]}{m} \tag{3.23}$$

式中，$d_{min}(p_i, S)$ 为从随机选择的位置 p_i 到点模式 S 中最近邻事件的距离。对于图 3.13 的点模式，图 3.15 显示了研究区域中随机选择的一组位置和 F 函数。这相对于 G 函数有其优点，即可以通过增大 m 得到一个更平滑的累积曲线。在实践中，软件里的 $F(d)$ 用空间位置合适的规则网格进行计算，而不是用这里所说的随机选点。

F 函数和 G 函数对聚集和均匀分布模式的描述不同：G 函数表示模式中的事件是如何接近，而 F 函数表示从研究区域中任意点到事件是如何远。研究 G 函数和 F 函数之间的关系，可以利用它们提供的不同信息。图 3.16 中的例子说明了两者之间的可能关系。图 3.16（a）显然是聚集的，结果是大多数事件（大约其中的 80%）具有较小的最近邻距离，因此 G 函数在大约 0.05 的短距离内快速上升。相比之下，F 函数则在一个距离范围内稳定上升，因为研究区域比较大的部分相当空，所以许多随机选择的点到模式中最近事件的距离比较大。

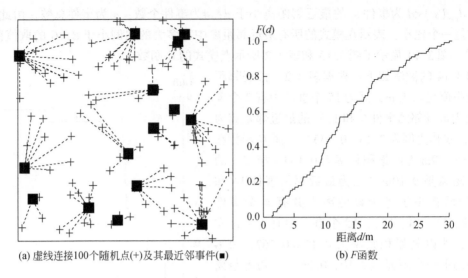

(a) 虚线连接100个随机点(+)及其最近邻事件(■)   (b) F函数

图 3.15   图 3.13 和表 3.2 所示点模式的 F 函数

图 3.16 (b) 是均匀分布的，因此 G 函数在大约 0.05 的关键距离内根本不上升，过了之后就快速上升，在 0.10 的距离上几乎达到 100%。在这种情况下，F 函数再次平滑上升。

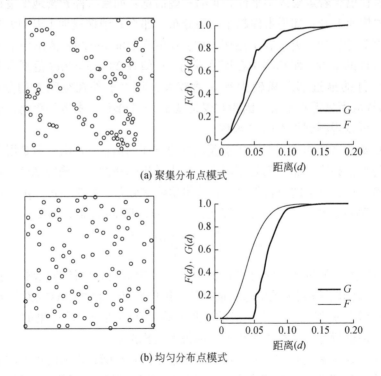

(a) 聚集分布点模式

(b) 均匀分布点模式

图 3.16   聚集和均匀分布点模式 F 函数和 G 函数比较

G 函数和 F 函数的估计中也存在边界效应（Bailey and Gatrell，1995）：即靠近研究区域边界事件的最近邻距离有偏，趋向于比研究区域内部事件的最近邻距离要大，因为人为划定的边界切断了靠近边界处的事件与边界外事件之间建立最近邻的可能性，这应该在函数估计中有所体现。解决该问题的一种方法是在研究区域内部建立一个警戒区（图3.17），不计算警戒区内事件或点的最近邻距离，但警戒区内的事件可以作为研究区域内警戒区外其他事件或点的最近邻。图 3.17 中显示了三个事件（黑点）的最近邻事件（白点）位于警戒区之内。

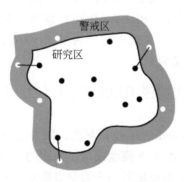

图 3.17　在基于距离的点模式分析中应用警戒区

在完全空间随机条件下，G 函数和 F 函数的期望值具有明确的函数定义式（O'Sullivan et al.，2013）

$$E[G(d)] = 1 - e^{-\lambda \pi d^2}$$
$$E[F(d)] = 1 - e^{-\lambda \pi d^2}$$

(3.24)

对于 CSR 模式，G 函数中所用的事件和 F 函数中随机选择的点集合实际上是等价的——因为它们都是随机的，所以 G 函数和 F 函数具有相同的期望值形式。无论哪种情况，可以把预测函数绘制在观测模式的 G 函数和 F 函数坐标轴上。然后，比较观测函数与期望函数，可以知道观测模式在多大程度上与期望模式不同。对于前面讨论的聚集分布和均匀分布例子（图 3.16），其结果如图 3.18 所示。在每一幅图中，期望函数是一个平滑曲线，它位于两个观测模式的经验函数曲线之间。

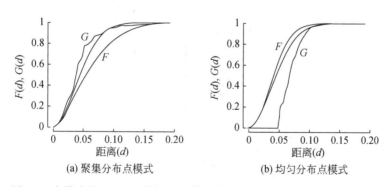

图 3.18　图 3.16 点模式的 G、F 函数与 CSR 模式的 G、F 函数期望值（每幅图的中间曲线）

应当注意所有基于距离的方法都需要考虑同样的问题：它们对研究区域的变化敏感。这影响 λ 的估计，进而影响期望函数。故需要对 G 函数和 F 函数的显著性进行检验，实践中通常应用计算机模拟方法，详见 K 函数。

3. K 函数与 L 函数、对相关函数

平均最近邻指数、G 函数和 F 函数三种最近邻距离方法，仅考虑事件-事件之间或者随机选择的点-事件之间的最短距离，因此只能在最小的空间尺度上考察点模式，丢弃了模式在大尺度上的信息，并且在研究区域的不同局部，模式的分布特征会有差异。所以，为了研究点模式的空间分布与尺度的关系，Ripley（1976）提出了 K 函数方法，可以有效地在不同空间尺度上探索模式的分布特征，文献中称其为 Ripley's K 函数。K 函数（Cressie，1991；Bailey and Gatrell，1995）可定义为

$$K(d) = \frac{E(\text{到任意事件的距离小于} d \text{的其他事件数量})}{\lambda} \tag{3.25}$$

也称为简化二阶矩（reduced second moment）测度，因为它与平稳各向同性点过程的二阶强度密切相关。其中 E 为数学期望，λ 为强度或单位面积内的事件数量。虽然直接估计二阶强度不太可能，但可以用均值代替期望值对一个观测点模式的 K 函数估计为

$$\hat{K}(d) = \frac{\frac{1}{n}\sum_{i=1}^{n}\#[S \in C(s_i, d)]}{\hat{\lambda}}$$

$$= \frac{A}{n} \cdot \frac{\sum_{i=1}^{n}\#[S \in C(s_i, d)]}{n} \tag{3.26}$$

式中，$\#[S \in C(s_i, d)]$ 为以事件 s_i 为圆心、半径为 d 的圆内其他事件的个数；n 为事件总数；A 为研究区域面积。由式（3.26）可以看出，K 函数本质上是给定空间尺度上的点密度，并且利用了事件之间的所有距离，可以在不同空间尺度 d 上研究点模式的空间分布特征，如图 3.19 所示。

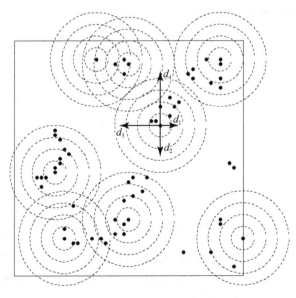

图 3.19　K 函数估计示意图

K 函数的估计步骤如下。

(1) 若 d_{max} 为点模式中相隔最远两个事件的距离，设定一个区间 $[0, d_{max}]$ 上的距离增量 h，作为反映空间尺度变化的单位，显然 $h << d_{max}$。则距离增量累积增加 d_{max}/h 次，以 h 为半径的圆就会覆盖点模式中的所有事件。

(2) 以点模式中每个事件 s_i 为圆心、d 为半径的圆 $C(s_i, d)$，计算圆内其他事件的数量 $\#[S \in C(s_i, d)]$。

(3) 计算同一半径下（或者说该空间尺度下）圆内事件数量的均值：$\sum_{i=1}^{n} \#[S \in C(s_i, d)]/n$。

在实际计算中，$\sum_{i=1}^{n} \#[S \in C(s_i, d)]$ 可以用事件间距离小于等于该半径的事件对数进行计数。

(4) 步骤 (3) 的均值除以研究区域内事件强度的估计值 (n/A)，得到该空间尺度下 K 函数的估计值，即 K 函数图中的第一对坐标点，横轴为空间尺度、纵轴为 K 函数估计值。

(5) 在不同的空间尺度 $d = 2h, 3h, 4h, \cdots, d_{max}$ 上，重复步骤 (2)、(3) 和 (4)，得到 K 函数的最终估计。

K 函数也是一个累积函数，把每种半径圆内事件的均值占事件总数的比例作为半径的函数进行绘图，但由于利用了点模式中事件之间的所有距离，所以能比 G 函数或 F 函数提供更多的信息，可以识别在哪个空间尺度上点的聚集或分散程度最大。对于图 3.20 (a) 所示的聚集分布模式，K 函数中曲线的水平部分表明在此距离范围内没有相匹配的任何一对事件，这一范围的下限 (≈ 0.12) 对应模式中聚集的规模，这一范围的上限 (≈ 0.7) 对应聚

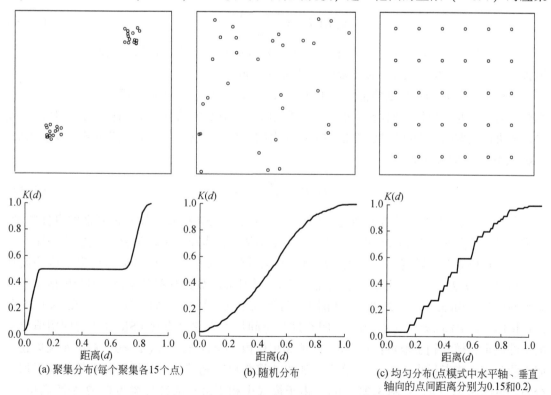

(a) 聚集分布(每个聚集各15个点)　(b) 随机分布　(c) 均匀分布(点模式中水平轴、垂直轴向的点间距离分别为0.15和0.2)

图 3.20　30 个事件组成的聚集分布、随机分布和均匀分布模式及其 K 函数

集的分离。在实践中，因为通常在全部距离范围上都有事件，所以 K 的解释通常没有这里的明显。对于图 3.20 (b) 所示的随机分布模式，K 函数随着空间尺度 d 的加大而稳步增加。对于图 3.20 (c) 所示的均匀分布模式，K 函数在 $d<0.15$ 和 $d \in (0.5, 0.6)$ 时值为零，说明在这些距离范围内没有覆盖任何一对事件，事件之间的最短距离约为 0.15 单位，并在尺度 0.5~0.6 距离单位之间又一次呈现出均匀分布特征。

基于距离的 K 函数也存在边界效应，并且可能很显著，尤其是在模式中事件数量比较少的情况下 (O'Sullivan et al., 2013)。边界效应产生于这样一个事实，即使靠近研究区域边界的事件 (或点的位置) 到研究区域之外邻域事件的距离比到研究区域之内任何邻域事件的距离都近，它们也趋向于具有较大的最近邻距离。如图 3.19 所示，它强调了该问题如何在较大的 d 值上变得更加严重，这时围绕许多事件的圆形区域扩展到了研究区域外部。处理边界效应的最简单方式是围绕研究区域的边界设立一个如图 3.17 所示的警戒区，但警戒区的缺点是需要收集在后续分析中用不到的数据。边界矫正后的 K 函数估计式为

$$\hat{K}(d) = \frac{A}{n^2} \frac{\sum_{i=1}^{n} \#[S \in C(s_i, d)]}{w_i} \tag{3.27}$$

式中，w_i 为权重因子；w_i 为以事件 i 为圆心位于研究区域内的面积或周长的比例。

在完全空间随机条件下，很容易确定 K 函数的期望值。因为 $K(d)$ 描述了圆心在事件上、半径为 d 的圆内事件数量的均值，对于 CSR 模式，它的期望取决于 d。由于 πd^2 是圆面积，λ 是点模式强度，根据 K 函数的定义，$K(d)$ 的期望值为

$$E[K(d)] = \frac{\pi d^2 \cdot \lambda}{\lambda} = \pi d^2 \tag{3.28}$$

对于聚集模式，K 函数趋向于比 CSR 模式具有更多的期望事件数，从而 K 函数的估计值大于 πd^2，对于均匀模式，K 函数的估计值小于 πd^2。

CSR 条件下 K 函数的期望值依赖于 d^2，当 d 增加时期望值和观测模式的 K 函数估计值都会变大。因此，当把它们绘制在同一幅图上时，有时难以直接看到期望值和观测值的差异。解决该问题的一个办法是利用从 $K(d)$ 导出的函数，把 $K(d)$ 的期望值转换为零。例如，Besag (1977) 的 L 函数

$$L(d) = \sqrt{\frac{K(d)}{\pi}} - d \tag{3.29}$$

若 $L(d)>0$，观测模式在相应的空间尺度上具有比 CSR 模式的期望值更多的事件数量，点模式呈聚集分布；若 $L(d)<0$，事件数量比期望值少，点模式呈均匀分布，见图 3.21。

统计经验表明，随着 d 的增大，K 函数的估计值波动增加，根号运算稳定了这些波动 (包括均值和方差)，甚至可能使它们独立于 d，并且 L 函数具有图形优势，因为偏离水平线更容易探测 (Illian et al., 2008)。在图 3.7 和图 3.19 所示的红杉树点模式中，在 $d<0.25$ 距离单位内，$K(d)>\pi d^2$、$L(d)>0$，表明在这些空间尺度上它具有比 CSR 模式的期望值更多的事件数量，模式趋于聚集；在 $d>0.25$ 距离单位内 $K(d)<\pi d^2$、$L(d)<0$，对应着聚集在空间上的分离，或者说小于 0.25 尺度上的那些"聚集块"随着尺度的增加越来越趋向于均匀分布，见图 3.21 (a) 和图 3.21 (b)。由于模式中相距最近的红杉树为 0.02 个距离单位，所以在 $d<0.02$ 时 K 函数值为 0，见图 3.21 (c)，而 L 函数从 (0,0) 到 (0.02, -0.02) 呈

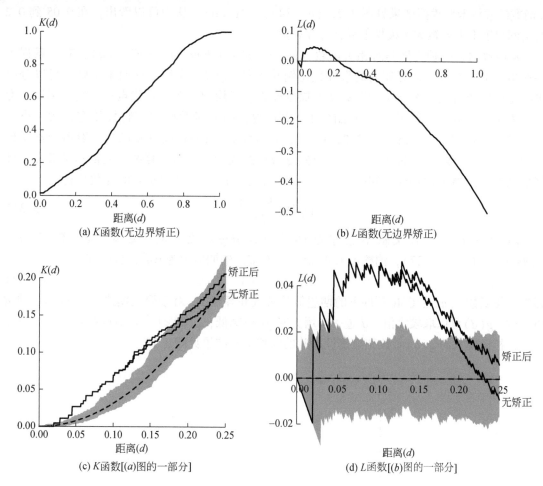

图 3.21 图 3.7 所示单位正方形区域内红杉树点模式的 K 函数 [（a）、（c），虚线为 CSR 条件下 K 函数的期望值] 和 L 函数 [（b）、（d），水平 0 轴线为 CSR 条件下 L 函数的期望值]，（c）（d）中阴影部分为计算机模拟包络线的上下界

对角直线形态，见图 3.21（d）。

利用 K 函数或 L 函数（包括前述 G 函数和 F 函数），通过比较观测值和期望值可以判断点模式是聚集分布还是均匀分布，但还需要知道其统计显著性。对 K 函数的统计显著性检验需要知道 CSR 条件下 K 函数估计值的抽样分布，这通常由于边界矫正因子而变得复杂，但可以借助于蒙特卡罗计算机模拟方法进行。这通过在研究区域上对 n 个 CSR 事件进行模拟，并反复独立模拟 m 次，获取显著性检验的上临界值 $U_d = \max\limits_{i=1,\cdots,m} \{\hat{K}_i(d)\}$ 和下临界值 $L_d = \min\limits_{i=1,\cdots,m} \{\hat{K}_i(d)\}$，$m$ 越大越能改善模拟抽样分布的效果。显著性可基于式（3.30）计算（Bailey and Gatrell，1995）。

$$\Pr[K(d) > U_d] = \Pr[K(d) < L_d] = \frac{1}{m+1} \tag{3.30}$$

式（3.30）也说明了显著性水平与模拟次数 m 之间的关系，例如，显著性水平设定为 $\alpha = 0.01$ 时，则模拟 99 次，而 95% 的置信包络线需要模拟 19 次。红杉树模式的 K 函数和

L 函数的蒙特卡罗模拟结果见图 3.21（c）和图 3.21（d），从中可以看出，在 0.05 到 0.2 的空间尺度上 L 函数大于模拟上界，存在聚集。

　　K 函数的另一种变体是对相关函数（pair correlation function，pcf）$g(d)$，对一系列中心在事件上的圆环，计算环内的事件数比例并作图。$g(d)$ 应用圆环而不是圆，可以分离出特定的距离等级，在给定的距离 d 上探测聚集或者均匀分布，其优点在于它是邻域密度的概率密度函数，比累积测度方法的解释更直观，如 K 函数的累积特性使它在大、小空间尺度上的表现令人困惑 [图 3.21（a）]，如 R 语言 spatstat 包中 K 函数一般做到累积最大聚集 $d=0.25$ 处 [图 3.21（c）]。虽然 $g(d)$ 的统计检验相对复杂，但依然是最好、最富信息的二阶概括性特征（Illian et al.，2008），$g(d)$ 与 $K(d)$ 关于 d 的导数呈比例

$$g(d)=\frac{K'(d)}{2\pi d} \tag{3.31}$$

　　$\lambda g(d) = O(d)$ 在文献中也称为 $O\text{-}$ 环（$O\text{-}ring$）统计量，见 Wiegand 和 Moloney（2004）。根据式（3.27），泊松或 CSR 情况下 $K(d)$ 的期望值为 πd^2，从而有

$$E[g(d)]=1 \tag{3.32}$$

即对相关函数 $g(d)$ 在 CSR 条件下的期望值是常数并等于 1。对于聚集模式，$g(d)>1$，当 d 很小时，$g(d)$ 可以取较大值，d 进一步增大时 $g(d)$ 降低；$g(d)<1$，表明点模式趋于均匀分布。红杉树模式的 $g(d)$ 函数和显著性检验的蒙特卡罗结果见图 3.22。

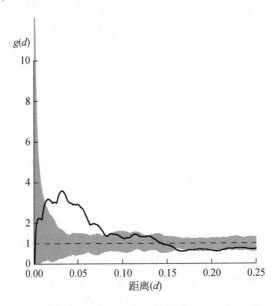

图 3.22　图 3.10 所示单位正方形区域内红杉树点模式的 $g(d)$ 函数及蒙特卡罗模拟检验
虚线为 CSR 条件下 $g(d)$ 的期望值 1，阴影部分为蒙特卡罗模拟包络线的上下界

　　通常认为 K 函数、L 函数和对相关函数 $g(d)$ 是函数概括性特征，是空间点模式分析的重要工具。

　　4. 二元 K 函数

　　在实践中，通常更想发现同一研究区域内的两个聚集分布模式是否相关，例如，疾病聚集模式与地理环境因子的聚集有无关系，这可借助于二元 K 函数。二元 K 函数 $K_{12}(d)$ 定义

为（Wiegand and Moloney，2004）：以第一个点模式中的任意事件为圆心、d 为半径做圆，第二个点模式中的事件落入圆内的事件数期望值 $K_{12}(d)$ 的估计式为

$$\hat{K}_{12}(d) = \frac{A_2}{n_1 n_2} \sum_{i=1}^{n_1} \#\left[S_2 \in C(S_{1i}, d) \right] \tag{3.33}$$

式中，S_{1i}、n_1 分别为第一个点模式的事件 i、事件总数；S_2、A_2、n_2 分别为第二个点模式、区域面积、事件总数。

典型的例子是"病例组"集合 n_1 构成第一个点模式，随机选择的"控制组" n_2 构成第二个点模式。如果病例组相对于控制组不存在聚集，可以认为该病例组与来自病例组和控制组的一个随机样本没有显著差别，这里的零假设是所有个体 n_1+n_2 被随机地指定为一个病例或一个控制。若如此，它们的 K 函数应该相同（O'Sullivan et al.，2013）

$$K_{11}(d) = K_{22}(d) = K_{12}(d)$$

式中，$K_{11}(d)$ 和 $K_{22}(d)$ 分别为病例组和对照组的点模式 K 函数。

当前仅能从数据中估计这些函数，但在病例比控制更为聚集和更为不聚集的情况下，估计函数之间的差异图 $D(d) = K_{11}(d) - K_{22}(d)$ 应该显示出峰和谷。一种直观的经验显著性检验方法是：随机地标记病例和控制，并重复该检验所需的次数，以建立 $D(d)$ 模拟包络线的上下界。类似方法也可以定义二元 L 函数。

5. 空间扫描统计量

前述常规空间点模式分析方法及统计检验是全局方法，第一个缺陷是不能说明比期望值显著高的聚集发生在哪里。要想解决该问题，必须具备几个前提条件：首先，有评价点模式特性的方法，以确定是否有聚集发生，以及发生在什么样的空间尺度上；其次，可能需要一个对一阶背景值的异质性进行矫正的方法；最后，有对零假设统计显著性的评价或检验方法。

Kulldorff 和 Nagarwalla（1995）、Kulldorff（1997）提出的空间扫描统计量提供了很好的思路，其基本思想与 Ripley's K 函数类似。空间扫描统计量可用于点数据，也可用于面数据，应用于点数据的优点是空间聚集探测不会受制于多边形的形状。扫描统计量的第一步是扫描：在不同的空间位置用一系列大小不同的扫描窗口（常用圆形窗口，也可以是其他几何形状）探测研究区域不同位置上事件的空间聚集性。与 K 函数不同的是，扫描统计量用每个窗口内、外的观测事件数及其期望值构建对数似然比（likelihood ratio，LR）检验统计量评价窗口内事件出现的异常程度，LR 越大窗口异常程度越高，通常关注 LR 最大的那个窗口，当然也可以关注 LR 较大的其他窗口，尽可能多地找出异常区域。第二步是统计：LR 在零假设条件下的分布采用蒙特卡罗模拟方法获取，即在零假设条件下产生随机数据集，并计算和比较观测数据与模拟数据的扫描统计量，判定拒绝还是接受零假设，那些通过显著性检验的窗口就是聚集显著的区域。扫描统计量的蒙特卡罗假设检验分为三步：①计算实际数据的检验统计量；②产生零假设条件下的很多随机数据集，并计算每一个随机数据集的检验统计量；③对实际数据和随机数据的检验统计量进行综合排序，并注意实际数据检验统计量在排序中的位置，如果在设定的显著性水平下落入拒绝域，则拒绝零假设。

扫描统计量的三个基本方面是研究区域的几何形状、零假设条件下事件产生的概率分布模型，以及扫描窗口的形状和大小。扫描窗口 w 可以是任何形状和大小的几何形状，w 在研究区域上的移动和相互重叠导致共同覆盖整个研究区域。在研究区域内事件观测总数一定的

条件下，空间扫描统计量 MLR 定义为所有可能扫描窗口的最大似然比（Kulldorff，1999）：

$$\text{MLR} = \frac{\max_{w \in W} L(w)}{L_0} = \max_{w \in W} \frac{L(w)}{L_0} \tag{3.34}$$

式中，W 为由扫描窗口 w 组成的集合；$L(w)$ 为窗口区域的似然函数，它描述了给定窗口内、外不同的事件发生率，观测数据出现的可能性；L_0 为零假设条件下的似然函数。

对于零假设条件下事件产生的概率分布模型，针对具体情况可以采用不同的概率模型计算零假设条件下事件数的期望值，如泊松（Poisson）模型、伯努利（Bernoulli）模型等。概率模型不同，所用的似然比公式也不同。例如，若扫描目的是发现空间聚集，即当满足条件"窗口内观测事件数/窗口内期望值>窗口外观测事件数/窗口外期望值"时，以泊松模型为零假设的似然比为

$$LR = \frac{L(w)}{L_0} = \left[\frac{n_w}{E(w)}\right]^{n_w} \left[\frac{N-n_w}{N-E(w)}\right]^{N-n_w} \Big/ \left[\frac{N}{E(A)}\right]^N \tag{3.35}$$

式中，n_w 为窗口内（如圆内）的观测事件数，$E(w)$ 和 $E(A)$ 分别为零假设条件下窗口内和整个研究区域内事件数的期望值，N 为研究区域内的事件总数。注意该分析基于观测总数 N 固定，所以 $N-E(w)$ 是窗口外事件数的期望值。

而以伯努利模型为零假设的似然比为

$$LR = \frac{L(w)}{L_0}$$
$$= \frac{\left[\dfrac{n_w}{E(w)}\right]^{n_w} \left[1-\dfrac{n_w}{E(w)}\right]^{E(w)-n_w} \left[\dfrac{N-n_w}{N-E(w)}\right]^{N-n_w} \left[1-\dfrac{N-n_w}{N-E(w)}\right]^{n_w-E(w)}}{\left[\dfrac{N}{E(A)}\right]^N \left[1-\dfrac{N}{E(A)}\right]^{E(A)-N}} \tag{3.36}$$

否则，式（3.35）和（3.36）中的 $L(w)=1$。

空间扫描统计量有专门的实现工具，如 SaTScan[①]、R 语言 spatstat 包（主要针对空间点模式）和 DCluster（主要针对空间面模式）（Gómez-Rubio et al.，2005）等。这里以美国加利福尼亚州红杉树幼苗数据全集（见图 3.24，图 3.7 为其子集）为例，基于 SaTScan™ 软件结果简要说明空间扫描统计量的思路。分析时基于泊松模型，选择圆形扫描窗口，扫描具有事件高发生率的区域，并采用 Kulldorff 推荐的蒙特卡罗方法计算 p 值，模拟次数为 999 次，即每计算一个窗口，通过比较该似然函数值在模拟数据似然函数值从小到大排序后的位序，得到 p 值。如果位序为 o，那么 p 值=o/（模拟次数+1），即 p 值=o/1000。SaTScan™ 软件的输出格式见图 3.23，每一个聚集区包括七项内容，以 A 聚集区为例，七项内容分别如下。

（1）Location IDs included，表示聚集区所包含的事件点编号，其中第一个事件点是扫描圆圆心，接下来按照距离圆心的近远依次排列，如图 3.24 中第一聚集区中的 88 号事件点是该聚集区的圆心，其后的 83、94 和 96 号等事件点离圆心越来越远；

（2）Coordinates/radius，该聚集区的圆心坐标和半径，圆心为（0.707407，0.907919），即 88 号事件所在的位置，半径为 0.063；

（3）Number of cases，圆内观测事件数，16 个事件点；

---

① http://www.satscan.org

```
                          SaTScan v9.4.2

Program run on: Tue Jan 17 12:06:44 2017

Purely Spatial analysis
scanning for clusters with high rates
using the Continuous Poisson model.

SUMMARY OF DATA

Number of locations...............: 195
Total number of cases.............: 195
Total Area........................: 1

CLUSTERS DETECTED

1.Location IDs included.: 88, 83, 94, 96, 85, 80, 92, 97, 89, 78,
                          100, 93, 84, 99, 91,77
  Coordinates / radius..: (0.707407,0.907919) / 0.063
  Number of cases.......: 16
  Expected cases........: 2.54
  Observed / expected...: 6.31
  Log likelihood ratio..: 16.493124
  P-value...............: 0.021

2.Location IDs included.: 112, 114, 108, 105, 109, 124, 122, 107,
                          128, 110, 126, 127, 129, 111, 117
  Coordinates / radius..: (0.25,0.744015) / 0.067
  Number of cases.......: 15
  Expected cases........: 2.90
  Observed / expected...: 5.18
  Log likelihood ratio..: 12.945692
  P-value...............: 0.141
```

图 3.23　SaTScan™软件输出结果（部分）

（4）Expected cases，圆内期望事件数，2.54 个；

（5）Obseved/expected，观测数与期望值之比，6.31；

（6）Log likelihood ratio，对数似然比，16.493124；

（7）P-value，p 值，0.021。

最终扫描结果见图 3.24 和表 3.3，共有 11 个聚集区（A~K）。其中，A 是第一聚集区，也就是似然比（这里取自然对数，即表 3.3 中的对数似然比列）最大的聚集区，并且 p 值 = 0.021，具有统计显著性。表 3.3 中 A 聚集区的计算过程如下。

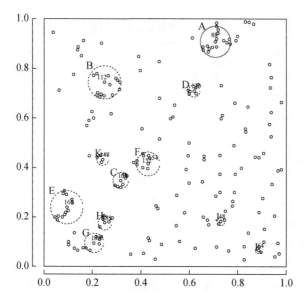

图 3.24　红杉树数据全集的扫描统计结果

空心圆为事件点，虚线圆为扫描结果。扫描圆圆心所在事件点编号已标出

（1）采用圆形扫描窗口：当扫描到 88 号事件点（N_{88}）时，以 N_{88} 为圆心、$r = 0.062724$（表 3.3 中 $r \approx 0.063$）为半径做圆，该半径是许多扫描半径当中的一个。由于红杉树数据全集是一个纯空间点模式，只含有坐标值，所有扫描窗口仅以各事件点为圆心，半径在空间上连续变化达到一个设定的上限值进行扫描。如果提供扫描格网，则可以指定扫描格网中的坐标值为圆心。

（2）计算扫描圆内、外事件数观测值 n_w：即判断点模式中距离 $N_{88} \leqslant 0.063$ 的事件点个数，包括 N_{88} 本身，圆内共有 16 个事件点，而圆外事件数观测值为 $N - n_w = 195 - 16 = 179$，其中，$N = 195$ 为研究区域内事件总数。

（3）计算扫描圆内、外事件数期望值 $E(w)$：共有 N 个事件点分布于面积为 1 的单位正方形内，故 $E(w) = N \times (\pi r^2 / 1) = 195 \times 3.1416 \times 0.062724^2 = 2.41$（表 3.3 中的 $r \approx 0.063$），因为事件总数 N 固定，所以圆外事件数期望值为 $N - E(w) = 195 - 2.41 = 192.59$。另外，当扫描圆位于研究区域外时，SaTScan™ 仍以整个圆的面积计算期望值。

（4）根据式（3.35）计算该扫描圆的对数似然比：因为 N 固定，有 $E(A) = N$，所以第一聚集区的对数似然比为

$$
\begin{aligned}
\mathrm{LLR}_{88} &= \frac{L(w)}{L_0} = \ln \left\{ \left[\frac{n_w}{E(w)} \right]^{n_w} \left[\frac{N - n_w}{N - E(w)} \right]^{N - n_w} \right\} \\
&= \ln \left[\left(\frac{16}{2.41} \right)^{16} \times \left(\frac{179}{192.59} \right)^{179} \right] \\
&= 17.187
\end{aligned}
\tag{3.37}
$$

（5）LLR_{88} 的显著性检验：由蒙特卡罗模拟方法获取，LLR_{88} 统计量的 p 值 $= 0.014$，具有显著性。由于蒙特卡罗方法本身的不确定性，每次的模拟结果可能会有差异。

所以，表 3.3 中的第一聚集区 A 说明红杉树数据全集有一个显著的空间聚集区，即图 3.24 中以 N_{88} 为圆心的圆 A。

表 3.3 红杉树数据全集空间扫描统计量结果

聚集区	圆心			圆半径	圆内观测事件数	圆内期望事件数	对数似然比（LLR）	p 值
	x 坐标	y 坐标	对应事件编号					
A	0.707407	0.907919	88	0.063	16	2.41	17.187262	0.014
B	0.25	0.744015	112	0.067	15	2.76	13.571504	0.105
C	0.316667	0.348066	159	0.032	8	0.62	13.226984	0.123
D	0.618519	0.709024	120	0.024	6	0.36	11.270155	0.295
E	0.094444	0.239411	169	0.067	13	2.75	10.239922	0.431
F	0.42963	0.414365	152	0.048	9	1.41	9.217084	0.617
G	0.207407	0.095764	188	0.039	7	0.95	8.057349	0.824
H	0.251852	0.176796	181	0.028	5	0.48	7.289050	0.904
I	0.887037	0.066298	64	0.013	3	0.11	7.079102	0.931
J	0.72963	0.18232	48	0.016	3	0.15	6.099075	0.994
K	0.242593	0.432781	148	0.024	4	0.35	6.082358	0.994

注：本表由 SaTScan™ 软件计算。

6. CSR 的替代模型

常规空间点模式分析的第二个重要缺陷是，即使拒绝了完全空间随机零假设表明模式是聚集分布，也不能给出产生观测模式背后的空间过程的任何信息。所以，CSR 通常是一个不切实际的点模式分析出发点，使用替代模型正变得越来越普遍。CSR 不呈现出一阶效应或二阶效应，而替代模型只不过是那些引入一阶或/和二阶效应的模型：一阶效应需要允许研究区域中事件的概率从一个地方到另一个地方发生变化，而二阶效应需要在事件之间引入某种形式的相互作用。

这在空间流行病学及植物生态学中有很好的例子。在两种情况中，均有一阶变化：一种疾病个体病例的空间位置，预计会随着风险人群密度的变化而变化，有更多风险人群的地方将会有更多病例；类似地，物种在不同自然景观（海拔、坡度等）、气候条件（降水、太阳辐射等）或者土壤（酸度、化学成分、粒度等）中不同的适宜性，使得物种的空间分布产生一阶变化。同样，疾病和植物分布通常会呈现出二阶相互作用效应：如传染病，给定邻域中的一个病例，在该邻域而不是其他邻域中有更多病例的情况更为常见；植物分布提供了更明显的例子，种子飘散和植物扩散（即通过根部系统）一般是高度本地化的过程，因此平均而言，如果在任何地方发现某一物种的单独个体，将会在那里发现更多此类物种。那么，如何把这些效应包含进去？下面考虑一些简单例子（O'Sullivan et al., 2013；Bailey and Gatrell, 1995）。

异质（inhomogeneous）泊松过程：均质泊松过程（即 CSR）的一个简单扩展，假设强度 λ 在空间上随位置而变化，但任何事件出现与否独立于其他任何事件，即仅存在一阶效应。图 3.25 对此进行了说明。第一种是均质情形，在整个研究区域中 $\lambda = 100$。第二种和第三种在 λ 中引入了空间变化，由阴影和强度变化的等值线标示。在这两种情况中，值的范围是 100～200，等值线的范围是 110～190，间隔为 10。值得注意的是，尽管区域中有两种强度变化，但两者与均质情况都没有非常明显的不同。在第三个模式的西北方向上，给人一种缺少事件的印象，但直观上看事件落入该模式中心地带的概率并不高。除非有显著的强度变化，否则这是非常具有代表性的更复杂的过程模型。

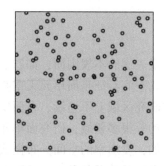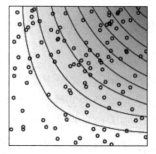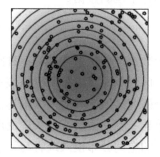

图 3.25　三个泊松过程的实现

泊松聚集过程：一类引入二阶效应的过程是托马斯过程（Thomas process）或泊松聚集过程，在模型中明确包含空间聚集机制。其中一个简单的泊松过程产生母事件，然后每一个母事件产生随机数量的子女，子女围绕母事件随机放置，移去母事件就得到最终模式。图 3.26 显示了单位正方形内泊松聚集过程的三个实现。设定该过程需要三个参数，即初始

母事件分布的强度 λ，每个母事件的子女数量（μ，其本身是泊松分布的平均强度）和子女围绕母事件位置的散布特征。最后一步的依据通常是一个高斯核，因此子女不可能离母事件非常远，并且必须设定核的标准差。

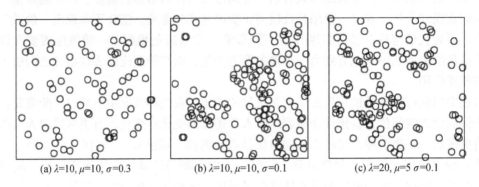

(a) $\lambda=10, \mu=10, \sigma=0.3$ (b) $\lambda=10, \mu=10, \sigma=0.1$ (c) $\lambda=20, \mu=5\ \sigma=0.1$

图 3.26   单位正方形内泊松聚集过程的三个实现

抑制（inhibition）过程：可以采用不同方法，使得事件间相互靠近的距离不可能比某一最小的限制距离小，这产生空间均匀或分散的模式。最简单的模型是硬核（hard core）过程，其中有一个正的最小事件间距离或硬核距离。例如，基于 CSR 过程每次产生一个事件，后一个事件如果与前一个事件的距离小于硬核距离则删除后一个事件，或者换一种方法，删除满足条件的之前任何事件。

从分析的角度看，任何过程模型最麻烦的是它们引入了比较多的（或许是很多的）参数，而这些参数在进行统计分析之前必须通过观测数据进行估计。因此，用同样的方式可以应用模式强度的一个简单估计，为 CSR 后续的统计分析创造条件，对于比较复杂的过程，在应用任何统计方法之前，有必要从数据中估计另外的参数。对于强度在空间上有变化的异质过程，通常应用核密度估计方法。其他参数的估计可能需要复杂的统计拟合方法。一旦导出了一些最优拟合过程模型，应用似然方法进行统计检验，可以评价这些模型中的哪一个最好地解释了观测数据。

3.4   空间面模式分析

面数据是分析中常见的一种空间数据类型，无论是用矢量表达的不规则面，如省级或县级行政区划单元，还是用栅格表达的规则面，如遥感影像，其空间特征是面单元无重叠地覆盖整个研究区域，其属性值描述面单元本身的特性，并且在研究区域上不连续、在面单元内部无差异。空间面模式分析广泛应用于人口、健康、经济活动等很多领域，研究面单元属性值本身的空间分布模式或者与其他变量之间的空间关系，例如，发病率的空间分布模式，发病率与社会经济或环境因子之间的关系。空间模式随时间的变化反映了各种因子所决定的空间过程。

3.4.1   空间自相关与空间权重矩阵

一般而言，空间面模式可分为聚集、分散和随机三种，如图 3.27 所示，其中面单元的属性值为黑色或白色所表示的二值量。地理现象所呈现出来的模式大都介于聚集与随机模式，或者分散与随机模式之间，极少遇到图 3.27 中的极端情况。实践中，通常需要判断观测到的面模式属于聚集、分散和随机模式中的哪一种，程度如何，是偶然因素所致还是系统过程造成。

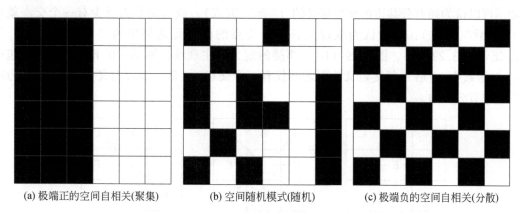

(a) 极端正的空间自相关(聚集)　　　(b) 空间随机模式(随机)　　　(c) 极端负的空间自相关(分散)

图 3.27　空间面模式的三种基本分布类型

　　在分析时，可以测度一个研究区域内面单元之间在空间位置和属性值两方面的相似性或差异性，当以此对空间模式进行判断时，实际上是在测度空间自相关程度。空间自相关指位置上相互靠近比相互远离的对象的属性值更可能相似。更准确地说，任何空间数据集可能具有特征距离或者滞后，在其上它与自己相关（即称为自相关）的特性。另外，根据 Tobler（1970）地理学第一定律：“任何事物都是相关的，但距离近的事物比距离远的事物相关性更强”，自相关可能在短距离上最显著。无处不在的空间自相关是空间数据之所以特殊的原因，这也使得来自空间数据的样本不随机，同一研究区域内的观察单元可能包含相似信息，从而导致样本容量减小，如果在分析时不考虑空间自相关，就会使变量之间的关系重复或被夸大，使得原本在统计上不显著的关系变得显著。

　　数据在短距离或长距离上相似或差异的程度，对于所有的空间数据分析而言是基础，且自相关概念可以用于所有空间数据类型（点、线、面和场），但为了方便教学并着眼于传统，本书在面模式的背景下介绍这个概念。传统上认为空间自相关是模式的统计特性，但也可以仅仅把它看作另一种模式度量方法。前述很多的点模式分析方法，可以看作事件发生的自相关测度。

　　在空间自相关测度中，需要用空间权重矩阵 W 捕捉每一对（面单元）对象之间的空间关系。在矩阵的第一行，依次记录第一个对象与研究区域中其他每一个对象之间的空间关系，因此矩阵中第一行、第二列的值表示第一个对象与第二个对象之间的关系。一般地，权重矩阵中第 i 行、第 j 列的元素记为 w_{ij}，表示对象 i 和对象 j 之间的关系，如果研究区域中有 n 个面对象，W 是一个 n 阶方阵，因而有

$$W = \begin{bmatrix} w_{11} & w_{12} & \cdots & w_{1n} \\ w_{21} & w_{22} & & \vdots \\ \vdots & & \ddots & \vdots \\ w_{n1} & \cdots & \cdots & w_{nn} \end{bmatrix} \tag{3.38}$$

每一个 w_{ij} 值依赖于 i 和 j 之间的空间关系，并依赖于选择什么样的方式表达该关系。注

意，虽然矩阵中对象的顺序是主观的，但在行与列中的顺序必须对应相同。

有了该框架，需要对 **W** 中的每一个元素赋值，即构建空间权重矩阵，至少有两种思路。

第一种思路基于邻接：若 **W** 中的某一对元素邻接，那么 $w_{ij}=1$，否则 $w_{ij}=0$。最简单地，例如，可以认为拥有公共边的面是邻接的（"车"方式），或者两个面至少有一个交点就可以了（"后"方式），或者认为仅仅只有一个交点的面单元是邻接的（"象"方式），见图 3.28 和图 3.29（a）、图 3.29（b）。邻接的定义有主观性，例如，在 R 语言 spdep 包的 poly2nb 函数中，"后"邻接定义为面之间仅有一个交点，"车"邻接定义为拥有多个交点，但不一定有公共边。

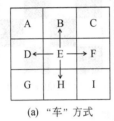
(a) "车"方式

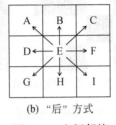
(b) "后"方式

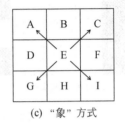
(c) "象"方式

图 3.28　空间邻接

基于邻接的第二种空间权重矩阵构建方法是设定一个距离阈值，如果面单元 i、面单元 j 质心之间的距离小于设定的距离阈值，则认为两个面单元在空间上是邻接的，否则不邻接。图 3.29（c）、图 3.29（d）分别显示了距离阈值为 0.618 距离单位和 1.0 距离单位情况下的两种邻接，其中，可以很清楚地看到小距离阈值的稀疏连接。基于邻接的第三种构建方法考虑距离面单元最近的若干个邻居作为其邻居，图 3.29（e）、图 3.29（f）分别显示了两个最近邻和五个最近邻情况下的邻接。如果对模式背后的空间过程不了解，就尽量使用二元邻接矩阵（Bavaud，1998）。

构建空间权重矩阵的第二种思路是基于距离。基于邻接思路的空间权重矩阵构建方法，无论采用哪一种，w_{ij} 都是"定性"的二值量，只能取值为 1（邻接）或 0（不邻接），不能描述其中一些面单元比其他面单元影响更大的事实。最简单地，可以采用到面单元质心欧氏距离的倒数为 w_{ij} 赋值，也可以考虑到面单元的路网距离、时间等为 w_{ij} 赋值。或者采用某种

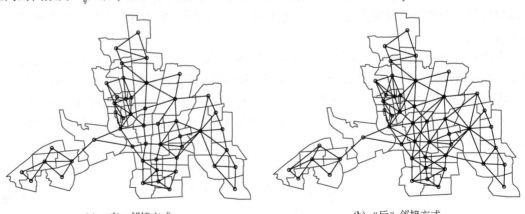
(a) "车"邻接方式　　　　　　　　　　　　(b) "后"邻接方式

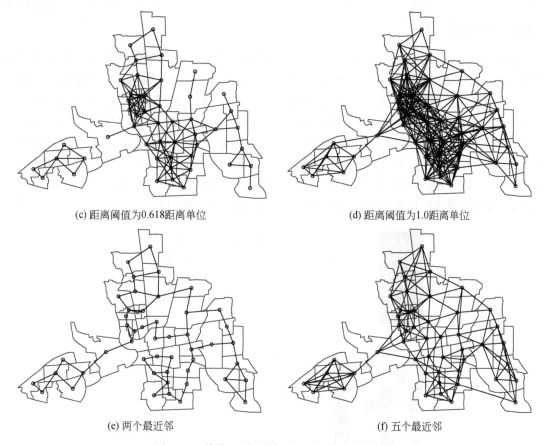

(c) 距离阈值为0.618距离单位　　　　　　　(d) 距离阈值为1.0距离单位

(e) 两个最近邻　　　　　　　　　(f) 五个最近邻

图 3.29　其他 49 个面单元六种不同的空间邻接

标准化方法，将 w_{ij} 值的范围从 0（弱相互作用）变化到 1（强相互作用）。例如，可以综合考虑面单元质心之间的距离（d_{ij}）和公共边长度进一步引入复杂性，从而有

$$w_{ij} \propto \frac{l_{ij}}{d_{ij}^{\alpha} l_i} \tag{3.39}$$

式中，α 为一个指数因子；l_{ij} 为面单元 i 和 j 的公共边长度；l_i 为面单元 i 的周长。用这种方法时，有必要对权重进行缩放，使得它们都位于 $0 \sim 1$。一种典型方法是保证矩阵中每一行的行和等于 1，即行标准化矩阵。

　　另外，在空间权重矩阵构建中，一件需要考虑的重要事情是怎样处理面单元与其自身的关系。因为对面单元本身不感兴趣，所以 **W** 对角线位置上的元素（即 w_{11}、w_{22} 等）通常设为零。空间权重矩阵可以是对称的（$w_{ij} = w_{ji}$），也可以是非对称的（$w_{ij} \neq w_{ji}$）。

　　至此可以看出，对于某一特定的面模式，有大量可能的空间权重矩阵构建方法，其选择是后续分析的关键。在某种意义上，**W** 的选择代表了对所研究现象的一种假设，并因此而强加了一种空间结构。所以，权重矩阵的选择要使所考虑的过程有意义，就应该侧重于所研究问题的某些方面，但这不总是很容易解决。对于那些没有很好地认识和理解的过程，要构建一个与假设的可能过程相关的空间权重矩阵也是困难的，在这些情况下，建议用简单的基于邻接的方法，至少在探索性分析阶段是如此。

3.4.2 连接数统计量

连接数统计量（join count statistic）是对属性值为类别数据的面模式进行空间自相关分析的一种方法，源于 Cliff 和 Ord（1973）的经典著作 *Spatial Autocorrelation*，主要用于二值量（标记为黑色 B 或白色 W）表达的面模式分析。这种 B、W 二值量的应用，如耕地（B）/非耕地（W）、湿润（W）/干旱（B）等，有时也可以把定量数据转换为二值量，如把超过某一污染物含量阈值的地区标记为危险地区（B），否则标记为不危险地区（W）。该方法通过计数黑-黑（BB）相连的面单元个数 J_{BB}、白-白（WW）相连的面单元个数 J_{WW}，以及黑-白（BW/WB）相连的面单元个数 J_{BW} 进行。例如，基于图 3.28 中的"车"或"后"邻接方式，图 3.27 所示面模式的计数结果见图 3.30（O'Sullivan et al.，2013）。

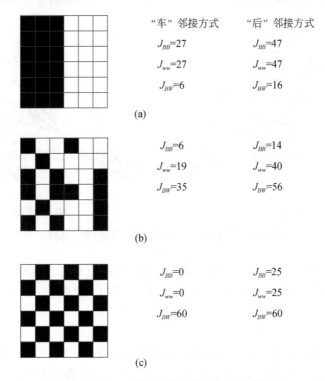

图 3.30　图 3.27 所示三种典型面模式的连接数

从"车"邻接一列可以看出，聚集模式图 3.30（a）中的 J_{BB}、J_{WW} 值比 J_{BW} 大，分散模式图 3.30（c）中 J_{BW} 较大，而随机模式图 3.30（b）中的三种连接数均在模式图 3.30（a）、图 3.30（c）之间；图 3.30（a）、图 3.30（b）和图 3.30（c）中的总连接数相同，即 $J_{BB}+J_{WW}+J_{BW}=60$。显然，J_{BB}、J_{WW} 和 J_{BW} 是整体空间自相关结构的概略描述。如果感兴趣，可以画一个 6×6 的格网，掷硬币来确定格网值赋予黑色（正面）还是白色（反面），然后计算连接数。

可以用独立随机过程情况下连接数的理论期望值构造一个连接数检验统计量。考虑二元邻接权重矩阵，三种连接数的期望值分别为

$$E(J_{BB}) = Jp^2$$
$$E(J_{ww}) = Jq^2 \qquad (3.40)$$
$$E(J_{Bw}) = 2Jpq$$

式中，J 为总连接数，p、q 分别为面单元标记为黑色或白色的概率。三种连接数标准差的期望值较复杂，计算式为

$$E(\sigma_{BB}) = \sqrt{Jp^2 + 2mp^3 - (J+2m)p^4}$$
$$E(\sigma_{ww}) = \sqrt{Jq^2 + 2mq^3 - (J+2m)q^4} \qquad (3.41)$$
$$E(\sigma_{Bw}) = \sqrt{2(J+m)pq - 4(J+2m)p^2q^2}$$

式中，$m = \dfrac{1}{2}\sum_{i=1}^{n} J_i(J_i - 1)$，其中 J_i 为第 i 个面单元的可能连接数。m 的计算比较烦琐，若采用"车"邻接方式，图 3.30 每一种模式中都有 3 种不同类型的面单元位置：4 个角上的每一个面单元各有 2 个邻接；16 个位于边上的面单元各有 3 个邻接；16 个位于中间的面单元各有 4 个邻接。所以，有

$$\begin{aligned}
m &= 0.5 \times \big[\underbrace{(4\times2\times1)}_{角} + \underbrace{(16\times3\times2)}_{边} + \underbrace{(16\times4\times3)}_{中间}\big] \\
&= 0.5 \times (8 + 96 + 192) \\
&= 148
\end{aligned} \qquad (3.42)$$

图 3.30（b）中的总连接数 $J = 60$，如果考虑 $p = q = 0.5$，即每个面单元以相同的概率赋值黑色或白色，代入式（3.40）得到连接数的期望值为

$$E(J_{BB}) = E(J_{ww}) = 60 \times 0.5^2 = 15$$
$$E(J_{Bw}) = 2Jpq = 2 \times 60 \times 0.5 \times 0.5 = 30 \qquad (3.43)$$

代入式（3.41）得到标准差的期望值为

$$\begin{aligned}
E(\sigma_{BB}) = E(\sigma_{ww}) &= \sqrt{Jp^2 + 2mp^3 - (J+2m)p^4} \\
&= \sqrt{60 \times 0.5^2 + 2 \times 148 \times 0.5^3 - (60 + 2\times148)0.5^4} \\
&= 5.454
\end{aligned}$$
$$\begin{aligned}
E(s_{Bw}) &= \sqrt{2(J+m)pq - 4(J+2m)p^2q^2} \\
&= \sqrt{2 \times (60+148)0.5 \times 0.5 - 4 \times (60 + 2\times148) \times 0.5^2 \times 0.5^2} \\
&= 3.873
\end{aligned} \qquad (3.44)$$

据此可以构造 z 检验，通过比较观测模式与期望模式的值，检验面单元的属性值在空间上与随机分布是否有差异，如果有的话，属于什么样的空间分布模式？以"车"邻接情况下的 J_{BB} 为例，其 z 检验为

$$z_{BB} = \frac{J_{BB} - E(J_{BB})}{E(\sigma_{BB})} = \frac{27-15}{5.454} = 2.20 \qquad (3.45)$$

图 3.30 所示三种面模式、两种空间邻接的 z 检验结果见表 3.4。

从表 3.4 可以看出，对于"车"邻接方式，面模式图 3.30（a）和图 3.30（c）中的三种连接数 z 检验都超出了 $\alpha = 0.05$ 显著性水平下的临界值，说明不是随机模式，其中，模式图 3.30（a）的 BW 连接数（J_{BW}）z 检验具有很小的负值，表明呈现出正的自相关，因为这

表明具有比期望值少的 BW 连接，而图 3.30（c）则相反，呈现负的自相关，但其 BB 和 WW 的 z 检验有问题，因为 $J_{BB} = J_{WW} = 0$ 导致其计数分布显然是非正态的。面模式图 3.30（b）中的三种连接数 z 检验都落入了接受域，所以没有充分的理由拒绝面模式图 3.30（b）来源于独立随机的面过程。

表 3.4　图 3.30 所示三种面模式连接数统计量的 z 检验

连接情形	"车" 邻接方式			"后" 邻接方式		
	（a）	（b）	（c）	（a）	（b）	（c）
BB	2.20	−1.65	−2.75	1.97	−1.36	−0.25
WW	2.20	0.73	−2.75	1.97	−1.26	−0.25
BW	−6.20	1.29	7.75	−7.44	0.19	0.95

一般而言，不同邻接方式不应当影响 z 检验结果，但事实并不总是如此，注意面模式图 3.30（c）在 "车"、"后" 两种邻接方式中 z 检验的相互矛盾。另外，上述例子假设 p 和 q 已知，但它们通常需要从数据中估计，严格来讲，连接数和标准差的期望值应该是更为复杂的表达式，参见 Cliff 和 Ord（1973）。

3.4.3　全局空间自相关统计量

虽然连接数统计量方法用于检验全局空间自相关相对直观，易于理解，但缺点也同样明显。例如，只能用于类别数据（categorical data），如二值量数据，并且统计检验不易解释，尤其是当结果相互矛盾时。下面介绍的全局空间自相关统计量包括 Moran's I、Geary's C 和 Getis's G，适用于面单元属性值为间隔量或比率量等数值数据（numerical data）的情形。

1. Moran's I

最常用的空间自相关指标是 Moran's I，由 Moran（1950）提出，事实上也是全局空间自相关的测度标准。可以把它看作非空间皮尔逊相关系数的一般化，并通常用于面模式分析。Moran's I 不但具有良好的表达形式，并且其结果也易于解释。理解它的最好方式是直接深入其表达式中，并依次解释每一个组成部分。Moran's I 的表达式为

$$I = \frac{n}{\sum\limits_{i=1}^{n}(y_i - \bar{y})^2} \frac{\sum\limits_{i=1}^{n}\sum\limits_{j=1}^{n} w_{ij}(y_i - \bar{y})(y_j - \bar{y})}{\sum\limits_{i=1}^{n}\sum\limits_{j=1}^{n} w_{ij}} \tag{3.46}$$

该方程相当复杂，由三部分组成。其中重要的是第一部分，即等式右边的分子

$$\sum_{i=1}^{n}\sum_{j=1}^{n} w_{ij}(y_i - \bar{y})(y_j - \bar{y})$$

可以认为这是一个协方差项，它决定了 I 的符号是正值还是负值，因为方程中的其他项均为正。其中，y_i 和 y_j 表示研究区域中面单元 i、j 的属性值。通过计算两个面单元与研究区域属性值总体均值（$\bar{y}$）之差的乘积，确定它们协变的程度。如果 y_i 和 y_j 都位于均值的同一侧（都高于或低于均值），那么该乘积是正的；如果一个高于均值，而另一个低于均值，那么

乘积是负的，并且所得结果的绝对大小依赖于面单元属性值在多大程度上靠近总体均值。协方差项乘以空间权重矩阵 W 的元素 w_{ij} 具有如下作用，即根据它们在空间上多大程度的相关对协方差元素进行加权。当 W 是邻接矩阵时，w_{ij} 就像一个开关：如果面单元 i 和 j 邻接，那么 $w_{ij}=1$，面单元 i、j 参与计算，否则 $w_{ij}=0$，i、j 不参与计算。如果参与计算的 i、j 属性值都大于总体均值，或者参与计算的 i、j 都小于总体均值，那么 $(y_i-\bar{y})(y_j-\bar{y})$ 就是一个正值，这两种情况是正自相关的构成因素，即在空间上相互靠近的面单元属性值也相似。如果其中一个面单元的属性值大于均值，而另一个小于均值，那么 $(y_i-\bar{y})(y_j-\bar{y})$ 就是一个负值，这是负自相关的构成因素，即在空间上相互靠近的面单元属性值差异较大。因此在整个研究区域内，如果邻接面单元属性值相似的情况（两个面单元都大于或都小于均值）大于不相似的情况，Moran's I 值为正，反之 Moran's I 值为负。

方程中的所有其他项，相对于所考虑的邻接数、面单元数和 y 值范围，对 I 值进行相关的标准化。其中，第二部分 $\sum\limits_{i=1}^{n}\sum\limits_{j=1}^{n}w_{ij}$ 是面模式中总的空间权重，除以它是为了校正第一部分参与计算的数据项多少，如果 W 是邻接矩阵，它等于矩阵中所有 1 的和。第三部分是

$$\frac{n}{\sum\limits_{i=1}^{n}(y_i-\bar{y})^2}$$

式中，n 为面单元总数。这实际上是除以方差，保证 I 值不简单地因为 y 值过大或 y 值变化过大而太大。

式（3.46）的最终结果是：如果数据是正的自相关，那么大多数邻接面单元的值将在均值同一侧上，从而 Moran's I 的值为正；如果数据是负的自相关，大多数邻接面单元的值将在均值的两侧，从而 Moran's I 的值为负。因此，与皮尔逊相关系数类似，正值表示正的自相关，负值表示负的自相关。一般情况下，Moran's I 的取值为 $-1\sim1$：1 表示极强的正空间相关，面模式趋向于聚集；-1 表示极强的负空间相关，面模式趋向于均匀分布；0 值通常表示不存在空间自相关，面模式趋向于随机分布，但不能将 0 值作为区分正的空间自相关和负的空间自相关的分界点。一般来说，0.3 或一个更大的值，或者 -0.3 或一个更小的值，都表明相对强烈的自相关（O'Sullivan et al.，2013）。但是，必须注意测度值的统计显著性。

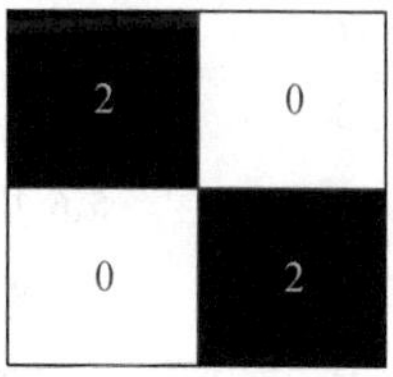

下面以图 3.31 为例说明 Moran's I 的计算过程，其中，面单元属性值分别为 2，0，2 和 0。

图 3.31　Moran's I 计算示例

首先构建空间权重矩阵，这里采用"车"邻接方式，有

$$w_{ij}=\begin{bmatrix} 0 & 1 & 0 & 1 \\ 1 & 0 & 1 & 0 \\ 0 & 1 & 0 & 1 \\ 1 & 0 & 1 & 0 \end{bmatrix} \tag{3.47}$$

根据图 3.31，面单元数 $n=4$，属性值的总体均值 $\bar{y}=(2+0+2+0)/n=1$，所以式（3.46）的第一部分：

$$\sum_{i=1}^{n}\sum_{j=1}^{n} w_{ij}(y_i - \bar{y})(y_j - \bar{y})$$
$$= 2 \times 2 \times (2-1) \times (0-1) + 2 \times 2 \times (0-1) \times (2-1)$$
$$= -8$$

第二部分：$\sum_{i=1}^{n}\sum_{j=1}^{n} w_{ij} = n \times 2 = 8$，即式（3.43）中每行（每个面单元）各有两个邻接面单元；

第三部分：$n / \sum_{i=1}^{n} (y_i - \bar{y})^2 = 4 / [2 \times (2-1)^2 + 2 \times (0-1)^2] = 1$。

因而，$I = 1 \times \dfrac{-8}{8} = -1$，表明图 3.31 所示的面模式呈现负的空间自相关。

上述计算 Moran's I 的例子简单、直观，实际工作中通常比较复杂。接下来以 R 语言 spdep 包（v0.6-8）（Bivand and Piras, 2015）中提供的某地数据为例进行说明。该数据源于 Anselin（1988），其中包括犯罪率（每千户居民中入室盗窃和车辆盗窃的案件数量）和家庭收入、房屋价值等指标，见表 3.5 和图 3.32。

表 3.5　应用图 3.29（a）空间权重矩阵构建方式对图 3.32 所示的犯罪率计算全局 Moran's I

面单元编号	图 3.29(a)"车"方式中的邻接面单元(y_j)	邻接面单元数	犯罪率(y_i)	$(y_i - \bar{y})$	$(y_i - \bar{y})^2$	$\sum_j w_{ij}(y_i - \bar{y})(y_j - \bar{y})$
1	2,3	2	15.7	-19.43	377.5	405.3
2	1,3,4	3	18.8	-16.33	266.7	435.8
3	1,2,4,5	4	30.6	-4.53	20.5	103.8
4	2,3,5,8	4	32.4	-2.73	7.5	5.5
5	3,4,6,8,9,11,15	7	50.7	15.57	242.4	358.0
6	5,9	2	26.1	-9.03	81.5	-98.8
7	8,13,14	3	0.2	-34.93	1220.1	-1285.8
8	4,5,7,11,12	5	38.4	3.27	10.7	87.1
9	5,6,10,15,22,26	6	30.5	-4.63	21.4	-108.0
10	9,17,20	3	34.0	-1.13	1.3	42.7
11	5,8,12,16	4	62.3	27.17	738.2	1632.4
12	8,11,13,14,16	5	56.7	21.57	465.3	1804.3
13	7,12,14	3	46.7	11.57	133.9	99.6
14	7,12,13,16,18,19	6	57.1	21.97	482.7	1013.3
15	5,9,16,25	4	48.6	13.47	181.4	764.8
16	11,12,14,15,18,24,25	7	54.8	19.67	386.9	2407.4
17	10,20,23	3	36.9	1.77	3.1	-90.6
18	14,16,19,24	4	44.0	8.87	78.7	569.3
19	14,18,24	3	54.5	19.37	375.2	658.8
20	10,17,22,23,27,32,33,35,40	9	0.2	-34.93	1220.1	777.9

续表

面单元编号	图 3.29(a)"车"方式中的邻接面单元(y_j)	邻接面单元数	犯罪率(y_i)	$(y_i-\bar{y})$	$(y_i-\bar{y})^2$	$\sum_j w_{ij}(y_i-\bar{y})(y_j-\bar{y})$
21	24,30,34	3	40.1	4.97	24.7	128.3
22	9,20,26,27,28	5	33.7	-1.43	2.0	48.2
23	17,20,32	3	20.0	-15.13	228.9	744.2
24	16,18,19,21,25,30	6	38.3	3.17	10.0	167.6
25	15,16,24,26,29	5	61.3	26.17	684.9	1103.9
26	9,22,25,28	4	41.0	5.87	34.5	-12.4
27	20,22,28,33	4	52.8	17.67	312.2	-136.4
28	22,26,27,29,33,35,38	7	56.9	21.77	473.9	1040.2
29	25,28,30,37	4	60.8	25.67	658.9	2284.1
30	21,24,29,37	4	68.9	33.77	1140.4	1387.3
31	34,36	2	17.7	-17.43	303.8	557.1
32	20,23,40,41	4	19.1	-16.03	257.0	1366.1
33	20,27,28,35	4	42.0	6.87	47.2	58.9
34	21,31,36,42	4	24.0	-11.13	123.9	577.9
35	20,28,33,38,44	5	39.2	4.07	16.6	50.0
36	31,34,39,42,46	5	14.3	-20.83	433.9	1316.9
37	29,30,38,43,45	5	42.4	7.27	52.9	578.5
38	28,35,37,43	4	53.7	18.57	344.8	644.0
39	36,46	2	19.1	-16.03	257.0	632.5
40	20,32,41,47	4	16.2	-18.93	358.3	1410.7
41	32,40,47	3	18.9	-16.23	263.4	686.4
42	34,36	2	16.5	-18.63	347.1	595.4
43	37,38,44,45,48	5	36.7	1.57	2.5	16.6
44	35,43,48,49	4	26.0	-9.13	83.4	141.7
45	37,43,48,49	4	29.0	-6.13	37.6	75.5
46	36,39	2	16.5	-18.63	347.1	686.7
47	40,41	2	27.8	-7.33	53.7	257.7
48	43,44,45,49	4	26.6	-8.53	72.8	224.5
49	44,45,48	3	22.5	-12.63	159.5	300.5
合计		200	1721.2		13448.0	28514.4

这里计算犯罪率的全局 Moran's I 指数。空间权重矩阵构建方式选择图 3.29（a），面单

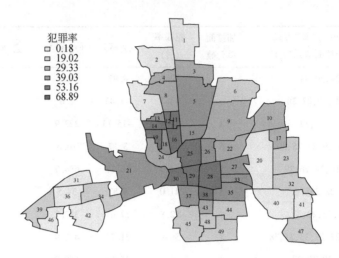

图 3.32   某地每千户居民犯罪率的空间分布（图中数字序号为面单元编号）

元数 $n=49$，犯罪率的全局均值 $\bar{y}=1721.2/49=35.13$，根据表 3.5，式 (3.46) 的第一部分：$\sum\limits_{i=1}^{n}\sum\limits_{j=1}^{n}w_{ij}(y_i-\bar{y})(y_j-\bar{y})=28514.4$，第二部分：$\sum\limits_{i=1}^{n}\sum\limits_{j=1}^{n}w_{ij}=200$，第三部分：$n/\sum\limits_{i=1}^{n}$ $(y_i-\bar{y})^2=49/13448=0.0036$。所以，$I=0.0036\times\dfrac{28514.4}{200}=0.513$，表明图 3.32 所示犯罪率的空间分布呈现出强烈的正空间自相关（R 语言 spdep 包的计算结果为 0.524，见表 3.6）。

表 3.6   不同空间权重矩阵构建方式对 Moran's I 的影响

空间权重构建方式	图号	Moran's I	显著性检验 $z_I[E(I)=-0.0208]$	
			正态假设	随机假设
"车" 邻接方式	图 3.29（a）	0.524	5.5（0.0098）	5.46（0.0099）
"后" 邻接方式	图 3.29（b）	0.500	5.63（0.0086）	5.59（0.0087）
距离阈值为 0.618 距离单位	图 3.29（c）	0.552	5.66（0.0102）	5.62（0.0104）
距离阈值为 1.0 距离单位	图 3.29（d）	0.398	6.88（0.0037）	6.83（0.0037）
两个最近邻	图 3.29（e）	0.607	4.85（0.0168）	4.82（0.0170）
五个最近邻	图 3.29（f）	0.578	7.51（0.0063）	7.46（0.0064）

注：本表由 R 语言 spdep 包计算，括号中数据为对应的方差。其中，nb2listw 函数中 style 参数的选择影响 I 值，例如，若选择 style="B"，则 "车" 邻接方式的 $I=0.519$，与表 3.5 的计算结果接近。

在对 Moran's I 的值进行统计显著性检验之前，先观察图 3.33。它显示了属性值本身（水平轴）与局部属性均值（即邻接面单元属性值的平均值）之间的关系。该图有四个象限：右上象限内是每个面单元的属性值和邻接面单元的属性均值都大于总体均值的情况，左下象限内是每个面单元的属性值和邻接面单元的属性均值都小于总体均值的情况；其他两个象限包含了面单元的属性值和邻接面单元的属性均值分别位于总体均值两侧的情况。位于左下象限和右上象限的面单元对正自相关有贡献，因为它们具有类似于其邻接的属性值，而位于其他两个象限的面单元对负相关有贡献。图 3.33 中的点大多数位于左下和右上象限，总体结果是一个正的 Moran's I 值，暗示正自相关的可能性。值得注意的是，Moran's I 实际上是面单元属性值与邻接面单元属性均值之间线性回归的斜率，如图 3.33 中斜线所示。

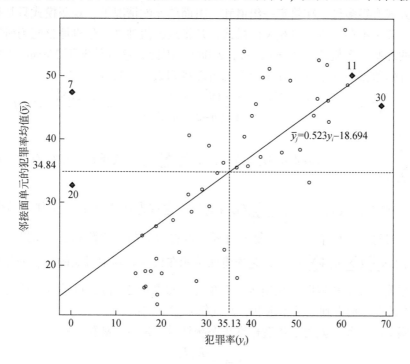

图 3.33　犯罪率数据的 Moran's *I* 散点图

其中，标记的面单元对计算结果有较大影响，如 7，20 号和 11，30 号面单元分别是犯罪率最小和最大的两个面单元，
参见表 3.5。水平轴上的 35.13 是犯罪率的全局均值，垂直轴上的 34.84 是先计算每一个面单元的所有邻接面
单元属性值的均值，然后再求这些均值的均值

另外，不同空间权重矩阵构建方式对 Moran's *I* 值的影响见表 3.6。其中，令人稍感意外的是距离阈值为 1.0 和两个最近邻的邻接方式，其结果一个偏低，一个偏高。

如果不存在空间自相关，Moran's *I* 的期望值为

$$E(I) = \frac{-1}{n-1} \tag{3.48}$$

式中，n 为研究区域面单元数。从表达式可以看出，$E(I)$ 始终为负值，n 越大其值越接近于 0，但只能从负值一侧向 0 靠近。所以当 n 较小时，$E(I)$ 可能是一个较小的负值，例如，在图 3.31 的示例中，其期望值 $E(I) = -1/(4-1) = -0.33$，此时做判断时要小心，不能轻易认为就是负的自相关，需要进行显著性检验，这也是不能笼统地把 0 值作为区分正、负空间自相关分界点的原因，要具体问题具体分析。

Moran's *I* 的方差计算有两种假设（Cliff and Ord，1981）。第一种是面单元属性取值的正态分布假设，即分布于各面单元的属性值只是无限多组可能属性值中的一组，并且其中的每一个属性值都是独立的，这种情况下 Moran's *I* 的方差为

$$\text{Var}_N(I) = \frac{n^2 S_1 - n S_2 + 3 S_0^2}{(n+1)(n-1) S_0^2} - E^2(I) \tag{3.49}$$

式中各符号的意义见式（3.50）。

另一种是随机假设，面单元的属性值是固定的，不固定的只是各个值的位置，或者说是

这些属性值与面单元之间的关系，换句话说，将一组属性值与研究区域中的一组面单元一一对应起来的方式有很多种。在给定一组值和一组面单元的情况下，观测模式只是很多可能模式中的一种。其中不存在空间自相关的模式，是将这组值独立、随机地分配到研究区域各面单元而得到的那些分布模式（Wong et al.，2008）。因此，这种情况下 Moran's I 的方差取决于将 n 个属性值数据在 n 个面单元上分配的可能排列数，公式为

$$\text{Var}_R(I) = \frac{n\left[(n^2-3n+3)S_1 - nS_2 + 3S_0^2\right] - k\left[(n^2-n)S_1 - 2nS_2 + 6S_0^2\right]}{(n-1)(n-2)(n-3)S_0^2} - E^2(I) \tag{3.50}$$

式中，$k = \dfrac{n\sum\limits_i (y_i - \bar{y})^4}{\left[\sum\limits_i (y_i - \bar{y})^2\right]^2}$ 为数据的峰度指标；$S_0 = \sum\limits_i \sum\limits_j w_{ij}$ 为权重矩阵中所有元素值之和，例

如表 3.5 第三列的合计值；$S_1 = \dfrac{1}{2}\sum\limits_i \sum\limits_j (w_{ij}+w_{ji})^2$，它首先计算权重 w_{ij} 及其"镜像" w_{ji} 之和的平方，然后对每一对面单元 i–j 重复该过程，再将得到的结果除以 2，如果是二元对称矩阵，$S_1 = 2S_0$；$S_2 = \sum\limits_i (\sum\limits_j w_{ij} + \sum\limits_j w_{ji})^2$，它先将面单元在权重矩阵中对应的行、列元素值求和之后相加（如果是二元对称矩阵，该值等于面单元邻接数的 2 倍），再平方，然后对每一个面单元 i 重复该过程，把得到的结果求和；其他符号意义同前。

有了期望值和方差，就可以构造标准正态统计量，进行 z 检验

$$z_I = \frac{I - E(I)}{\sqrt{\text{Var}(I)}} \tag{3.51}$$

式中，$\text{Var}(I)$ 为两种假设条件下的方差。表 3.6 最后两列是在正态假设和随性假设下，不同权重矩阵构建方式下 Moran's I 值的统计检验，如果考虑 $\alpha = 0.01$ 的显著性水平，零假设（随机分布）的接受域为 $-2.58 < z_I < 2.58$。从表 3.6 中可以看出，所有 $z_I > 2.58$，即拒绝零假设，说明观测模式的 I 值比期望值大，呈现出非常显著的正空间自相关，表明犯罪率的空间模式趋于聚集分布。

检验 Moran's I 显著性的另一种思路是基于蒙特卡罗方法进行模拟。面单元的属性值在研究区域内可以排列出所要求的模拟次数（通常是 999 次），也就是说，把观测到的属性值随机地赋予研究区域中的某个面单元，并计算每一次"扰动后"面模式的 Moran's I 值，得到 I 值的一个经验抽样分布，并根据相对于该随机模拟基准的独特性如何，来评估 Moran's I 的观测值。图 3.34 是图 3.29（a）"车"邻接方式下犯罪率数据（表 3.5）999 次随机模拟结果的直方图（$p = 0.001$），其中，垂直虚线是 Moran's I 观测值。很明显，观测值非常特殊且位于直方图的右侧，说明正空间自相关的结果具有显著性。

2. Geary's C

另一种全局空间自相关的测度方法是 Geary's C，由 Geary（1954）提出。它类似于 Moran's I，但不是采用与均值的偏离乘积，而是基于面单元及其邻接面单元之间属性值差异的平方进行计算。Geary's C 的计算公式为

$$C = \frac{n-1}{\sum\limits_{i=1}^{n}(y_i - \bar{y})^2} \frac{\sum\limits_{i=1}^{n}\sum\limits_{j=1}^{n} w_{ij}(y_i - y_j)^2}{2\sum\limits_{i=1}^{n}\sum\limits_{j=1}^{n} w_{ij}} \tag{3.52}$$

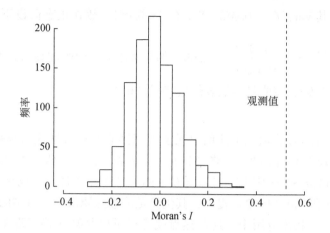

图 3.34　Moran's I 观测值与 999 次随机模拟结果的比较

与 Moran's I 一样，第一项是解释 y 值的一个方差标准化因子。第二项的分子计算两个面单元之间属性值的平方差，当邻接位置之间有大的差异时其值较大。分母 $2\sum\limits_{i=1}^{n}\sum\limits_{j=1}^{n}w_{ij}$ 对研究区域中的空间权重组合进行标准化。因为式中的所有项总是正值，所以 Geary's C 的值总是大于 0，取值范围为 $[0,2]$。与直觉不同的是：$C=0$ 表明存在完全正空间自相关，这时权重矩阵中定义的邻接面单元的值均与当前考察的面单元值相同，或者说研究区域中所有的面单元值相同，因此分子等于 0，所以 $0<C<1$ 表示正的自相关；$1<C<2$ 表示负的自相关；如果没有自相关，C 的期望值为 1。可以通过减去 1，把 Geary's C 转换到更直观的 ±1 范围内。

通过比较式（3.46）和式（3.52），可以得到 Moran's I 和 Geary's C 之间的关系为

$$C=\left(\dfrac{(n-1)\sum\limits_{i=1}^{n}\sum\limits_{j=1}^{n}w_{ij}(y_i-y_j)^2}{2n\sum\limits_{i=1}^{n}\sum\limits_{j=1}^{n}w_{ij}(y_i-\bar{y})(y_j-\bar{y})}\right)\times I \tag{3.53}$$

也就是说两者的值可以互换，知道其中一个，可以换算出另一个。例如，根据式（3.52）或者式（3.53）进行转换，都可以得到图 3.31 的 $C=1.5$，表明存在负空间自相关的可能。

与 Moran's I 一样，也必须检验 Geary's C 的显著性。C 的期望值不受样本容量的影响，为常数 1。正态假设下，C 的方差（Cliff and Ord，1981）为

$$\mathrm{Var}_N(C)=\dfrac{(2S_1+S_2)(n-1)-4S_0^2}{2(n+1)S_0^2} \tag{3.54}$$

随机假设下，C 的方差为

$$\mathrm{Var}_R(C)=\dfrac{(n-1)S_1[n^2-3n+3-(n-1)k]-\frac{1}{4}(n-1)S_2[n^2+3n-6-(n^2-n+2)k]+S_0^2[n^2-3-(n-1)^2k]}{n(n-2)^2S_0^2} \tag{3.55}$$

式中各符号意义同式（3.50）。

对于图 3.31，其 $\mathrm{Var}_N(C) = 0.050$，$\mathrm{Var}_R(C) = 0.061$，故在正态假设下，$z_C = \dfrac{1.5-1}{\sqrt{\mathrm{Var}_N(C)}} =$

2.24，在随机假设下，$z_C = \dfrac{1.5-1}{\sqrt{\mathrm{Var}_R(C)}} = 2.00$，如果考虑 $\alpha = 0.05$ 的显著性水平，两种假设下

的 z_C 均大于临界值 1.96，表明具有显著的负空间自相关。

3. Getis's G

Moran's I 和 Geary's C 指数均关注面单元及其邻接值的相似性或差异性，例如，当面单元及其邻接都具有较大的相似值，或者都具有较小的相似值时，两个指数均呈现出正的空间自相关，但不能够区分这两种情况。Getis's G 也称为广义 G 统计量，也是一个全局空间自相关统计量，由 Getis 和 Ord（1992）提出，其优势是能够探测研究区域中的高值聚集（热点）和低值聚集（冷点）。具体应用中，这些热点或冷点可以是某些特定现象的聚集，如疾病、污染物、收入水平等。广义 G 统计量的计算公式为

$$G(d) = \frac{\sum_{i=1}^{n} \sum_{j=1}^{n} w_{ij}(d) y_i y_j}{\sum_{i=1}^{n} \sum_{j=1}^{n} y_i y_j}, \quad j \neq i \tag{3.56}$$

式中，$w_{ij}(d)$ 为基于距离的权重矩阵，当两个面单元 i、j 之间的距离小于 d 时，$w_{ij}(d) = 1$，否则为 0，实际上这是一个二元邻接矩阵，即只有当两个面单元之间的距离小于 d 时，才会进入分子的计算；其他符号同式（3.46）。

一般而言，对于特定的研究区域，广义 G 统计量的分母是固定值 $(\sum_{i=1}^{n} y_i)^2 - \sum_{i=1}^{n} y_i^2$，而分子是分母的一部分，可以将 G 看作研究区域中相距小于 d 的面单元所占的比重，故广义 G 统计量的取值范围为 $0 < G < 1$。邻接面单元的值越大，分子就越大，从而 G 值也大，邻接面单元的值越小分子就越小，G 值也小，当相互邻接的高值超过相互邻接的低值时，该统计量趋向于具有较大的值，反之亦然。因此，G 有助于确定是高值聚集（热点）还是低值聚集（冷点）对正空间自相关的贡献最大。对于表 3.5 中的犯罪率数据，采用图 3.29（d）的权重矩阵构建方式，得到 $G(1.0) = 0.34$，G 通常随着距离阈值 d 的增大而增大。

与其他空间自相关指标一样，需要对广义 G 统计量进行显著性检验。$G(d)$ 的期望值为

$$E(G) = \frac{S_0}{n(n-1)} \tag{3.57}$$

式中，n 为面单元数；$S_0 = \sum \sum w_{ij}(d)$，$j \neq i$。对于图 3.29（d）所示邻接方式，$E(G) = 560/(49 \times 48) = 0.24$。从而 $G(1.0) > E(G)$，观测模式存在呈现出"热点"的可能。

$G(d)$ 的方差为

$$\mathrm{Var}(G) = E(G^2) - E^2(G) \tag{3.58}$$

式中

$$E(G^2) = \frac{B_0 m_2^2 + B_1 m_4 + B_2 m_1^2 m_2 + B_3 m_1 m_3 + B_4 m_1^4}{(m_1^2 - m_2)^2 n(n-1)(n-2)(n-3)} \tag{3.59}$$

式中，$m_r = \sum_{r=1}^{n} y_i^r, r = 1, 2, 3, 4$；$B_0 = (n^2 - 3n + 3) S_1 - n S_2 + 3 S_0^2$；$B_1 = -[(n^2 - n) S_1 - 2n S_2 + 3 S_0^2]$；$B_2 =$

$-[2nS_1-(n+3)S_2+6S_0^2]$；$B_3=4(n-1)S_1-2(n+1)S_2+8S_0^2$；$B_4=S_1-S_2+S_0^2$；其余符号同式（3.50）。

利用表 3.5 犯罪率数据和图 3.29（d）权重，得到 $E(G^2)=0.05783$，因此 $G(1.0)$ 的方差为 $\mathrm{Var}(G_{1.0})=0.05783-(0.24)^2=0.000227$，标准化 z 值为

$$z_G=\frac{G(1.0)-E(G)}{\sqrt{\mathrm{Var}(G_{1.0})}}=\frac{0.34-0.24}{\sqrt{0.00027}}=6.09 \tag{3.60}$$

该值大于 $\alpha=0.05$ 显著性水平下的临界值 1.96，说明具有统计显著性，这一模式是由系统过程造成的。对于广义 G 统计量，大的 z 值表明研究区域中存在热点，而小的 z 值表明研究区域中存在冷点，正的 z 值和负的 z 值都表明存在着空间自相关。

3.4.4 局部空间自相关统计量

3.4.3 小节所讨论的都是全局统计量，它们用一个指数来描述整个研究区域的空间自相关水平，但自相关在不同的位置可能不同，甚至可能在研究区域内，一部分存在正的自相关，而另一部分存在负的自相关。所以，本节所介绍的各种局部统计量是地理统计分析中最重要的创新之一，它可以很自然地从 3.4.3 小节所讨论的任一种全局空间自相关方法中分解出来。如果对这种关系进行归纳总结，几乎可以构造出任何标准概括性统计量的局部形式。因此，局部统计量在分析中应用广泛。

局部统计量通过计算空间位置的局部数据子集得到，并随着位置的变化而变化。一个简单的例子是局部空间平均，它通过计算邻域内数据属性值的平均值得到。在最广泛的意义上，任何空间面数据都是局部统计量，因为每个面单元所记录的属性值汇聚了该面单元空间范围内所有属性数据的信息。这里主要介绍 3.4.3 小节三个全局空间自相关指数的局部形式，即局部 Moran's I_i、Getis's G_i 和 G_i^*、Geary's C_i，注意每个局部统计量都有一个下标，Anselin（1995）称它们为局部空间关联指数（local indicators of spatial association，LISA）。LISA 可以把全局指标分解到每一个观测数据上。

1. Moran's I_i

测度局部空间自相关也需要考虑空间相似性（spatial similarity）和属性相似性（value similarity），可以用空间权重矩阵设定空间相似性，而不同的属性相似性测度方法产生不同的自相关指数。重要的是在确定局部统计量之前，空间权重矩阵中对局部性的定义是分析的关键。当基于邻接构建局部性时，局部统计量可能意味着一种特定类型的模式，但当基于距离准则构建局部性时，可能展现出一种完全不同的模式。重要的是，第一，在可能的情况下检验多种不同类型的权重矩阵；第二，考虑哪种方法从根本上最能讲得通。例如，基于面单元的邻接性不难假定简单的空间邻接矩阵，这是构建局部性颇为"自然"的方法。但是，当应用于与交通可达性有关的问题时，它或许与经由交通网络连接的局部性更相关。

局部 Moran's I（Moran's I_i）的计算公式为

$$I_i=z_i\sum_j w_{ij}z_j \tag{3.61}$$

式中，$z_i=(y_i-\bar{y})/\sigma$，其中，$\bar{y}$、$\sigma^2=\sum_i(y_i-\bar{y})^2/n$ 分别为属性 y 的全局均值和方差，由此可见，z_i 和 z_j 就是标准化的 z 值，应用标准化 z 值使得不同变量的 Moran's I 散点图具有可比性；w_{ij} 为空间权重矩阵，依照惯例，$w_{ii}=0$，为方便，w_{ij} 一般采用行标准化形式，但非必须，

如果采用行标准化形式，那么 $\sum w_{ij}z_j$ 就是面单元 i 的各邻接面单元 z 值的一个线性加权和。

　　下面以图 3.32 中的犯罪率数据和图 3.29（a）所示的行标准化权重矩阵为例，说明局部 Moran's I 的计算，见表 3.7。首先根据空间权重矩阵确定每一个面单元的邻接（表 3.7 第 2 列），计算各面单元的 z 值（表 3.7 第 5 列），然后根据邻接关系和各面单元 z 值计算 $\sum_j w_{ij}z_j$（表 3.7 第 6 列），最后得到各面单元的局部 I 值（表 3.7 最后一列）。

表 3.7　图 3.32 犯罪率数据的 Moran's I_i〔基于图 3.29（a）空间权重矩阵的行标准化形式计算〕

面单元编号	图 3.29(a)"车"方式中的邻接面单元(y_j)	各邻接面单元权重	犯罪率(y_i)	$z_i=(y_i-\bar{y})/\sigma$	$\sum_j w_{ij}z_j$	$I_i=z_i\sum_j w_{ij}z_j$	z_{Ii}	p 值
1	2,3	1/2	15.7	−1.16	−0.63	0.738	1.10	0.136
2	1,3,4	1/3	18.8	−0.98	−0.54	0.529	0.99	0.162
3	1,2,4,5	1/4	30.6	−0.27	−0.35	0.094	0.24	0.405
4	2,3,5,8	1/4	32.4	−0.16	−0.03	0.005	0.05	0.479
5	3,4,6,8,9,11,15	1/7	50.7	0.93	0.20	0.186	0.59	0.276
6	5,9	1/2	26.1	−0.54	0.33	−0.180	−0.23	0.592
7	8,13,14	1/3	0.2	−2.09	0.74	−1.561	**−2.77**	0.997
8	4,5,7,11,12	1/5	38.4	0.20	0.32	0.064	0.20	0.420
9	5,6,10,15,22,26	1/6	30.5	−0.28	0.23	−0.066	−0.12	0.546
10	9,17,20	1/3	34.0	−0.07	−0.76	0.052	0.13	0.448
11	5,8,12,16	1/4	62.3	1.62	0.91	1.487	**3.16**	0.001
12	8,11,13,14,16	1/5	56.7	1.29	1.01	1.315	**3.16**	0.001
13	7,12,14	1/3	46.7	0.69	0.17	0.121	0.25	0.400
14	7,12,13,16,18,19	1/6	57.1	1.31	0.46	0.615	1.67	0.048
15	5,9,16,25	1/4	48.6	0.80	0.86	0.697	1.50	0.066
16	11,12,14,15,18,24,25	1/7	54.8	1.18	1.06	1.253	**3.66**	0.000
17	10,20,23	1/3	36.9	0.11	−1.03	−0.110	−0.16	0.562
18	14,16,19,24	1/4	44.0	0.53	0.97	0.519	1.13	0.130
19	14,18,24	1/3	54.5	1.16	0.68	0.800	1.47	0.071
20	10,17,22,23,27,32,33,35,40	1/9	0.2	−2.09	−0.15	0.314	1.11	0.132
21	24,30,34	1/3	40.1	0.30	0.52	0.156	0.32	0.376
22	9,20,26,27,28	1/5	33.7	−0.09	0.07	−0.006	0.04	0.486
23	17,20,32	1/3	20.0	−0.90	−0.99	0.903	1.65	0.049
24	16,18,19,21,25,30	1/6	38.3	0.19	1.13	0.217	0.62	0.266

续表

面单元编号	图 3.29(a)"车"方式中的邻接面单元(y_j)	各邻接面单元权重	犯罪率(y_i)	$z_i=(y_i-\bar{y})/\sigma$	$\sum_j w_{ij}z_j$	$I_i=z_i\sum_j w_{ij}z_j$	z_{Ii}	p 值
25	15,16,24,26,29	1/5	61.3	1.56	0.82	1.294	**3.11**	0.001
26	9,22,25,28	1/4	41.0	0.35	0.63	0.224	0.51	0.305
27	20,22,28,33	1/4	52.8	1.06	-0.12	-0.124	-0.22	0.585
28	22,26,27,29,33,35,38	1/7	56.9	1.30	0.67	0.876	**2.57**	0.005
29	25,28,30,37	1/4	60.8	1.53	1.34	2.080	**4.40**	0.000
30	21,24,29,37	1/4	68.9	2.02	0.62	1.264	**2.69**	0.004
31	34,36	1/2	17.7	-1.04	-0.96	1.014	1.50	0.066
32	20,23,40,41	1/4	19.1	-0.96	-1.29	1.243	**2.64**	0.004
33	20,27,28,35	1/4	42.0	0.41	0.13	0.054	0.16	0.438
34	21,31,36,42	1/4	24.0	-0.66	-0.78	0.526	1.15	0.125
35	20,28,33,38,44	1/5	39.2	0.24	0.04	0.009	0.07	0.472
36	31,34,39,42,46	1/5	14.3	-1.24	-0.99	1.241	**2.99**	0.001
37	29,30,38,43,45	1/5	42.4	0.43	0.89	0.389	0.98	0.165
38	28,35,37,43	1/4	53.7	1.11	0.52	0.587	1.27	0.101
39	36,46	1/2	19.1	-0.96	-1.19	1.151	1.70	0.045
40	20,32,41,47	1/4	16.2	-1.13	-1.12	1.284	**2.72**	0.003
41	32,40,47	1/3	18.9	-0.97	-0.85	0.833	1.53	0.063
42	34,36	1/2	16.5	-1.11	-0.96	1.084	1.60	0.054
43	37,38,44,45,48	1/5	36.7	0.09	0.02	0.002	0.05	0.478
44	35,43,48,49	1/4	26.0	-0.55	-0.23	0.129	0.31	0.377
45	37,43,48,49	1/4	29.0	-0.37	-0.19	0.069	0.19	0.426
46	36,39	1/2	16.5	-1.11	-1.11	1.250	1.84	0.033
47	40,41	1/2	27.8	-0.44	-1.06	0.469	0.71	0.240
48	43,44,45,49	1/4	26.6	-0.51	-0.40	0.204	0.47	0.319
49	44,45,48	1/3	22.5	-0.75	-0.48	0.365	0.69	0.246
均值	4.08(个)		35.13	0	-0.02	0.523		

局部 Moran's I 描述了数据在空间上的均质性和异质性：较大的正值表示有更多的低–低和/或高–高属性值在空间上相互靠近，负值表示有更多的低–高和/或高–低属性值在邻近的位置出现。Moran's I 散点图（图 3.35）的四个象限描述了这四种不同的空间关系：第一（右上）象限表示高–高值聚集（即 z_i 及其邻接面单元之和 $\sum_j w_{ij}z_j$ 均大于 0），第二（左上）

象限表示低-高值聚集，第三（左下）象限表示低-低值聚集，第四（右下）表示高-低值聚集。第一、第三象限描述了数据的均质性，即相似的属性值在空间上聚集，这对正自相关起作用，第二、第四象限描述了数据的异质性，即不相似的属性值在空间上聚集，这对负自相关起作用。局部 Moran's I 可以推广到双变量情形。

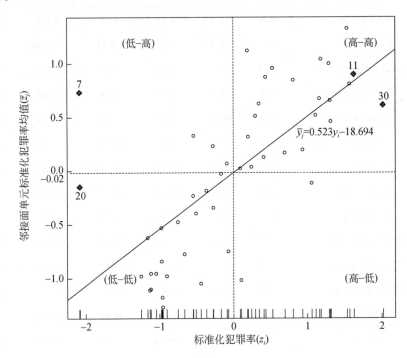

图 3.35　犯罪率的 Moran's I 散点图

［表 3.7 第 5 和第 6 列的平均值分别是垂直虚线和水平虚线对应的坐标轴值，第 7 列的平均值就是全局空间自相关的 Moran's I 值。与图 3.33 类似（注意坐标轴刻度的变化），可以看到哪些点对全局 Moran's I 的影响较大，如 7，20 和 30 号面单元的值比平均犯罪率低/高 2 倍标准差还多（水平轴）］

根据式（3.61）和式（3.46），全局和局部 Moran's I 的关系为

$$I = \sum_{i=1}^{n} I_i / S_0 \tag{3.62}$$

式中，$S_0 = \sum_i \sum_j w_{ij}$ 为权重矩阵中所有元素值之和，如果采用行标准化权重矩阵，则 $S_0 = n$，式（3.62）简化为

$$I = \sum_{i=1}^{n} I_i / n \tag{3.63}$$

这正是表 3.7 第 7 列最后一行 0.523 的由来。

对于局部 Moran's I 的显著性检验，根据 Anselin（1995），随机假设下 I_i 的期望值为

$$E(I_i) = -\sum_j w_{ij} / (n-1) \tag{3.64}$$

当权重矩阵为行标准化形式时，有

$$E(I_i) = -\frac{1}{n-1} \tag{3.65}$$

这与全局 Moran's I 的期望值相同。方差为

$$\mathrm{Var}(I_i)=w_{i(2)}(n-k)/(n-1)+2w_{i(kh)}(2k-n)/(n-1)(n-2)-E^2(I_i) \qquad (3.66)$$

式中，$w_{i(2)}=\sum_{j\neq i}w_{ij}^2$，$2w_{i(kh)}=\sum_{k\neq i}\sum_{h\neq i}w_{ik}w_{ih}$，当为行标准化权重矩阵时，$2w_{i(kh)}=1$，其余符号同式（3.50）。

至此可以构造 z 检验

$$z_{I_i}=\frac{I_i-E(I_i)}{\sqrt{\mathrm{Var}(I_i)}} \qquad (3.67)$$

犯罪率数据的 z 检验结果见表 3.7 第 8 列 z_{I_i} 值。在 $\alpha=0.05$ 的显著性水平下，从中可看出加粗数字的绝对值大于 1.96，同时对应的 p 值（由 R 语言 spdep 包中的 localmoran 函数计算）也显著，图 3.36 显示了各面单元的统计显著性。

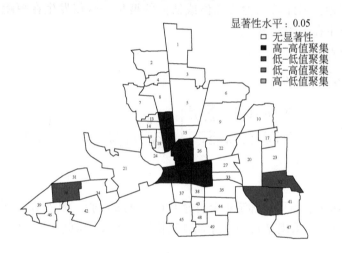

图 3.36　犯罪率数据的"热点"图（序号为面单元编号，图中阴影部分均在 $\alpha=0.05$ 的水平上显著）

2. Getis's $G_i(d)$ 和 $G_i^*(d)$

Getis's $G_i(d)$ 统计量测度目标面单元 i，与位于距离阈值 d 内的邻接面单元 j 之间的相关程度，能够探测属性值中高值或低值的局部聚集性，由 Getis 和 Ord（1992）提出。对于一个面单元 i，计算公式为

$$G_i(d)=\frac{\sum_{j=1}^{n}w_{ij}(d)y_j}{\sum_{j=1}^{n}y_j}, \quad j\neq i \qquad (3.68)$$

式中，n 为面单元数；y_j 为面单元 j 的属性值；空间权重矩阵 $w_{ij}(d)$ 为一个二元对称邻接矩阵，由距离阈值 d 定义：如果 j 到 i 的距离（如质心之间的距离）小于 d，则 $w_{ij}(d)=1$，否则 $w_{ij}(d)=0$。注意式中的分子，它是感兴趣位置 i 的局部邻域中 y_j 之和，但不包括 y_i 本身，分母是整个研究区域中所有 y_j 的和。因此 G_i 是一个比例，它是整个研究区域中所有 y_j 的和仅被 i 的局部邻域解释的那部分。在一个高值聚集的位置，G_i 值相对较大；反之，在一个低值聚集的位置，G_i 值相对较小。

$G_i^*(d)$ 统计量的定义与 G_i 的定义相似，唯一的区别是在式（3.68）分子和分母求和的

计算中都包括位置 i 本身的属性值。由于 G_i 和 G_i^* 依赖于两种 y 值求和的比率，所以研究对象的属性应当是一个具有真零值的比率量。

在属性值空间随机分布的假设下，G_i 统计量的期望值为

$$E(G_i) = \frac{W_i}{n-1} \tag{3.69}$$

式中，$W_i = \sum_j w_{ij}(d)$。

这表明 G_i 的期望值是研究区域被位置 i 的邻域所解释的比例。我们可以采用不同的 d，或者更一般地，在各种不同的局部性定义下计算该统计量的值。因此，重要的是分析者在某种假设下所选择的空间权重矩阵，如何才能组成一个有意义的局部性集合。本质上，关于任何局部可能的地理影响范围和性质，空间权重矩阵的选择包含了一种假设。通常这种假设是某种形式的距离依赖，据此可以检验高值或低值的聚集是否仅发生在短距离上、多种距离上，或者仅可能发生在大的距离上。

该统计量的方差为

$$\mathrm{Var}(G_i) = E(G_i^2) - E^2(G_i)$$

$$= (\sum_j y_j)^{-2} \left[\frac{W_i(n-1-W)\sum_j y_j^2}{(n-1)(n-2)} \right] + \frac{W_i(W_i-1)}{(n-1)(n-2)} - \frac{W_i^2}{(n-1)^2} \tag{3.70}$$

式中符号意义同上。

基于期望值和方差，就可以确定每个位置上 G_i 值的 z 检验。图 3.37 显示了犯罪率数据 G_i 统计量的 z 检验，其中，采用 $d=1.0$ 为距离阈值构建二元邻接空间权重矩阵［图 3.29（d）］。

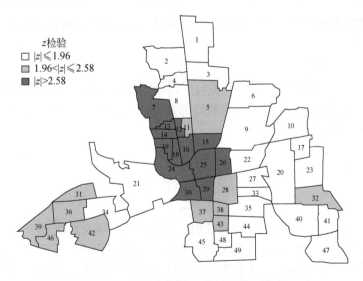

图 3.37   犯罪率数据 G_i 统计量的 z 检验

虽然通常把 $-1.96 \sim 1.96$ 之外的 z 检验值解释为异常情况，并筛选出这些区域加以特别关注。但这种解释是有问题的，图 3.37 中有 6 个面单元的 z 检验值小于 -1.96，有 19 个大

于 1.96。按照通常的解释，这些表明超过 50%（49 个面单元中有 25 个）的位置在统计意义上是异常的。这里的困难是，一个完全空间随机假设下的零模型显然没有很好地解释数据，因为在前面的计算中我们已经知道该数据集中有显著的正空间自相关，如果知道该数据呈现正的自相关，那么基于完全空间随机假设下的零模型去识别异常情况，就没有什么意义（O'Sullivan et al., 2013）。

在局部统计量的解释和分析中，一个困难是对相同数据重复地使用统计检验，当采用观测值独立的假设时将产生问题。考虑任意两个位置 A 和 B，如果 A 的 G_i 统计量的 z 检验是一个异常高的值，假定它与 B 有许多相同的邻域，那么极有可能 B 也将有一个高的 z 检验值。因此，局部统计量的统计检验本质上是不独立的，要确定哪些观测是异常的高或低，必须对所用的标准做一些调整。这就是多重检验问题，可以通过调整概率阈值进行处理，概率阈值用于确定哪一个结果在统计上是显著的。

在完成 n 个检验的情况下，期望的统计显著性（即 p 值）为 α，有

$$\alpha' = 1 - (1-\alpha)^{1/n} \tag{3.71}$$

一种简单的矫正方法是邦弗朗尼（Bonferroni）校正，设定 $\alpha' = \alpha/n$。在实践中，这两种方法会得到非常相似的显著性水平校正结果。在图 3.37 中，$n = 49$，对于 $\alpha = 0.05$ 的显著性水平，应用校正方程给出了一个调整后的 p 值为 0.00105，而 Bonferroni 校正给出了 0.00102 的相似值，这与 ±2.58 的 z 检验临界值相关。

把这个调整后的新显著性水平对应的 z 检验临界值应用于图 3.37，结果仅有 13 个面单元是统计上显著的。这可以解释为，即使给定犯罪率数据中存在正的空间自相关，这 13 个位置仍然呈现出与它们的邻域异常高的相似性。一些作者认为，对于实际上在局部统计量情况下应用的半独立检验，多重检验的这些校正太保守了。Anselin（1995）较详细地讨论了这个问题。该问题的关键是，上面建议的标准校正方法是针对完全相同的数据检验 n 次。对于局部统计量，相同数据的重叠子集被检验很多次，但从来不是完全相同的子集。对于实际发生的"有效"多重检验次数，一个粗略的估计可能是 $\sum_i \sum_j w_{ij}/n$，式中，n 为数据集中位置的数量。

3. Geary's C_i

全局 Geary's C 也有局部形式 C_i，但实际应用不多。局部自相关指数 C_i 的计算公式为

$$C_i = \sum w_{ij}(y_i - y_j)^2 \tag{3.72}$$

式中，w_{ij} 为空间权重矩阵，y_i、y_j 为面单元 i、j 的属性值。但遗憾的是，该局部统计量的分布性质不如局部 Moran's I 统计量理想。从公式上看，C_i 关注目标面单元与其邻接的值是否相似或不相似，因而相似值的聚集（均质性）会导致相对较低的 C_i 值，不相似值的聚集（异质性）会导致相对较高的 C_i 值。由于 C_i 也是逐面单元计算，与局部 Moran's I 指数一样，可以图示其结果。

3.5　空间回归分析

3.4 节空间自相关统计量可以探测出研究区域内面单元属性值的分布模式，例如，空间是聚集分布、分散分布或者是随机分布，但不能给出多个变量之间的关系，如果这种关系在研究区域中一致且不存在空间自相关，则普通最小二乘（ordinary least squares，OLS）回归

可以进行很好的建模。如果这种关系在研究区域中不一致，例如，如果模型在一些位置获得偏高估计值，在另外一些位置获得偏低估计值，则可以添加一个虚拟（哑）变量，对于偏高估计值的位置，将该变量值设为1，否则设为0；或者重新定义/缩小研究区域范围，以使研究区域内的过程都是稳定的（因此不再表现出区域变化）。所以，应用空间回归模型的前提是，经典回归模型（如 OLS 模型）和探索性空间数据分析（如全局 Moran's I）结果表明有空间自相关存在。

经典多元线性回归模型可以表示为

$$y_i = \beta_0 + \beta_1 x_{i1} + \beta_2 x_{i2} + \cdots + \beta_m x_{im} + \varepsilon_i$$
$$= \beta_0 + \sum_{j=1}^{m} \beta_j x_{ij} + \varepsilon_i \tag{3.73}$$

式中，$i = 1, 2, \cdots, n$ 为观测数量；$j = 1, 2, \cdots, m$ 为自变量个数，因此在每一个位置 y_i 的因变量值是如下三项的和：截距 β_0、每一个自变量值 x_{ij} 与一个系数 β_j 的乘积和，以及一个误差项 e_i。该模型用最小二乘（OLS）法对数据进行拟合，它保证误差平方和最小。其矩阵形式为

$$\begin{bmatrix} y_1 \\ \vdots \\ y_n \end{bmatrix} = \begin{bmatrix} 1 & x_{11} & \cdots & x_{1m} \\ \vdots & & \ddots & \vdots \\ 1 & x_{n1} & \cdots & x_{nm} \end{bmatrix} \begin{bmatrix} \beta_0 \\ \vdots \\ \beta_m \end{bmatrix} + \begin{bmatrix} \varepsilon_1 \\ \vdots \\ \varepsilon_n \end{bmatrix}$$
$$Y = X\boldsymbol{\beta} + \boldsymbol{\varepsilon} \tag{3.74}$$

式中，Y 为因变量的 $n \times 1$ 向量；X 为自变量的 $n \times k$ 矩阵（其中，包括截距项，即 $k = m + 1$）；$\boldsymbol{\beta}$ 为自变量的 $k \times 1$ 系数向量；$\boldsymbol{\varepsilon} \in N(0, \sigma^2 I_n)$ 为误差，其中，I_n 为 n 阶单位阵。回归背后的数学相对比较简单，可以在很多统计学的入门书中找到。该模型回归系数的最小二乘（OLS）估计为

$$\hat{\boldsymbol{\beta}} = (X^{\mathrm{T}} X)^{-1} X^{\mathrm{T}} y \tag{3.75}$$

这意味着任何空间变化仅仅由误差项来测度。

空间回归模型是在 OLS 模型中考虑空间效应，并明确包含观测值空间信息的一系列回归方法。经典 OLS 模型引入空间信息主要通过空间滞后因变量和空间滞后误差，从而把空间自相关引入经典 OLS 模型，这些模型被称为空间自回归（spatial autoregression，SAR）模型，此外还有地理加权回归模型等。

3.5.1　空间自回归模型

空间自回归模型用于解决回归分析中的空间自相关问题，即变量之间不独立、存在空间自相关的情况。这种变量自身之间的自相关通常存在于因变量之间或误差之间（图 3.38），所以空间自回归模型包括常用的空间滞后模型（spatial lag model，SLM）和空间误差模型（spatial error model，SEM）。Anselin（1988）详细讨论了 SAR 模型的许多方法，其中包括 SLM 和 SEM。

通常，在应用空间自回归模型之前，首先应用经典 OLS 模型进行分析，并对回归误差应用全局 Moran's I 判断是否存在空间自相关，如果有显著的空间自相关，需要用空间自回归模型。然后基于拉格朗日乘子（lagrange multiplier，LM）检验，选择空间滞后模型或者空间误差模型：如果两个基本 LM 检验（LMlag 和 LMerr）统计量均不显著，则选择 OLS 模型

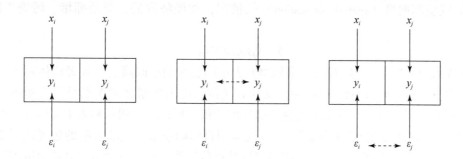

(a) OLS：无空间自相关　　(b) SLM：因变量存在空间自相关　(c) SEM：误差存在空间自相关

图 3.38　OLS、SLM 和 SEM 模型的比较示意图

进行分析；若只有一个显著，LMlag 显著选择空间滞后模型，LMerr 显著选择空间误差模型；如果两个统计量均显著，再采用稳健 LM 检验（RLMlag 和 RLMerr），RLMlag 显著选择空间滞后模型，RLMerr 显著选择空间误差模型。空间自回归模型的应用流程可参考图 3.39。

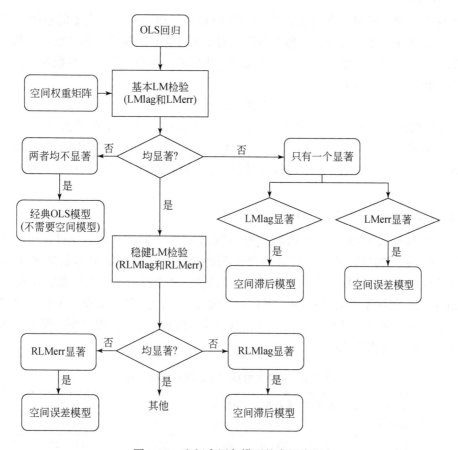

图 3.39　空间自回归模型的应用流程

1. 空间滞后模型

空间滞后模型（SLM）在因变量中考虑空间自相关，适合于有空间溢出（spatial

spillover）或空间拥堵（spatial congestion）的情况，如经济发展、交通拥堵、污染扩散等。模型为

$$Y = X\beta + \rho WY + \varepsilon \tag{3.76}$$

式中符号同式（3.74）。可以看出，乘积 WY 表示因变量的空间滞后，或者说体现了空间溢出效应，并且只有空间权重矩阵 W 中定义的邻接位置的因变量才对 Y 的估计有影响。如果赋予邻接位置相同的权重，则 WY 为这些邻接的均值，所以，应用行和为1的标准化空间权重矩阵更易表达这些邻接值的线性组合。ρ 是空间自回归系数，反映影响的程度或因变量与邻接位置的空间依赖强度，可以是正值也可以是负值，为了使模型稳定，其取值范围限制为 $-1 < \rho < 1$（Bailey and Gatrell，1995）。当 $\rho = 0$ 时转化为经典 OLS 模型，这是因为 ρ 测度了空间依赖程度，所以0值表示无空间依赖，即因变量在空间上独立。

对式（3.76）的一个扩展称为空间德宾模型（spatial Durbin model，SDM），表达式为

$$Y = X\beta + \rho WY + \gamma WX + \varepsilon \tag{3.77}$$

式中，纳入了自变量的空间滞后 WX；γ 为系数。

2. 空间误差模型

空间误差模型（SEM）在考虑误差的空间自相关，适合遗漏自变量的情况，即回归模型中没有考虑到应该考虑的变量，那么被遗漏的变量可能导致误差中存在空间自相关。换句话说，如果无法在回归模型中纳入应当考虑的一些变量，例如，不能获取数据等，则用空间误差模型比较合适。模型表达式为

$$Y = X\beta + \lambda W\mu + \varepsilon \tag{3.78}$$

式中，μ 为回归误差，其余符号同式（3.76）。可以看出，SEM 是在经典 OLS 模型的基础上，加上误差的空间自相关（$W\mu$）构成的，$W\mu$ 用空间权重矩阵 W 中定义的邻接位置误差项的线性加权和表示，λ 表示回归误差之间空间依赖的强度，当 $\lambda = 0$ 时转化为经典 OLS 模型。

3. 空间自回归模型示例

这里仍以图3.32和表3.5所示的犯罪率数据为例，基于 R 语言 spdep 包（v0.6-8）（Bivand and Piras，2015）说明空间自回归模型的应用。其中因变量为犯罪率（crime，单位：每千户居民中入室盗窃和车辆盗窃的案件数量），两个自变量分别为家庭收入（inc，单位：1000美元）和房屋价值（hoval，单位：1000美元），为便于比较，在自回归模型中均采用图3.29（a）所示的"车"方式空间权重矩阵，详见表3.8。犯罪率、家庭收入和房屋价值的散点图矩阵见图3.40。

表 3.8   犯罪率数据空间自回归模型计算

面单元编号	图 3.29(a)"车"方式中的邻接面单元	犯罪率（crime）	家庭收入（inc）	房屋价值（hoval）	误差($\varepsilon/\varepsilon^2$)		
					OLS	SLM	SEM
1	2,3	15.7	19.50	80.47	0.27/0.07	1.13/1.27	2.38/5.66
2	1,3,4	18.8	21.20	44.57	−3.75/14.06	−4/15.96	−3.72/13.84
3	1,2,4,5	30.6	16.00	26.35	−5.24/27.51	−3.7/13.71	−4.43/19.63
4	2,3,5,8	32.4	4.50	33.20	−19.94/397.51	−14.27/203.74	−12.84/164.91

续表

面单元编号	图3.29(a)"车"方式中的邻接面单元	犯罪率(crime)	家庭收入(inc)	房屋价值(hoval)	误差($\varepsilon/\varepsilon^2$)		
					OLS	SLM	SEM
5	3,4,6,8,9,11,15	50.7	11.30	23.23	6.49/42.14	6.91/47.77	8.9/79.28
6	5,9	26.1	16.00	28.75	−9.09/82.58	−12.3/151.4	−13.26/175.8
7	8,13,14	0.2	8.40	75.00	−34.46/1187.44	−36.93/1363.67	−34.4/1183.39
8	4,5,7,11,12	38.4	11.30	37.13	−2/4	−2.56/6.58	1.05/1.09
9	5,6,10,15,22,26	30.5	17.60	52.60	4.4/19.37	0.63/0.39	2.49/6.21
10	9,17,20	34.0	13.60	96.40	13.51/182.47	18.31/335.16	16.67/277.91
11	5,8,12,16	62.3	7.50	19.70	11.06/122.25	8.64/74.73	11.22/125.89
12	8,11,13,14,16	56.7	10.00	19.90	9.5/90.34	5.09/25.88	6.52/42.46
13	7,12,14	46.7	9.50	41.70	4.68/21.87	6.11/37.27	7.81/60.93
14	7,12,13,16,18,19	57.1	10.00	42.90	16.2/262.58	15.15/229.54	16.77/281.28
15	5,9,16,25	48.6	9.90	18.00	0.72/0.52	−2.64/6.98	−1.39/1.94
16	11,12,14,15,18,24,25	54.8	7.60	18.80	3.47/12.04	0.11/0.01	0.74/0.55
17	10,20,23	36.9	9.80	41.75	−4.63/21.44	4.94/24.4	−2.3/5.29
18	14,16,19,24	44.0	13.20	60.00	12.9/166.39	6.29/39.53	7.72/59.59
19	14,18,24	54.5	11.60	30.60	12.79/163.61	9.6/92.15	7.01/49.15
20	10,17,22,23,27,32,33,35,40	0.2	31.10	81.27	3.52/12.36	−5.57/31.01	−6.02/36.24
21	24,30,34	40.1	10.70	19.98	−5.96/35.48	−7.45/55.54	−8.21/67.48
22	9,20,26,27,28	33.7	11.70	30.45	−7.89/62.26	−6.87/47.16	−7.94/63.11
23	17,20,32	20.0	21.20	47.73	−1.68/2.83	1.16/1.36	−2.25/5.07
24	16,18,19,21,25,30	38.3	14.20	53.20	6.93/48.08	−1.22/1.48	0.81/0.66
25	15,16,24,26,29	61.3	8.50	17.90	11.16/124.56	8.86/78.51	11.03/121.66
26	9,22,25,28	41.0	8.10	20.30	−9.12/83.19	−9.93/98.69	−8.54/72.93
27	20,22,28,33	52.8	10.80	34.10	10.77/116.03	13.55/183.66	13.51/182.42
28	22,26,27,29,33,35,38	56.9	7.90	22.85	7.16/51.24	6.21/38.56	8.79/77.2
29	25,28,30,37	60.8	8.70	32.50	14.98/224.38	8.65/74.8	9.55/91.3
30	21,24,29,37	68.9	13.90	22.50	28.65/820.61	24.68/609.27	24.06/578.94
31	34,36	17.7	16.90	31.80	−15.21/231.48	−9.88/97.52	−8.42/70.93
32	20,23,40,41	19.1	18.90	40.30	−8.29/68.75	−1.89/3.58	−8.72/76.04
33	20,27,28,35	42.0	9.90	23.60	−4.34/18.85	−2.66/7.06	−4.16/17.35
34	21,31,36,42	24.0	14.90	28.45	−13.03/169.7	−7.78/60.51	−7.46/55.61
35	20,28,33,38,44	39.2	12.80	27.00	−1.58/2.49	−0.92/0.85	−1.42/2.02
36	31,34,39,42,46	14.3	18.70	36.30	−14.51/210.45	−10.05/101.05	−11.52/132.76
37	29,30,38,43,45	42.4	17.00	43.30	12.79/163.71	4.99/24.89	6.53/42.69
38	28,35,37,43	53.7	11.10	22.70	9.03/81.51	7.33/53.67	8.31/69.1
39	36,46	19.1	18.50	39.60	−9.12/83.22	−3.26/10.64	−5.97/35.6

142　地理分析与模拟

续表

面单元编号	图 3.29(a)"车"方式中的邻接面单元	犯罪率（crime）	家庭收入（inc）	房屋价值（hoval）	误差（$\varepsilon/\varepsilon^2$）		
					OLS	SLM	SEM
40	20,32,41,47	16.2	29.80	61.95	12.15/147.59	10.98/120.52	6.79/46.05
41	32,40,47	18.9	22.20	42.10	−2.73/7.44	−1.33/1.78	−5.73/32.82
42	34,36	16.5	25.90	44.33	1.39/1.94	1.45/2.1	2.78/7.72
43	37,38,44,45,48	36.7	13.40	25.70	−3.48/12.08	−3.1/9.62	−2.06/4.25
44	35,43,48,49	26.0	17.00	33.50	−6.29/39.55	−6.25/39.06	−4.26/18.18
45	37,43,48,49	29.0	14.10	27.73	−9.5/90.27	−7.95/63.27	−7.34/53.9
46	36,39	16.5	18.30	76.10	−2.04/4.18	2.94/8.61	4.67/21.83
47	40,41	27.8	19.00	42.50	1.17/1.37	5.79/33.55	−0.35/0.12
48	43,44,45,49	26.6	11.80	26.80	−15.83/250.6	−11.5/132.15	−10.24/104.77
49	44,45,48	22.5	18.80	35.80	−6.28/39.49	−5.46/29.84	−3.15/9.89
均值	4.08(个)	35.13	14.37	38.44	−0.0/122.94	−0.0/95.78	−0.0/103.03

注：误差（ε）由 Excel 计算，计算时的回归系数采用 R 语言 spdep 包的结果（见表3.9、表3.11 和表3.12）。

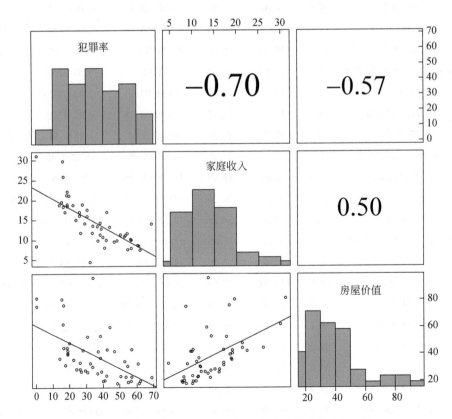

图 3.40　某地犯罪率、家庭收入和房屋价值的散点图矩阵
上三角中的数字为变量之间的皮尔逊相关系数，字号大小与系数值成比例，
下三角中的线为回归直线

首先，构建经典 OLS 模型

$$\text{crime} = \alpha + \beta_1 \text{inc} + \beta_2 \text{hoval} + \varepsilon \tag{3.79}$$

式中，犯罪率（crime）为因变量；α 为截距；β_1 和 β_2 分别为家庭收入（inc）和房屋价值（hoval）系数；ε 为误差，计算结果见表 3.9 和表 3.8（OLS）。其中，系统运用到了赤池信息量准则（Akaike information criterion，AIC）和施瓦兹准则（Schwarz criterion，SC），得到 OLS 模型为

$$\text{crime} = 68.62 - 1.597\text{inc} - 0.274\text{hoval} \tag{3.80}$$

表 3.9 犯罪率数据 OLS 模型回归结果

系数	估计值	标准误差	t 检验	p 值
α	68.6190	4.7355	14.490	0.0000
β_1	−1.5973	0.3341	−4.780	0.0000
β_2	−0.2739	0.1032	−2.654	0.0109
R^2	0.5524			
调整 R^2	0.5329			
F 检验	28.39			0.0000
对数似然值	−187.38			
AIC	382.75			
SC	390.32			

注：本表由 R 软件包 spdep 计算。

然后，采用图 3.29（a）权重矩阵的行标准化形式，计算 OLS 模型回归残差（见表 3.8 中的 "OLS" 列）的全局 Morans' $I = 0.2499$，相应的 $z = 2.76 > 1.96$，p 值 $= 0.00288$，说明误差存在显著的正空间自相关，应当考虑采用空间自回归模型。

接下来用拉格朗日乘子（LM）检验，也称得分检验（score test）诊断线性模型的空间依赖性，判断用空间滞后模型更好还是用空间误差模型更好。针对式（3.76），LM 检验结果见表 3.10。

表 3.10 拉格朗日乘子（LM）检验结果

检验类别		检验结果	自由度	p 值
基本 LM 检验	LMerr（误差模型）	5.8149	1	0.0159 **
	LMlag（滞后模型）	8.7599	1	0.0031 ***
稳健 LM 检验	RLMerr（误差模型）	0.1272	1	0.7214
	RLMlag（滞后模型）	3.0722	1	0.0796 *
	SARMA（=LMerr+RLMlag）	8.8871	2	0.0118 **

*，** 和 *** 分别表示 0.1，0.05 和 0.01 的显著性水平。SARMA 表示空间自回归移动平均。

注：本表由 R 语言 spdep 包计算。权重矩阵采用图 3.29（a）所示 "车" 邻接的标准化形式（表 3.7）。

如果 LMlag 较 LMerr 在统计上更加显著，且 RLMlag 显著而 RLMerr 不显著，则空间滞后模型更合适。从表 3.10 可以看出，两种基本 LM 检验均在 5% 的水平上显著并有 LMlag > LMerr；在两种稳健 LM 检验中，空间滞后模型的值较大且在 5% 的水平上显著，而空间误差

模型的结果不显著。所以选择空间滞后模型，表达式为

$$\text{crime} = \alpha + \beta_1 \text{inc} + \beta_2 \text{hoval} + \rho W \text{crime} + \varepsilon \tag{3.81}$$

式中，ρ 为系数；W 为空间权重矩阵；其他符号同式 (3.79)。采用图 3.29（a）所示"车"邻接权重矩阵的行标准化形式，最大似然方法估计结果见表 3.11 和表 3.8（"SLM"列）。所以，得到的空间滞后模型为

$$\text{crime} = 45.27 - 1.04 \text{inc} - 0.26 \text{hoval} + 0.42 W \text{crime} \tag{3.82}$$

可以看出，犯罪率在整个研究区域内有一个 45.27 的常数项，与家庭收入和房屋价值呈负相关，并且与权重矩阵 W 定义的邻接地区犯罪率呈较强的正相关，$\rho = 0.4228$。对于模型的总体表现，由于 R^2 不适合于比较空间和非空间模型，可以用对数似然值、赤池信息量准则或施瓦兹准则来判断。

对数似然函数表达为

$$L = -\frac{n}{2}\ln 2\pi - \frac{n}{2}\ln \hat{\sigma}^2 - \frac{n}{2} \tag{3.83}$$

式中，n 为观测数；$\pi = 3.14$；$\hat{\sigma}^2 =$ 误差平方和$/(n-k)$，为误差的方差估计值；k 为模型中系数的个数，通常等于自变量个数加 1（个截距项）。L 越大模型越好。

赤池信息量准则（AIC）表达式为

$$\text{AIC} = -2\ln L + 2k \tag{3.84}$$

式中符号同式 (3.83)，k 越小（模型越简洁），L 越大（模型越精确），AIC 值就越小，注意 AIC 仅用于比较具有相同因变量的模型。

施瓦兹准则（SC）表达式为

$$\text{SC} = -2\ln L + k\ln n \tag{3.85}$$

式中符号同式 (3.84)。AIC 或 SC 值越小说明模型的拟合优度越好。

从表 3.11 和表 3.9 可以看出，空间滞后模型的对数似然值比 OLS 模型的对数似然值大，AIC 值和 SC 值均比 OLS 模型小，并且空间滞后模型回归残差的 Moran's I 显著地不存在空间自相关。说明空间滞后模型 [式 (3.76)] 至少在统计上确实优于 OLS 模型 [式 (3.79)]。

表 3.11　犯罪率数据空间滞后模型（SLM）计算结果

系数	估计值	标准误差	z 值	p 值
α	45.2650	7.1758	6.3080	0.0000
β_1	-1.0363	0.3053	-3.3950	0.0007
β_2	-0.2594	0.0888	-2.9215	0.0035
ρ	0.4228	0.1156	3.6582	0.0002
R^2	0.6512			
调整 R^2	0.6280			
对数似然值	-182.52			
AIC	375.04			
SC	384.49			
残差 Moran's I	0.0495	0.0957	0.7349	0.2312

注：本表由 R 语言 spdep 包计算。权重矩阵采用图 3.29（a）所示"车"邻接的标准化形式（表 3.7）。

为了进一步比较，这里也给出空间误差模型

$$crime = \alpha + \beta_1 inc + \beta_2 hoval + \mu$$
$$\mu = \lambda W\mu + \varepsilon$$

(3.86)

式中，μ 为 OLS 模型的残差；λ 为系数；其他符号同式（3.79）。同样采用图 3.29（a）所示"车"邻接权重矩阵的行标准化形式，最大似然方法估计结果见表 3.12 和表 3.8（"SEM"列）。可以看出，空间误差模型回归残差的 Moran's I 也显著地不存在空间自相关，且仅比空间滞后模型的 AIC 值和 SC 值分别大 1.59 和 1.6，说明空间误差模型至少从统计上来说也是合适的，也优于 OLS 模型。

表 3.12 犯罪率数据空间误差模型（SEM）计算结果

系数	估计值	标准误差	z 值	p 值
α	60.3752	5.3251	11.3379	0.0000
β_1	−0.9610	0.3311	−2.9022	0.0037
β_2	−0.3032	0.0926	−3.2728	0.0011
λ	0.5485		4.1747	0.0000
R^2	0.6246			
调整 R^2	0.5996			
对数似然值	−183.31			
AIC	376.63			
SC	386.09			
残差 Moran's I	0.0125	0.09689	0.3436	0.3656

注：本表由 R 语言 spdep 包计算。

空间自回归模型中考虑了因变量自相关或者误差自相关，还可能存在误差方差非常数（空间异方差性），以及回归系数非常数（变系数）等问题。地理加权回归模型一定程度上解决了回归系数非常数问题。

3.5.2 地理加权回归模型

1. 地理加权回归原理

空间自回归（SAR）模型的问题是邻接面单元的影响通常由权重矩阵 W 事先确定，并且各邻接面单元的权重相同。另外，自回归系数的估计值，如式（3.81）和式（3.86）中的 ρ 和 λ 在整个研究区域中相同。所以，SAR 模型虽然比 OLS 模型有所改善，但本质上还是全局模型，至多是"半局部"模型。表 3.13 列出了全局统计量和局部统计量的差别。

表 3.13 全局统计量与局部统计量的比较

全局	局部
对整个区域进行数据概括	全局统计的局部分解
单值统计量	多值统计量
不适宜图示	适宜图示

续表

全局	局部
非空间或有限空间的	空间的
强调空间上的相似性	强调空间上的差异性
探寻整体规律或法则	探寻异常或局部热点
例如，经典 OLS 回归	例如，地理加权回归

可以把局部空间自相关统计量的思想用于回归分析，在空间上进行局部参数估计，允许模型中的回归系数随位置而变化，这正是地理加权回归（geographically weighted regression，GWR）模型的基本出发点。GWR 模型由 Fotheringham 等（1996；2002）提出，是若干空间回归技术中的一种，是对经典多元线性回归模型的扩展。

既然已经注意到回归模型中残差的空间自相关，作为更好地理解模型中空间结构的一种方式，GWR 的思想是建立许多局部模型（O'Sullivan et al.，2013）。最简单地，把数据集分为许多子区，并对每个子区单独估计一个模型。因此，可以开发一组模型，每个模型针对研究区域中的一个子区。这里值得注意的是，一种相关的方法是多层次建模（multilevel modeling）。在该框架下开发一系列嵌套模型，在一个层次上，移除由一组自变量解释的因变量中的方差，剩余的方差用另一组自变量进行建模。多层次建模最初是在理解教育成效的背景下，基于教育分区、学校和班级变量开发的，但在许多应用中非常有意义。

回到 GWR，建立局部模型组思想的进一步发展是构建一个"移动窗口"，在任何选定的位置上，用数据的一个局部子集估计一个回归模型。更进一步地，对局部子集中不同的位置进行空间加权，权重大小由权重函数确定——应用与 KDE（3.3 节）方法中相同的核函数，赋予邻近数据点较大的权重，而赋予较远位置较小的权重，如图 3.41 所示。

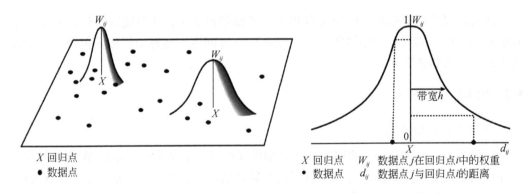

X 回归点 W_{ij} 数据点 j 在回归点 i 中的权重
● 数据点 d_{ij} 数据点 j 与回归点 i 的距离

图 3.41   GWR 模型中参与回归的局部子集中数据点的权重示意图

GWR 在经典模型式（3.73）的基础上扩展，利用邻接位置的空间信息进行局部回归系数估计，回归系数随位置而改变。GWR 模型的表达式为（Fotheringham et al.，2002）

$$y_i = \beta_0(u_i,v_i) + \beta_1(u_i,v_i)x_{i1} + \beta_2(u_i,v_i)x_{i2} + \cdots + \beta_m(u_i,v_i)x_{im} + \varepsilon_i$$

$$= \beta_0(u_i,v_i) + \sum_{j=1}^{m} \beta_j(u_i,v_i)x_{ij} + \varepsilon_i \tag{3.87}$$

式中，(u_i,v_i) 为第 $i(=1,2,\cdots,n)$ 个位置点的坐标，如面单元的质心；$\beta_j(u_i,v_i)$（$j=1$，

$2, \cdots, m$）为位置 i 处的系数，该系数在空间上连续，不仅可以在有观测值的位置上估计，也可以在没有观测值的位置上估计；其余符号同式（3.73）。

可以看出，模型式（3.73）是模型式（3.87）的特殊情况。模型式（3.73）假设系数是全局的，即在空间上没有变化。而模型式（3.87）描述了数据中围绕每一个回归位置 i 的空间关系，因此一个观测值在局部回归模型中的权重不再是常数，而是随距离位置 i 的远近而变化，距离 i 近的观测值比远的观测值具有更大的权重，即对每个局部模型使用加权线性回归（weighted linear regression）而不是普通最小二乘（OLS）回归。所以，加权最小二乘法（weighted least squares）是理解 GWR 的基础。在加权线性回归中，权重与数据集中的每一个观测值相关，因此 GWR 模型式（3.87）回归系数的估计式为

$$\hat{\boldsymbol{\beta}}(u_i, v_i) = \left[\boldsymbol{X}^{\mathrm{T}} \boldsymbol{W}(u_i, v_i) \boldsymbol{X} \right]^{-1} \boldsymbol{X}^{\mathrm{T}} \boldsymbol{W}(u_i, v_i) \boldsymbol{Y} \tag{3.88}$$

式中，$\boldsymbol{W}(u_i, v_i)$ 为 $n \times n$ 权重矩阵，非主对角线上的元素为零，主对角线上的元素为 n 个观测值对回归点 i 的权重。

类比式（3.74），GWR 模型式（3.87）的矩阵形式为

$$\boldsymbol{Y} = (\boldsymbol{\beta} \otimes \boldsymbol{X}) \boldsymbol{1} + \boldsymbol{\varepsilon} \tag{3.89}$$

式中，$\otimes$ 为克罗内克（Kronecker）积，即 $\boldsymbol{\beta}$ 中的每一个元素均与 $\boldsymbol{X}$ 中对应的元素相乘；$\boldsymbol{1}$ 为值为 1 的 $(m+1) \times 1$ 向量。$\boldsymbol{\beta}$ 矩阵由 n 组局部系数组成，为

$$\boldsymbol{\beta} = \begin{bmatrix} \beta_0(u_1, v_1) & \beta_1(u_1, v_1) & \cdots & \beta_m(u_1, v_1) \\ \beta_0(u_2, v_2) & \beta_1(u_2, v_2) & \cdots & \beta_m(u_2, v_2) \\ \vdots & \vdots & \ddots & \vdots \\ \beta_0(u_n, v_n) & \beta_1(u_n, v_n) & \cdots & \beta_m(u_n, v_n) \end{bmatrix} \tag{3.90}$$

该矩阵中每一行的系数估计值为

$$\hat{\boldsymbol{\beta}}(i) = \left[\boldsymbol{X}^{\mathrm{T}} \boldsymbol{W}(i) \boldsymbol{X} \right]^{-1} \boldsymbol{X}^{\mathrm{T}} \boldsymbol{W}(i) \boldsymbol{Y} \tag{3.91}$$

式中，i 为矩阵式（3.90）中的某一行；$\boldsymbol{W}(i)$ 为 $n \times n$ 空间权重矩阵，有

$$\boldsymbol{W}(i) = \begin{bmatrix} w_{i1} & 0 & \cdots & 0 \\ 0 & w_{i2} & \cdots & 0 \\ \vdots & \vdots & \ddots & \vdots \\ 0 & 0 & \cdots & w_{in} \end{bmatrix} \tag{3.92}$$

式中，主对角线上的 w_{in} 为对位置 i 进行局部回归时赋予观测值 n 的权重，非主对角线上的元素为 0。在对位置 i 的回归中，i 本身未必是数据点。

显然，重要的是如何确定每一个位置 i 的局部回归模型的权重 $\boldsymbol{W}(i)$。与其他应用中的核函数一样，关键是核函数的带宽而不是核函数的形式。带宽描述了对回归点具有显著影响的空间范围，有固定带宽和适应性带宽两种。固定带宽取与回归点一定的距离，该距离对所有回归点固定不变；适应性带宽是一个变化的带宽，例如，保证每个回归点均有相同数量的数据点，从而在每个位置上带宽不同，适用于数据点的密度中包含显著变化的数据集。关于最优带宽的选择，通常应用 Cleveland（1979）在局部回归分析中和 Bowman（1984）在核密度估计（KDE）中建议的交叉验证（cross validation, CV）方法，每次忽略一个点，并设定带宽使它产生忽略位置的最优估计。

GWR 模型的结果是一组在研究区域上变化的回归系数估计值，可以对其进行图示，以

研究空间上变量之间的关系变化。GWR 的统计检验可描述为：系数估计值在空间上的变化是否是随机的，或者是否确实表明数据中存在空间关系的变化。该方法类似于计量经济学家研究的回归系数的漂移分析（Casetti and Can，1999），以及统计学家的核与最近邻回归思想（Cleveland，1979；Cleveland and Devlin，1988）。

2. 地理加权回归模型示例

这里仍以犯罪率数据为例，基于 R 语言 spgwr 包（Bivand and Piras，2015）说明 GWR 模型的应用。其中，因变量为犯罪率（crime），自变量为家庭收入（inc）和房屋价值（hoval），详见表 3.8。GWR 模型为

$$\text{crime}_i = \beta_0(i) + \beta_1(i)\text{inc}_i + \beta_2(i)\text{hoval}_i + \varepsilon_i \tag{3.93}$$

式中，$i = 1, 2, \cdots, n$ 为面单元数；$\beta(i)$［包括 $\beta_0(i)$、$\beta_1(i)$ 和 $\beta_2(i)$］分别是对面单元 i 回归的截距、家庭收入系数和房屋价值系数，随位置 i 的变化而变化。

在模型式（3.93）的计算中，采用高斯权重函数

$$w_{ij} = e^{-\frac{1}{2}(d_{ij}/h)^2} \tag{3.94}$$

式中，e = 2.71828；i、j 分别为回归点和观测值点；d_{ij} 为两个位置点之间的距离，这里用面单元质心之间的欧氏距离，h 为带宽。对于犯罪率数据，交叉验证（CV）方法选择的最优固定带宽 $h = 0.4038$。

犯罪率数据 GWR 模型的计算结果见表 3.14。

表 3.14   犯罪率数据 GWR 模型计算

面单元编号	质心坐标 x	质心坐标 y	权重和	犯罪率预测值	$\beta_0(i)$	$\beta_1(i)$	$\beta_2(i)$	R^2	误差（$\varepsilon/\varepsilon^2$）
1	8.83	14.37	1.957	15.22	46.25	−0.68	−0.22	0.85	0.5/0.25
2	8.33	14.03	2.843	22.38	51.65	−0.44	−0.45	0.84	−3.58/12.83
3	9.01	13.82	3.070	34.78	58.43	−0.86	−0.38	0.89	−4.18/17.45
4	8.46	13.72	4.367	39.45	65.47	−0.36	−0.74	0.90	−7.05/49.73
5	9.01	13.30	4.769	48.11	75.53	−1.27	−0.56	0.86	2.59/6.71
6	9.74	13.47	2.040	29.04	71.28	−2.68	0.03	0.85	−2.94/8.64
7	8.12	13.30	4.769	5.28	77.01	0.25	−0.98	0.92	−5.08/25.83
8	8.50	13.40	5.989	39.48	74.67	−0.26	−0.87	0.90	−1.08/1.16
9	9.63	12.94	3.505	28.31	66.49	−2.13	−0.01	0.78	2.19/4.78
10	10.37	13.00	2.450	33.86	54.56	−1.75	0.03	0.94	0.14/0.02
11	8.67	12.98	8.050	55.85	65.62	0.28	−0.60	0.79	6.45/41.62
12	8.54	12.95	8.370	58.05	62.54	0.88	−0.67	0.80	−1.35/1.82
13	8.35	13.00	7.656	42.10	61.89	1.40	−0.80	0.85	4.6/21.15
14	8.29	12.86	7.532	42.99	58.06	1.73	−0.75	0.81	14.11/199.09
15	8.97	12.74	7.092	53.33	69.36	−1.14	−0.27	0.61	−4.73/22.36
16	8.66	12.63	8.516	56.28	62.30	0.31	−0.45	0.61	−1.48/2.19
17	10.53	12.65	3.142	38.80	55.28	−1.77	0.02	0.97	−1.9/3.6

续表

面单元编号	质心坐标		权重和	犯罪率预测值	$\beta_0(i)$	$\beta_1(i)$	$\beta_2(i)$	R^2	误差 $(\varepsilon/\varepsilon^2)$
	x	y							
18	8.49	12.55	8.050	39.69	61.50	0.58	−0.49	0.62	4.31/18.6
19	8.31	12.67	7.491	54.29	58.77	1.24	−0.62	0.72	0.21/0.04
20	10.19	12.26	4.267	0.90	63.68	−1.88	−0.05	0.94	−0.7/0.48
21	7.85	12.08	2.371	43.95	67.87	−2.47	0.12	0.79	−3.85/14.79
22	9.66	12.46	5.173	41.88	67.27	−2.24	0.03	0.79	−8.18/66.87
23	10.67	12.29	3.258	19.36	54.90	−1.67	−0.01	0.96	0.64/0.41
24	8.42	12.32	6.491	43.52	63.19	0.30	−0.45	0.58	−5.22/27.26
25	8.94	12.38	7.528	55.81	64.77	−0.41	−0.31	0.50	5.49/30.14
26	9.25	12.41	6.569	53.29	69.77	−1.77	−0.11	0.60	−12.29/151.16
27	9.74	12.15	5.861	45.70	68.35	−2.58	0.15	0.85	7.1/50.4
28	9.30	11.98	7.386	55.08	71.65	−2.24	0.05	0.69	1.82/3.3
29	8.98	11.99	7.175	52.85	70.21	−0.98	−0.27	0.58	7.95/63.19
30	8.69	11.94	5.792	55.38	70.65	−0.38	−0.45	0.56	13.52/182.89
31	6.89	11.91	2.700	19.18	34.17	−0.76	−0.07	0.80	−1.48/2.19
32	10.76	11.84	3.265	23.02	45.45	−1.02	−0.08	0.87	−3.92/15.33
33	9.78	11.92	5.836	46.58	67.98	−2.78	0.26	0.87	−4.58/20.97
34	7.34	11.63	2.665	24.89	42.22	−0.80	−0.19	0.93	−0.89/0.79
35	9.67	11.69	6.185	39.36	67.85	−3.16	0.44	0.84	−0.16/0.03
36	6.73	11.63	3.334	17.39	26.01	−0.40	−0.03	0.59	−3.09/9.56
37	8.91	11.63	6.180	37.26	73.11	−1.96	−0.06	0.70	5.14/26.44
38	9.21	11.66	7.357	46.58	72.21	−2.80	0.24	0.74	7.12/50.68
39	6.22	11.40	2.400	17.74	23.83	−0.27	−0.03	0.27	1.36/1.86
40	10.49	11.51	3.081	12.45	48.46	−0.98	−0.11	0.88	3.75/14.05
41	10.95	11.48	2.785	19.40	36.89	−1.20	0.22	0.72	−0.5/0.25
42	7.11	11.30	2.669	15.44	30.91	−0.44	−0.09	0.84	1.06/1.12
43	9.21	11.43	6.740	37.57	68.62	−3.27	0.49	0.73	−0.87/0.75
44	9.64	11.39	5.406	28.22	63.41	−3.28	0.61	0.78	−2.22/4.95
45	8.91	11.15	4.047	33.97	57.83	−2.88	0.61	0.63	−4.97/24.74
46	6.42	11.22	2.633	16.62	22.80	−0.22	−0.03	0.33	−0.12/0.01
47	10.94	11.01	1.890	27.23	39.57	−2.51	0.83	0.88	0.57/0.32
48	9.25	11.18	5.423	39.77	60.34	−3.16	0.62	0.64	−13.17/173.47
49	9.49	11.01	3.922	23.16	55.29	−2.48	0.41	0.53	−0.66/0.44
均值	8.95	12.30		35.32	58.49	−1.17	−0.12	0.75	−0.2/28.0

注：本表由 R 语言 spdep 包计算。

下面列举 1 号面单元（表 3.14 第一行）的计算过程以进一步理解 GWR 模型。

首先，根据表 3.8 中的第二列和第三列计算 1 号面单元与其他各面单元的欧氏距离 d_{1j}，并根据式（3.94）计算式（3.92），即各面单元 $j(=1,2,\cdots,n)$ 对回归点 1 的权重矩阵 $W(1)$，有

$$W(1)=\begin{bmatrix} 1 & & & & & & & \\ & 0.33321 & & & & & & \\ & & 0.35693 & & & & & \\ & & & 0.17990 & & & & \\ & & & & 0.02657 & & & \\ & & & & & 0.00669 & & \\ & & & & & & \ddots & \\ & & & & & & & 0.00000 \end{bmatrix} \qquad (3.95)$$

由于犯罪率的观测面单元共有 49 个，故 $W(1)$ 是一个 49×49 的方阵，这里没有完全列出。主对角线上的元素由式（3.94）计算，依次表示第 $1,2,\cdots,n$ 个面单元对回归点 i 的权重，主对角线上元素之和为 1.957，即表 3.14 中 1 号面单元对应的权重和，非主对角线上的元素为 0。

然后，应用式（3.91）求解 1 号面单元的 GWR 系数

$$\hat{\boldsymbol{\beta}}(1)=\left[X^{\mathrm{T}}W(1)X\right]^{-1}X^{\mathrm{T}}W(1)Y \qquad (3.96)$$

式中，

$$X=\begin{bmatrix} 1 & 19.5 & 80.47 \\ 1 & 21.2 & 44.57 \\ 1 & 16.0 & 26.35 \\ \vdots & \vdots & \vdots \\ 1 & 18.8 & 35.8 \end{bmatrix},\ Y=\begin{bmatrix} 15.7 \\ 18.8 \\ 30.6 \\ \vdots \\ 22.5 \end{bmatrix} \qquad (3.97)$$

X 矩阵为表 3.8 中自变量家庭收入（inc）和房屋价值（hoval）的增广矩阵，共有 49 行 3 列；Y 是因变量的 49×1 矩阵。X 的转置矩阵 X^{T} 有 3 行 49 列

$$X^{\mathrm{T}}=\begin{bmatrix} 1 & 1 & 1 & \cdots & 1 \\ 19.5 & 21.2 & 16.0 & \cdots & 18.8 \\ 80.47 & 44.57 & 26.35 & \cdots & 35.8 \end{bmatrix} \qquad (3.98)$$

通过矩阵相乘、求逆矩阵得到

$$\left(\underset{(3\times49)}{X^{\mathrm{T}}}\ \underset{(49\times49)}{W(1)}\ \underset{(49\times3)}{X}\right)^{-1}=\begin{bmatrix} 7.62146637 & -0.358982545 & -0.014766647 \\ -0.35898255 & 0.031917712 & -0.003391275 \\ -0.01476665 & -0.003391275 & 0.001271265 \end{bmatrix} \qquad (3.99)$$

$$\underset{(3\times49)}{X^{\mathrm{T}}}\ \underset{(49\times49)}{W(1)}=\begin{bmatrix} 1 & 0.3332093 & 0.3569271 & \cdots & 2.705142\times10^{-16} \\ 19.531 & 7.0747003 & 5.6951284 & \cdots & 5.084584\times10^{-15} \\ 80.467 & 14.8501402 & 9.4050284 & \cdots & 9.684407\times10^{-15} \end{bmatrix} \qquad (3.100)$$

其中，矩阵下方的 3×49、49×49 等表示该矩阵的维度，即行数×列数。计算中保留了尽可能多的小数，并用科学记数法表示。

令

$$C = \left[X^T W(1) X \right]^{-1} X^T W(1)$$

$$= \begin{bmatrix} -0.578049506 & -0.21943706 & 0.53697528 & \cdots & 9.343140 \times 10^{-17} \\ -0.008483438 & 0.05583101 & 0.02174984 & \cdots & 3.233595 \times 10^{-17} \\ 0.021293282 & -0.01003417 & -0.01262807 & \cdots & -8.926358 \times 10^{-18} \end{bmatrix} \quad (3.101)$$

所以，式（3.96）的计算结果为

$$\hat{\beta}(1) = CY$$

$$= \begin{bmatrix} 46.25085 \\ -0.68238 \\ -0.22029 \end{bmatrix} \quad (3.102)$$

最后，把系数估计值代入式（3.93），得到表 3.14 中 1 号面单元的犯罪率预测值为

$$\begin{aligned} \text{crime}_1 &= \beta_0(1) + \beta_1(1) \text{inc}_1 + \beta_2(1) \text{hoval}_1 \\ &= 46.25085 - 0.68238 \times 19.50 - 0.22029 \times 80.47 \\ &= 15.22 \end{aligned} \quad (3.103)$$

犯罪率数据 GWR 模型的概括性结果见表 3.15。

表 3.15 犯罪率数据地理加权回归（GWR）模型结果

估计项	最小值	中位数	平均值	最大值
$\beta_0(i)$	22.80	62.54	58.49	77.01
$\beta_1(i)$	−3.28	−1.02	−1.17	1.73
$\beta_2(i)$	−0.98	−0.07	−0.12	0.83
$R^2(i)$	0.27	0.79	0.75	0.96
h(固定带宽)	0.40384			
误差平方和	1375.543			
伪全局 R^2	0.8976			
AIC	325.64			

注：本表由 R 语言 spdep 包计算，采用高斯权重函数。

GWR 模型残差的全局 Morans'$I = 0.0379$，相应的 $z = 0.5998 \in (-1.96, 1.96)$，$p$ 值 = 0.2743，说明回归误差之间显著地不存在空间自相关，且 AIC 值比空间滞后模型的 AIC 值（375.04）小，据此可知犯罪率数据的 GWR 模型比空间滞后模型有所改善。GWR 结果的解释很简单。回归系数的空间变化很容易解释为模型中所包含的家庭收入和房屋价值的变化。例如，犯罪率会因为家庭收入的不同而产生地区变化。不幸的是，一些模型参数变化的解释可能比较困难，尤其是当研究区域中回归系数的变化很极端地从正值变到负值时，例如，犯罪率数据 GWR 模型中的回归系数 $\beta_1(i)$ 和 $\beta_2(i)$（表 3.14 和表 3.15）。在这种情况下，如下猜测或许是合理的：模型中的其他变量扰乱了结果，或者遗失了重要的变量。通常很容易解释不那么极端但变化仍然显著的变量之间的关系。

通常，GWR 模型总比全局回归模型好，这一点也不奇怪，因为对于一个研究区域而言，GWR 模型不是一个单独的模型，而是许多的局部模型。模型越是"局部"，其中的空间异质性就越小，拟合度就会越好。用 Fotheringham 等（2002）提出的方法来推断，即便考虑额

外的自由度，GWR 模型通常也比基于 AIC 的相应全局模型好。

根据表 3.14 或表 3.15，在整个研究区域内，犯罪率与家庭收入和房屋价值之间的关系可以写为

$$\hat{crime} = <22.8 \sim 77.01> + <-3.28 \sim 1.73>inc + <-0.98 \sim 0.83>hoval \qquad (3.104)$$

当然，式（3.104）仅仅是一种概括性写法，其中有太大的不确定性。图 3.42 描述了模型式（3.104）系数的空间变化。

(a) 截距项(β_0)的空间变化

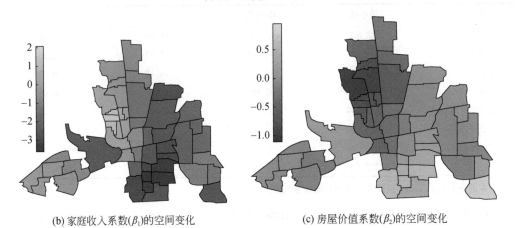

(b) 家庭收入系数(β_1)的空间变化　　　　　　　(c) 房屋价值系数(β_2)的空间变化

图 3.42　犯罪率数据 GWR 模型回归系数的空间变化

另外，GWR 的批评者对若干方面的担忧不无道理（O'Sullivan et al., 2013）。关于回归系数的变化统计上是否显著，一些人关注如何做出推断，很多争论围绕如何评估模型对自动确定的核带宽的依赖性：如何解释带宽设定中涉及的自由度？同样，在 GWR 中，有可能关注在每一个局部模型中包含多少个观测，以及这些观测作为输入变量的适宜性。简而言之，稳定的回归系数依赖于模型中自变量之间是不相关的（如果不是这样，就会产生多重共线性问题），也依赖于它们具有表现良好的分布特征，没有太多的极端值。为获得最佳结果，自变量应该近似于正态分布。鉴于每个局部模型都是基于总体数据的子集，故在 GWR 中很可能有一些局部模型会碰到一个或两个这些问题。因为两个问题中的任何一个存在都会导致回归系数的估计不可靠，可能使 GWR 趋于高估回归系数在空间上的变化程度。

当应用 GWR 时，这些显然是需要考虑的重要问题。但是，这些担心关注的主要是 GWR 中的统计推断问题，如果把该方法作为一种探索空间异质性的方法，那么这些担心就变得不那么重要。

扩展阅读

1. R 语言简介

本章中的示例大部分基于 R 软件及相关包编程实现，R 是一款专注于统计和作图的开源免费软件系统，可到官网（https://www.r-project.org）下载安装，可以在 Windows、Unix 或 MacOS 等平台上运行。

在安装时，所有能使用的 R 函数都集中在库（library）中，该库存放在安装目录下的 library 文件夹中，该文件夹包含有各种不同功能的包（packages）——一些功能包需要再安装，R 目前总共有超过 10000 个包。每个包用一个文件夹来组织，其中，名为 base 的包可以算是 R 的核心，它内嵌了如数据读写与操作等最基本的函数。各个包内都有一个名为 R 的子文件夹，该子文件夹又都含有一个与该包名同名的文件，该文件正是存放所有函数的地方。

除了核心 R 软件系统，R 也是一个社区，这个社区包括刚刚开始应用 R 进行数据分析的初学者，以及各种 R 包的贡献者等不同层次的开发人员，用户能够与全球各地的使用者进行交流，集思广益地解决所碰到的问题。

对 R 的初学者，无须编程经历，R 的语法简单直观，并且是一种解释型语言，输入的命令能够直接被执行，结果可以直接显示在屏幕上，也可以被存入某个对象或写入硬盘。R 语言大小写敏感，如 A 和 a 是两个不同的符号；R 语言的命令提示符为英文的 ">"，"<-" 为 R 语言的赋值符号命令，由英文分号（";"）分割，或者另起一行，如果一行写不完，R 语言用加号（"+"）对语句进行连接；"#" 后的一整行为说明性文字，几乎可以放在任何地方，便于对程序进行解释。例如，在命令提示符后输入

>2+3　#回车后显示 5

>x<-rnorm(50)　　#产生 50 个正态分布的随机数并赋值给变量 x，x 无须事先定义

>plot(x)　　#图示变量 x

R 的在线帮助能提供关于如何使用函数的非常有用的信息。例如，如果对 plot 函数不明白，可以在命令提示符后输入?plot，回车后显示 plot 函数的帮助网页。即

>?plot　#回车显示帮助

关于 R 语言的入门书籍，可参考 Emmanuel Paradis 撰写的 *R for Beginners*，非常适合初学者，下载地址：https://cran.r-project.org/doc/contrib/Paradis-rdebuts_en.pdf。*An Introduction to R* 是关于 R 语言的一个简介，包括 R 的安装、数据类型、基本语法、数据读写，以及统计建模和作图等，下载地址：https://cran.r-project.org/manuals.html。

2. R 中有关空间统计分析的包

R 中关于空间数据分析的各种包也是地理统计分析的重要工具，并且与其他软件有良好的接口，如可以直接读取 ArcGIS 软件的 shapfile 格式的文件。例如，由 Adrian Baddeley 等开发的 spatstat 包用于空间点模式分析、模型拟合、模拟和检验。由 Roger Bivand 等开发的

spdep 包用于空间面模式分析，具体包括空间权重矩阵的构建、全局和局部空间自相关指数 Moran's *I* 的计算及检验、*Getis's G* 指数的计算和检验、空间滞后模型和空间误差模型等。由 Roger Bivand 等开发的 spgwr 包用于地理加权回归模型的构建。

sp 包提供用于空间数据（点、线、面和栅格数据）的类和方法，如 spdep、spgwr。关于 sp 包，详见由 Roger Bivand 维护的空间数据分析相关包的网站：https://CRAN. R−project. org/ view=Spatial，还有一个 R-Sig-Geo 邮件列表：http://r-sig-geo. 2731867. n2. nabble. com。

另外，关于空间统计分析可参考 *Applied Spatial Data Analysis with R*，其中文版为《空间数据分析与 R 语言实践》，由清华大学出版社出版。

思 考 题

1. 解释并举例说明空间自相关、空间异质性和可变面元问题。

2. 运用 R 软件的空间点模式分析包 spatstat 中的数据 bei[①]：①计算样方分析并进行统计检验；②选择不同的核函数和带宽进行核密度估计；③计算 *G* 函数、*K* 函数、*L* 函数和点对相关函数，并对各函数进行解释。可参考如下 R 代码：

```
library(spatstat)  #加载 spatstat 包,需要先安装该包
data(bei)
plot(bei.extra $ elev)  #画出高程图像
plot(bei,add=TRUE,pch=16,cex=0.3)#把 bei 数据叠加到高程图像上
Q<-quadratcount(bei,nx=6,ny=3)  #设定 6 列 3 行的样方
plot(Q,add=TRUE,cex=1.5)
QT<-quadrat.test(bei,nx=6,ny=3)  #卡方 ($\chi^2$) 检验
QT
plot(QT)


den<-density(bei,sigma=70)  #核密度估计,sigma 为带宽
plot(den);
plot(bei,add=TRUE,cex=0.5,pch="+")
contour(bei,add=TRUE)


plot(Gest(bei))  # G 函数
plot(envelope(bei,Gest,nsim=99))#G 函数的蒙特卡罗模拟检验,nsim 为模拟次数
plot(Kest(bei))  # K 函数
plot(envelope(bei,Kest,nsim=99))#K 函数的蒙特卡罗模拟
plot(Lest(bei))  # L 函数
plot(envelope(bei,Lest,nsim=99))#L 函数的蒙特卡罗模拟
plot(pcf(bei))  #对相关函数
plot(envelope(bei,pcf,nsim=99))#对相关函数的蒙特卡罗模拟
```

---

① bei 数据是一个包含 3605 棵热带雨林树的空间点模式，分布于 1000m×500m 的矩形区域。另外，bei 还包括该区域的高程和坡度数据。注：基于 R 版本 3. 1. 1 和 spatspata 版本 1. 41−1。

　　3. 运用 R 软件的空间面模式分析包 spdep[①] 中的数据 columbus（正文 3.4.3 节）：①计算该地区犯罪率的全局 Moran's *I* 和局部 Moran's *I*，并对其进行解释和检验；②构建犯罪率与家庭收入和房屋价值的空间滞后模型、空间误差模型和地理加权回归模型。可参考如下 R 代码：

```
library(spdep)      #加载 spdep 包,需要先安装该包
require(maptools)   #需要 maptool 包,需要先安装该包
columbus<-readShapePoly(system.file("etc/shapes/columbus.shp",package="
spdep")[1])
coords<-coordinates(columbus)    #获取坐标数据
example(columbus)
col.nb<-poly2nb(columbus,queen=F)       #"车"(rook)邻接权重矩阵,行标准化形式
colw<-nb2listw(col.nb,style="W")      #当 style="B"时,结果稍有差异
crime<-columbus $CRIME   #获取 columbus 数据集中的犯罪率数据
inc<-columbus $INC         #获取 columbus 数据集中的家庭收入数据
hoval<-columbus $HOVAL   #获取 columbus 数据集中的房屋价值数据
moran(crime,listw=colw,n=length(col.nb),S0=Szero(colw)) #犯罪率的全局 Moran's
I 值
moran.test(crime,colw,randomisation=T) #随机性假设下的全局 Moran's I 统计检验
moran.test(crime,colw,randomisation=F) #正态性假设下的全局 Moran's I 统计检验

#全局 Moran's I 的蒙特卡罗模拟显著性检验
nsim<-999    #模拟次数
n<-length(colw)
set.seed(1234)
res<-0
#抽样模拟:sample 为抽样函数; $I 返回 moran 函数中的 I 值
for(i in 1:nsim)
res[i]<-moran(sample(crime),listw=colw,n=length(col.nb),S0=Szero(colw)) $I
hist(res,xlim=c(-0.4,0.6),xlab="Moran's",ylab="频率",main="")    #模拟结果的直
方图
##局部 Moran's I 值(热点图)
sx<-(crime-mean(crime))/sd(crime) #犯罪率数据的标准化
resI<-localmoran(sx,colw)
cols<-0
for(i in 1:49){
  cols[i]<-"white"
  if(resI[i,5]<0.05 && abs(resI[i,4])>1.96 && sx[i]>0 && resI[i,1]>0)cols[i]="
gray20"  #高-高:热点
  if(resI[i,5]<0.05 && abs(resI[i,4])>1.96 && sx[i]<0 && resI[i,1]>0)cols[i]="
gray40"#低-低:冷点
```

---

① 所用的 spdep 包版本为 0.6-4。

```
    if(resI[i,5]<0.05 && abs(resI[i,4])>1.96 && sx[i]<0 && resI[i,1]<0)cols[i]="
gray60"#低-高
    if(resI[i,5]<0.05 && abs(resI[i,4])>1.96 && sx[i]>0 && resI[i,1]<0)cols[i]="
gray80"#高-低
    }
    plot(columbus,col=cols,lwd=2,axes=F)
    exprs<-expression(无显著性,高-高聚集,低-低聚集,低-高聚集,高-低聚集)
    legend(10.2,14.8,legend=exprs,fill=c("white","gray20","gray40","gray60",
"gray80"),title="显著性水平:0.05",box.col="white")    #加入图例


    ##空间回归模型
    lmcih<-lm(crime ~ inc+hoval)    #经典 OLS 回归模型:
    #家庭收入(inc)和房屋价值(hoval)为自变量,犯罪率(crime)为因变量
    summary(lmcih)
    AIC(lmcih)    #赤池信息量准则
    BIC(lmcih)    #施瓦兹准则
    logLik(lmcih)#似然函数
    res<-lmcih $ resid    #回归残差
    plot(crime,res)    #残差图
    #拉格朗日检验
    LMT<-lm.LMtests(lmcih,colw,test=c("LMerr","LMlag","RLMerr","RLMlag"))


    #空间滞后模型
    lagsar<-lagsarlm(crime ~ inc+hoval,listw=colw)
    logLik(lagsar,REML=TRUE)    #最大似然值
    ressar<-lagsar $ resid
    moran.test(ressar,colw)    #模型残差的 Mroan's I 检验


    #空间误差模型
    lagerr<-errorsarlm(crime ~ inc+hoval,listw=colw,method="eigen",quiet=FALSE)
    logLik(lagerr,REML=TRUE)    #最大似然值
    reserr<-lagerr $ resid
    moran.test(reserr,colw)    #模型残差的 Mroan's I 检验
    ##地理加权回归模型
    library(spgwr)    #加载 spgwr 包,需要先安装该包
    #交叉验证(CV)方法选择带宽:默认高斯核函数
    col.bw<-gwr.sel(crime ~ inc+hoval,data=columbus,coords=coords)
    #GWR 模型
    col.gauss<-gwr(crime ~ inc+hoval,data=columbus,coords=coords,bandwidth=col.
bw,hatmatrix=TRUE)
    col.gauss
    crime_pred<-col.gauss $ SDF $ pred        #预测值
    coef.inter<-col.gauss $ SDF $ X.Intercept.    #回归系数:截距
```

```
coef.inc<-col.gauss $ SDF $ inc            #回归系数:家庭收入
coef.hoval<-col.gauss $ SDF $ hoval        #回归系数:房屋价值
localR2<-col.gauss $ SDF $ localR2          #局部 R²
gwr.e<-col.gauss $ SDF $ gwr.e   #GWR 模型回归误差
col.gauss $ SDF $ sum.w          #各回归点 i 的权重和
```

第4章 地球表层系统建模基本定理

 教学及学习目标

　　本章主要介绍地球表层系统建模基本定理和生态环境建模基本定理。通过本章的学习，学生能够了解相关研究历史、国际合作计划及运用系统思想发展新方法和新理论的过程，掌握空间插值、升尺度、降尺度、数据融合和模型-数据同化的定义和算法，能够在地球表层系统及其生态环境要素的模拟中，熟练运用地球表层系统建模基本定理和生态环境建模基本定理。

4.1 引　言

　　地球表层是岩石圈、大气圈、水圈和生物圈的交界面（Phillips，1999），它包括上至大气对流层顶层（在极地上空约8km，赤道上空约17km，平均约10km）；下至岩石圈的上部（陆地上约深5~6km，海洋下平均深4km）（钱学森，1983）。地球表层包括相互嵌套的四个空间尺度层次：局地（local）、区域（regional）、国家（national）和全球（global）。太阳辐射是地球表层的主要能量来源，地球接受的太阳辐射能总计为 $1.73 \times 10^{17} \text{W}$，占地球表层所获取能量的99.98%。太阳辐射能进入地球表层后推动大气循环，全球的大气环流模式就是能量稳定的对流传递方式，太阳辐射能引起的水循环，带动了地球表层大量物质的循环运动，形成地形地貌的侵蚀和堆积过程。有机体固定的太阳辐射能是地球表层全部生命运动的能量基础（浦汉昕，1983）。近年来，一些学者（周俊，2004；张猛刚和雷祥义，2005）将地球表层的空间范围外延为包括地球表面上下的岩石圈、水圈、大气圈、生物圈和近地物理（能量）场及其相关作用在内的地球空间，其下界是软流圈，上界为大气圈最外层。

　　地球表层系统是一组相互联系的地球表层环境要素的功能复合整体。地球表层系统建模是对地球表层系统或地球表层系统生态环境要素的栅格化空间描述（Yue，2011；岳天祥等，2017a）。随着空间技术和计算机技术的发展，通过对地球表层系统研究成果的理论概括和提炼，可形成以地理特征为对象的地球表层系统通用模拟模型（徐冠华，1993，1994）。

4.1.1　地球表面形态表达

　　地球表面形态是地球表层研究的核心，它与人类活动、生物学、生物化学、地球化学、地质学、水文学、地貌学和大气动力学密切相关（Murray et al.，2009）。地表起伏是几乎所有地理科学分析的一个关键参数（Dech，2005）。数字地面模型和地形数据质量对认识地表过程尤为重要（Tarolli et al.，2009）。

　　由于空间受重力的约束，地表高程不可能无限大或无限小，地球表面一般服从唯一性、连续性、光滑性和有限性条件。对破坏光滑性和连续性条件的裂缝、悬崖、陡峰、窑洞和深渊等地表属性，可以作为个例进行特别处理。1937 年，de Gbaaff-Hunter 首先根据地面重力场描述了地表的形态。1965 年，Bragard 根据地表重力通过求解两个积分方程，计算了地球的表面形态。1977 年，Petrovskaya 通过球谐函数中地势向地表外扩的广义化探索了构建潜在膨胀的可能性。

由于高性能计算机和空间位置明确数据的局限，在 20 世纪 90 年代之前的主要进展包括趋势面分析（Ahlberg et al., 1967；Schroeder and Sjoquist, 1976；Legendre and Legendre, 1983）、数字地面模型（Stott, 1977）、曲面逼近（Long, 1980）、空间模拟（Sklar et al., 1985）、空间格局匹配（Costanza, 1989）、空间预测（Turner et al., 1989）和景观建模（Costanza et al., 1990）。

1993 年，牛文元应用均衡河流剖面的规律，从理论上推演了地表海拔高度——面积分布的宏观趋势。为了表达地球表面形态，俄罗斯科学院构建了 F 逼近法和 S 逼近法。地球表面形态的 F 逼近法基于线性积分的 Strakhov 方法（Strakhov et al., 1999），S 逼近法基于谐和函数的基本公式（Stepanova, 2007）。谐和函数用于模拟全球定位系统可捕捉到位移发生时的地球表面（Ionescu and Volkov, 2008）。俄罗斯科学院将地球表面形态表达为 $z=f(x,y)$，其中 z 为位置 (x,y) 处的海拔（Kerimov, 2009）。

4.1.2　地球气候系统模拟

地球气候系统可通过地球表层环境要素来表达。全球气候变化的原因包括地球生命中太阳常数的逐渐增加、板块运动、海洋环流、海平面变化、温室气体排放、地表反照率变化、轨道参数变化、火山爆发等随机事件，以及自然变异等（Budyko and Izreal, 1991）。

地球气候系统研究可追溯到 20 世纪初。1903 年，Bjerknes 首次讨论了气候预测问题存在理解的充分必要条件。1905 年，Ekman 发现了风对冰和水速的影响。1922 年，Richardson 发表了运用观测数据预测小范围气候的方法。1925 年，Walker 讨论了南方涛动，发现了包括东南太平洋高压和印度洋、西太平洋附近区域低压的交替气压型。1929 年，Alt 研究了地球表层的热量平衡。1939 年，Rossby 及其合作者发现了绝对涡度平流与大尺度波动的关系。在 20 世纪 40 年代后期的主要进展包括斜压和正压不稳定性理论（Charney, 1947）以及等量正压分布概念（Charney and Eliassen, 1949）等。

1950 年，Charney 等运用正压方程成功预测了 24 小时天气。1953 年，三层绝热准向地性模型被成功应用于模拟 1950 年 11 月美国上空观测到的暴风雨发展过程（Charney and Phillips, 1953）。1956 年，Black 模拟了太阳辐射在地球表面的空间分布。Phillips（1956）运用准地转近似方程进行了首次大气环流实验。1957 年，Burdecki 分析了地表入射辐射和大气热力场。1957 年，Chapman 在探测月球对地球大气引力的基础上，发表了地球大气模型的思路。1958 年，Mintz 提出了 Mintz-Arakawa 模型的基本思路，这个模型包括太阳辐射的季节变化和长波冷却效应。1959 年，Phillips 证明，非线性计算的不稳定性发生在非发散正压涡度方程的求解过程。

1969 年，Arakawa 提出了覆盖全球的两层垂直结构气候模型。1979 年发表的第一个多层气候模型与两层模型相比，有许多改进之处，包括水平网格结构的调整、行星边界层主模型的安装启用、增加了 Arakawa-Schubert 积云参数和臭氧混合率的预测（Schlesinger and Mintz, 1979）。1981 年，Arakawa 和 Lamb 发展了动量方程的水平差分。20 世纪 80 年代后期到 90 年代后期，气候模型的主要发展包括辐射方案的修正（Harshvardan et al.，1987）、地形重力波拖曳参数化（Kim and Arakawa，1995）及向下气流对积云参数化的影响（Cheng and Arakawa，1997）、云液态水和冰的准确预测（Koehler et al.，1997），以及行星边界层多雨过程的修正（Li et al.，1999）。

全球气候是受入射太阳辐射空间分布不均匀驱动及大气圈、冰冻圈、水圈、岩石圈和生物圈相互作用的结果（Stute et al.，2001）。全球气候模型应聚焦于大气、海洋、陆地过程和海冰的相互作用。全球气候模型有许多尚未解决的理论问题（Washington and Parkinson，2005）。例如，由于对气溶胶的组成和空间分布知之甚少，科学家仍然没有搞清楚气溶胶如何改变气候过程；当厄尔尼诺现象和拉尼娜现象发生时，海洋温度异常如何对气候产生影响；火山爆发如何影响平流层中的臭氧量，其冷却效应如何；云–雨物理学尚不十分清楚；云在辐射特性中发挥着非常重要的作用，但我们对其知之甚少；现有气候模型的主要弱点是模拟垂直空气流动的能力很有限。Schiermeier（2010）指出，政府间气候变化专门委员会（International Panel on Climate Change，IPCC）的模拟结果对全球大部分地区冬季降水在本世纪末如何变化没有提供任何具有说服力的预测；更糟糕的是，这些气候模型低估了已经发生的降水变化，这就降低了它们预测未来气候变化的可信度；水的相变是地球气候的主要物理过程，但这个过程在现有的全球气候模型中缺少很好的刻画。Makarieva 等（2010）的研究表明，水凝结所释放的潜能大约是全球太阳入射功率的 1%，约等于大气环流的固定耗散功率；他们认为水的相变在驱动大气动态中发挥的作用远大于目前人们的认知。

4.1.3　生物圈生态建模

生物圈的生态建模始于 19 世纪中期，但直到 19 世纪 80 年代之前，数学在生物圈的应用几乎没有进展（Israel and Gasca，2002）。1884 年，统计分析和初等定量技术开始被用于处理生物信息（Galton，1884）。1916 年，概率论在先天病理形态研究中得到应用（Ross，1916）。1920 年，逻辑斯谛曲线被引入理论生物学（Pearl and Reed，1920）。1925 年，统计方法在处理种群基因学问题中得到了发展（Fisher，1925）。1926 年，常微分方程和积分微分方程运用于建立生物群丛的理性力学（Volterra，1926）。这一时期的生物圈建模过程可归纳如下：①识别所研究自然现象的固有特性；②用数学术语进行概括描述；③用定性方法确定参数；④将定量模拟结果与现实进行比较。在 20 世纪 20 年代后期和 30 年代初期，自然选择和进化的数学模型开始兴起（Haldane，1927）。然而，这些特定的定量研究仅局限于小尺度系统和少数过程。

生物圈定量建模在经历第二次世界大战之后，于 20 世纪 40 年代后期逐渐复苏。而且，定量方法不仅限于经典的生物统计方法和微分方程，对策论、系统论和信息论等新的数学工具也被用于建模研究。例如，Leslie（1945，1948）开发了人口增长模型；Skellam（1951）和 Sullivan（1961）开发了人口空间分布模型；Beverton 和 Holt（1957）开发了鱼类族群间关系动态模型。

这些早期研究的成功，激发了一系列定量模型的发展。例如，通过模仿电路建立的模型用于分析光合生产力、群集代谢、生物量和物种变异（Odum，1960）；尽管 Lotka-Volterra 模型受到许多学者的批评（Smith，1952），但在 20 世纪 60 年代，仍有学者探讨它的改进问题（Garfinkel，1967a，1967b；Garfinkel and Sack，1964）；通过建立简单数学模型，分析动物种群过程（Holling，1964）；建立了一维辐射对流平衡模型（Manabe and Strickler，1964）；运用线性微分方程组模拟浮游生物种群动态（Davidson and Clymer，1966）；开发了模拟大马哈鱼资源系统的数字模拟模型（Paulik and Greenough，1966）。

在 20 世纪 70 年代，众学者开发了许多面向计算机的生态系统数学模型。例如，包括 40 个状态变量和几百个参数的草地生态系统模型（Bledsoe et al.，1971；Patten，1972；Anway et al.，1972）；模拟湖泊生态系统的通用模型（Park et al.，1974）；模拟国内生产总值与人口增长相互关系的世界模型（Jørgensen，1975a）。这一时期也出现了许多描述生态系统特性的模型，如分析生产力–稳定性关系的线性微分方程模型（Rosenzweig，1971）和分析多样性–稳定性关系的各种模型（Gardner and Ashby，1970；May，1972）。

1975 年，首个关于生态系统模拟的学术期刊 *Ecological Modelling* 诞生。这个期刊试图将数学建模、系统分析和计算机技术与生态学和环境管理有机地结合起来（Jørgensen，1975b）。但这一时期的模型存在着许多问题，包括缺少数据和获取数据的调查方法、缺乏适当的建模理论、模型预测的不确定性很大以及无法解决误差传播问题等（Patten，1972；Shugart and O'Neill，1979）。另外，这些模型只强调生态系统结构和功能在点上的时间变化，没有考虑空间问题（Neuhold，1975）。

随着遥感和地理信息系统技术与空间数据的积累，自 20 世纪 80 年代初以来，生态系统空间模拟有了较快的发展。Sklar 等（1985）开发了空间动态模拟模型，将沿海湿地的栖息地变化表达为沼泽类型、水文、沉降和沉积运输的函数。Turner 等（1989）评价了空间模拟模型的性能。Costanza 和 Maxwell（1991）开发了生态系统空间模拟工作站。Gao（1996）提出了用于模拟空间异质生态系统的建模方法。Reich 等（1997）模拟了主要禾本草本植物与非禾本草本植物的空间依赖性。Friend（1998）提出了可在 0.5° 空间分辨率运行的日天气生成器。Oezesmi 和 Oezesmi（1999）用人工神经网络方法发展了沼泽地繁殖鸟类栖息地选择的空间模型。

Ji 和 Jeske（2000）基于地理信息系统提出了可模拟野生种群地理分布的空间建模方法。Beaujouan 等（2001）建立了模拟土壤与地下水空间相互作用的集成模型。Perry 和 Enright（2002）开发了探索干扰变化如何影响景观结构的格网模型。Lehmann 等（2002）运用回归方法建立了响应变量和空间指标之间的相互关系模型。Baskent 和 Keles（2005）提出了将混合建模技术运用于森林空间建模的设想。Williamsona 等（2006）将数字大陆方案用于模拟陆地能量、水和碳储量以及与大气的交换。全球气候变化情景模型（IPCC，2000）已运用于研究气候变化对生态系统、碳汇、食物安全、生物量、水资源、疟疾分布和洪灾等的影响（Hulme et al.，1999；Parry et al.，2004；Rokityanskiy et al.，2007）。空间自相关被用于分析景观异质性（Uuemaa et al.，2008）。高精度曲面建模（high accuracy surface modeling，HASM）方法被运用于模拟自然变化、自然对人类贡献和变化驱动力的空间格局和未来情景，并在理论发展和应用过程中形成了生态环境曲面建模基本定理（Yue，2011；Yue et al.，2020）。

4.1.4　模拟分析平台

近几年来，随着海量数据的积累和高性能计算机的发展，建模工作者更系统、更全面地模拟分析地球表层成为可能。例如，1997 年日本地球模拟器研究与发展中心开始研制地球模拟器，历经 5 年时间，于 2002 年按预定计划完成。地球模拟器是由 640 个处理器节点（包括 5120 个算术处理器）组成的超级并行计算机系统。其主要目的是模拟全球气候变化，在计算机上形成一个虚拟的陆地表层（Sato，2004）。

1998 年，时任美国副总统的戈尔提出了数字地球的概念，将其定义为可以嵌入海量地理数据的、多分辨率的和三维的地球表示。1999 年，美国国家航空航天局（National Aeronautics and Space Administration，NASA）主导的数字地球工作组将数字地球定义为地球的虚拟表达，其目标是发展通用的建模软件和协议，通过交互运行相互独立的多种模型以达到综合集成。2005 年，Google 公司在 Keyhole 卫星图像公司成果的基础上发布了谷歌地球（Google Earth）。2008 年，美国加利福尼亚大学提出了数字地球系统的框架设计，将其概括为一个综合的、大量的分布式地理信息和知识的组织系统（Grossner et al.，2008）。

2003 年英国南安普顿大学和东英格兰大学与微软高性能计算研究所合作，建立了网格集成的地球系统建模框架，它可以将海洋、大气、陆地表层、海冰、冰盖和生物地球化学等要素通过模型分解、执行和管理，灵活地在不同分辨率进行耦合，并形成有能力在千年时间尺度对地球表层进行模拟的高效气候模型（Lenton et al.，2006）。

在法国西南部，通常使用基于简单农业和自然系统的决策支持系统（RIO）来估算农业灌溉水的需求，但其只适用于常规年份，不能在有极端气象事件发生的年份使用；为了弥补 RIO 的缺陷，Leenhardt 等（2004a，2004b）通过集成生物决策模型与空间数据库，发展了用于预测灌溉用水需求量的模拟平台。

2005 年，德国汉堡大学完成了由全球大气环流模型及海洋/海冰模块和陆地土壤/生物圈模块组成的、以并行计算机为硬件支撑的行星模拟器，其主要目的是支持地球和类地球行星的气候动力学数值实验（Fraedrich et al.，2005a，2005b）。

为了支持城市未来的可持续发展规划，Halatsch 等（2010）研发了苏黎世联邦理工学院（Eidgenössische Technische Hochschule Zürich，ETH Zürich）未来城市模拟平台，主要用于复杂城市系统的分析、模拟和可视化，包括理论框架、新型硬件设施和新的软件系统。

由于实现完整生产力试验过程模拟的成本太高、花费时间太长，一般多采用数值模拟方法，但数值模拟只考虑了过程的几个方面，简化了多个尺度的相互作用，结果忽略了许多关键要素的作用。因此，为了克服数值模拟的这些缺陷，Beer 等（2011）研发了产量智能模拟平台，这个平台需要多领域的专家知识，每个专家至少精通一个模拟工具所对应的领域；而且在技术层面，所有模拟模型在语义上相互适应，数据与各种模拟工具完全匹配。

虽然智能体模型可以表达复杂环境相互作用的多个层面已在复杂系统研究中得到广泛应用，但是，由于缺乏支持建模工作的模拟平台，在大多数智能体模型中，只能描述简单的离散环境且仅仅考虑相互作用的一个层面；为此，Taillandier 等（2012）开发了集地理信息系统与多智能体建模于一体的模拟平台（GIS agent-based modeling architecture，GAMA），集成了地理信息系统和数据挖掘的主要功能。

Kolditz 等（2012）提出了基于德国地球观测网的地球环境数据与模拟分析平台雏形，包括数据获取、数据门户、数据集成、数据建模和数据可视化等。

4.1.5　有关国际研究计划

近 40 多年来，通过实施国际生物学计划（International Biosphere Programme, IBP）、人与生物圈计划（Man and the Biosphere Programme, MAB）、国际地圈－生物圈计划（International Geosphere-Biosphere Programme, IGBP）、全球环境变化的人文因素计划（International Human Dimensions Programme on Global Environmental Change, IHDP）、世界气候计划（World Climate Programme, WCP）、国际生物多样性科学研究规划（International Programme of Biodiversity Science, DIVERSITAS）和千年生态系统评估（Millennium Ecosystem Assessment, MA），以及建立生物多样性和生态系统服务政府间科学政策平台（Intergovernmental Science-Policy Platform on Biodiversity and Ecosystem Services, IPBES）等国际组织，为地球表层系统建模奠定了知识和数据基础。

国际生物学计划（IBP）、人与生物圈计划（MAB）和国际地圈－生物圈计划（IGBP）是世界性生态系统研究的三个不同阶段。IBP 是由国际科学联盟理事会（International Council of Scientific Unions, ICSU）于 1965 年发起的为期 10 年的国际生物学计划，旨在运用系统分析手段研究生态系统功能和过程。MAB 是继 IBP 之后由联合国教育、科学及文化组织（United Nations Educational, Scientific and Cultural Organization, UNESCO）于 1971 年发起的全球性国际科学合作项目，旨在通过全球性科学研究、培训及信息交流，为生物圈自然资源的合理利用和保护提供科学依据。IGBP 是由国际科学联盟理事会于 1986 年在 IBP 和 MAB 的基础上组织起来的学科交叉和高度综合科学计划，旨在为提高地球的可持续性提供科学知识。IGBP 由 3 个支撑计划和 8 个核心研究计划组成。3 个支撑计划包括全球分析、解译和建模（Global Analysis, Interpretation and Model, GAIM），全球变化分析、研究和培训系统（Global Change System for Analysis Research and Training, START）和 IGBP 数据与信息系统（IGBP Data and Information Systems, IGBP-DIS）；8 个核心研究计划包括国际全球大气化学计划（International Global Atmospheric Chemistry Project, IGAC）、全球海洋通量联合研究（Joint Global Ocean Flux Study, JGOFS）、过去全球变化（Past Global Changes, PAGES）、全球变化与陆地生态系统（Global Change and Terrestrial Ecosystems, GCTE）、水文循环的生物学方面（Biospheric Aspects of the Hydrological Cycle, BAHC）、海岸带陆海相互作用（Land-Ocean Interactions in the Coastal Zone, LOICZ）、全球海洋生态系动力学（Global Ocean Ecosystem Dynamics, GLOBEC）和土地利用与土地覆被变化（Land Use and Land Cover Change, LUCC）。

1996 年国际科学联盟理事会（ICSU）和国际社会科学理事会（International Social Science Council, ISSC）创建了全球环境变化的人文因素计划（IHDP）。IHDP 的任务是形成人类－环境耦合系统的科学知识，综合地认识全球环境变化过程及其对可持续发展的影响，探索全球环境变化的人文驱动力、对人类生计的影响和全球环境变化的社会反应。科学研究、科研能力建设和国际化的科学网络构建是 IHDP 的三大目的。IHDP 的核心项目包括全球环境变化与人类安全（Global Environmental Change and Human Security, GECHS）、全球环境变化的制度因素（Institutional Dimension of Global Environmental Change, IDGEC）、产业转型（Industrial Transformation, IT）、土地利用与土地覆被变化（LUCC）、海岸带陆海相互作用（LOICZ）、城市化（Urbanization）和全球陆地项目（Global Land Project, GLP）。

　　世界气候计划（WCP）发起于 1979 年在瑞士日内瓦举行的第一届世界气候会议。WCP
的目标是提高对气候系统的认识，并使这些认识有益于社会应对气候变化。WCP 的主要发
起组织包括世界气象组织（World Meteorological Organization，WMO），联合国环境规划署
（United Nations Environment Programme，UNEP），联合国教育、科学及文化组织的政府间海
洋学委员会（Intergovernmental Oceanographic Commission，IOC）和国际科学联盟理事会
（ICSU）。WCP 的四大主干计划包括世界气候数据与监测计划（WCDMP）、世界气候应用和
服务计划（WCASP）、世界气候影响评估和反应战略计划（WCIRP）及世界气候研究计划
（World Climate Research Programme，WCRP）。WCDMP 的基本目标是为气候数据的有效收集
和管理及全球气候系统的监测（包括气候变化的探测与评估）提供便利。WCASP 的基本目
标是促进气候知识和信息对社会公益的有效应用和提供气候服务，包括重要气候异常的预
测。WCIRP 的基本目标是评估气候异常和变化的影响、为政府提供建议、帮助发展一系列
社会经济反应战略。WCRP 的基本目标是提高对气候过程的认识、识别人类对气候的影响程
度、增强气候预测能力。

　　1991 年联合国教育、科学及文化组织（UNESCO）、环境问题科学委员会（Scientific
Committee on Problems of the Environment，SCOPE）和生物科学国际联盟（International Union
of Biological Science，IUBS）发起了国际生物多样性研究规划（DIVERSITAS），旨在发展一
个国际非政府综合计划，解决全球生物多样性丧失和变化形成的复杂科学问题。
DIVERSITAS 包括 bioDISCOVERY、ecoSERVICES 和 bioSUSTAINABILITY 三个核心项目。bio-
DISCOVERY 旨在识别现有生物多样性，认识其如何变化及变化原因。ecoSERVICES 的任务
是认识生态系统多样性与生态系统功能和服务的关系。bioSUSTAINABILITY 企图寻找支持生
物多样性保护和可持续利用的途径。DIVERSITAS 的目标是提供准确的科学信息和生物多样
性状况预测模型，寻找支撑地球生物资源可持续利用的途径，建设世界范围的生物多样性
科学。

　　1998 年世界气象组织（WMO），联合国教育、科学及文化组织（UNESCO），联合国环
境规划署（UNEP），政府间海洋学委员会（IOC），联合国粮食及农业组织（Food and
Agriculture Organization of the United Nations，FAO），地球观测卫星委员会（the Committee on
Earth Observation Satellites，CEOS），国际地圈–生物圈计划（IGBP），世界气候研究计划
（WCRP）以及全球变化研究资助机构国际团体（International Group of Funding Agencies for
Global Change Research，IGFA）发起了全球综合观测系统（Integrated Global Observation
System，IGOS）规划，旨在通过卫星和地面监测计划的联合，有效地实现全球监测活动。
IGOS 的基本焦点是为决策者提供环境过程监测信息，包括地球的物理、化学和生物环境数
据，人文环境数据，人类对自然环境的压力，环境对人类生计的影响。全球观测系统包括全
球气候观测系统（Global Climatic Observation System，GCOS）、全球海洋观测系统（Global
Ocean Observation System，GOOS）、全球观测系统和全球大气观测（Global Observing System/
Global Atmosphere Watch，GOS/GAW）和全球陆地观测系统（Global Terrestrial Observing
System，GTOS）。

　　2000 年 4 月，联合国秘书长安南在联合国大会上的新千年报告中，将千年生态系统评
估（MA）计划列为"人类未来持续发展"（Sustaining our Future）的五大行动之一。在
2001 年 6 月 5 日的世界环境日，联合国、科学团体、国家政府、基金会和其他国际机构联

合启动了 MA 计划。自 MA 计划宣布启动以来，来自 95 个国家的 1300 多名科学家参与了相关工作。MA 计划首次在全球范围内开拓性地对生态系统及其对人类福祉的影响进行了多尺度综合评估。MA 计划已于 2005 年圆满完成，作为其主要成果的技术报告、综合报告、理事会声明、评估框架和若干个数据库，也已公开发布。

2001 年，在阿姆斯特丹举行的第一次全球环境变化科学大会上，来自全球 100 多个国家的 1400 名参会者通过了《阿姆斯特丹宣言》（*Amsterdam Declaration*），号召加强全球环境变化研究计划之间的合作。为响应此宣言，国际生物多样性科学研究规划、国际地圈-生物圈计划、全球环境变化的国际人文因素计划和世界气候计划联合形成了地球系统科学联盟（Earth System Science Partnership，ESSP）。

4.1.6　有关国际组织

1864 年，为了检验重力内拉和离心力外拉作用下地球赤道的隆起原理，国际大地测量协会（International Association of Geodesy，IAG）成立。1875 年，为了量测地球形状，国际计量局（International Bureau of Weights and Measures，IBWM）成立。1878 年，国际气象组织（International Meteorological Organization，IMO）成立，它是当今世界气象组织（World Meteorological Organization，WMO）的前身。19 世纪 80 年代末，覆盖北美、欧洲和北极的日时间尺度天气图绘制成功；20 世纪 30 年代末，1932 年 8 月~1933 年 8 月的日时间尺度北半球天气图绘制成功。1931 年，成立了国际科学联盟理事会（ICSU），为来自各种国际科学联合会并具有相同兴趣的科学家搭建了交流平台。1950 年，世界气象组织（WMO）成立，并于 1951 年成为联合国气象、水文和相关地球物理科学的专业机构。

1980 年，国际科学联盟理事会（ICSU）、联合国环境规划署（UNEP）和世界气象组织（WMO）共同发起了对人为原因导致气候变化可用知识的首次国际评估。1985 年，完成了二氧化碳及其他温室气体在气候变异和相关影响中的作用评估；与此同时，联合国环境规划署、世界气象组织和国际科学联盟理事会同意建立温室气体顾问小组（Advisory Group on Greenhouse Gas，AGGG）。1986 年 7 月，温室气体顾问小组在日内瓦召开了第一次会议。这些评估报告，尤其是《我们共同的未来》（*Our Common Future*）报告，引起了 1987 年联合国大会对气候变化问题的重视。就此，世界气象组织和联合国环境规划署同意共同组织一个政府间气候变化专门委员会（IPCC）。1988 年 11 月，第一次 IPCC 会议在日内瓦召开，形成了三个工作组：①气候变化可用科学信息评估；②气候变化的环境和社会经济影响评估；③应对策略构想。1990 年 6 月，以上三个评估报告完成，并对联合国气候变化框架公约（United Nations Framework Convention on Climate Change，UNFCCC）的建立起到了决定性作用。联合国大会于 1992 年 5 月 9 日通过《联合国气候变化框架公约》，同年 6 月，在巴西里约热内卢召开的世界各国政府首脑参加的联合国环境与发展会议期间开放签署，该公约于 1994 年 3 月生效。《第二次评估报告》于 1995 年发表，并提交给了 UNFCCC 第二次缔约方大会，为公约的《京都议定书》会议谈判做出了贡献。《第三次评估报告》于 2001 年发布，包括"自然科学基础"、"影响、适应性和脆弱性"和"减缓气候变化"三个工作组报告，以及侧重于各种与政策有关的科学与技术问题的综合报告。《第四次评估报告》于 2007 年发布，由于气候变化的明显表现，该报告在世界范围内引起极大反响。《第五次评估报告》于 2014 年发布，其综合报告指出人类对气候系统的影响是明确的，而且这种影响在不断增强，在世界各个大洲都已观测到种种影响。《第六次评估报告》包括"自然科学基础"、"影响、适应性和脆弱性"和"减缓气候变化"三个工作组报告，于 2021 年发布，其综合报告在 2022 年完成；另外，已完成了全球升温 1.5℃影响评估、气候变化与陆地评估、海洋与冰冻圈评估三个特别报告和一个方法评估报告（WWW. IPCC. CH/Reports）。IPCC 是向联合国或世界气象组织（WMO）成员方开放的政府间组织，目前有 195 个成员。

为了满足加强科学团体、各国政府和利益相关者之间关于生物多样性和生态系统服务的对话需要，2005 年 1 月，在主题为生物多样性、科学与管理的巴黎会议上，作为 MA 计划后续过程的一部分，《生物多样性公约》第九次缔约方大会发起了关于生物多样性科学管理国际机制必要性、范围和可能形式的评估与协商。作为 MA 计划协商过程的产物，2012 年，在联合国环境规划署（UNEP）、联合国教育、科学及文化组织（UNESCO）、联合国粮食及农业组织（FAO）和联合国开发计划署（United Nations Development Programme，UNDP）的共同支持下，生物多样性和生态系统服务政府间科学政策平台（IPBES）成立，以求在生物多样性领域建立一个类似于 IPCC 的政府间科学机制，加强生物多样性和生态系统服务领域科学和政策之间的沟通和联系。目前有 136 个成员，经国务院批准，我国于 2012 年 12 月正式加入 IPBES。IPBES 已于 2016 年发布了《传粉者、传粉和粮食生产评估报告》和《生物多样性和生态系统服务情景与模型方法评估报告》；2018 年发布了《生物多样性和生态系统服务非洲区域评估报告》、《生物多样性和生态系统服务美洲区域评估报告》、《生物多样性和生态系统服务亚洲太平洋区域评估报告》、《生物多样性和生态系统服务欧洲与中亚区域评估报告》及《土地退化与修复评估报告》；2019 年发布了《生物多样性与生态系统服务全球评估报告》。

IPBES 情景模型评估结果表明，情景模型是预见自然对人类各种发展途径和政策选择响应的利器。虽然大多数全球环境评估情景模型探讨了社会对自然的影响，但是它们没有将自然作为社会经济发展的核心要素来考虑，忽视了自然保护的政策目标及自然在基础发展和人类福祉中的重要作用。由于人类发展目标越来越与自然目标息息相关，因此现有的情景模型已不能适应可持续发展决策支持需求。鉴于以上问题，IPBES 于 2016 年 8 月在法国蒙彼利埃市召开了"生物多样性与生态系统服务决策支持情景与模型"研讨会，以推动新一代情景模型的研发。其目标是实现自然保护和发展目标的平衡与协同，提高自然（包括生物多样性、生态系统结构和人类赖以生存的地球）、自然对人类贡献（包括食物和淡水供给、气候和污染调节以及教育和旅游等生态系统服务）、自然变化驱动力（包括气候变化、土地利用变化、环境污染和政策法规等）和人类福祉之间相互作用的模拟分析能力。2017 年 9 月在新西兰奥克兰市召开了"自然和自然对人类贡献的 21 世纪新篇章"研讨会，讨论了"以自然为核心的情景模型"框架。2018 年 6 月 25～28 日，IPBES 情景模型专家组技术支持单位与专家组共同主席在荷兰海牙市组织召开了"自然未来发展的下一步计划"研讨会。这次会议主要目的包括三个方面：①分析奥克兰会议初步设想的重叠内容和主要缺口；②推进 IPBES 情景发展的详细工作计划；③自然未来框架的发展。2019 年 3 月 25～27 日，在加拿大温哥华召开了"从幻想到自然和自然对人类贡献的 21 世纪情景"研讨会。主要讨论了以下三方面内容：①如何定量表达未来情景的具体脉络；②识别可用于评估自然未来情景轨迹的指标；③勾画每个未来情景与每个指标期望目标（如联合国可持续发展目标）的关系。自然和自然对人类贡献的情景模型是联合国 IPBES 第二轮（2020～2030 年）工作方案的优先主题之一，也是第二轮全球、国家、区域和局地等多尺度评估的基本手段（https：//ipbes. net）。

4.2　地球表层系统建模存在的主要问题

地球表层系统及其环境要素的栅格化描述可抽象为数学"曲面"。曲面建模研究始于计算机可用于科学计算和数据处理的 20 世纪 60 年代，在 20 世纪 90 年代之前的发展很有限。自 20 世纪 90 年代初以来，随着遥感、地理信息系统和计算机科学的迅速发展及空间数据的积累，地球表层系统建模取得了长足发展。然而，地球表层系统的特点要求地球表层系统建模必须有更高的运算速度、多尺度数据处理能力和模拟精度。

4.2.1　误差问题

许多学者已对地球表层系统建模的误差问题进行了长期不懈的研究。例如，Goodchild（1982）将布朗分形过程引入地面模拟模型以提高地球表层系统建模的精度。Walsh 和 McGregor（1987）发现，通过识别输入数据的固有误差和运算误差，可以使总体误差达到最小。Hutchinson 和 Dowling（1991）为了构建反映流域自然结构的数字地面模型，引入了试图消除假深洼信息的流域强迫规则。徐冠华（1993）以生态环境要素特征的遥感数据作为数学模型的空间连续参数，改变传统数学模型中只能运用空间某个点或局部点的平均值表达环境要素特征，以此提高数学模型的模拟精度。Unwin（1995）在回顾了有关研究成果之后提出，检验地理信息系统在运算过程中误差传播的通用工具有助于提高地球表层系统建模的精度。Wise（2000）认为，为了提高地球表层系统建模的精度，当使用地理信息系统的时候，必须区分栅格模型和像元模型，存储在栅格中的信息只与网格的中心点有关，而存储在像元的值代表整个网格。美国地质调查局数字地面模型质量控制系统的主要内容包括精度统计检验、数据文件物理与逻辑格式检验和视觉检验（United States Geological Survey，1997）。Podobnikar（2005）认为，使用一切可用的数据源（甚至没有高程属性的低质量数据集），可以提高数字地面模型的精度。然而，所有这些方法都没能从根本上解决地球表层系统建模的误差问题。

4.2.2　多尺度问题

20 世纪 60 年代，地球表层系统研究领域的学者就注意到了尺度问题的重要性。20 世纪 90 年代以来，多尺度问题被视为地球表层研究的新前缘，受到高度重视。例如，为了认识生态格局、过程和尺度之间的关系和解决有关科学问题，美国环保局建立了多尺度实验生态系统研究中心（MEERC）；为了确定地质变化和植被动态之间的相互作用，Phillips（1995）提出了 4 种尺度指标；Milne 和 Cohen（1999）根据分形的自相似性建立了针对 MODIS 数据的尺度转换方法；为了解决全球变化影响的跨尺度问题，Peternson（2000）引入了等级理论；Stein 等（2001）用地统计方法确定环境变量的最恰当空间和时间尺度；Veldkamp 等（2001）提出了农业经济研究的多尺度系统方法；Gardner 等（2001）提出了实验生态学的多尺度分析理论；Konarska 等（2002）通过比较 NOAA-AVHRR 和 Landsat TM 数据集的分析结果，提出了空间尺度对生态系统服务功能评价影响的分析方法。

20 世纪 80 年代初，多尺度模拟成为地理信息系统的基本问题（Li，2007；Zhu，2005；

李志林等，2000；刘学军等，2007；吕一河和傅伯杰，2001）。1983 年，美国国家航空航天局召集领衔科学家讨论了地理信息系统的研究重点，多尺度问题被遴选为研究重点之一。20世纪 90 年代初，多尺度表达成为地理信息科学界的共同研究主题。1994 年，为了支持地理信息科学研究和教学，美国地理信息科学大学联盟（University Consortium for Geographical Information Science, UCGIS）成立。1996 年，多尺度问题被确定为美国地理信息系科学大学联盟（UCGIS）的十大研究重点之一。20 世纪 90 年代末，欧洲共同体的自动化综合新技术（AGENT）项目进一步推动了多尺度问题研究。2000 年，国际摄影测量与遥感协会（International Society for Photogrammetry and Remote Sensing, ISPRS）成立了多尺度问题工作组。2003 年，美国地理信息科学大学联盟将多尺度问题确定为长期研究重点之一（Usery and McMaster, 2005）。尺度转换问题、跨尺度相互作用问题、空间尺度与时间尺度相互关联问题，以及多空间尺度数据处理问题是多尺度问题需要研究的重要内容（岳天祥，2017）。

尺度转换问题。尺度转换可区分为升尺度（upscaling）和降尺度（downscaling）。升尺度是指高分辨率数据向低分辨率数据的转换；降尺度是指低分辨率数据向高分辨率数据的转换。地球表层系统建模需要研究的主要尺度转换问题包括：如何进行观测过程和数学模型的尺度转换；尺度转换如何影响变量灵敏性、空间异质性和系统可预测性；非线性响应被放大或减小的环境条件等（Committee on Challenges and Opportunities in Earth Surface Processes, 2010）。

跨空间尺度相互作用问题。当某一空间尺度的事件或现象影响其他空间尺度的事件或现象时，就产生了跨尺度的联系和相互作用。然而，以往的大多数生态地理研究是在特定的空间尺度进行的，对跨尺度相互作用的分析非常有限。地球表层系统建模需要研究的主要问题包括：在不同空间尺度同时发生作用的驱动力分析；跨尺度相互作用的识别；生态地理事件在不同空间尺度的相互作用机制；跨尺度相互作用产生的非线性问题；跨尺度相互作用如何影响环境管理；在政策制定中如何考虑跨尺度相互作用问题。

空间尺度与时间尺度相互关联问题。生态地理过程的空间尺度和时间尺度往往是密切相关的。例如，食物生产可以在一年的时间尺度和局部的空间尺度进行仿真分析；生态系统的水调节功能可以在多年的时间尺度和区域的空间尺度进行仿真分析；生态系统的气候调节功能必须在至少几十年的时间尺度和全球的空间尺度进行仿真分析。也就是说，大空间尺度的变化对应大时间尺度的生态地理过程。空间尺度和时间尺度的这种关联是否在地球表层系统建模中可以作为一种普遍规则运用是需要研究的重要内容之一。

多空间尺度数据处理问题。地球表层系统建模必须处理各种不同空间尺度的数据。目前，在生态地理问题的研究中，一般使用低分辨率数据，即使有高分辨率数据，由于计算机大数据处理能力的制约，也是将其进行升尺度处理后转换为低分辨率数据。这种处理几乎损失了所有局部格局信息和非线性特征信息。将高分辨率数据和低分辨率数据结合起来分析生态系统的结构、空间格局和过程是地球表层系统建模面临的首要挑战。

4.2.3　三维实时可视化问题

时间可表征为时-空四维空间的第四维。静态对象可定义为在短时期内不变化的对象。地理信息系统一般处理的是静态信息。然而，在许多情况下，地理信息系统需要处理的信息是动态变化的，往往需要将静态信息和动态信息结合起来。实时（real-time）指事件发生时的片刻瞬间。一般情况下，信息的实时更新是不可能的，都会有一些拖延。一个实时系统的可接受拖延时间长短取决于过程的动态性和决策的时间阈值。虽然当代地理信息系统软件还没有实时功能，但随着计算机技术的迅速发展，实时空间分析和实时数据可视化已势在必行。然而，有关研究表明，地理信息系统是作为制图工具逐渐发展起来的，最近几年才开始开拓建模和模拟功能。当代地理信息系统与模拟模型的集成，还不能实现实时功能。

目前，虽然二维地理信息系统可以用于大量的空间分析和应用，但大多数地理信息系统的研究和发展仍然没有跳出局限于二维数据可视化的传统方法范畴。三维地理信息系统不能付诸实践的主要原因是不能实现实时可视化。通过对 ArcGIS、Imagine Virtual GIS、PAMAP GIS Topographer 和 Geomedia Terrain 的总结分析发现，三维空间数据和空间对象的可视化已经有了一些初步进展，但需要将地理信息系统数据导入可视化软件。

4.2.4　模拟速度问题

为了实现高分辨率地球表层系统模拟、解决三维实时可视化问题，亟待发展高速度、低内存需求模拟方法。目前，由于地球表层系统模型极其缓慢的运算速度和巨大的内存需求，全球尺度模拟只能在很低的空间分辨率条件下运行。由于空间分辨率过低，其运行结果在区域尺度误差太大，很难在实际中得到应用（Washington and Parkinson，2005），尤其是全球气候模型，其运行结果在区域尺度问题很大，几乎无法用来评估气候变化对区域尺度和局地尺度各种生态系统的影响（Raisanen，2007）。

4.3　经典曲面建模方法

20 世纪 50 年代以来，相继诞生了各种曲面建模方法。南非矿业工程师 Krige（1951）提出了克里金（Kriging）法的基本思想，考虑了待估计点与已知点的位置关系及变量间的空间相关性，属于线性最小二乘回归方法。Birkhoff 和 Garabedian（1961）将 Schoenberg（1946）首次提出的样条（spline）逼近法拓展为二维样条函数法。de Boor（1962）在二维网格成功发展了双三次样条函数法。Bengtsson 和 Nordbeck（1964）建立了用不规则分布点拟合由三角面形成曲面的不规则三角网（triangulated irregular network，TIN）法。Zienkiewlcz（1967）提出了有限元方法（finite element method，FEM），Akima（1978a，1978b）完成了运用有限元拟合曲面的计算机编程。Shepard（1968）提出了空间相关性与其空间距离成反比的反距离权重法（inverse distance weighted，IDW）。Harder 和 Desmarais（1972）发现了基于无限板挠度方程的曲面样条插值方法。Maude（1973）通过将五次样条广义化到多个变量，发展了基于矩形的混合方法。Talmi 和 Gilat（1977）基于样条方法，构建了曲面的光滑逼近法。Foley 和 Nielson（1980）提出了可生成近似曲面的、基于伯恩斯坦多项式和双三次样条的迭代方法。其他主要曲面建模方法包括趋势面分析（trend surface analysis，TSA）（Ahlberg et al.，1967；Schroeder and Sjoquist，1976；Legendre and Legendre，1983）和生态环境要素逼近（Long，1980）。

自 20 世纪 80 年代以来，曲面建模被广泛用于分析和认识地球表层过程的空间现象，误差问题是其面临的主要挑战（杨志强，2002；魏克让和江聪世，2003；王光霞等，2004；汤国安等，2005；隋立芬等，2010）。经典曲面建模方法的理论缺陷是其误差问题的主要根源（岳天祥，2017）。例如，趋势面分析法是生成曲面的一种最简单方法，它在空间坐标系中通过最小二乘回归将离散点拟合为一个趋势面，因为模拟区域每一部分的变化和光滑处理都会影响整个曲面任何部分的拟合，所以它丢失了模拟对象的真实细节信息（Oliver and Webster，1990）。反距离权重法通过在采样点邻域内建立反距离权重函数，模拟采样点邻域，忽视了空间结构信息和邻域以外的信息联系（Zhao et al.，2005；Magnussen et al.，2007）。三角网模型是地理信息系统使用最广泛的曲面建模方法，它通过对每三个采样点建立线性函数，来模拟这三个采样点的所在区域，丢弃了非线性信息和空间结构信息，不能描绘悬崖和洞穴等曲面现象（Tse and Gold，2004；Schneider，2001）。克里金法是一种广义的最小二乘回归方法，其通过有效数据的加权平均来估计模拟对象，目标是估计的平均误差为零、误差的方差达到最小。由于估计的误差和误差的方差总是未知的，克里金法的理想目标在实践中很难达到。在实际应用中，通过已知数据建立可以计算估计误差和误差方差的模型来确定计算采样点附近模拟点值的权重，达到最佳（估计误差的方差达到最小）线性无偏（估计的平均误差为零）估计的目标，但丢失了非线性信息，同时引入了大量的人为主观因素（Isaaks and Srivastava，1989）。样条基函数法将所有曲面近似地用一系列样条基函数进行连续的拼凑模拟，只适用于很有限的一部分特殊曲面，因此大多数情况下，样条基函数法都会产生较大的模拟误差（Yue，2011）。

4.4　高精度曲面建模方法

地球表层系统由全局信息和局地信息共同决定，缺少任何一个方面的信息都无法正确认识地球表层及其环境要素动态（Phillips，2002）。地表观测有能力获取观测点的高精度高时间分辨率数据，但由于这些观测点密度太稀，往往无法达到区域尺度的模拟需求。卫星遥感可频繁提供空间连续的、地面观测不可能获取的地表信息，但卫星遥感没有能力直接获取过程参数信息。遥感观测与地面观测的集成是地球表层系统建模最有效的方法。然而，在大多数地球表层系统建模方法中，忽视了遥感观测与地面观测的充分集成。本书通过系统论、优化控制论与曲面论的有机结合，建立了以宏观格局信息（通过卫星遥感或空间模型模拟获取）为驱动场，以微观过程信息（通过地面观测或空间采样获取）为优化控制条件的高精度曲面建模（HASM）方法，解决了半个世纪以来困扰曲面建模的误差问题和多尺度问题（岳天祥和刘纪远，2001a，2001b；岳天祥和杜正平，2005，2006a，2006b；岳天祥等，2004，2007a，2007b，2007c；Yue et al.，2007；Yue，2011）。

4.4.1　系统论

地球表层系统是复杂巨系统。一个系统是由相互关联和相互作用的多个元素（或子系统）所组成的具有特定功能的有机整体，这个系统又可作为子系统成为更大系统的组成部分（郭雷，2016）。对系统问题首先要着眼于系统整体，同时也要重视系统组成部分，并把整体和部分统一起来。系统科学从事物的局部与全局及层次关系的角度来研究世界，系统是系统科学研究和应用的基本对象。系统论是连接系统科学与辩证唯物主义哲学的桥梁，系统论是整体论与还原论的辩证统一（钱学森，2007）。

从近代科学到现代科学的发展过程中，自然科学采用了从定性到定量的研究方法，而社会科学和人文科学等更加复杂的科学，通常采用从定性到定性的思辨和描述方法。还原论在科学发展过程中，特别是在自然科学发展中发挥了重要作用。然而，还原论把研究对象分解成部分进行研究，单独研究一部分，切断了这部分与其他部分的联系，无法回答系统整体性问题。按照系统论方法，要从系统整体出发，将系统进行分解，在分解研究的基础上，再综合集成到系统整体，实现系统的整体涌现，最终从整体上研究和解决问题（于景元，2016）。

4.4.2 最优控制理论

控制论的研究对象是系统（钱伟懿等，2010）。控制是指在保证系统适应外部环境变化的过程中，为了改善系统的功能或达到系统的预定目标，对系统施加的一种能动作用（肖冬荣，1995）。1948 年，《控制论》一书的出版（Wiener，1948）标志着控制论这门新兴学科的诞生。

最优控制理论是现代控制论发展的重要成就。优化控制是指在给定的约束条件下，寻求一个控制系统，使给定被控系统的性能指标取得最大或最小值的控制（于景元等，1999）。自 1950 年以来，在优化控制论方面取得了许多重要成果。例如，Wiener（1950）发现，通信噪声可通过线性算子过滤，使其噪声最小化。Bellman（1954，1957）将一个 N 维问题简化为 N 个一维问题系列进行优化处理。Simon（1956）和 Theil（1957）的研究结果表明，极大值原理是控制函数达到最优的必要条件。Stolz（1960）将控制问题归结为估计的反问题。1960 年，在第一届国际自动控制联合会世界大会上，Pontryagin 做了题为"最优控制理论"的学术报告，其结论是：极大值原理可通过动态规划原理推演得出。20 世纪 70 年代，非光滑分析和黏性方法的发展是优化控制方法的一个重大突破，其成果表明，光滑假设条件下的优化问题可推广到非光滑环境（Clarke，1983）。

随着计算机科学和技术的发展，优化控制理论已被广泛运用于许多领域。例如，优化控制理论用于计算火箭的最小燃料轨道，成功操纵了首次登月工程（Breakwell and Dixon，1976）；通过弯曲能最小化控制约束，建立了空间插值的薄板样条法（Duchon，1977）；通过对妇女平均生育率的约束，建立了人口发展过程的最优控制模型（宋健和于景元，1985；于景元等，1999）；优化控制模型被用于莴苣作物栽培的温室气候管理（van Henten，2003）；基于优化控制论，开发了城市废水系统控制与运行的综合模拟模型（Butler and Schutze，2005）；为了达到均匀分布地下水位，建立了地下水条件优化控制算法（Bobarykin and Latyshev，2007）；优化控制函数被用于渐进稳定无序旋转和最小化所需的类能量成本（El-Gohary，2009）；优化控制模型被用于决定多锅炉蒸汽系统的最优化能量损耗（Bujak，2009）；为了处理年龄依赖生物种群系统的优化控制问题，运用 Ekeland 原理建立了种群优化调节器（Chen and He，2009）；优化控制被用于再生资源选择使用的优化收割/采伐（Piazza and Rapaport，2009）；为了解决能量管理中的负载转移问题，优化控制模型被用于通过传送带控制提高能量效率（Middelberg et al.，2009）；污染河段的优化净化被表达为控制约束的双曲优化控制问题（Alvarez-Vazquez et al.，2009）；为了减少通风机的能量消耗，优化控制方法被用于分析能量重复利用通风机的制冷和加热年能量消耗（Rasouli et al.，2010）；Habib（2012）开发了航天器轨道优化控制算法，通过实际轨迹和期望轨迹之差达到最小，确定控制算法参数的最优解。

HASM 优化控制是指研究对象在高精度信息的约束下，使研究对象的模拟结果与其实际状态的误差达到最小。

4.4.3 曲面论

根据曲面论基本定律，一个曲面由第一类基本量和第二类基本量唯一决定（Henderson，1998）。第一类基本量是内蕴量，第二类基本量是外蕴量。

1. 曲面的第一基本形式

设曲面 S 的表达式为 $r = (x, y, f(x, y))$，点 $p(x, y)$ 和 $p'(x + \Delta x, y + \Delta y)$ 为曲面 S 上的两个相邻的点（图 4.1），则从 p 到 p' 的向量可表达为

$$\Delta r = r(x + \Delta x, y + \Delta y) - r(x, y) = r_x \Delta x + r_y \Delta y + \cdots \tag{4.1}$$

当点 p 和 p' 无限接近时，可略去 Δx 和 Δy 二阶以上的高阶部分，即

$$dr = r_x dx + r_y dy \tag{4.2}$$

此时，从 p 到 p' 的弧长 ds 可定义为曲面 S 上这两个无限邻近点的距离，其公式为

$$
\begin{aligned}
ds^2 &= dr \cdot dr \\
&= (r_x dx + r_y dy) \cdot (r_x dx + r_y dy) \\
&= r_x \cdot r_x (dx)^2 + 2 r_x \cdot r_y \cdot dx \cdot dy + r_y \cdot r_y (dy)^2
\end{aligned}
\tag{4.3}
$$

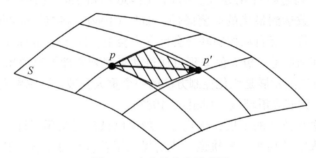

图 4.1　内蕴量表达示意图

记 $E = r_x \cdot r_x$，$F = r_x \cdot r_y$，$G = r_y \cdot r_y$，则式（4.3）可改写为

$$I = ds^2 = E dx^2 + 2F dx dy + G dy^2 \tag{4.4}$$

式（4.4）称为曲面的第一基本形式，E、F 和 G 称为曲面的第一基本形式的系数，也称为曲面的第一类基本量。由 $dr = r_x dx + r_y dy$ 可知，dr 是曲面的切平面中的一个向量，$ds^2 = dr \cdot dr$ 是正定的二次形式，因此，$E > 0$，$G > 0$，$EG - F^2 > 0$。

曲面第一类基本量表达的几何量称为内蕴量，如曲面上曲线的长度、两条曲线的夹角、曲面上某一区域的面积、测地线、测地线曲率及总曲率等，它们在曲面发生形变的情况下保持不变。这些仅由第一类基本量确定的几何性质和对象称为内禀几何性质。这些几何性质和对象与曲面的形状无关，只与在曲面上进行的量测相关（Toponogov，2006）。

2. 曲面的第二基本形式

为了研究曲面在点 p 处的弯曲程度，计算点 p' 到点 p 的切平面垂直距离 δ（图 4.2）。由于从 p 到 p' 的向量可表达为

$$\Delta r = r(x+\Delta x, y+\Delta y) - r(x, y)$$
$$= r_x \Delta x + r_y \Delta y + \frac{1}{2}\left[r_{xx}(\Delta x)^2 + 2r_{xy}\Delta x \Delta y + r_{yy}(\Delta x)^2 \right] + \cdots \tag{4.5}$$

$$\delta = \Delta r \cdot n = \frac{1}{2}\left[r_{xx} \cdot n (\Delta x)^2 + 2 r_{xy} \cdot n \Delta x \Delta y + r_{yy} \cdot n (\Delta y)^2 \right] + \cdots \tag{4.6}$$

式中，n 为曲面 S 的法向量。

令 $L = r_{xx} \cdot n$，$M = r_{xy} \cdot n$，$N = r_{yy} \cdot n$，则

$$2\delta = L (\Delta x)^2 + 2M\Delta x \Delta y + N (\Delta y)^2 + \cdots \tag{4.7}$$

当 p 和 p' 无限接近时，2δ 的主要部分可表达为

$$II = L\mathrm{d}x^2 + 2M\mathrm{d}x\mathrm{d}y + N\mathrm{d}y^2 \tag{4.8}$$

式（4.8）称为曲面的第二基本形式，L、M 和 N 为第二基本形式的系数，也称为第二类基本量。

由于 $r_x \cdot n = 0$，$r_y \cdot n = 0$，两边分别对 x、y 求导可知，$r_{xx} \cdot n + r_x \cdot n_x = 0$，$r_{xy} \cdot n + r_x \cdot n_y = 0$，$r_{yx} \cdot n + r_y \cdot n_x = 0$，$r_{yy} \cdot n + r_y \cdot n_y = 0$，因此，$L = -r_x \cdot n_x$，$M = -r_x \cdot n_y$，$N = -r_y \cdot n_y$。

第二基本形式可表达为

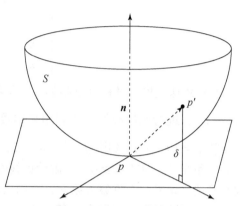

图 4.2 外蕴量表达示意图

$$II = L\mathrm{d}x^2 + 2M\mathrm{d}x\mathrm{d}y + N\mathrm{d}y^2 = -\mathrm{d}r \cdot \mathrm{d}n = -(\mathrm{d}n, \mathrm{d}r) \tag{4.9}$$

第二基本形式是刻画曲面形状的量，反映了曲面的局部弯曲变化程度，也就是局部曲面在所关注点与切平面的偏离，它可在曲面之外观测获取（Liseikin，2004）。

4.4.4 高精度曲面建模方法的数学表达

要实现地球表层系统及其生态环境要素曲面的准确表达，来自地表之上和地表之外的观测信息缺一不可。数值实验和实证研究结果表明（附录），在驱动场误差较大的情况下，HASMabc 模拟精度远高于 HASMab；在驱动场精度较高的情况下，HASMabc 模拟精度略高于 HASMab。用户可以根据自己所用计算机的性能和计算需求来选择算法。在计算机性能有保障的情况下，应该选择 HASMabc，以便获得更高的模拟精度；但在大数据且需要快速求解的情况下，可以考虑牺牲一点精度，选择 HASMab。鉴于目前个人计算机的计算能力（关于并行计算，可参考第 7 章），实用 HASM 的主方程可表达为

$$\begin{cases} \dfrac{f_{i+1,j}^{(n+1)} - 2f_{i,j}^{(n+1)} + f_{i-1,j}^{(n+1)}}{h^2} = (\Gamma_{11}^1)_{i,j}^{(n)} \dfrac{f_{i+1,j}^{(n)} - f_{i-1,j}^{(n)}}{2h} + (\Gamma_{11}^2)_{i,j}^{(n)} \dfrac{f_{i,j+1}^{(n)} - f_{i,j-1}^{(n)}}{2h} \\ \qquad\qquad\qquad + \dfrac{L_{i,j}^{(n)}}{\sqrt{E_{i,j}^n + G_{i,j}^n - 1}} \\ \dfrac{f_{i,j+1}^{(n+1)} - 2f_{i,j}^{(n+1)} + f_{i,j-1}^{(n+1)}}{h^2} = (\Gamma_{22}^1)_{i,j}^{(n)} \dfrac{f_{i+1,j}^{(n)} - f_{i-1,j}^{(n)}}{2h} + (\Gamma_{22}^2)_{i,j}^{(n)} \dfrac{f_{i,j+1}^{(n)} - f_{i,j-1}^{(n)}}{2h} \\ \qquad\qquad\qquad + \dfrac{N_{i,j}^{(n)}}{\sqrt{E_{i,j}^{(n)} + G_{i,j}^{(n)} - 1}} \end{cases} \tag{4.10}$$

式（4.10）的矩形形式为

$$\begin{cases} \boldsymbol{A} \cdot \boldsymbol{z}^{(n+1)} = \boldsymbol{d}^{(n)} \\ \boldsymbol{B} \cdot \boldsymbol{z}^{(n+1)} = \boldsymbol{q}^{(n)} \end{cases} \tag{4.11}$$

结合采样数据，可得到 HASM 的约束优化控制表达为

$$\begin{cases} \min \left\| \begin{bmatrix} \boldsymbol{A} \\ \boldsymbol{B} \end{bmatrix} \cdot \boldsymbol{z}^{(n+1)} - \begin{bmatrix} \boldsymbol{d}^{(n)} \\ \boldsymbol{q}^{(n)} \end{bmatrix} \right\| \\ \text{s. t.} \\ \boldsymbol{S}_1 \cdot \boldsymbol{z}^{(n+1)} = \boldsymbol{k}_1 \\ \boldsymbol{k}_2 \leqslant \boldsymbol{S}_2 \cdot \boldsymbol{z}^{(n+1)} \leqslant \boldsymbol{k}_3 \end{cases} \tag{4.12}$$

HASM 迭代模拟过程可总结如下：①将计算域归一化为 $[0, Lx] \times [0, Ly][\max(Lx,$
$Ly) = 1]$，进行区域离散；②利用采样数据 $(x_i, y_j, \bar{f}_{i,j})$ 对 Ω 进行插值，计算得 $\{\tilde{f}_{i,j}\}$，
令 $\{f_{i,j}^{(0)}\} = \{\tilde{f}_{i,j}\}$；③用 $\{f_{i,j}^{(n)}\}$（$n \geqslant 0$）计算第一基本量 $E^{(n)}$、$F^{(n)}$、$G^{(n)}$，以及第二基本
量 $L^{(n)}$ 和 $N^{(n)}$；④对 $n \geqslant 0$，求解约束线性代数方程（4.12），得到 $\{f_{i,j}^{(n+1)}\}$；⑤重复迭代过
程直到迭代误差小于收敛参数 ε，否则回到③继续计算。

根据实际计算的问题和计算的精度要求，迭代收敛的判断标准可从以下表达中选择：
$\max\limits_{i,j} \left(\dfrac{| f_{i,j}^{(n)} - f_{i,j}^{(n+1)} |}{| f_{i,j}^{n+1} |} \right) \leqslant \varepsilon$、$\max\limits_{i,j} \left(| f_{i,j}^{(n)} - f_{i,j}^{(n+1)} | \right) \leqslant \varepsilon$、$\sum\limits_{i,j} \left(\dfrac{| f_{i,j}^{(n)} - f_{i,j}^{(n+1)} |}{I \times J | f_{i,j}^{n+1} |} \right) \leqslant \varepsilon$ 或
$\sum\limits_{i,j} \dfrac{| f_{i,j}^{(n)} - f_{i,j}^{(n+1)} |}{I \times J} \leqslant \varepsilon$ 等。

4.5　地球表层系统建模基本定理及推论

内蕴量是地球表层系统及其生态环境要素微观过程信息的表达，可通过地基观测和空间
采样获取；外蕴量是宏观格局信息的表达，可通过卫星遥感和空间模型模拟获取（Yue
et al.，2020）。许多学者已经意识到地球表层系统建模中内蕴量和外蕴量集成的紧迫性和必
要性。例如，Phillips（2002）研究表明，地球表层系统由全局因素和局地因素控制，如果
不同时考虑局地和全局两类因素，就无法全面认识地球表层系统。Chambers 等（2007）和
Emili 等（2011）发现，卫星遥感和地基观测提供了地表信息的两个不同方面，地基观测可
以提供观测点的高精度数据，但它们仅局限于很稀疏的散布点位，很难满足区域尺度有关问
题的模拟分析需求；卫星遥感可以提供地基观测无法获取的地表宏观格局信息，但它无法描
述地表微观过程。Ponsar 等（2016）指出，空间模型和地基观测提供了地表信息的不同片
段，它们任何一方都无法刻画地表的时空动态全貌。如果想提高空间模型精度，必须补充地
基观测数据（Brill et al.，1991）。

基于上述质疑性讨论，本书将系统论、优化控制论和曲面论引入了地球表层系统建模，
建立了可有效合成内蕴量（微观过程信息）和外蕴量（宏观格局信息）的高精度曲面建模
（HASM）方法，解决了半个世纪以来困扰曲面建模的误差问题和多尺度问题（岳天祥，
2017；岳天祥等，2020；Yue et al.，2016，2020）。为了提升 HASM 运算速度，我们建立了
HASM 适应算法（HASM-AM）、多重网格算法（HASM-MG）、修正的共轭梯度法（HASM-
PCG）和平差算法（HASM-AC），初步解决了曲面建模速度慢、内存需求大等问题。HASM-

AM 对误差较大的栅格进行细化后继续模拟，而对满足精度要求的栅格不再处理，以此达到减小计算量、提高运算速度的目的（Yue et al.，2010）。基于误差平滑和粗网格校正原理的 HASM-MG 是求解偏微分方程最快的数值方法（Yue et al.，2013a）。共轭梯度法是一种求解大型线性系统的加速技术，HASM-PCG 通过引入一个预条件器确保共轭梯度法以更快的速度收敛（Yue et al.，2013b）。HASM-AC 通过将计算域划分为相互独立的规则小单元，使求解方程在小单元进行，以此提高运算速度，为高性能计算奠定了理论基础（Yue et al.，2010）。

HASM 已成功应用于各种空间尺度地表要素曲面建模，相比于经典曲面建模方法，具有较高的精度。例如，数字地面模型构建（Yue et al.，2010；Chen and Yue，2010，Chen et al.，2012，2013；Zhao et al.，2015；Lv et al.，2017）、航天飞机雷达地形测绘任务（SRTM）高程曲面空缺填补（Yue et al.，2012）、二氧化碳浓度数据融合（Yue et al.，2016a；Zhao et al.，2017a，2017b；Zhang et al.，2017；Liu et al.，2018）、碳卫星二氧化碳浓度曲面空缺填补（Yue et al.，2015a）、气候变化分析（Yue et al.，2013b，2016b；Zhao et al.，2017a，2017b，2018a，2018b，2018；Yue et al.，2019）、人口空间分布动态模拟（Yue et al.，2003，2005a，2005b）、土壤污染模拟分析（Shi et al.，2016）、土壤属性空间模拟（Li et al.，2013，2017；Shi et al.，2011）、生态系统空间分布变化模拟分析（Yue et al.，2011，2015）、碳储量（Yue et al.，2016）和食物供给（Yue et al.，2010，2008）等模拟分析。

对 HASM 理论发展和应用研究提炼总结，形成了地球表层系统建模基本定理（FTESM）：地球表层及其环境要素曲面由外蕴量和内蕴量共同唯一决定，在空间分辨率足够高的条件下，地球表层及其环境要素的高精度曲面可运用集成外蕴量和内蕴量的恰当方法（如 HASM）来构建（Yue et al.，2016；岳天祥，2017）。

信息的完备性、信息处理格网空间分辨率的精细程度和所使用方法的合理性是地球表层系统建模基本定理的核心内涵（Yue et al.，2015，2016；岳天祥，2017；岳天祥等，2020）。对应宏观格局信息的外蕴量和对应细节过程信息的内蕴量对地球表层系统及其环境要素曲面建模缺一不可。在地球表层系统建模基本定理中，"空间分辨率足够高的条件"主要是为了保证被模拟目标曲面满足 HASM 对其二阶可微的需求。对被模拟的目标曲面，有三种可能性：① 在特定空间分辨率，如果所模拟的地球表层系统或生态环境要素曲面二阶可微，则在一般情况下，可根据精度需求，运用可集成外蕴量和内蕴量的恰当方法（如 HASM）来构建目标曲面；② 在特定空间分辨率，如果所模拟的地球表层系统或生态环境要素曲面不满足二阶可微条件，甚至不连续，则可通过适应法（以嵌套的方式），使模拟曲面逐渐向目标曲面逼近；③ 对满足二阶可微条件的曲面，有时为了节约计算成本，也可采用适应法。

根据地球表层系统建模基本定理（FTESM），可推演出关于空间插值、降尺度、升尺度、数据融合和模型–数据同化等 7 个推论：

推论 1（空间插值）：当只有内蕴量信息时，可通过地统计分析，弥补外蕴量信息缺口，运用 HASM 构建地球表层系统及其生态环境要素高精度曲面。

推论 2（降尺度）：当低分辨率宏观格局数据可用时，应补充细节过程信息，并运用 HASM 对此低分辨率数据进行降尺度处理，可获取更高精度的高分辨率曲面。

推论 3（升尺度）：当运用 HASM 将高分辨率曲面转化为较低分辨率曲面时，引入地面观测数据可提高升尺度结果的精度。

推论 4（数据融合）：卫星遥感信息可用时，必须补充来自地面观测信息，可运用 HASM 构建地球表层系统及其生态环境要素高精度曲面，获得比卫星遥感信息更高精度的结果。

推论 5（数据融合）：卫星遥感信息和地面观测信息都可用时，可运用 HASM 构建地球表层系统及其生态环境要素高精度曲面，获得比卫星遥感信息和地面观测信息精度更高的结果。

推论 6（模型–数据同化）：当动态系统模型可用时，补充地面观测信息可提高 HASM 构建地球表层系统及其生态环境要素曲面的精度，其精度高于动态系统模型模拟结果。

推论 7（模型–数据同化）：当动态系统模型和地面观测信息都可用时，可运用 HASM 构建地球表层系统及其生态环境要素高精度曲面，获得较动态系统模型和地面观测信息精度都高的结果。

空间插值就是利用离散点信息或不连续的面状信息构建一个连续的曲面，它的目的是使用有限的观测值或有信息空缺的曲面，运用有效方法对无数据的点进行填补。

许多模型和数据由于分辨率太低而无法用于分析区域尺度、局地尺度或者短时间尺度问题，为了解决这个问题，需要研发降尺度方法，将低分辨模型输出结果和低分辨率数据降尺度为高分辨率数据。为了减小计算成本，有时需要将高分辨率数据转化为低分辨率数据，此过程称为升尺度。

数据融合是将表达同一现实对象的多源、多尺度数据和知识集成为一个一致的、有用的形式，其主要目的是提高信息的质量，使融合结果比单独使用任何一个数据源都有更高的精度。

模型–数据同化就是将地面观测数据并入系统模型的过程，其目的是根据地面观测数据调整系统模型的初始状态变量或参数来提高系统的模拟精度。

地球表层系统建模基本定理及其有关推论已被纳入联合国 IPBES 情景分析与建模方法的指导性文件（IPBES，2016），同时也出现在联合国 IPBES 全球评估报告中（IPBES，2019）。然而，由于地球表层系统建模基本定理的术语与联合国 IPBES 术语不完全吻合，很难全面推广应用，因此本书按照联合国 IPBES 术语体系，将地球表层系统及其环境要素划分为自然（包括生物多样性、生态系统结构和人类赖以生存的地球）、自然对人类贡献（包括食物供给、淡水供给和环境污染调节等生态系统服务）和自然变化驱动力（包括气候变化、土地利用变化、环境污染和政策法规等），并将自然曲面、自然贡献曲面和自然变化驱动力曲面统称为生态环境曲面，并根据地球表层系统建模基本定理推演得出了生态环境曲面建模基本定理（FTEEM）：生态环境曲面由微观过程信息和宏观格局信息共同唯一决定，在空间分辨率足够细的条件下，高精度生态环境曲面可运用集成微观过程信息和宏观格局信息的恰当方法（如 HASM）来构建（Yue et al.，2020）。

4.6 讨　论

地球表层系统建模基本定理的发展可划分为 6 个阶段（图 4.3）：①1986 ~ 2001 年，基于曲线论基本定理，将曲面问题简化为剖面的拼接问题；虽然没有走出传统惯性思维围城，但提出了曲线等同度指标，对模拟线状问题具有重要意义（岳天祥和艾南山，1990；Yue and Zhou，1999；Yue et al.，2002）；②2001～2007 年，通过系统论、优化控制论与曲面论的有机结合，构建了 HASM 方法，解决了多尺度和误差问题；③2007～2011 年，发展了 HASM 的适应算法、修正的共轭梯度法、多重网格算法和平差计算法，解决了运算速度慢问题和大内存需求问题；④2011～2016 年，提炼形成了地球表层系统建模基本定理及其关于空间插值、升尺度、降尺度、数据融合和模型–数据同化的推论；⑤2016～2020 年，按照联合国 IPBES 概念体系，根据地球表层系统建模基本定理推演提出了生态环境曲面建模基本定理；⑥自 2020 年起，聚焦于面向大数据的量子计算、模型耦合和四维建模及其智能化问题。

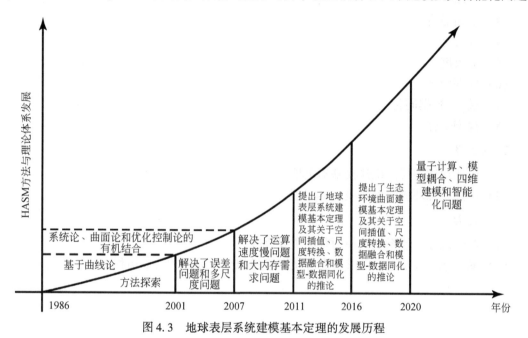

图 4.3　地球表层系统建模基本定理的发展历程

地球表层系统及其生态环境要素模拟分析原理亟待解决以下理论问题和应用基础问题。理论问题包括：①Weingarten 方程组和 Codazzi 方程组的物理含义？②HASM 优化控制条件可否替代 Weingarten 方程组？③HASM 有限差分离散将曲面论基本定理由解决局地问题推广至解决全局问题，在理论上如何解释？④在 HASM 方程组中，交叉项取舍对模拟结果误差会有多大影响？⑤HASM 参数如何影响其求解精度和运算速度。三大应用基础问题包括：①亟待解决悬崖和断裂带等生态环境曲面突变现象的高精度模拟问题，实现从只能模拟光滑曲面，到既能模拟光滑曲面，也能模拟突变曲面的转变；②亟待解决多曲面耦合问题，实现从单要素曲面建模到多要素曲面建模的转变；③亟待解决生态环境曲面四维建模问题，实现从静态模拟到三维动态模拟的转变。

另外，任何一个单一模型都无法捕捉生态环境所有层面的动态机制，为了解决这个问题，需要进行模型耦合（IPBES，2016）。模型耦合包括松散耦合和紧凑耦合两类。在模型的松散耦合中，一个模型的输出是另一个模型的输入，不考虑模型之间的相互反馈，保持了每个模型的特征和优势；当系统要素的相互反馈对模拟结果比较重要时，需要进行模型的紧凑耦合（Verburg et al.，2013）。松散耦合简单易行，但会传播和放大各个模型的不确定性，而且这种不确定性很难跟踪和量化。紧凑耦合的模拟结果更贴近实际、精度较高，但运算成本高、技术难度大。基于生态环境曲面建模基本定理的模型耦合是亟待解决的第四个应用基础问题。

思 考 题

1. 名词解释

（1）内蕴量

（2）外蕴量

（3）空间插值

（4）升尺度

（5）降尺度

（6）数据融合

（7）模型–数据同化

（8）模型耦合

2. 简答题

（1）简述地球表层系统建模基本定理。

（2）简述生态环境曲面建模基本定理。

3. 论述题

（1）简述地球表层系统建模面临的主要挑战。

（2）简述地球表层系统及其生态环境要素模拟分析原理的发展历程。

教学及学习目标

本章主要介绍模型-数据同化相关理论知识及应用实例，通过本章的学习，学生能够了解模型-数据同化算法的概念，掌握主流模型-数据同化算法发展方向，理解模型-数据同化算法的基本公式、机制和特点，能够利用给出的数据同化算法框架对过程模型进行应用和改进。

5.1 引　言

模型-数据同化的任务是将各种不同来源、不同误差信息、不同时空分辨率的观测资料融合进入数值动力模式，依据严格的数学理论，在模式解与实际观测之间找到一个最优解，这个最优解可以继续为动力模式提供初始场，以此不断循环下去，使得模式的结果不断地向观测值靠拢。综合起来，一个完整的模型-数据同化系统可以包括4个基本要素：①模拟自然界真实过程的动力学模型；②状态量的直接或间接观测数据；③不断将新观测的数据融入过程模型计算中，校正模型参数、提高模型模拟精度的模型-数据同化算法；④驱动模型运行的基础参量、数据。结合模型-数据同化4个基本要素，某一时刻的模型-数据同化过程如下：首先，利用基础参量及数据驱动动力学模型运行，生成模型模拟值；其次，将模型模拟值与此时刻的观测数据作对比，模型-数据同化算法利用观测数据不断降低模型模拟过程中的不确定性，使得模型模拟值无限接近真实值（观测数据），最终实现模型-数据同化。

模型-数据同化算法作为模型-数据同化的重要组成部分，是连接观测数据与模型模拟结果的关键核心部分。通过模型-数据同化算法将新观测数据不断加入动力学模型模拟过程中，有效地校正模型模拟轨迹，使之更贴近实际。按模型-数据同化方法与模型之间的关联机制，模型-数据同化算法可分为顺序同化和连续同化。顺序模型-数据同化算法又称为滤波算法，包括预测和更新两个过程。预测过程根据 t 时刻状态值初始化模型，不断向前积分直到有新的观测值输入，预测 $t+1$ 时刻模型的状态值；更新过程则是对当前 $t+1$ 时刻的观测值和模型状态预测值进行加权，得到当前时刻状态最优估计值。根据当前 $t+1$ 时刻的状态值对模型重新初始化，重复上述预测和更新两个步骤，直到完成所有有观测数据时刻的状态预测和更新，常见的算法有集合卡尔曼滤波算法和粒子滤波算法等。连续模型-数据同化算法定义一个同化的时间窗口 T，利用该同化窗口内的所有观测数据和模型状态值进行最优估计，通过迭代不断调整模型初始场，最终将模型轨迹拟合到在同化窗口周期内获取的所有观测上，常见的算法有三维变分和四维变分算法等。按模型-数据同化的理论基础不同，模型-数据同化算法又可以分为基于最优控制理论的变分方法和基于估计理论的集合卡尔曼滤波。目前大部分的同化方法都可以表示为下式

$$x^{\text{opt}} = x_b + W(y^{\text{obs}} - y) \tag{5.1}$$

式中，x^{opt} 为最优值；x_b 为背景值；y^{obs} 为观测值；y 为模拟值；W 为不同同化方法区别所在，不同方法求得不同后验权值（W）。

本章主要讲解三维变分（three-dimensional variational analysis，3Dvar）算法与四维变分算法（four-dimensional variational analysis，4Dvar）、卡尔曼滤波（Kalman filter，KF）算法、集合卡尔曼滤波（ensemble Kalman filter，EnKF）算法及粒子滤波（particle filters，PF）算法等现代同化算法的基本公式、机制和特点。

5.2　数据同化方法

数据同化算法起源于 20 世纪 50 年代，主流算法包括变分算法、卡尔曼滤波系列算法，以及近几年来新兴起的基于贝叶斯理论的粒子滤波算法。

卡尔曼滤波算法是卡尔曼滤波系列算法的最早形式，也是顺序数据同化算法的理论基础，后来的顺序数据同化算法都是在卡尔曼滤波算法的基础上演变而来的。

变分法本身属于数学领域，用来求取泛函的极大或极小值。历史上最著名的关于变分法的例子就是伯努利于 1696 年提出的最速降线问题。Sasaki 在 1958 年首次将变分方法引入客观分析（即将不规则分布的观测数据转换为规则的网格分布），把变分同化表示为代价函数的极小化问题。变分同化综合考虑动力约束、资料约束及观测资料，并且结合变分理论不断迭代，求解出一个最优初始场。Ledimet 和 Talagrand 在 1986 年提出了采用伴随模式求极值的方法，即四维变分同化方法。四维变分同化在三维变分同化的基础上加入时间维度的信息。相比一般的统计插值法，变分法有了更多的优势：①能解决更复杂的非线性约束问题；②代价函数中可以加入物理过程，并以模式自身作为动力约束，因此，变分同化具有物理一致性和动力协调性；③最优插值法首先需要进行观测值挑选，而变分法则可以直接使用观测数据。

5.2.1　三维变分算法

三维变分算法将不同时刻的观测场与从初始场正向计算得到的分析场进行比较，通过定义初始场的泛函，求解得泛函极小的最优初始场。求解这个泛函的过程并不是直接求解，而是通过求解相应初始场的梯度函数，然后运用某种下降算法（如最速下降法、拟牛顿法、松弛法等），调整初始场使其达到最优。相比于最优插值法，三维变分算法的数据分析量更大，但可以进行全局分析，避免了局部解不连续问题。

1. 三维变分算法的理论基础

三维变分算法事实上是基于贝叶斯滤波和最大似然估计的理论方法。设 $P(y^{\text{obs}})$ 和 $P_b(x)$ 分别表示观测资料和背景场的概率密度函数（probability density function，PDF），背景场误差、观测场误差互不相关，且它们的分布服从高斯分布，$P(x \mid y^{\text{obs}})$ 是加入观测的情况下得出的状态值，那么根据贝叶斯公式有

$$P(x \mid y^{\text{obs}}) = \frac{P(y^{\text{obs}} \mid x) P_b(x)}{P(y^{\text{obs}})} = \frac{P(y^{\text{obs}} \mid x) P_b(x)}{\int (y^{\text{obs}} \mid x) P_b(x) \, \mathrm{d}x} \tag{5.2}$$

高斯分布的概率密度函数（PDF）表示为

$$f(x) = \frac{1}{\sigma \sqrt{2\pi}} \exp\left[-\frac{(x-\mu)^2}{2\sigma^2} \right] \tag{5.3}$$

假设观测资料 y^{obs} 和背景场 x_b 的概率分布函数都服从高斯分布，有

$$P_b(x) \sim \exp\left[-\frac{1}{2}(x_o-x_b)^T B^{-1}(x_o-x_b)\right] \tag{5.4}$$

$$P_{obs}(x) \sim \exp\left[-\frac{1}{2}(y^{obs}-y)^T R^{-1}(y^{obs}-y)\right] \tag{5.5}$$

式中，B 和 R 分别为 $P_b(x)$ 和 $P(y^{obs}|x)$ 的协方差阵。当式（5.2）取得概率分布最大，即极大似然估计值时，最后可以得到如下代价函数（cost function）

$$J(x_0) = \frac{1}{2}(x_o-x_b)^T B^{-1}(x_o-x_b) + \frac{1}{2}\left[H(x_0)-y^{obs}\right]^T R^{-1}\left[H(x_0)-y^{obs}\right] \tag{5.6}$$

式中，x_0 为需要求解的变量；x_b 为背景量。式（5.5）中的 y 使用观测算子 $H(\cdot)$ 将模拟值投影到观测空间的值来表示。该公式也可以解释为：假定背景场和误差协方差已知，最后要使得总的分析误差协方差最小。

2. 代价函数求解

代价函数求解的目的是寻找一个最优初始场 x_0，使代价函数取得最小。代价函数的求解主要通过梯度函数，即式（5.7）进行迭代求解

$$\nabla J = \nabla J_{b+} \nabla J_o = B^{-1}(x_0-x_b) + H^T R^{-1}\left[H(x_0)-y^{obs}\right] \tag{5.7}$$

式中，H 为 H 这个观测算子的切线性模式，H^T 是这个切线性模式的伴随算子。迭代次数可以人为设定，也可以设定 ∇J 减小的限值来停止。

事实上，由于观测模型高度非线性及状态量高纬等原因，梯度函数式（5.7）很难直接求解，通常通过切线性方程和伴随模式求解。代价函数中包括背景误差协方差 B 和观测误差协方差 R，求解困难主要在于背景误差协方差矩阵 B，并且由于观测误差通常被设定为对角矩阵，变量间的相关信息就只能由背景误差协方差矩阵提供，背景误差协方差对估计最终最优估计值至关重要。背景误差协方差通常是个很大的矩阵，并且是空间相关以及随着时间动态演变的，涉及求逆及存储的问题，而观测误差协方差矩阵 R 假设观测量之间是不相关的，通常被设定为一个对角矩阵。背景误差协方差可以使用观测值和背景值的残差做统计分析得出，但这是假设观测值作为真值，而观测值通常总带有误差，同时，这种方法在观测值缺少的地区不好估计。除此之外，常用的还有经验公式法、NMC（National Meteorological Center，美国国家气象中心）法、谱分析法及集合估计法等。NMC 法假定背景误差协方差在 48h 内变化不大，认为背景误差的空间相关性和同一时刻不同时效的预报值之间的积分差额非常类似，故用其替代背景误差。公式如下

$$B \approx \frac{1}{2}<(x^{t_1}-x^{t_2})(x^{t_1}-x^{t_2})^T> \tag{5.8}$$

区域上，一般取 12h 和 14h 预报场的插值，此时式（5.8）中的 t_1 取 14，t_2 取 12；全球模式则取 24h 和 48h 的插值，此时式（5.8）中的 t_1 取 48，t_2 取 24。但是此方法求出来的方差通常带有偏差。

代价函数中另外一个很难求的是观测算子，算子根据不同的物理模型有不同的表达形式，通常是一个极大的非线性矩阵的形式。为了求解方便，可以把这个非线性模型做切线性处理，其方法是采用式（5.9）所示的近似

$$H(X_0)-H(X_b) \approx H(X_0-X_b) \tag{5.9}$$

式中，H 为对 H 做过切线性处理后的切线性模型。这个切线性近似条件推导如下，首先对于一个加入增量 Δh 的 $H(X_0+\Delta h)$ 进行泰勒展开：

$$H(X_0+\Delta h)=H(X_0)+\boldsymbol{H}(\Delta h)+O(\parallel\Delta h\parallel) \tag{5.10}$$

$$y_{\text{obs}}-H(X_0)\approx y^{\text{obs}}-H(X_0-X_b)+H(X_b) \tag{5.11}$$

式中，$O(\parallel\Delta h\parallel)$ 为二次方以上的项，将二次方以上的项约去只取前面的低次项。再经过各种变换就能得到切线性模式方程。

三维变分的求解大概过程如下：①首先根据常规观测资料获得一个初始场 $x_{0,i}$，此时 i 为 0；②顺着时间轴正向积分，取得每一步积分解；③计算代价函数值，并且求解代价函数的梯度 $\nabla J(x_{0,i})$；④检查此次梯度是否达到收敛条件，若是，则此次 $x_{0,i}$ 即为所求最优初始场，否则，执行⑤；⑤选择梯度下降法，确定最优步长，计算得到改正后的初始场 $x_{0,i+1}$，回到②进行下一次循环。

5.2.2　四维变分算法

三维变分同化只使用特定时刻观测变量，而四维变分算法在三维变分同化的基础上引入了预测算子，是三维变分在时间尺度上的扩展。Talagrand 等将伴随模型引入变分方法中，进而促进了四维变分算法的发展，极大地简化了四维变分算法的求解。与三维变分算法一样，四维变分算法在同化过程中不断加入常规或非常规的资料，它是把不同时间、不同地点、不同类型的资料融入随时间演变的模式状态的过程中，不断迭代调整，最终求得最优初始场。不同于三维变分，四维变分代价函数中，观测算子包含了预测模型，相比三维变分扩展了时间维度上的分析。

1. 四维变分算法的理论基础

根据一阶马尔可夫过程的 Chapman-Kolmogorov 方程，下一时刻的状态预报概率为

$$P(X_n\mid Y^{\text{obs}}_{1:n-1})=\int P(X_n\mid X_{n-1})P(X_{n-1}\mid Y^{\text{obs}}_{1:n-1})\,dX_{n-1} \tag{5.12}$$

式中，$P(X_n\mid X_{n-1})=P[X_n-M_n(X_{n-1})]$，$M_n$ 为第 n 时刻运行的预测模型。将式（5.12）代入式（5.2）并取最大似然估计得到四维变分代价函数为

$$J(x_0)=\frac{1}{2}\,(x_0-x_0^b)^{\text{T}}B^{-1}(x_0-x_0^b)+\frac{1}{2}\sum_{n=0}^{N}\,(H_n\{M_n[\cdots M_0(x_0)]\}-y_n^{\text{obs}})^{\text{T}}$$
$$R_n^{-1}(H_n\{M_n[\cdots M_0(x_0)]\}-y_n^{\text{obs}}) \tag{5.13}$$

式中，x_0 为初始时刻的状态；x_0^b 为初始的背景场；y_n^{obs} 为第 n 时刻的观测值；$M(t_0,t_i)(x_0)$ 为非线性模型在 t_i 时刻预报的状态量；H_i 为 t_i 时刻把状态变量映射到观测空间的观测算子；B 为背景误差协方差，R_n^{-1} 为第 n 时刻的观测误差协方差。由于引入了预测模型，必然会带入一定的模型误差 Q，在弱约束的四维变分代价函数中包括这个模型误差 Q，而强约束的四维变分则假定预测模型是完美的，即不考虑模型误差 Q。

2. 代价函数求解

四维变分求解是一个非线性约束条件下的最优化问题。针对四维变分的求解采取的是类似三维变分的求解算法，通过使代价函数的梯度最小，得到最优状态值。这个求解过程，理论上是 Euler-Lagrange 方程的求解，然而，真实情况下并不能对这些方程直接求解，所以，必须借助伴随方法，根据偏微分方程的最优控制理论求解。

伴随方程是最优控制理论中的重要工具，其解决的问题主要在于：如何控制一个数值过程的输入参数才能使其输出参数达到最优。给定一个 Hilbert 空间的线性算子 L，L 的伴随是线性算子 L^*，两者间关系为

$$<Lx,y>=<x,L^*y> \tag{5.14}$$

对于一个简单的矩阵 A，以及关于这个矩阵的函数 $J=\frac{1}{2}x^T Ax$，可以知道，它的导数是 $\frac{\partial J}{\partial x}=Ax$，而当 x 是一个关于 y 与 x 的函数的时候，能得出一个嵌套的函数 $J=\frac{1}{2}y^T Ay$，式中，$y=f(x)$，有 $\frac{\partial J}{\partial x}=\left[\frac{\partial y}{\partial x}\right]^T Ay$。四维变分的代价函数类似于这样的一个嵌套函数，对它进行 x 求导，将 J 写为 $J=JB+JO$。右边背景值与状态量的分析部分 JB 三维变分几乎一样，右边部分求导分析。

$$\frac{\partial\{H_n[M(0,n)(x_0)]-y_n^{\text{obs}}\}}{\partial x_0}=\frac{\partial H}{\partial x_n}\frac{\partial M}{\partial x_0}=H_n M_n \cdots M_0 \tag{5.15}$$

式中，H_n 和 M_n 分别为观测算子 H 与预测算子 M 的线性化形式。将其代入公式 $\frac{\partial J}{\partial x}=\left[\frac{\partial y}{\partial x}\right]^T Ay$，可以得出最后的导数函数为

$$\frac{\partial J[x(t_0)]}{\partial x}=B^{-1}[x(t_0)-x^b(t_0)]+H_0^T d_0+M_0^T[H_1^T d_1+M_1^T[H_2^T d_2+\cdots+M_n^T H_n^T d_n]\cdots] \tag{5.16}$$

式中，$d_n=R_n^{-1}[H_n(x_n)-y_n^{\text{obs}}]$。求解最小化的过程中，借助伴随矩阵寻找相应于初始状态的梯度信息来降低目标函数值，即向前积分预报模式一次，向后积分伴随方程到初始时候的代价函数梯度调整初始场，返回向前模式。循环这个过程，进而达到收敛条件。

变分同化的目的就是通过用模式动力结构的约束来确定接近观测资料的模式的最优初始场，解的最优性可以用表示模式解和观测资料差异的目标函数来衡量。通过最小化目标函数及目标函数的梯度来调整初始场（该梯度可作为初始条件空间中的下降步长对初始场进行修正），最后得到距离函数达到极小的初始场。首先需要对方程进行切线性处理，解得切线性形式，然后对得到的切线性模式直接推导出其伴随模式进行求解，切线性模式的正确性检验公式为

$$R=\frac{\|M(x+\alpha\Delta x)-M(x)\|^{1/2}}{\alpha\|M(x)\Delta x\|^{1/2}}=1+O(\alpha) \tag{5.17}$$

5.2.3　卡尔曼滤波算法

卡尔曼滤波算法于 1960 年由数学家卡尔曼（Kalman）提出，主要用于解决离散的线性随机动力系统的滤波与预报问题。卡尔曼滤波是基于最小二乘法推导出来的，最小二乘法最早由高斯提出，用来解决天文学中的问题。这是一种基于一定观测数据来选取函数表达式，使它与这些观测值和函数曲线尽可能相近的办法。卡尔曼滤波的基本思想是：首先进行模式状态的预报，其次引入观测数据，根据观测数据对模式状态进行重新分析，再进行预报，进而完成预报—分析—再预报的循环过程。所以，卡尔曼滤波算法是一种随时间动态演变的顺序数据同化思想，相比之前的同化算法以及变分算法，卡尔曼滤波的背景误差协方差随着时间积分自动估计，在融入观测数据的情况下，取得当前状态变量与预报状态变量的最优估计。

卡尔曼滤波包括预测与分析两个部分：预测部分和分析部分，总共 5 个方程（式 5.18 ~ 5.22），预测部分表达为（Evensen，2007）

$$x_n^f = M x_{n-1}^a \tag{5.18}$$

$$P_n^f = M A_{n-1} M^T + Q_{n-1} \tag{5.19}$$

式（5.18）是状态变量的预测，x_n^f 为预测算子 M 前向积分获得第 n 时刻的状态量的预测值；含有误差的预测模型是 $\hat{x}_n = M x_{n-1} + v_n$，$\hat{x}_n$ 为 n 时刻真实的状态值；v_n 为无偏系统噪声。式（5.19）是预测误差协方差 P_n^f 的预报，该误差可认为由两部分组成，一部分是初值以及其模型演进所带来的误差部分，另外一部分是模型在第 n 时刻的预测误差 Q_{n-1}，这种误差是模型自身导致，如驱动数据及边界条件的误差、模型参数的误差等（梁顺林等，2013），A_{n-1} 是前一时刻的分析误差，由式（5.22）得到，模型预测误差是：$Q_{n-1} = \varepsilon [v_n v_n^T]$。

分析部分表达为

$$K_n = P_n H^T (H P_n H^T + R_n)^{-1} \tag{5.20}$$

$$x_n^a = x_n^f + K_n (y_n^{obs} - H x_n^f) \tag{5.21}$$

$$A_n = (1 - K_n H) P_n \tag{5.22}$$

式中，K_n 为第 n 时刻的卡尔曼增益；H 为观测算子，用来将状态变量投影到观测空间，该过程方程描述为 $y_n = H x_n + w_n$；y_n 为真实的值；w_n 为投影转换的观测误差，所以观测误差协方差 $R_n = \varepsilon [v_n v_n^T]$；使用式（5.21）进行状态量的后验调整，该式是预测值（或背景值）加上观测值的增加乘以一定权重 K 得到，卡尔曼滤波的推导基于最小二乘分析法；式（5.22）最后得出一个分析误差协方差，可用来预测下一时刻的预测误差协方差。

以上分析出现了 4 个误差矩阵：P、Q、R 和 A。其中，预测误差方差 P 和分析误差协方差 A 都是随积分时间不断演进的，只有预测模型误差 Q 与观测误差协方差 R 是预先给定的。当 Q 为 0 时，即假定预报算子没有误差，最终 P 和卡尔曼增益都会取为 0；而当 R 为 0 时，即假定预测没有误差，则卡尔曼增益总是取为 1，四维变分与三维变分中主要是由背景误差协方差 B 与观测误差协方差 R 控制，而卡尔曼滤波总是被 Q 与 R 的取值决定，因为 P（相当于变分中的 B）是随着时间积分不断演进的，而变分中是一个给定的值。Drecourt 等发现在平稳的条件下，K 近似为 Q/R。

滤波器 "smoother" 指的是既使用了过去观测数据又使用了未来观测数据的模型。卡尔曼滤波是典型的滤波器，而四维变分同样可以被视为滤波器。四维变分同化可以看作一个类似于 Q 值为 0（即预测模型不存在误差），P_n 取 P_0（即预测误差协方差总是取为初始时刻的值）时的卡尔曼滤波，此时得出的状态值是一样的。

传统的卡尔曼滤波主要针对线性模型提出，而现实情况是，模型大多是非线性模式，通常的做法是对非线性模型进行线性化处理，也就是扩展的卡尔曼滤波（extended Kalman filter，EKF）。在这种方法中，EKF 使用前向非线性模型来预测状态，通过计算系统的雅可比矩阵来估计协方差矩阵，然后通过伴随矩阵方法求解。针对式（5.18）引入一个状态扰动，可以得到方程

$$x_n + \delta x_n = M(x_{n-1} + \delta x_{n-1}) = M x_{n-1} + L_{n-1} \delta x_{n-1} + O(\parallel \delta x \parallel^2) \tag{5.23}$$

式中，δx_n 为加入状态变量的扰动；L_{n-1} 为切线性矩阵，用来将第 $n-1$ 时刻的扰动转换到第 n 时刻。对于预测模型有

$$\varepsilon_n = M x_{n-1} + \mu_n - M x_{n-1}^a = M(x_{n-1}^a + x_{n-1} - x_{n-1}^a) + \mu_n - M x_{n-1}^a \approx L_{n-1} \varepsilon_{n-1}^a + \mu_n \tag{5.24}$$

所以，可以将式 (5.19) 变为

$$P_n = L_{n-1} A_{n-1} L_{n-1}{}^{\mathrm{T}} + Q_{n-1} \tag{5.25}$$

Evensen 最早把 EKF 运用在海洋同化实验中，并且发现非线性误差传播方程的线性化处理导致了不受控制的线性不稳定（unbounded linear instability）。

无论是卡尔曼滤波还是扩展卡尔曼滤波在处理气象模式、陆面模式这样的高维并且非线性模型时都面临很多问题。首先，当模型算子有 n 个未知状态量时，误差协方差是 n^2 维，在时间上计算这样的误差协方差也需要 $2n$ 倍的时间开支；EKF 线性化处理时需要对预测算子和观测算子求解雅可比矩阵，这种复杂系统的线性化求解非常困难；其次，扩展卡尔曼滤波线性化处理只是原算子的一阶近似，丢失了高阶信息，进而引入大的误差导致滤波的"发射"，所以实际使用中 EKF 还有很多缺点。

5.2.4　集合卡尔曼滤波算法

集合卡尔曼滤波算法最早由 Evensen 于 1994 年在海洋模型–数据同化中提出，Burgers 在 1998 年提出将卡尔曼滤波与集合预报结合起来。这是一种使用有限的集合并且基于蒙特卡罗算法来估计误差协方差的方法，通过对背景场和观测值加入一定的扰动来生产一定数目的集合，并且得到相应的分析值，然后基于这些分析值的差异作为分析样本统计出误差协方差矩阵。集合卡尔曼滤波算法最大的优势是不需要发展切线性和伴随模式，并且可以显式地提供集合预报的初始扰动。对于第 $n-1$ 时刻的 k 个集合 $X = [\,x_{1,n-1}^{\mathrm{a}}, x_{2,n-1}^{\mathrm{a}}, \cdots, x_{k-1,n-1}^{\mathrm{a}}, x_{k,n-1}^{\mathrm{a}}\,]$，有如下预测状态变量

$$x_{k,n}^{\mathrm{f}} = M\, x_{k,n-1}^{\mathrm{a}} + \varepsilon_{k,n-1} \tag{5.26}$$

式中，M 为预测模型；$\varepsilon_{k,n-1}$ 为相应的误差项，通过这些随机模拟的集合可以估计样本的误差协方差

$$P_n^{\mathrm{f}} = \frac{1}{K-1} \sum_{i=1}^{K} \left[\, x_{k,n}^{\mathrm{f}} - \overline{x_n^{\mathrm{f}}} \,\right] \left[\, x_{k,n}^{\mathrm{f}} - \overline{x_n^{\mathrm{f}}} \,\right]^{\mathrm{T}} \tag{5.27}$$

式中，$x_{k,n}^{\mathrm{f}}$ 为第 n 时刻第 k 个集合的预报值；$\overline{x_n^{\mathrm{f}}} = \frac{1}{k} \sum_{i=1}^{k} x_{k,n}^{\mathrm{f}}$；理论上，随着集合数目 N 的上升，蒙特卡罗采样误差呈 $1/\sqrt{N}$ 比例下降，但是集合数目的上升也带来更大的计算量与内存量。对于集合卡尔曼滤波同样可以得到类似式 (5.21) 的状态更新方程

$$x_{k,n}^{\mathrm{a}} = x_{k,n}^{\mathrm{f}} + P_n^{\mathrm{f}} H^{\mathrm{T}} (H P_n^{\mathrm{f}} H^{\mathrm{T}} + R_{n-1})^{\mathrm{T}} (y_{k,n}^{\mathrm{obs}} - H x_{k,n}^{\mathrm{f}}) \tag{5.28}$$

$$P_n^{\mathrm{f}} H^{\mathrm{T}} = \frac{1}{K-1} \sum_{i=1}^{K} \left[\, x_{k,n}^{\mathrm{f}} - \overline{x_k^{\mathrm{f}}} \,\right] \left[\, H(x_{k,n}^{\mathrm{f}}) - H(\overline{x_k^{\mathrm{f}}}) \,\right]^{\mathrm{T}} \tag{5.29}$$

式中，M 和 H 分别为模型算子和观测算子；R 为观测误差协方差，可以通过加入符合高斯分布上一时刻第 $n-1$ 时刻的误差扰动观测集合样本与它们均值的统计分析得到 $R_{n-1} = \frac{1}{k-1} \sum_{i=1}^{N} \left[\, y_{k,n-1}^{\mathrm{obs}} - \overline{y_{k,n-1}^{\mathrm{obs}}} \,\right] \left[\, y_{k,n-1}^{\mathrm{obs}} - \overline{y_{k,n-1}^{\mathrm{obs}}} \,\right]^{\mathrm{T}}$；$y_{k,n}^{\mathrm{obs}}$ 为第 n 时刻第 k 个集合的观测值；$x_{k,n}^{\mathrm{a}}$ 为第 n 时刻第 k 个集合改正后得到的值。分析后的误差协方差为

$$A_n = \frac{1}{K-1} \sum_{i=1}^{K} \left[\, x_{k,n}^{\mathrm{a}} - \overline{x_k^{\mathrm{a}}} \,\right] \left[\, x_{k,n}^{\mathrm{a}} - \overline{x_k^{\mathrm{a}}} \,\right]^{\mathrm{T}} \tag{5.30}$$

集合大小根据情况在几十个到几百个之间，随着集合数目的增加估计精度越来越高，然

而计算量也更大，集合数目过少，其平均值又不能真实地代表客观状态，如何选择更加合适的集合数目还需要更多的研究。相比于三维变分算法来说，集合卡尔曼滤波的计算量可能是它们计算量的集合数目倍数，不过集合卡尔曼滤波算法适用于非线性模型，不需要对模型算子进行切线性化处理，也不需要求解复杂的伴随矩阵，所以是一种适用于业务运行的同化算法，再者，集合卡尔曼滤波不仅可以得出分析值，还可以给出分析值的误差。集合卡尔曼滤波虽然相比之前的算法有了更多的优点，但是仍然需要解决增益矩阵中存在的求逆的不满秩、滤波发散等问题，目前对集合卡尔曼滤波的改进有集合卡尔曼平滑（ensemble Kalman smoother，EnKS）、集合均方根滤波（ensemble square-root filters，EnSRF）及局地集合转换卡尔曼滤波（local ensemble transform Kalman filter，LETKF）等。集合卡尔曼滤波对观测值需要加入观测扰动生成观测集合，而这可能引入附加误差，并且引起滤波发散等问题，Whitaker 和 Hamill（2002）发展了集合均方根滤波（EnSRF）对观测值逐个进行分析，避免了引入观测扰动。由于集合的数目远远小于待求解状态量的数目，容易导致求解增益矩阵时的不满秩问题，Ott 等（2004）提出一种局地卡尔曼滤波（local ensemble Kalman filter，LEKF）的方法，即将求解区域分为许多小区域分别求解，这样不仅只需很少的集合数目，还容易进行并行计算。集合卡尔曼滤波只有在满足高斯分布假设的情况下才能获得最优的估计，而事实上模型的参数、强迫数据及初始状态受到的扰动会导致有偏（bias），de Lannoy 等（2007）对此进行过分析，基于此扩展了一种可以对偏差进行改正的算法——带偏差估计算法的 ENKF（the ENKF with the bias estimation algorithm，ENBKF），并将其运用于 CLM2.0 的土壤湿度的同化实验中。

5.2.5　粒子滤波算法

粒子滤波算法是近些年兴起的基于贝叶斯滤波理论的同化算法，该算法的思想早在 20 世纪 60 年代就被提出，然而由于算法本身的缺陷，当时没有受到很多关注，直到 Gordon 等（1993）在 90 年代提出了解决滤波退化问题的重采样方法，之后粒子滤波算法得到迅速发展。相比于集合卡尔曼滤波等算法，粒子滤波算法不需要对矩阵求逆，适用于非线性非高斯模型，还可以完整地描述状态值的后验分布，而卡尔曼滤波只能生成后验概率分布的均值与方差。粒子滤波的理论基础是贝叶斯滤波，包括预测部分，即式（5.2）和式（5.12）变形后的分析部分，有

$$P(x_{n+1}\,|\,y_{1:n+1}) = \frac{p(y_{n+1}\,|\,x_{n+1})p(x_{n+1}\,|\,y_{1:n})}{p(y_{n+1}\,|\,y_{1:n})} \tag{5.31}$$

式中，$p(x_{n+1}\,|\,y_{1:n})$ 为第 $n+1$ 时刻的先验概率，是通过式（5.12）求出的转移后的概率；$p(y_{n+1}\,|\,x_{n+1})$ 为通过第 $n+1$ 时刻的观测值估计出的似然函数，写为 $p(y_{n+1}-H_{n+1}(x_{n+1}^{\mathrm{f}})\,|\,R_{n+1})$；$p(y_{n+1}\,|\,y_{1:n})$ 为归一化的系数。通过这两部分组成一个完整的预测与更新步骤并且随着时间的演进不断循环，首先用式（5.12）的基于第 n 时刻的状态值预测出第 $n+1$ 时刻的预测值，然后使用第 $n+1$ 时刻的观测值对其进行改正，得到第 $n+1$ 时刻的后验概率，如此循环将观测与模型模拟结合起来。

直接求得贝叶斯滤波的解析式是很困难的，通常采用近似的办法求得数值解，如卡尔曼滤波等。粒子滤波是基于这些的贝叶斯理论，结合蒙特卡罗算法使用一定数目的样点（粒子）及其权重递归模拟后验概率分布，最终的状态量由式（5.32）得出。模拟的准确度随

着样点数量的上升而增加，也更加接近最优贝叶斯估计，但是也带来很大的计算量。

$$P(x_{n+1} \mid y_{1:n+1}) \approx \sum_{i=1}^{N} w_{n+1}^i \delta(x_{n+1} - x_{n+1}^i) \tag{5.32}$$

式中，$\delta(\cdot)$ 为 Direc 函数；x_{n+1}^i 为第 $n+1$ 时刻第 i 个粒子的值；w_{n+1}^i 为它的权重，并且有 $\sum_{i=1}^{N} w_{n+1}^i = 1$；粒子滤波也被为序贯重要性采样法（sequential importance sampling，SIS），通过从已知分布的重要性函数 $q(x_{n+1}^i \mid x_n^i, y_{n+1})$ 中抽取粒子，并且通过该函数以及之前第 n 时刻的归一化的权重 w_n^i 来求得第 $n+1$ 时刻粒子的权重 $\widetilde{w}_{n+1}^i$，公式为

$$\widetilde{w}_{n+1}^i = w_n^i \frac{p(y_{n+1} \mid x_{n+1}^i) p(x_{n+1}^i \mid x_n^i)}{q(x_{n+1}^i \mid x_n^i, y_{n+1})} \tag{5.33}$$

但是，重要性函数的选取影响到最后结果的准确性与速度，常用的办法是使用此时的先验分布作为重要性函数，式（5.33）可以简化为

$$\widetilde{w}_{n+1}^i = w_n^i p(y_{n+1} \mid x_{n+1}^i) \tag{5.34}$$

然而，随着迭代次数的增加，粒子权重方差会不断地变大，表现为部分粒子权重不断增大，而大部分粒子权重不断变小，甚至为 0，消耗在那些权重很小的粒子上的计算量非常巨大，这被称为滤波退化。Gordon 等在 20 世纪 90 年代提出的重采样方法有效解决了这一问题，即在保证粒子总数不变的情况下复制权重较大的粒子，剔除权重小的粒子。其他的重采样法还有分层重采样、系统重采样及残差重采样等。

粒子滤波算法实现效率高，对模型是否线性和是否高斯分布没有要求，并且易于实现并行计算，可用于较复杂的同化项目；但是粒子滤波产生的滤波退化问题仍待更有效的方法解决，同时，这种仅仅复制权重较大的粒子而剔除权重小的粒子的重采样方法会减少粒子的多样性，进而导致粒子贫化的问题，这一问题也待解决。

5.3　基于 EnKF 的 CO_2 同化应用实例

5.3.1　CO_2 同化框架

大气 CO_2 模型–数据同化系统是一种新兴的、全球或区域尺度的陆地生态系统碳源汇模拟手段，它以陆地、海洋、火烧和化石燃烧排放为先验碳通量数据（基础变量、数据），大气传输模型为"正演"模型（动力学模型），以 CO_2 浓度为观测数据（状态量的直接或间接观测数据），结合贝叶斯理论（模型–数据同化算法），求解出 CO_2 通量的最优值，最终模拟出碳源碳汇/浓度的时空间变化特征。因此，CO_2 同化系统框架是由先验通量（x_0）、大气传输模型（H）、CO_2 浓度观测（y^o）和模型–数据同化算法（EnKF）组成的。某一时刻的 CO_2 模型–数据同化过程如下：首先，由先验通量（x_0）驱动大气传输模型（H）运行，生成 CO_2 浓度模拟值；其次，将 CO_2 浓度模拟值与此时刻的 CO_2 浓度观测数据作对比，利用模型–数据同化算法（EnKF）最小化观测与模拟值之差，最终实现 CO_2 模型–数据同化。

1. 代价函数

大气 CO_2 模型–数据同化技术通过最小化模拟浓度与观测浓度之间的差值来求解最优 CO_2 通量 x，其代价函数为

$$J = \frac{1}{2}\left[y^{o} - H(x)\right]^{T} R^{-1}\left[y^{o} - H(x)\right] + \frac{1}{2}(x - x_0)^{T} P^{-1}(x - x_0) \qquad (5.35)$$

式中，y^{o} 为 CO_2 浓度观测值；R 为观测值的误差协方差矩阵；x_0 为先验 CO_2 通量；P 为 CO_2 通量的误差协方差矩阵；x 为状态变量，代表同化模型中要求解的 CO_2 通量；H 为大气传输模型，用以模拟 CO_2 浓度值并根据观测数据的空间、时间信息来对模拟 CO_2 浓度进行采样，为同化提供数据准备。

2. 同化过程

同化过程可分为两个部分（图 5.1）：CO_2 通量的预测过程（state forcast）和分析过程（state Analysis）。①预测：这一步主要负责向前推算当前状态变量（即 CO_2 通量）和误差协方差估计的值，以便为下一个时间状态构造先验估计。这在一步中，大多数模型采用了一个简单的预报模型 M，即单位矩阵 I。②分析：这一步将先验估计和新的测量变量结合以构造改进的后验估计。将预报过程获得的 CO_2 通量作为驱动数据，驱动大气传输模型（如 TM5、GEOS-chem 等）模拟出当前时刻的 CO_2 浓度。再将模拟的 CO_2 浓度与观测 CO_2 浓度作对比，通过最小浓度差来求解最优 CO_2 通量，达到碳源汇优化的目标。

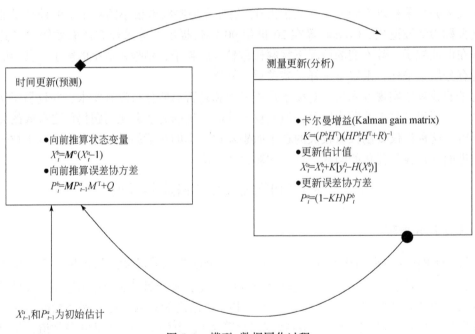

图 5.1   模型–数据同化过程

5.3.2 碳同化方案

1. 状态分析

模型–数据同化系统的状态分析的步骤，就是结合状态预报中得到的先验估计，以及对应的测量变量，对系统状态进行最优估计的过程。这一过程得到的最优估计称为系统状态的后验估计量。这一过程的本质可以视为加权求和，即将状态预报得到的系统先验状态和系统观测基于各自的误差进行加权求和得到系统状态的最优估计。这个估计充分考虑到了预报算子带来的模拟系统的机理信息，同时也考虑到了观测数据带来的实际信息。将二者综合考虑，使得系统状态既满足现实生活中的物理规律，同时也能够尽可能地贴近实际的观测值。这就是同化反演系统的价值所在。

这一加权求和的重要参数是系统预报算子的先验误差与观测数据的观测误差，这两个误差决定了两个数据如何组合，也决定了后验分析结果受到这两个值的影响程度。如果系统预报算子的先验误差更小，则后验分析状态的结果会更靠近系统先验状态；反之，如果观测数据的观测误差更小，则后验分析状态的结果会更靠近实际的观测值。可见误差的估计对同化系统的状态分析影响很大。错误的误差估计会带来完全不一样的同化结果。为此系统地、全面地估计观测值误差与预报算子误差显得尤为重要。

在全球 CO_2 同化系统中，将预报过程获得的先验 CO_2 通量作为驱动数据，驱动大气传输模型，模拟出当前时刻的 CO_2 浓度，再将模拟的 CO_2 浓度与观测的 CO_2 浓度作对比，通过最小化代价函数来求解最优 CO_2 通量，以达到碳源汇反演的目标。而具体求解算法在不同的碳同化系统中各不相同，但大多数的求解都是以最小化到先验状态与系统观测的误差作为代价函数，通过求解最小化代价函数时的系统状态作为系统状态的解，得到状态分析的结果。本书将结合式（5.35）用最大似然法求解的状态变量 x 和它的协方差 P，计算公式为

$$x_t^a = x_t^b + K[y^o - H(x_t^b)] \tag{5.36}$$
$$P_t^a = (I - KH)P_t^b \tag{5.37}$$

式中，下标 t 为时间；上标 b 为背景场；上标 a 为分析场；H 为大气传输模型，代表观测算子；R 为观测数据的误差矩阵。K 为卡尔曼增益系数，其计算公式为

$$K = (P_t^b H^T) / (HP_t^b H^T + R) \tag{5.38}$$

为了使方程求解方便、简洁，在碳同化系统中对状态向量 x 进行细分，把它定义为其均值 $\bar{x}$、偏差 x' 之和，即

$$x = \bar{x} + x' \tag{5.39}$$

则状态向量偏差 x'（维度 N）每一列的矩阵定义为

$$X = \frac{1}{\sqrt{N-1}}(x_1', x_2', \cdots, x_N')^T$$
$$= \frac{1}{\sqrt{N-1}}(x_1 - \bar{x}, x_2 - \bar{x}, \cdots, x_N - \bar{x})^T \tag{5.40}$$

根据式（5.40），每一列的方差矩阵可以写为

$$P = XX^T \tag{5.41}$$

根据式（5.41）方差矩阵 P 的定义，式（5.38）中的 HPH^T、PH^T 可定义为

$$HPH^T \approx \frac{1}{N-1}[H(x_1'), H(x_2'), \cdots, H(x_N')] \times [H(x_1'), H(x_2'), \cdots, H(x_N')]^T \tag{5.42}$$

$$PH^T \approx \frac{1}{N-1}(x_1', x_2', \cdots, x_N') \times [H(x_1'), H(x_2'), \cdots, H(x_N')]^T \tag{5.43}$$

对于单独一个 CO_2 观测值来说，式（5.43）变成了两个矩阵的点乘，HPH^T 则变成了一个 $[1 \times 1]$ 维的标量，而 PH^T 则变成了一个 $[s \times 1]$ 维的向量。根据式（5.42）和式（5.43），很容易就计算卡尔曼增益矩阵 K，实现式（5.38）的求解。

卡尔曼增益矩阵 K 用来更新平均状态向量 $\bar{x}$，结合式（5.36），实现平均状态变量 $\bar{x}$ 分析值的更新。平均状态变量 $\bar{x}$ 更新的同时，对状态向量的偏差 x' 也进行了相应的更新，更新

公式为

$$x_i^{'a} = x_i^{'b} - \tilde{k}H(x_i^{'b}) \qquad (5.44)$$

式（5.44）中，维度为 [s×1] 的向量 $\tilde{k}$ 与维度为 [s×1] 的卡尔曼增益矩阵 K 之间存在相关性，可用公式表示为

$$\begin{cases} \tilde{k} = K \times \alpha \\ \alpha = \left(1 + \sqrt{\dfrac{R}{HP^bH^T + R}}\right)^{-1} \end{cases} \qquad (5.45)$$

这种对状态向量 $\bar{x}$ 和状态向量偏差 x' 分别更新的方式，可有效防止系统性低估 P^a 量。且 α 的计算过程十分简单，只需估算出向量 R 和 HPH^T，就可计算出 α。对应于状态向量 x 的更新，系统也对取样点处的 CO_2 浓度模拟值 $y_t^b = H(x_t^b)$ 进行更新。一般来说，CO_2 浓度模拟值更新的最直接方式就是利用更新后 x 计算出一系列新的背景通量，通过重新运行观测算子估算出新的 CO_2 浓度模拟值，达到求得取样点处的 CO_2 浓度模拟值的目的。然而，这种通过运行观测算子 H 进行浓度更新的方式计算代价十分巨大，相当于每个 CO_2 浓度观测值每更新一次状态向量时观测算子就要重新运行一次。因此，为了提高运行效率，本书同化运行时对浓度数据采取了类似于状态向量 $\bar{x}$ 和状态向量偏差 x' 的更新方式，CO_2 浓度模拟值的更新也通过卡尔曼增益矩阵 K 来实现。取样点 m 处的 CO_2 浓度模拟值 $H(x_t^b)_m$ 的更新方式为

$$H(x_t^a)_m = H(x_t^b)_m + H_m K[y_t^0 - H(x_t^b)] \qquad (5.46)$$

其偏差的更新方式为

$$H(x_i^{'a})_m = H(fx_i^{'b})_m - H_m \tilde{k}H(x_i^b) \qquad (5.47)$$

在完成状态向量 $\bar{x}$ 和状态向量偏差 x' 以及浓度 $H(x)_m$、偏差 $H(x_i')_m$ 更新后，系统将状态向量作为背景值推动碳同化系统向下一个时刻运行。

2. 状态预报

状态预报是指在时间上更新状态变量及其协方差矩阵的过程。即用一个模型，根据前一个时刻状态变量的值和协方差矩阵，预测下一个时刻的系统状态变量值及其协方差矩阵。这个模型被称为状态预报模型 M。状态预报模型所得到的下一个时刻的协方差矩阵，将会作为下一步同化中的先验估计。在碳同化系统中，状态预报算子能够反映系统状态随着时间变化的机理过程。这个过程为系统状态的同化提供机理信息，确保同化的结果不会违背基本的大气、生态机理，不至于让系统状态在同化过程中被潜在的错误观测数据所影响，从而保证同化结果的稳定性。

由于地表生态过程十分复杂，很难从上一个时刻的碳通量估计下一个时刻的碳通量，因此在大多数地表通量全球 CO_2 同化模型中，模型 M 通常用一个单位矩阵来代替。也就是说大多数全球 CO_2 同化模型假设先验碳通量不会随着时间发生变化。显然这样做存在很大的问题，没能在状态预报过程中提供有效信息。因此在每次预报过程中，都需要在状态变量的协方差矩阵上加一个大的误差，来保证状态分析时能够考虑到预报算子的不准确性。而且事实上预报算子的误差是非平稳无规律的，这使得选择一个合适的预报误差更加困难。考虑到这些问题，碳通量同化系统未来的一个研究方向就是要研究如何改进同化算法中的预报算子。使其能考虑到系统状态的时间演进过程，进而提高同化反演精度。

碳同化系统的状态变量预报（用 M 来表示）描述了状态变量在时间上的更新，它以前时刻的状态变量 x_t^a 为背景量，通过预报算子 M 估测出下一时刻的状态变量 x_{t+1}^b 及方差矩阵 P_{t+1}^b 的预报值：

$$x_{t+1}^b = M(x_t^a) \tag{5.48}$$

$$P_{t+1}^b = MP_t^a M^T + Q \tag{5.49}$$

在现在的同化系统中，简化了预报过程，用单位矩阵 I 来代替预报算子。

扩展阅读

（1）贝叶斯定理

参考 1：https://en.wikipedia.org/wiki/Bayes%27_theorem

参考 2：http://baike.baidu.com/link? url = upA5dVrf500yegbpD3BaexplwZDiRA1OM6w4Nb Np6UFU_ijcpib- iEw41b_JGT1mptjxsByiGLrgmc6kjqweu0VygQaN0reFRJNq7CbWXYF69r0GyLDoe gp9lPXIQzAXWFEaMGHCGsdrhA0BsIT8R_

（2）最大似然估计法

参考 1：http://blog.csdn.net/hezhourongro/article/details/17167717? locationNum = 15

参考 2：http://baike.baidu.com/link? url = tsFQsGNThNGfj2hlMFlSR2-gLlPIGC_ZRfe2npvq 4E22YnFsX7-aqWSUAlJyqNZeYFYR9kSE0qp-O7J-GG7eP14Y-Ci71XFu5JAsisjKSabbC512s1HTk38 oqlu1uqgNAf00Z83mttIzOtVGoxEpQK

（3）正态分布

参考 1：http://baike.baidu.com/link? url = t_LlUreGdN3MvdmmI8ycUAfUCT8PB3xNbLm14 NOIhHPh8zgiESjl2HmR5gHNz6jSVOrZ97W6ASyDS47DYgE2qg3z_Dj0QW83EZAfWbG228 BjNSX-UP9gJcoVh_xMYV741o_LpimDi8LzYnqWcGpsVZCZe-B6Tzq30fEHONao38Dd09N5dlTJScXup_U7 iqN47Ti0sT8OpAx2gtoi6b_l4lK

思　考　题

1. 名词解释

（1）顺序同化

（2）连续同化

（3）三维变分

（4）四维变分

（5）卡尔曼滤波、集合卡尔曼滤波及粒子滤波

2. 简答题

（1）简述模型-数据同化系统由哪些要素组成。

（2）简述当前主流的数据同化算法有哪些。

（3）简述三维变分与四维变分的区别。

3. 论述题

（1）试论述当前主流的数据同化算法理论基础及各个数据同化算法的优缺点。

（2）试论述集合卡尔曼滤波算法在 CO_2 同化中的应用。

第6章 三维虚拟地球与仿真

 教学及学习目标

目前，三维虚拟地球技术、虚拟现实技术（或称为三维虚拟仿真技术）在各自的领域内发展迅速，并取得了丰硕的成果。但是，有一些行业应用，既需要对大规模地理数据的处理、可视化与分析能力，又需要强大的三维虚拟仿真能力，带来的问题包括：如果选择三维虚拟地球软件，就无法满足三维虚拟仿真的需要；如果选择虚拟仿真软件，就无法满足对地理数据的处理、可视化与分析能力等要求。

本章针对这个问题，给出三维虚拟地球技术与虚拟仿真技术交叉融合的基本原理和解决办法，通过建立一个既包含三维虚拟地球技术、又包含三维虚拟仿真技术的基础软件平台来解决这个问题，最终形成一个三维虚拟仿真地球系统。由于篇幅限制，无法完整地展开叙述三维虚拟地球仿真系统的全部内容，只能从实际应用出发，讨论快速构建逼真三维虚拟仿真地球场景的基本理论和技术方法。

本章教学目标：

分别从基本的仿真场景构建、仿真逼真度渲染、精细化地表的快速构建、真实的水域与大气环境的仿真等几个方面，叙述三维虚拟地球仿真系统的基本理论和技术。

本章学习目标：

了解基于四叉树、八叉树、二叉空间剖分（binary space partitioning，BSP）树的混合分割方法，用于综合管理三维虚拟地球场景与仿真场景的不同细节内容；了解基于线性四叉树全球地形地貌数据的组织、调度、建模与渲染方法；在地形地貌调度机制基础之上，了解全球大规模三维模型数据的组织、调度方法等内容。

本章学习要点：

计算机图形学与虚拟现实的绘制理论与技术，主要包括基于物理渲染的 BRDF 光照模型、SSAO 理论与实现、延迟渲染理论与实现、HDR 理论与实现；了解四叉树、八叉树、BSP 树基本概念和算法；了解基于线性四叉树全球地形地貌数据的组织、调度、建模与渲染方法；了解如何快速构建精细、真实的地表环境，地表细节的快速绘制、地形高程的快速修改及光滑、地表覆盖物（森林、草地、沙砾）的快速增删以及效率优化方法；了解河流、湖泊和海洋等面状水域的建模方法；了解气象预报模式数据仿真大气环境的方法，如三维云、台风、雾霾等。

6.1　基本理论与发展现状

6.1.1　三维虚拟地球概述

三维虚拟地球，即在计算机中再现真实的三维地球的技术，但是地球空间极为庞然、复杂，涉及很多学科技术的支撑，以对空间环境进行描述、存储、建模、显示、传输、交互等。1998 年，美国副总统阿尔·戈尔先生首次提出了"数字地球"的概念，并勾勒出一个先进的、诱人的三维虚拟地球的景象，随后该领域在世界范围内全面发展；2008 年 11 月，国际商业机器公司（International Business Machines Corporation，IBM）以一个名为"智慧地球"的演讲，正式提出了"智慧地球"的概念，该行业进一步蓬勃发展。目前，在三维虚拟地球技术领域，海量数据组织、管理、维护、网络调度、快速可视化、分析、应用集成等理论与技术已经成熟，以 GoogleEarth、SkyLine、ArcGlobe、天地图等为代表的相关软件，分别在面向公众与专业领域的应用上，为三维虚拟地球技术开创了里程碑式的发展，并取得了巨大的成功。

GoogleEarth 为大众提供了丰富的三维数据，人们可以在计算机中观察全球任意位置，包括地形、地貌、三维城市、热点信息、实地照片、360°街景等，在数据比较丰富的区域，使用者不出家门，便可以在计算机中畅游世界；SkyLine 则为使用者提供了众多实用的专业功能，包括构建与更新地形、地貌数据集，在三维场景中进行三维漫游、信息查询、GIS 数据绘制、三维空间分析（测量、坡度坡向计算、通视分析、淹没分析、填挖方分析等）；ArcGlobe 则继承了 ArcGIS 软件强大的 GIS 功能，可以与 ArcGIS 无缝集成，开发专业的 GIS 应用产品，除了可以进行三维漫游、信息查询、GIS 数据绘制、三维空间分析之外，还可以无缝集成 GIS 专题图、网络分析、地理处理等更加专业与详细的 GIS 应用；我国基于自主知识产权的平台建立了国家、省、地市等多级国家地理信息公共服务平台"天地图"应用系统，"天地图"集成了海量基础地理信息资源，以矢量、影像、三维地形三种模式进行全方位、多角度的展现，为公众提供权威、可信、统一的地理信息服务，打造出互联网地理信息服务的中国品牌。

6.1.2　虚拟现实概述

虚拟现实（virtual reality），又称为虚拟仿真或三维虚拟仿真等，是以计算机技术为核心，结合相关科学技术，在一定空间范围内，从视觉、听觉、触觉、感觉等方面再现与真实环境高度近似的虚拟环境。随着计算机软硬件的发展，一方面虚拟场景的空间真实度越来越高，可以到达电影级的真实体验，如逼真精美的三维画质、惊人的三维特效、极为真实的物理碰撞与反馈、高质量的三维音效、超细腻的场景细节；另一方面虚拟仿真的技术类型不断完善，如角色动作捕捉技术、可破坏的物理场景、带物理反馈的植被、体绘制技术的集成、流体仿真技术的发展、更先进的渲染技术与图形硬件技术、更先进的三维体感硬件等。由于三维虚拟仿真与三维游戏在技术上非常相似（如视觉、听觉、触觉等），很多产品为了提高市场竞争力，将两者合二为一，称为三维游戏与虚拟仿真引擎，加速了游戏产业的发展。目前，虚拟现实的软件平台种类繁多，充分利用硬件资源的重量级引擎平台有 CryEngine、UnReal、Frostbite、Unigine 等；轻量级引擎平台有 Unity3D、Virtools、Quest3D、Delta3D 等，国产引擎平台有 GaeaExplorer VR-Platform、Converse3D 等。

6.1.3　三维虚拟地球与仿真技术现状

三维图形图像技术的发展比其他计算机信息技术的发展要慢，主要原因在于：①三维图形图像依赖于计算机硬件的发展和三维计算机图形学的发展，其不具备先天的普遍性优势，因此当硬件和理论要全部都跟进时，才逐渐诞生了成熟的三维图形图像显示技术；②在传统信息化方法已经根深蒂固到人们的思想中的时候，使用三维虚拟仿真技术进行信息化表达或者进一步促进信息化程度，难免失去了先入为主的优势；③三维信息化需要更大的数据量、更先进的硬件设备、更大的制作成本，从"平民性"上来讲，不如普通的信息化方式更容易推广。综合上述原因，不难理解为何目前的三维虚拟信息化技术还处于初步发展的阶段，由于市场的片面性，虚拟地球和虚拟现实两个技术的发展分道扬镳也容易理解。

三维信息化技术在三维空间的展示、分析、效果上有普通信息化技术不具备的优势，由于人们的生活环境是三维的空间环境，与人们的生活、生产等息息相关，因此，以虚拟地球与虚拟现实为代表的信息化技术基于不同的应用而出现，并快速发展。目前，虽然虚拟地球和虚拟现实在各自技术的发展方向上都取得了丰硕的成果，但是两个技术领域的相互交叉融合发展还处于初步阶段，目前还没有形成任何关于它们优势互补的技术交叉融合的软件平台，表 6.1 列举了三维虚拟地球技术领域与三维虚拟仿真技术领域对比。

表 6.1　三维虚拟地球技术领域与三维虚拟仿真技术领域对比

对比项	三维虚拟地球技术领域	三维虚拟仿真技术领域
三维绘制技术 （画质、效率、特性）	弱	强
空间信息 （坐标信息、投影转换等）	强	弱
三维空间分析	强	弱
仿真模拟技术 （实体、特效、动画、物理、声音、特性等）	弱	强
三维场景制作与编辑	弱	强
大规模数据调度	强	强
真实虚拟地形建模与绘制	强	强
虚拟场景的场景设计真实感	弱	强
角色网络互动	弱	强
场景脚本编程能力	弱	强
与行业数据的对接能力	强	弱
数据库支撑能力	强	弱

目前，关于虚拟地球与虚拟现实技术深层交叉融合的发展仍然很慢，既跟不上市场的需求，也不能满足三维数字化发展的要求，现在急需关于虚拟地球与虚拟现实技术融合的研究与系统，但是目前相关的理论研究形式和系统发展状况却处于初步发展状态。主要的研究集中在以下几个方面：更优的大规模数据、大场景的管理与网络调度；更优的数据压缩算法；更先进的数据服务研究；基于新技术的三维虚拟地球的研究，如 Sliverlight、Flash、JavaEE、ActiveX 等；三维地理信息功能方面的研究；针对专业应用的与虚拟地球结合的研究；在三维虚拟地球中尝试使用一些零碎的仿真技术的研究，如脚本系统、粒子特效、动画技术、图像技术、物理效果等。

在市场产品方面，很多相关软件平台也都在做这方面的尝试，表 6.2 中展示了常见虚拟地球平台与虚拟仿真平台技术对比。

表 6.2　常见虚拟地球平台与虚拟仿真平台技术对比

软件（开发商）	虚拟地球	虚拟现实	虚拟场景制作	GIS		虚拟地球、虚拟现实、GIS 结合程度的综合现状
				空间信息	GIS 功能	
期望目标（研究目标）	是	是	强	是	强	虚拟地球、虚拟现实、GIS 完美融合
GoogleEarth（Google）	是	否	弱	是	弱	不支持虚拟现实
SkyLine（SkyLine）	是	否	弱	是	中	不支持虚拟现实
ArcGlobe（ESRI）	是	否	弱	是	强	不支持虚拟现实
VirtualEarth（Microsoft）	是	否	否	是	弱	不支持虚拟现实
OSGEarth（OSG 开源社区）	是	弱	否	是	中	虚拟现实能力有限，无完善的场景制作工具
EV-Globe（国遥新天地）	是	弱	弱	是	弱	具备虚拟现实能力、场景构建能力和虚拟仿真绘制技术
SuperMapiSpace（超图软件）	是	弱	弱	是	中	具备虚拟现实能力、场景构建能力和虚拟仿真绘制技术
CryEngine（CryTEK）	否	强	强	否	否	不具备虚拟地球、GIS 功能
UnReal Engine（EPIC）	否	强	强	否	否	不具备虚拟地球、GIS 功能
Virtools（Virtools）	否	中	中	否	否	不具备虚拟地球、GIS 功能
Unity3D（Unity）	否	中	中	否	否	不具备虚拟地球、GIS 功能
Quest3D（Act3D）	否	中	中	否	否	不具备虚拟地球、GIS 功能
Delta3D（美国海军研究院）	否	中	中	否	否	不具备虚拟地球、GIS 功能
VR-P（中视典）	否	中	中	否	否	不具备虚拟地球、GIS 功能
Converse3D（中天灏景）	否	中	中	否	否	具备虚拟现实能力、场景构建能力和虚拟仿真绘制技术
GaeaExplorer（吉嘉时空）	是	较强	中	是	中	具备 GIS 与三维虚拟现实特性，虚拟现实与 GIS 功能结合较好

6.1.4 构建全球虚拟三维地理环境的方法

在建立丰富逼真的三维地理虚拟仿真环境之前，先要搭建一个包含基础的地形、地貌、三维模型的基础虚拟仿真场景作为研究基础，叙述对全球大规模的数据进行有效的组织、调度和高效的渲染的方法，主要包括空间分割方案、构建全球地形地貌、三维模型场景及优化策略等。

1. 全球三维场景的空间分割方法

1) 基本的空间分割方法

(1) BSP 树分割方法。BSP 树是一种标准的二叉树，可以用来分割组织空间中的对象，以对空间对象进行排序与快速搜索。一般情况下，整个研究空间划分为一颗 BSP 树，每个树节点对应一个凸子空间，对于非叶树节点，还包含一个把该凸空间一分为二的"超平面"，该节点的两个子节点分别对应被超平面分割出来子空间。空间中所有的研究对象都分布于某个被划分的凸子空间内，这些在 BSP 树上对应节点的叶子，即叶节点。为了简单说明 BSP 树的原理，本书使用二维空间举例说明问题，图 6.1(a) 中，由 X、Y 坐标系确定了矩形区域 A，图 6.1(b) 中对区域 A 做一次二维分割得到区域 b 和区域 c，其中，区域 b 为左叶节点，区域 c 为右叶节点，在图 6.1(c) 中对区域 B 做一次二维分割，得到区域 d 和区域 e，其中区域 d 为左叶节点，区域 e 为右叶节点，最后 A、B、c、d、e 的关系结构如图 6.1(c) 所示。

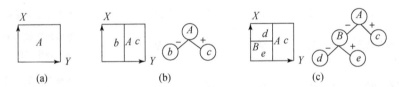

图 6.1　BSP 树分割示意图

BSP 树简单、高效，但构造过程比较复杂，一般需要预先计算生成空间分割，因此 BSP 树适合静态场景。

(2) 四叉树分割方法。四叉树分割本身是一种为二维空间设计的空间分割算法，一般的四叉树为均分四叉树，即节点每次分裂为等大的四个子节点。在三维虚拟地球的应用中最典型的莫过于基于四叉树分割的影像金字塔技术，在此除了使用该技术组织管理影像地形数据外，还用于组织三维模型数据及其他仿真数据。虽然地球球面是一个立体结构，但是对于广袤地球球面而言，所有物体都可以近似地看作接近地面的球面，因此，本章中多个地方使用四叉树对三维模型、GIS 数据、仿真数据进行组织、管理与调度，取得了比较好的效果，同样，三维场景的空间分割中也可以在必要的地方使用四叉树方法来代替八叉树方法，以提高空间中对象查询的效率并降低系统资源开销。

(3) 八叉树分割方法。八叉树结构顾名思义每个树节点有且仅有八个子节点，八叉树最常用于对三维空间的等八分表示，从维度意义上讲，八叉树是四叉树方法在三维空间的扩展形式，如图 6.2 所示，八叉树继承了四叉树简单、高效的特性，因此在三维空间的相关技术中得到广泛应用，例如，三维虚拟现实中，场景的管理大多以八叉树原理为基础。

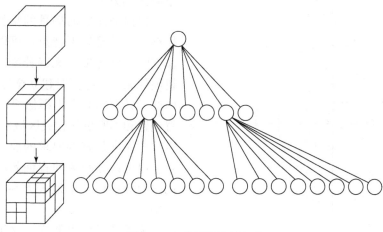

图 6.2　八叉树的分割方式

2）球面场景的空间分割方案

由于普通的虚拟现实场景的三维空间模型都是基于直角坐标系，如图 6.3 所示。

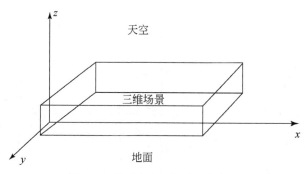

图 6.3　普通直角坐标系三维场景

根据不同的需要，采用上述几种常用空间分割方案的任何一种，都可以达到对空间对象有效组织的目的。例如，在室内场景中，三维对象被"墙"分割为多个"房间"，基于这一特点，BSP 树空间分割非常适合这种空间结构；又如，在广阔的室外场景中，物体不规则地分布在较大区域的各处，物体之间的遮挡不是可见性的主要因素，如何快速获取在某点附近的对象和视域内对象才是重点，BSP 树分割在这种空间结构中没有任何优势，结构简单、容易动态构造的八叉树分割更适用于这种空间结构。

但是，传统的直角坐标系模型和球面场景模型完全不同。图 6.3 展示了普通直角坐标系模型，这种三维场景模型的特点是前、后、左、右、上、下都是固定的方向，本节介绍的几种常见的空间分割模型也是基于此种场景模型设计的空间分割方法，因此根据不同的应用可以灵活选用 BSP 树分割方法、八叉树分割方法或者其他空间分割方法。虽然直角坐标系场景模型广泛应用于传统虚拟仿真的中小型三维场景仿真中，但是面对符合实际的大范围球面三维空间场景，如图 6.4 所示，这种场景分割模型则无法适用，因为在球面三维场景中，没有固定的前、后、左、右、上、下等空间方位，取而代之的是东、西、南、北、地心、天空等方位，因此必须根据球面三维场景的特点构建符合其特性的

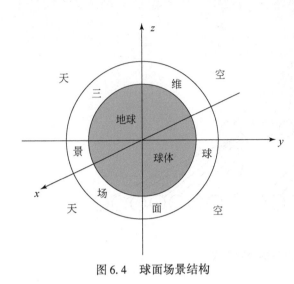

图 6.4　球面场景结构

空间分割方式。

根据全球球面场景的特性，场景分割模型必须满足以下特点：可以满足全球球面空间三维环境的无缝分割与组织；计算机硬件无法支撑同时建立全球空间分割树，因此，必须实时根据摄像机（视点）的位置创建和不断更新相关区域的空间分割树，空间树在满足查询要求的前提下要尽量精简，以保证分割树的查询效率；空间分割的方向应该以全球地表为参考，而不是坐标轴。

为了满足以上要求，这里提出一种基于经纬度坐标、结合四叉树、八叉树、BSP树的混合空间分割模式，以满足室内、室外无缝过渡的需求。图 6.5 简要描述了该分割模式的思路，下面通过空间分割的先后顺序详细描述分割方法。

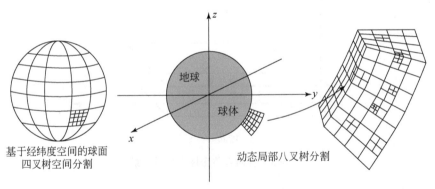

基于经纬度空间的球面　　　　　动态局部八叉树分割
四叉树空间分割

图 6.5　球面空间分割方法示意图

（1）首先，根据经纬度模型进行四叉树递归分割，直到满足规定的八叉树分割的最大单元。虽然全球环境是球面立体三维环境，但是对全球大范围首先进行四叉树递归分割而不是八叉树分割有两个原因：①地表几十公里的高度范围相对于地球而言，几乎可以看作一个平面，因为地球上的绝大多数对象几乎都位于这个平面上，因此四叉树分割即可满足要求，八叉树模型在这里反而没有体现出任何优势；②四叉树和八叉树相比，少一个维度，因此在算法、效率和计算机资源开销上来讲，四叉树都是首选。

（2）规定八叉树分割的最大单元，即从四叉树递归到哪一深度层级，开始对空间进行八叉树分割，也就是说这时需要开始对空间进行三维空间分割。最大单元阈值应该满足以下条件：①参考实际中的物体单元大小，从这个阈值开始递归分割的八叉树不应该太深，以保证查询效率、系统开销；②由于八叉树节点根据摄像机（视点）的位置动态生成，这个阈值内的三维对象总数不应过多，以保证八叉树动态生成的时间。

（3）八叉树节点能够支持挂接 BSP 树节点，以便满足或相似室内特征的三维空间表达的需要。

由于地球绝大多数仿真环境位于 70°S ~ 70°N，当四叉树递归分割到 14 层时，四叉树节点对应的球面面积为 0.1 ~ 0.25km²，这样的面积既适合仿真数据的网络调度，也非常适合快速地动态构建八叉树分割空间，因此，这里设定在这个临界点开始进行八叉树的分割，在八叉树分割过程中，如果某个室内场景有预制的 BSP 树分割，并且正好被分割到某个八叉树节点中，则在这个八叉树阶段上接入 BSP 树节点，在技术实现上，当渲染对应的八叉树节点时，把执行过程交接给 BSP 树的管理对象。

2. 基于线性四叉树的全球无缝三维地形地貌环境

地形地貌是地球表面的基本特征，地形地貌数据也是全球虚拟场景规模最庞大的数据，其中包括数字正射影像图（digital orthophoto map，DOM）数据和数字高程模型（digital elevation model，DEM）数据，一个批次的全球 0.6m 分辨率的 DOM 和 5m 精度的 DEM 数据量可达 PB 级规模甚至更大，再加上历史数据、其他多尺度数据等，数据量非常庞大，因此在构建虚拟场景之前，首先必须解决数据的组织与调度的问题。目前，针对海量地形数据（DOM、DEM）的组织与调度普遍采用影像金字塔的技术来解决，如图 6.6 与图 6.7 所示，即把 DOM、DEM 数据预先制作为多分辨率的金字塔瓦片，在数据调度中，根据目前所需要的分辨率和位置只获取与当前分辨率所适应的对应位置的少量数据，这极大降低了三维场景调度中的数据量传输，相关文献中有详细描述，关于影像金字塔的优点，这里不再赘述，下面简单描述一下影像金字塔的生成过程。

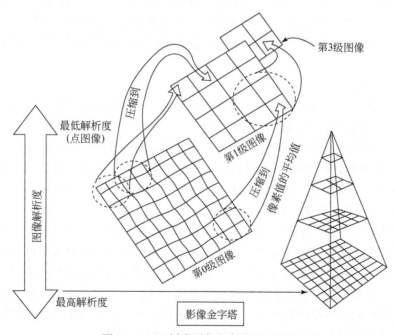

图 6.6 四叉树索引与金字塔组织原理

在构建瓦片金字塔之前，首先设金字塔一共有 N+1 层，顶层为第 0 层，则金字塔的最底层为第 N 层，设定原始数据对应这一层，按照设定的瓦片像素大小对其进行分块，得到最底层的瓦片集合，接下来在第 N 层的基础之上，从左上角开始，相邻的 4 个组成方块的

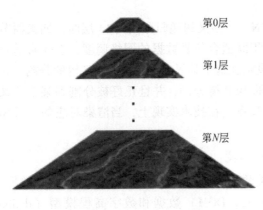

第0层

第1层

第N层

图 6.7　影像金字塔示意图

像素合并为一个像素，同样相邻 4 个组成方块的瓦片合并为一个瓦片，生成第 $N-1$ 层，依次类推直到第 0 层，所有层的有序的集合构成瓦片金字塔。以 DOM 数据为例，设第 L 层的栅格像素矩阵的大小是 $m \times n$，分辨率为 R，瓦片大小为 $s \times s$，则瓦片矩阵的大小 $tm \times tn$ 为

$$tm = \lfloor m/s \rfloor, tn = \lfloor n/s \rfloor$$

式中，$\lfloor * \rfloor$ 为取当前浮点型的最小整数的符号，以下意义相同。

按每 4 个像素方块合成为 1 个像素后生成的第 $L-1$ 层的像素矩阵大小 $m_1 \times n_1$ 为

$$m_1 = m/2, \quad n_1 = n/2$$

则其分辨率 R_1 为

$$R_1 = R \times 2;$$

结合本节所描述的空间分割方法，这里把四叉树的每个节点称为一个瓦片，瓦片在影像金字塔中代表了某层某行某列的一块影像数据，在实际的球面空间中对应了一块正方形区域，该区域可以根据四叉树的分割方法不断进行四分递归直到符合场景要求，那么全球环境的任意一处都处于某一个四叉树的节点之中，当观察者靠近某几个瓦片时，程序根据四叉树的索引地址自动从影像金字塔中获取对应的地形地貌数据，然后进行三维建模与纹理映射，这个机制把三维虚拟地貌数据和影像金字塔数据无缝结合，极大提高了三维虚拟地形的数据调度效率。

1）全球四叉树分割规则

为了把全球区域进行四叉树分割，首先必须定义第一次的分割方式，这里把全球范围在经纬度坐标系统下划分为五行十列的初始分割。

全球的经纬度范围为东西 360°（180°W ~ 180°E），南北 180°（90°S ~ 90°N），这样初始瓦片大小为：宽=360°/10=36°，高=180°/5=36°，即初始瓦片大小为 36°×36° 的正方形瓦片，瓦片递归分割后的大小分别为 18°×18°、9°×9°、4.5°×4.5°、2.25°×2.25°，依次类推。

2）地形瓦片金字塔调度机制

影像金字塔模型中存储了同一区域不同分辨率的栅格数据，在渲染地形场景的时候，为了既能保证分辨率精度，又能保证数据的提取速度和渲染速度，只获取和目前区域分辨率相匹配的瓦片数据。另外，由于所有地形瓦片的大小和分辨率是自适应的，离观察点越远，则适应的数据分辨率越小；而栅格数据行列是固定的，那么瓦片所对应的区域就越大，离观察点越远的大范围区域，需要的数据量反而更小，这样，在三维场景中漫游，总数据量基本是一致的，这一特性是对海量地形实时调度与可视化的根本。

下面详细描述地形瓦片的调度过程。地形瓦片的自动调度过程，大体可以描述为根据观察点与四叉树叶节点的关系而确立的四叉树的细分、合并的递归过程。以本节前文的基础分割为基础，在全球 10×5 的基础瓦片矩阵下，当摄像机靠近某一基础瓦片时，瓦片开始细分，直到满足当前所需的分辨率（分辨率的计算，参考本节对影像金字塔的描述），同样，当摄像机继续靠近已细分完成的某个瓦片，如果这个瓦片的分辨率已经不能满足当前的显示要求，那么这个瓦片就会自动继续细分，直到满足条件，这个细分过程是一个四叉树的递归过程，每个节点的处理完全相同，所有瓦片都同时计算和摄像机的关系，来决定自己是否需要进行细分，因此，在任何地方，只要不满足条件，就会自动细分，反之，当摄像机与某个瓦片的距离变大，分辨率超过显示要求，那么这个瓦片就会自动合并到上一级，相当于四叉树从子节点递归到了上一级父节点。无论摄像机处于哪个位置，总有合适的分辨率的瓦片出现，与之对应，总数据量基本不变，如图 6.8 所示，只有摄像机附近的瓦片保持较高的分辨率，那么无论摄像机如何移动，保持较高分辨率的总量保持不变。

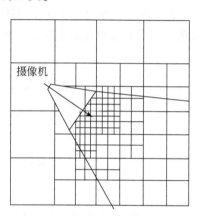

瓦片金字塔的递归与合并是一个递归过程，这里不再赘述递归计算方法，下面给出瓦片细分与合并的规则：

①如果摄像机在地表视场角小于 $c_1 \times$ 当前瓦片大小，并且瓦片到摄像机的距离小于 $c_2 \times$ 当前瓦片大小，那么向下细分出更大分辨率的瓦片；②如果摄像机在地表视场角大于 $c_3 \times$ 当前瓦片大小，并且瓦片到摄像机的距离大于 $c_4 \times$ 当前瓦片大小，那么向上递归合并出更小分辨率的瓦片；③如果以上两个条件都不满足，那么瓦片保持不变。

其中，c_1，c_2，c_3，c_4 为常量，可以控制指定条件下的瓦片分辨率，这个根据实践情况进行设定。

图 6.8　摄像机与瓦片的细分关系

3）线性四叉树瓦片索引

线性四叉树索引示意如图 6.9 所示，从图中可以看出四叉树分割与瓦片金字塔层之间的关系，金字塔的每一层，对应了四叉树所分割出来的相应层，每个节点对应了金字塔的一个瓦片，下面研究使用线性编码的四叉树的性质推导。

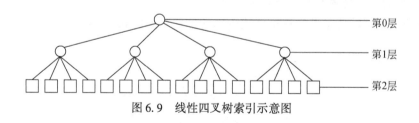

图 6.9　线性四叉树索引示意图

（1）瓦片的逻辑分块方法。在逻辑分块上，保持其和金字塔的分块方式一致，即都从左下角开始，由左至右，由下至上进行依次编码。

设 (i_x, i_y) 数据像素坐标，i_s 表示瓦片的高度和宽度，i_o 代表有几个像素的重叠；(t_x, t_y) 是瓦片的行列号，i 是瓦片的层号，有以下换算关系：

当 (t_x, t_y) 已知时，则可以计算任意像素的坐标，下面表示的是瓦片左下角像素的坐标

$$t_x l_b = t_x \times i_s, \quad t_y l_b = t_y \times i_s$$

类似地，右上角的坐标为

$$i_x r_t = (t_x + 1) \times i_s + i_o - 1$$

$$i_y r_t = (t_y + 1) \times i_s + i_o - 1$$

反之，像素坐标 (i_x, i_y) 是已知的，则可以反算瓦片坐标为

$$t_x = \lfloor i_x / i_s \rfloor, \quad t_y = \lfloor i_y / i_s \rfloor$$

（2）节点编码。如果用一维数组来存储瓦片，那么瓦片在一维数组中的索引就是瓦片的线性编码值。设瓦片的坐标为(t_x,t_y,l)，该层的起始偏移为 osl，第 l 层瓦片列数为 tc_l，则瓦片(t_x,t_y,l)的线性编码值为

$$t_y\times\mathrm{tc}_l+t_x+\mathrm{osl}$$

（3）物理分块。物理分块，即按照逻辑分块的结果对数据进行分割，并存储到金字塔数据集，在获取数据时，按照数据的线性编码值直接计算获取而非搜索，这是线性四叉树的最大优势。

4）瓦片拓扑关系

瓦片拓扑关系是在计算中迅速定位与瓦片相关的另一个瓦片的依据，这些关系包括邻接关系、父子关系和双亲关系，如图 6.10 所示，这里容易推断对应的关系：

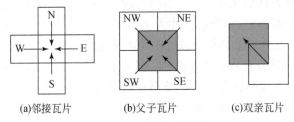

(a)邻接瓦片   (b)父子瓦片   (c)双亲瓦片

图 6.10　瓦片拓扑关系

（1）四邻接瓦片为：(t_x+1,t_y,l)、(t_x-1,t_y,l)、(t_x,t_y-1,l)、(t_x,t_y+1,l)；

（2）四父子瓦片为：$(2t_x,2t_y,l-1)$、$(2t_x+1,2t_y,l-1)$、$(2t_x,2t_y+1,l-1)$、$(2t_x+1,2t_y+1,l-1)$；

（3）双亲瓦片为：$(t_x/2,t_y/2,l+1)$。

5）摄像机的可见区域和最佳分辨率估算

摄像机的可见区域就是处于视椎体范围内的位置，如图 6.11 所示。

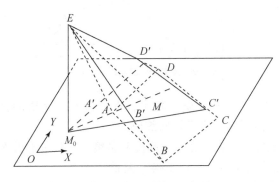

图 6.11　可见区域示意图

设 E 为摄像机位置，M 为视线 EM 与地平面 XOY 的交点，摄像机在屏幕的垂直投影为 M_0，视椎体为 $EABCD$，设当前屏幕高宽分别为 X_w 和 Y_w，视椎体的水平和垂直视场角为Fov_X 和Fov_Y，当 $ABCD$ 正好与窗口吻合时，窗口像素在垂直和水平方向对应的距离D_X和D_Y分别为

$$D_X=EM\times\tan(\mathrm{Fov}_X/2)\times 2.0/X_w \tag{6.1}$$

$$D_Y=EM\times\tan(\mathrm{Fov}_Y/2)\times 2.0/Y_w \tag{6.2}$$

那么，此时的D_X和D_Y为最佳分辨率，一般取二者的最小值为最佳分辨率。

6）瓦片建模与纹理映射方法

对于某个给定的瓦片 T（Level，Row，Col），很容易获取其 DEM 和 DOM 数据，在实践中，瓦片网格的大小为 21×21，DOM 纹理的大小为 256×256 像素，假设根据上文的方法已经获取了对应的 21×21 的 DEM 和 256×256 像素的 DOM，那么建模和纹理映射由以下步骤循环对每个节点完成即可。

（1）计算每个网格节点的空间坐标。设瓦片的左上角地理坐标为(Lat,Lon)；瓦片的空间大小为 Size；高程数据为 hightData [21,21]，顶点从左上角开始计算行列数，第 1 行第 1 列的行列号为(0,0)，则计算第 i 行第 j 列个顶点的地理坐标为

$$lat = Lat - (Size/20) \times i;$$
$$lon = Lon + (Size/20) \times j;$$

那么第 i 行第 j 列个顶点的三维空间坐标为

$$radCosLat = (R + hightData[i,j]) \times Cos(lat);$$
$$X = radCosLat \times Cos(lon),$$
$$Y = radCosLat \times Sin(lon),$$
$$Z = (R + hightData[i,j]) \times Sin(lat);$$

式中，R 为地球半径；X，Y，Z 为空间坐标的三个分量；20 为网格大小。

（2）计算每个网格节点的纹理坐标。由于 DOM 纹理正好和瓦片大小相同，方向一致，那么映射算法非常简单，如图 6.12 所示。

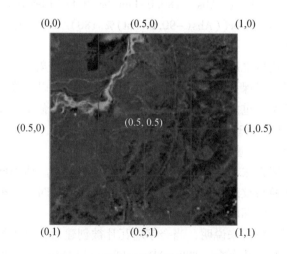

图 6.12 纹理坐标映射方法示意图

纹理坐标为

$$U = (1/20) \times j; V = (1/20) \times i \tag{6.3}$$

式中，20 为网格大小。

3. 全球三维模型数据的有效组织、调度与快速渲染

基本的地形地貌表达了绝大部分自然地表环境，但是实际地貌中包含了特殊构造、人为环境等，如建筑、雕像、道路、设施、树木花草及一些自然风景等，为表达这些丰富的场景

细节，可以把这些对象进行三维建模。但这些要素遍布全球各处，而且数据量巨大，不能一次性读入场景之中，因此必须定制数据组织、调度的策略，来实时调度与摄像机视野有关的三维模型，以解决调度的数据量和三维场景中同时渲染的三角形批次问题，这与本节对地形地貌数据的调度和绘制策略类似，因此借鉴影像金字塔的组织与调度方式来设计对三维模型进行组织与调度的策略。

1）构建三维模型的金字塔瓦片调度机制

三维模型的数据形式和影像、地形的数据形式不同，三维模型可以抽象为地平面上的一个点，如果设定三维模型对应于某个层级的瓦片（具体由一个瓦片中容纳多少三维模型比较合适来决定），那么每一个三维模型都会被划分到某一个金字塔瓦片之中，在渲染过程中，当该瓦片被创建，那么包含在该瓦片中的三维模型就被创建，当该瓦片被释放，那么包含在该瓦片中的模型就被释放，按照这种策略，就有了和三维地形地貌数据的金字塔瓦片调度的相同优势，即不管摄像机处于何处，场景中的三维模型的最大数量都是一定的，这充分保证了系统对资源的开销程度。在实际操作中，按照以下流程来完成三维模型数据的瓦片调度工作。

2）三维模型金字塔瓦片集生成方法

首先，保证每一个要处理的三维模型数据都有指定的地理坐标，地理坐标以配置文件的形式保存，如(ID,Lat,Lon,Alt)。

其次，假设设定的三维模型的金字塔层数为 L，那么依据上述基础分割中的细分方法，我们很容易计算每个模型的坐标（Lat,Lon）应归属于哪个瓦片，公式为

$$\text{Col} = \text{Floor}((\,\text{Abs}(-180.0-\text{Lon})\,\%\ 360)/\ \text{tileSize})\,;$$
$$\text{Row} = \text{Floor}((\,\text{Abs}(-90.0-\text{Lat})\,\%\ 180)/\ \text{tileSize})\,;$$

式中，Floor 为向下取整。

得到该模型的瓦片代号之后，把该模型信息写入模型瓦片文件，并且把模型复制到与模型瓦片文件相关的位置，以保证在解析模型瓦片文件的时候可以计算出模型文件的位置。

对于每一个三维模型，重复执行上面的操作，三维模型的金字塔瓦片集就制作完毕。三维模型瓦片格式示意见图 6.13。

3）三维模型实时调度与渲染优化

三维模型的瓦片调度方法与地形地貌的调度方法基本相同。所不同的是，地形地貌瓦片创建时是基于地貌的建模与纹理映射，而三维模型的瓦片创建时是根据瓦片中的三维模型信息；反之进行删除工作，以回收内存。

根据上述设计的瓦片格式来说明，当金字塔瓦片被创建后，首先根据瓦片信息查找瓦片对应的目录是否有对应的瓦片存在，如"…\DefaultScene\13\29076\29076_66568.tile"，如果不存在，则什么也不做，跳过继续计算其他瓦片，如果存在，则解析 *.tile 文件，从图6.13 中可以清晰地看到三维模型的信息（Position、Scale、Rotate）都有非常清晰的描述，使用这些信息在场景中创建这些模型即可。

虽然，使用金字塔瓦片对三维模型进行组织，已经在很大程度上对大规模三维模型的数据组织、调度与渲染进行了优化，但是场景里面远远不止三维模型需要渲染，还有非常多的要素，因此，要想办法把每个模型的渲染达到最优。对于单个模型的优化渲染，相关文献中描述了很多方法，如视觉椎体裁剪、设定最大可见距离及最小屏幕投影大小的可见性阈值、

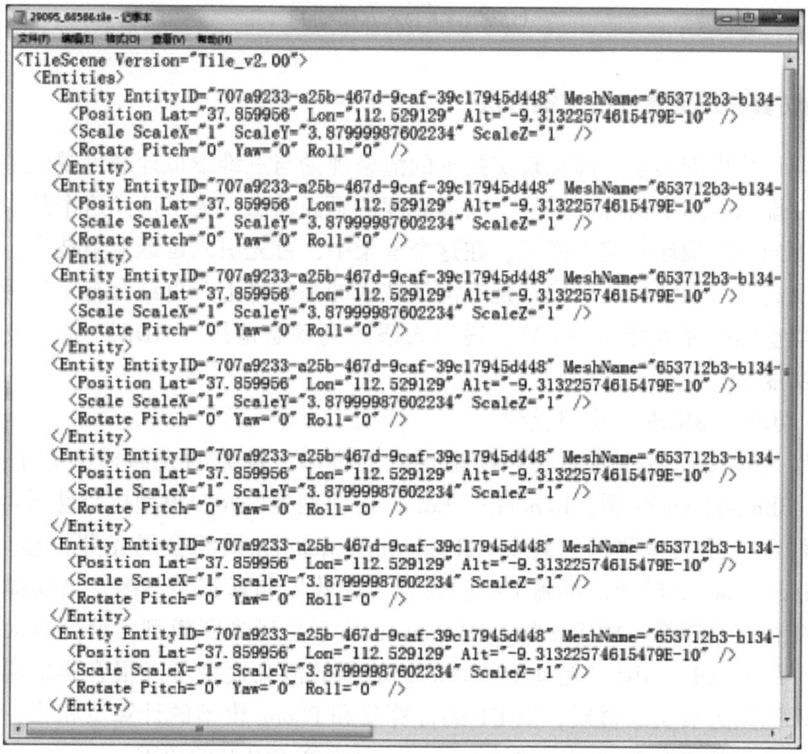

```
🗎 29095_04566.tile - 记事本

文件(F)  编辑(E)  格式(O)  查看(V)  帮助(H)

<TileScene Version="Tile_v2.00">
  <Entities>
    <Entity EntityID="707a9233-a25b-467d-9caf-39c17945d448" MeshName="653712b3-b134-
      <Position Lat="37.859956" Lon="112.529129" Alt="-9.31322574615479E-10" />
      <Scale ScaleX="1" ScaleY="3.87999987602234" ScaleZ="1" />
      <Rotate Pitch="0" Yaw="0" Roll="0" />
    </Entity>
    <Entity EntityID="707a9233-a25b-467d-9caf-39c17945d448" MeshName="653712b3-b134-
      <Position Lat="37.859956" Lon="112.529129" Alt="-9.31322574615479E-10" />
      <Scale ScaleX="1" ScaleY="3.87999987602234" ScaleZ="1" />
      <Rotate Pitch="0" Yaw="0" Roll="0" />
    </Entity>
    <Entity EntityID="707a9233-a25b-467d-9caf-39c17945d448" MeshName="653712b3-b134-
      <Position Lat="37.859956" Lon="112.529129" Alt="-9.31322574615479E-10" />
      <Scale ScaleX="1" ScaleY="3.87999987602234" ScaleZ="1" />
      <Rotate Pitch="0" Yaw="0" Roll="0" />
    </Entity>
    <Entity EntityID="707a9233-a25b-467d-9caf-39c17945d448" MeshName="653712b3-b134-
      <Position Lat="37.859956" Lon="112.529129" Alt="-9.31322574615479E-10" />
      <Scale ScaleX="1" ScaleY="3.87999987602234" ScaleZ="1" />
      <Rotate Pitch="0" Yaw="0" Roll="0" />
    </Entity>
    <Entity EntityID="707a9233-a25b-467d-9caf-39c17945d448" MeshName="653712b3-b134-
      <Position Lat="37.859956" Lon="112.529129" Alt="-9.31322574615479E-10" />
      <Scale ScaleX="1" ScaleY="3.87999987602234" ScaleZ="1" />
      <Rotate Pitch="0" Yaw="0" Roll="0" />
    </Entity>
    <Entity EntityID="707a9233-a25b-467d-9caf-39c17945d448" MeshName="653712b3-b134-
      <Position Lat="37.859956" Lon="112.529129" Alt="-9.31322574615479E-10" />
      <Scale ScaleX="1" ScaleY="3.87999987602234" ScaleZ="1" />
      <Rotate Pitch="0" Yaw="0" Roll="0" />
    </Entity>
    <Entity EntityID="707a9233-a25b-467d-9caf-39c17945d448" MeshName="653712b3-b134-
      <Position Lat="37.859956" Lon="112.529129" Alt="-9.31322574615479E-10" />
      <Scale ScaleX="1" ScaleY="3.87999987602234" ScaleZ="1" />
      <Rotate Pitch="0" Yaw="0" Roll="0" />
    </Entity>
```

图 6.13　三维模型瓦片格式示意图

三维模型多层次细节（levels of detail，LOD）等，这些技术已经比较成熟，本书采用一种基于三维模型重建的优化方法，其思想是把原本模型的多个碎部进行合并，以有效减少渲染批次，图 6.14（a）与图 6.14（b）展示了算法前后的模型碎部个数，处理前，模型有 19 个纹理，这意味着这个模型需要经过 19 个批次的渲染，处理后，这个模型的所有碎部被合并，只剩下一个材质，经过多次试验，处理后的模型渲染效率可以提高 10 倍以上，并且纹理所消耗的内存大幅度减小，这非常有利于大规模的三维模型渲染。本书只给出这种优化思想。

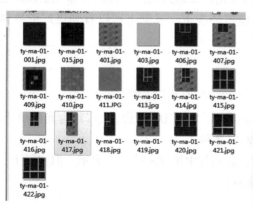

(a)模型原始纹理　　　　　　　　　　(b)模型合并后的纹理

图 6.14　基于模型重建的渲染优化示意图

6.2 方法及应用

6.2.1 面向仿真画质逼真度的渲染方法

本节结合计算机图形学、虚拟现实技术的渲染理论与三维虚拟地球可视化渲染流程进行交叉融合，在虚拟地球上实现高质量、高逼真度的画面输出。为了达到这个效果，本书设计了一个新的面向虚拟地球的渲染框架，在这个框架中，首先引入延迟渲染技术，以支持更多的动态光源及高级渲染特性，其次在延迟渲染技术的基础之上，再结合基于物理的 BRDF 光照模型、屏幕空间的环境光（SSAO）、适应人眼的高动态范围（HDR）光照技术，提升三维场景的真实度。

1）基于物理的 BRDF 的光照模型

光照模型是研究几何体表面光照物理现象的模型，常见的光照模型有 Lambert 模型、Phong 模型、Blinn-Phong 模型、Rendering Equation 模型等，光照模型按照性质可以分为全局光照模型与局部光照模型两种，其中，Rendering Equation 属于全局光照模型。以上模型，除了 Rendering Equation 模型，都属于经验模型，即效果和真实差不多，当物体表面异常复杂时，效果变得非常糟糕，而 Rendering Equation 属于全局光照模型，消耗较大，基于这些原因，这里介绍 BRDF。BRDF 是基于物理的，能量的渲染模型可以很容易地建立，在不同光照环境下都能接近真实的材质，BRDF 的计算量和 Phong 模型的计算量相当，即在大大提高渲染质量的同时却没有增加太多的计算量，这是选择 BRDF 的原因。

光线照到一个物体，首先产生了反射、吸收和透射，所以 BRDF 的目标是计算多少光被反射、吸收和透射（折射），以及反射、吸收、透射如何变化。一般情况下，反射多为漫反射，光线反射、透射的变化有三个影响因素，物体的表面材质、光线的波长（即它是什么样的光，是可见太阳光、节能灯光还是紫外线）和观察者与物体之间的位置关系；三维世界角度可以类似是球体的，光线可以向四面八方随意散射；会有相应的入射光、反射光、入射角和反射角，它们在物体表面的法平面和切平面上的关系成了 BRDF 的关键参数；人类眼睛由于对光的特殊敏感性，之所以能看到物体都是通过光线在物体上的反射和转移实现的；而 BRDF 可以非常好地描述光线在物体上的变化，反射光线同时发向分布在法线两边的观察者和光源两个方向，从而使人在计算机等模拟环境下，视觉上可以看到更好的物体模拟效果，仿佛真实的物体存在。

BRDF 模型的计算方法为

$$L_0(v) = \int_\Omega \rho(l,v) \otimes L_i(l)(n \cdot l)\, \mathrm{d}w_i \tag{6.4}$$

式中，$(n \cdot l)$ 为表面发现和光源的夹角，$\rho(l,v)$ 为 BRDF 方程，$L_i(l)$ 为光源给予的影响，这个积分的意义就是所有光源在一点上的影响之和。

最简单的一个 BRDF 就是 Lambert 模型，在实际中用 $(n \cdot l)$ 来表示。但实际上，$(n \cdot l)$ 是反射方程的一项，而 Lambert 则是一个常量：

$$\mathrm{Plambert}(l,v) = \frac{c_{\mathrm{diff}}}{\pi} \tag{6.5}$$

（1）精确光源 BRDF 模型。三维场景中，光源有 Point 类型、Directional 类型和 Spot 类型三种，这些局部光源都是"精确光源"，有确定的大小和方向。由于要计算的是到达表面点时的光照，不考虑从光源到表面之间的衰减。因此，精确光源都可以用颜色C_{light}和光源方向向量l_c这两个参数来表示。光源颜色C_{light}的确切定义是，白色的 Lambert 表面被平行于表面法线（$l_c = n$）的光照照亮的颜色。如何计算这个光源对点的贡献呢？这里需要先引入一个称为微面光源的概念。顾名思义，微面光源是一个非常小的面光源，中心是l_c，张角是ε。该微面光源照亮表面的一个点可以用$L_{\text{tiny}}(l)$来表示，它有两个性质

$$\forall\, l\,|\, <(l,l_c)>\varepsilon, L_{\text{tiny}}(l) = 0 \tag{6.6}$$

$$\text{if}\, l_c = n, C_{\text{light}} = \frac{l}{\pi}\int_{\Omega} L_{\text{tiny}}(l)(n \cdot l)\ \mathrm{d}w_i \tag{6.7}$$

第一个性质表示如果入射方向和l_c的夹角大于ε，那么亮度为 0。第二个性质是从C_{light}的定义而来的，白色表面使得$c_{\text{diff}} = 1$，结合上文所说的反射方程和 Lambert 定理，就可以得出性质二，由于C_{light}要求$l_c = n$，所以C_{light}也表示了当ε趋近于 0 的时候的极限，即

$$\text{if}\, l_c = n, C_{\text{light}} = \lim_{\varepsilon \to 0}\left[\frac{l}{\pi}\int_{\Omega} L_{\text{tiny}}(l)(n \cdot l)\ \mathrm{d}w_i\right] \tag{6.8}$$

因为$l_c = n$而且$\varepsilon \to 0$，可以认为$(n \cdot l) = 1$，所以得到

$$C_{\text{light}} = \lim_{\varepsilon \to 0}\left[\frac{l}{\pi}\int_{\Omega} L_{\text{tiny}}(l)\ \mathrm{d}w_i\right] \tag{6.9}$$

即

$$\lim_{\varepsilon \to 0}\left[\int_{\Omega} L_{\text{tiny}}(l)\ \mathrm{d}w_i\right] = \pi\, C_{\text{light}} \tag{6.10}$$

把微面光源带入一般的 BRDF，得到的就是当趋近于 0 时的极限，有

$$L_0(v) = \pi \mathrm{p}(l_c, v) \otimes C_{\text{light}}(n \cdot l_c) \tag{6.11}$$

刚才引入的微面光源已经从推导中被消去，式（6.11）就是针对精确光源的 BRDF 模型的简化公式。

（2）基于物理渲染的 BRDF 模型。Microfacet 理论用来描述来自于一般表面（不是光学平滑的）的反射，Microfacet 理论的基本假设是，表面由很多微平面组成，这些微平面都太小了，没有办法一个一个地看到，并假设每个微平面都是光学平滑的，如图 6.15 所示。

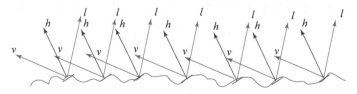

图 6.15　粗糙的 Microfacet 表面散射

Microfacet 的 BRDF 函数可以表达为

$$p(l,v) = \frac{F(l,h)\,G(l,v,h)\,D(h)}{4(n \cdot l)(n \cdot v)} \tag{6.12}$$

式中，$F(l,h)$为有效微平面的菲涅尔反射；$G(l,v,h)$为有效微平面中没有被遮挡的比例；$D(h)$是法线分布函数；$4(n \cdot l)(n \cdot v)$是校正因子，用来校正离散化局部空间转到连续的整体表面的数量差异。

菲涅尔反射取

$$F_{\text{Schlick}}(c_{\text{spec}}, l, h) = c_{\text{spec}} + (l - c_{\text{spec}})(l - l \cdot h)^5 \tag{6.13}$$

式中，c_{spec} 是镜面反射色。

常用的反射方程可以表达为

$$L_0(v) = [c_{\text{diff}}(n \cdot l_c) + c_{\text{spec}}(r_v \cdot l_c)^\alpha] \otimes c_{\text{light}} \tag{6.14}$$

根据前面所述，$(n \cdot l_c)$ 实际上属于反射方程，而不是 diffuse，所以可以修改为

$$L_0(v) = [c_{\text{diff}} + c_{\text{spec}}(r_v \cdot l_c)^\alpha] \otimes c_{\text{light}}(n \cdot l_c) \tag{6.15}$$

式中，r_v 为视线方向对法线的反射向量，来自 Phong 模型，但是上面所论述的 Microfacet BRDF 中并没有这一项，Blinn-Phong 模型的形式和它类似，但用的是更有物理意义的 h 量，也就是 Microfacet 的 m 量，所以改用 Blinn-Phong 模型就得到

$$L_0(v) = [c_{\text{diff}} + \pi c_{\text{spec}}(n \cdot h)^\alpha] \otimes c_{\text{light}}(n \cdot l_c) \tag{6.16}$$

根据 Lambert 定理，diffuse 项已经和基于物理的一样，有

$$c_{\text{diff}} = \pi \frac{c_{\text{diff}}}{\pi} \tag{6.17}$$

specular 项为

$$L_0(v) = \pi(n \cdot h)^\alpha c_{\text{spec}} \otimes c_{\text{light}}(n \cdot l_c) \tag{6.18}$$

比较 Microfacet Specular，有

$$L_0(v) = \pi \frac{D(h)G(l_c, v, h)}{4(n \cdot l_c)(n \cdot v)} F(c_{\text{spec}}, l_c, h) \otimes c_{\text{light}}(n \cdot l_c) \tag{6.19}$$

从式（6.18）可以看出，C_{spec} 应该用表示菲涅尔反射的 $F(c_{\text{spec}}, l_c, h)$ 替换。

$D(h)$ 与粗糙度有关，所以可以认为 $D(h)$ 和 Blinn-Phong 的 $(n \cdot h)^\alpha$ 功能相似，但是，要把 $(n \cdot h)^\alpha$ 替换成正确的 Microfacet 分布函数，就必须做归一化处理，也就是说，对于任意的视线方向 v，微表面投影的面积之和必须等于宏表面投影的面积，表达为

$$(v \cdot n) = \int_\Omega D(m)(v \cdot m) \, dw_m \tag{6.20}$$

这个方程对任何视线方向都成立，对于特殊情况 $v = n$ 也成立，有

$$l = \int_\Omega D(m)(n \cdot m) \, dw_m \tag{6.21}$$

Blinn-Phong 项如果也要满足这个方程，需要乘上一个归一化系数，得

$$D_{\text{BP}} = \frac{\alpha + 2}{2\pi}(n \cdot m)^\alpha \tag{6.22}$$

最后一项为

$$\frac{G(l_c, v, h)}{(n \cdot l_c)(n \cdot v)} \tag{6.23}$$

这个项的物理意义是可见性（遮挡项除以校正因子），修改过的 Specular 模型并不包含可见性，所以简单地把这个项设成 1 就行了，有

$$G_{\text{implicit}}(l_c, v, h) = (n \cdot l_c)(n \cdot v) \tag{6.24}$$

实际上，这对于仅包含 height field 的微表面是成立的（Blinn-Phong 的表面分布函数也对应于此，因为所有背面的 Microfacet 都等于 0）。当 $l = n$ 且 $v = n$ 的时候 G_{implicit} 等于 1，这对于 height field 也是正确的，因为在宏表面的法线方向没有任何遮挡，对于很斜的视角或者很斜的光线角都趋向于 0，这也是正确的，因为 Microfacet 被其他 Microfacet 遮挡的可能性随着

视角的增加而增加。

经过整理，来自 Microfacet Specular BRDF 的几个项已经明确，于是得到渲染模型为

$$L_0(v) = \frac{\alpha+2}{8}(n \cdot h)^\alpha F(c_{\text{spec}}, l_c, h) \otimes c_{\text{light}}(n \cdot l_c) \tag{6.25}$$

前面的系数 $[(\alpha+2)/2\pi] \times (\pi/4) = (\alpha+2)/8$，再加上 diffuse，得

$$L_0(v) = \left[c_{\text{diff}} + \frac{\alpha+2}{8}(n \cdot h)^\alpha F(c_{\text{spec}}, l_c, h) \right] \otimes c_{\text{light}}(n \cdot l_c) \tag{6.26}$$

式（6.26）就是本书最终推导出的基于物理的 BRDF 光照模型，对比 Blinn-Phong 模型等，计算量增加非常少，并大大提高了视觉效果，特别是在光源与表面材质比较复杂的情况下，效果更好。

2）基于延迟渲染的渲染框架设计

（1）延迟渲染的概念与优点。延迟渲染（deferred shading）是一种新的渲染流程或工艺，在常规渲染有很多缺陷的背景下诞生，该渲染方法最大的特点是可以容纳多个动态光源同时存在，并只占用很少的计算开销，这是传统的渲染流程无法做到的，除此之外，延迟渲染还具备一些高级的渲染特性，如避免多边形相交处的"硬边缘"等。

延迟渲染过程大体包括以下几步：①计算几何图形（geometry）；②计算材质（material）特性，如法线、双向反射分布函数等；③计算入射光照（lighting）；④计算光照对物体表面（surface）的影响，并输出结果。

在传统渲染流程中，这四步一次执行完，但延迟渲染技术体系下则先在三维空间中执行前两步，后在二维空间执行后两步，这样可以把一些运算挪到二维空间中，最典型的如入射光照计算，在复杂场景、多光源场景中，这极大提高了渲染效率，并为场景带来了更丰富的细节与光照效果。

（2）渲染框架实现。因为三维场景最终投影到屏幕的图像都是二维平面的，总像素个数是一定的，所以，理论上我们只要处理最终可以看到的像素点的视觉效果就够了（如光照、阴影等），这极大地提高了效率，反观正常的前向渲染（forward shading）流程，是把空间的点进行各种剪裁后进行处理，处理量大，并且出现大量三角面互相遮挡或者很复杂的三角网，由于距离太远，仅仅只能看到几个像素的大小，对这些三角面做光照计算和阴影计算，将浪费大量的资源，从这一点来看，延迟渲染的优势不言而喻，它先将摄像机空间的点光栅化转化成屏幕坐标后再进行处理计算，仅限于视图分辨率所容纳的像素个数。

既然把处理流程放在了后面，那么处理所需要的参数也必须带到后面的流程，这里使用 MRT 传输的相关信息，一般包括：空间位置信息（position）、法线信息（normal）、高光信息（specular）、AO 系数、漫反射（diffuse）、自发光（emissive）、材质编号等。

延迟渲染可分为四个阶段：geometry、lighting、composition、post-processing，其中，post-processing 阶段属于后期的图像处理阶段，与传统的前向渲染是一样的，这里只描述前三个阶段。

geometry 阶段：将本帧所有的几何信息光栅化到 G-buffer，包括位置、法线、纹理坐标等。

lighting 阶段：以 G-buffer 作为输入（位置、法线）进行逐像素的光照计算，将 diffuse

lighting 和 specular lighting 结果分别保存在两张 RT 上作为 lighting buffer。

composition 阶段：将 G-buffer 中的贴图 buffer 和 lighting buffer 融合，得到渲染结果。

延迟渲染程序流程设计图见图 6.16。

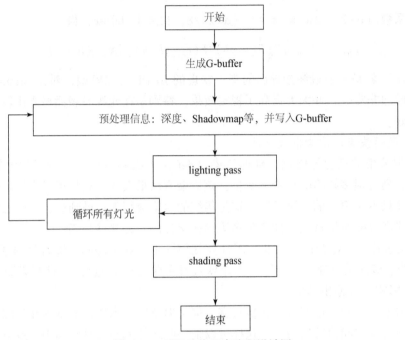

图 6.16　延迟渲染程序流程设计图

3）高动态范围光照

目前，场景中所有可见的要素都是用纹理、颜色、光照进行表达，表达的最终结果即为屏幕上的像素点的颜色，这些点的颜色，最暗是屏幕像素完全不发光的颜色，最亮是屏幕的亮度，这和现实场景是不符合的，最典型的例子莫过于太阳光线，现实中的太阳明亮刺眼，但是目前场景中表现出的太阳最多不过就是一张白色或淡黄色的圆形，平淡无奇，毫无真实感，如图 6.17（a）和图 6.17（b）所示，除此之外，对爆炸、日光灯、城市夜景、白昼效果等现象的绘制也都有这样的问题。

(a)没有HDR的效果　　　　　　　　　　(b)有HDR的效果

图 6.17　HDR 效果

针对这个问题，高动态范围图形技术随之诞生，是一种图像后处理技术，通过人眼错觉，在输出设备上表现其所不能表达的亮度范围的技术。首先，假设已经有一个 HDR 图像，每一个像素都是一个浮点型的变量，这样每个分量的大小不再限于 0 ~ 255，同时，为每个表面创建一张浮点格式的光照贴图。接下来是曝光控制，称为 Tone Mapping 生成，最简单的 Tone Mapping 生成方式是

$$L_{final} = \frac{L-\alpha}{\beta-\alpha} \tag{6.27}$$

式中，L_{final} 为最终亮度值；L 为映射前额像素亮度值；α 为图像中的最小亮度值；β 为图像中的最大亮度值，这个 Tone Mapping 生成方式可以把动态的像素映射到 $(0,1)$，但是缺乏动态性，例如，人从黑暗的屋子走到室外，会觉得刺眼，但是经过一段时间后，会恢复正常；反之，从明亮的室外走进较暗的屋子，眼前会一片漆黑，适应一段时间后会慢慢恢复，这是人眼对光的自适应特性，所以也需要构造与人眼适应性相同的动态 Tone Mapping 生成方式，并计算出曝光参数。

首先计算平均亮度 $Lum_{average}$，有

$$Lum_{average} = \exp\left\{ \frac{1}{N} \sum_{x,y} \ln[\delta + Lum(x,y)] \right\} \tag{6.28}$$

式中，δ 为一个常数，为了防止结果趋于负无穷大，如取 0.00001；$Lum(x,y)$ 由经验给出，$Lum(x,y) = 0.27R + 0.67G + 0.06B$。

那么原始图像上任意一点 $Lum(x,y)$，可以获取一个曝光值，有

$$Lum_{scaled}(x,y) = \frac{\alpha \cdot Lum(x,y)}{Lum_{average}} \tag{6.29}$$

式中，$Lum_{scaled}(x,y)$ 为映射结果；α 为明暗常数，可以调整，按照这样的公式 $Lum_{scaled}(x,y)$ 并不处于 $(0,1)$，通过式（6.30）把其归一化到 $(0,1)$。

$$Lum_{final}(x,y) = \frac{Lum_{scaled}(x,y)}{1 + Lum_{scaled}(x,y)} \tag{6.30}$$

6.2.2　精细化地表虚拟环境的快速构建方法

6.2.1 节详细描述了使用 DEM、DOM 快速构建全球地貌的技术，这项技术经多年的发展，在众多软件中都有成熟的应用，如 GoogleEarth、Skyline、GeoGlobe 等，配合高清的卫星影像（如 0.6m 分辨率）和高精度的 DEM 数据（如 2m 分辨率），可以构建非常真实的地貌特征。但是，如果在仿真应用中需要更加详细的虚拟环境，还是存在以下问题：

（1）地表缺少三维地表物体覆盖，如森林、草原、花草、沙砾等，导致场景与现实差别太大，逼真度很差；

（2）不是所有应用中都可以获取到高精度的 DOM 和 DEM 数据，即使获得较高精度的 DOM 和 DEM 数据，可能存在时效性问题、数据误差问题、遮挡问题（云遮挡、高楼遮挡、水面遮挡河道地形等）。

因此为了快速制作更加逼真的三维地貌，并且保证三维渲染的效率，还需要更多的辅助技术支撑，本节结合上述问题，对精细地貌、地表覆盖物的制作做重点研究。由于这种制作一般由人工来完成，制作方案必须考虑制作的"快速"性，针对这个问题，本书提出了在三维虚拟仿真地球上的场景"画笔"的概念，在画笔的辅助下，使用者可以快速对场景进行编辑。

1）精细地形制作

地形的精细制作，主要是根据实际情况对地形按几何特征进行填方、挖方、削平、光滑等操作。如河道地形，由于数据生产方式和数据精度的问题，河道、河岸的地形可能会产生严重错误。如果要在这块区域进行三维仿真（如建设三维堤围、河道冲淤过程仿真等），显然无法满足生产要求，必须对照影像数据和实地照片对此处地形进行修正。

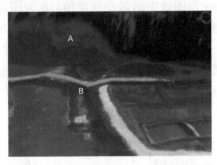

图6.18　地形数据不够精准的问题

地形的编辑过程是按照指定的几何区域对区域内的地形数据进行抬升、降低、整平、平滑等。抬升、降低是在现有地形的基础之上，对地形进行拔高或者压低来构造合适的三维地形，如图6.18所示，从影像上观察，A区域应该是平地，而不是小山包，所以这是明显的数据错误，可以对这块地形进行"降低"，以和影像内容显示相符，同样B区域从影像上观察应该也是平地，而不是小山洼，所以这也是明显的数据错误，可以对这块地形进行"抬升"，以和影像内容显示相符；但是抬升和降低仅仅是对地形进行整体抬升或降低，不会改变地形细节。例如，本身应该很平的地面由于数据精度问题变得坑坑洼洼，这时候就需要对其进行"整平"或者"平滑"，如图6.19（a）与图6.19（b）所示，它们分别是平滑前和平滑后的效果；抬升或降低计算之后，边界部分可能很陡峭，不符合实际情况，这时候也需要对其进行"平滑"。

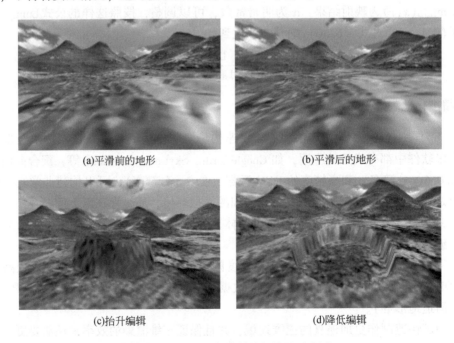

(a)平滑前的地形　　　　　　　　　　(b)平滑后的地形

(c)抬升编辑　　　　　　　　　　(d)降低编辑

图6.19　实时地形数据编辑效果示意图

在地形编辑过程中，编辑区域一般为任意多边形，在实际操作中如果直接通过绘制多边形对地形进行编辑，会非常不灵活，类似于绘画过程，画笔的笔头越粗越难画出细节，因此，在地形的修改过程中，也模拟绘画的过程，如图 6.19（c）和图 6.19（d）所示，首先构建"画笔"，画笔可以在地形上来回不断移动进行绘制，其次设置画笔的形状，形状可以是圆形或者正方形等简单图形以便于快速计算，画笔形状不断在地形上移动计算，画笔经过的区域按照地形的修改算法进行累加计算，便可以得到不断抬升、降低、整平、平滑的效果。

　　2）精细地表细节制作

　　从技术上来讲，地表细节的绘制可以通过直接修改 DOM 来达到目的，但是在原始数据上直接修改会有一些问题，主要的问题有两个，一个是数据被修改后不可逆，也就说当需要恢复原始数据的时候，必须从备份数据中获得，这不但增加了数据量空间，而且大大增加了流程的复杂度，另一个问题是直接修改影像数据对于更新金字塔数据集也不够灵活。综合以上原因，本书结合地形纹理混合，来研究解决方案。

　　地形纹理混合一般采用三种栅格图来完成，它们分别是全区域概图、细节纹理图和透明通道图。全区域概图是一张分辨率很低的全局地表纹理图（如果没有的话可以不需要），在一些游戏或者虚拟现实软件中可以通过烘焙的方式预制一张概图，对于本书而言，即为 DOM 数据；细节纹理图是一些有高清细节的纹理图，这些图一般固定大小，通过平铺方式无限延伸；透明通道图分别对应每一张细节纹理图，用来记录细节纹理的纹理混合信息。由于本书的地形场景管理是基于多级四叉树的瓦片管理方式，因此地形纹理细节的绘制以瓦片为基本单元进行研究，LOD 方式同影像金字塔的 LOD 方式相同。对于一个瓦片，假设三角网大小为 23×23，DOM（即概图）大小为 256×256，细节纹理有三个（一般情况下，细节纹理个数应不大于 4 是最优的，这样可以把 4 个混合信息存在一个 ARGB 结构中，根据经验，一个瓦片中有三种细节纹理就已经非常丰富了），分别是 DT1、DT2、DT3，在瓦片中细节纹理的大小定为和 DOM 大小相同，如果定为 512×512 或 128×128，则图片要么太大，要么不够清晰；透明通道图有两种方式，一种是定为 23×23，分别存入三角网结点的 COLOR 分量中，另一种是创建一个 256×256 的透明通道图，在每个像素中存储三组混合信息，这两种方法各有优缺点，前者内存开销少，但是精度不够；后者精度高，但是需要更多的内存开销。本书考虑要绘制达到 0.6m 以上的精细细节，以细节优先，选择后者；最后进行混合计算，得到结果，混合公式为（以三个细节纹理为例，大于三个的以此类推）

$$C_1 = C_{\text{dom}} \times (1 - A_{\text{DT1}}) + C_{\text{DT1}} \times A_{\text{DT1}} \tag{6.31}$$

$$C_2 = C_1 \times (1 - A_{\text{DT2}}) + C_{\text{DT2}} \times A_{\text{DT2}} \tag{6.32}$$

$$C_{\text{result}} = C_2 \times (1 - A_{\text{DT3}}) + C_{\text{DT3}} \times A_{\text{DT3}} \tag{6.33}$$

式中，C_{dom} 为影像原始颜色；C_1、C_2 为中间计算结果；C_{result} 为最终计算结果；C_{DT1}、C_{DT2}、C_{DT3} 分别为三个细节纹理对应的颜色；A_{DT1}、A_{DT2}、A_{DT3} 分别为三个细节纹理对应的透明通道值（不透明度）。

　　图 6.20（a）为 DOM，图 6.20（b）、图 6.20（c）、图 6.20（d）为细节纹理。

　　3）构建大规模的三维地表覆盖物

　　本书重点研究了修正地形、丰富地表细节的技术方法，但是地表的视觉效果还是不够真实，因为真实的三维地表还有大量的地表覆盖物，如森林、草地、花丛、石块、沙砾、鹅卵石等，有了这些元素的装饰，就可以非常逼真地模拟大自然地表了。但是，这些对象大多非常复杂，而且规模庞大，如果使用传统的三维建模与绘制技术，消耗的资源量巨大。首先，

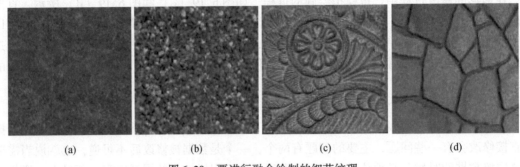

图 6.20　要进行融合绘制的细节纹理

根本无法一一进行三维建模，其次，系统根本无法承受这么多资源。为了解决这个问题，首先研究一些这类要素的共同特性。

无论是草、花还是石头等，这类群体的分布在一定程度上是没有任何规律的，如位置、颜色、大小、方向，人眼只能通过群体特征识别这类要素，虽然每一个形状、大小、颜色、方向各异，但是其各自特征细节却不影响人眼对这类要素群体的识别，例如，一片针叶林，在这个虚拟空间范围内不管如何调换哪棵树的位置或者在一定尺度上改变哪棵树的形状，人眼很难和上次的记忆对比发现树林已经发生了变化；同样，一片沙砾地或者鹅卵石河滩也是一样，不管如何改变个体的分布和样式，人眼都很难识别其中的变化或者人眼根本不关心这些变化；另外一个很简单的例子，人们从来或者很难记住经常路过道路两旁的树长什么样子（特征很明显的极个别个体除外），但是道路两边建筑的样子却非常容易记住。抓住这个特征，可以在计算机中近似去逼近这样的群体，并且不影响虚拟环境的真实性。

（1）在群体中挑选几个有限个数的单元进行三维建模，可以做到和实际样式非常逼近，单元数量越少越好，后面的算法中可以看出，单元数量会影响渲染的效率。

（2）在目标区域内，进行无限次迭代，每次随机选择一个样式的单元准备放入指定或随机位置，直到目标区域内的单元密度和现实中的差不多为止。

（3）对第（2）点进行补充，在放置每一个单元时，可以在颜色上、大小、方向上产生一定的随机，这主要根据实际中这个群体的特征而定，这样做的好处是，使一种个体可以产生丰富的群体效果，这可以大大减少单元种类的建模数量。例如，一片树林里同一种树有大有小，有绿有红，方向也不尽相同。

从以上结论中可以看出，仿真这种群体的基本思路就是，用有限个单元去模拟庞大的群体，为了解决这个问题，实例化（instancing）技术被发明出来，并且主流的图形卡都支持硬件实例化技术，这为我们解决地表覆盖物的高效渲染问题奠定了非常好的技术基础。

4）快速构建地表覆盖物

绘制地表装饰物的原理与"精细地表细节制作"方式相同，同样先抽象出"画笔"的概念，画笔可以选择圆形、正方形，可以设置半径，还可以设置覆盖物密度、个体属性等，当画笔从地表划过时，相应的位置被该画笔代表的覆盖物所覆盖，反之也有擦除工具。

地表覆盖物的画笔是不断往场景中"栽种"对象，要考虑最终密度和不能重复栽种的问题，画笔算法比地形细节绘制的画笔复杂，下面给出具体的算法。

（1）画笔参数。首先画笔本身要定义两个参数，一个是画笔形状（type），如正方形、圆形，另一个是画笔的半径（radius）；其次定义覆盖物的属性，包括三维模型（可以有多个）、密度（density）、大小变化范围 [$\text{Size}_{\min}$，$\text{Size}_{\max}$]、方向变化方位 [$\text{Roation}_{\min}$，$\text{Roation}_{\max}$]、颜色变化范围 [$\text{Color}_{\min}$，$\text{Color}_{\max}$] 等，覆盖物可以预先定义多个实例，以方便使用；最后为当前画笔选择一种或多种覆盖物用于绘制。

（2）栽种算法。首先，计算与画笔相交的所有瓦片。为了优化效率，分为两步，第一步查找画笔包围盒（GeoBoundingBox），对于正圆是其外接正方形，对于正方形就是其本身相交的瓦片，在四叉树索引中，通过 GeoBoundingBox 查询瓦片是非常快的计算操作，公式为

$$\text{maxColumn} = \text{Floor}((\text{Abs}(-180.0-\text{rightLongitude})\%360)/\text{tileSize});$$
$$\text{minColumn} = \text{Floor}((\text{Abs}(-180.0-\text{leftLongitude})\%360)/\text{tileSize});$$
$$\text{maxRow} = \text{Floor}((\text{Abs}(-90.0-\text{topLatitude})\%180)/\text{tileSize});$$
$$\text{minRow} = \text{Floor}((\text{Abs}(-90.0-\text{bottomLatitude})\%180)/\text{tileSize}) \tag{6.34}$$

式中，Floor 为向下取整；Abs 为取正数；tileSize 为当前瓦片的大小，单位为度；maxColumn、minColumn、maxRow、minRow 分别为线性四叉树索引在当前层的最大列号、最小列号、最大行号、最小行号，由此可以确定瓦片几何 T_0。

确定了与包围盒相交的瓦片几何后，首先，需要确定与画笔相交的瓦片集合，对于正方形画笔，跳过这一步，对于圆形画笔，计算圆和正方形的相交，得到相交瓦片集合 T_1。

其次，在画笔内栽种覆盖物，理论上应该是一种点填充面的算法，但是考虑到本书设计的面仅仅是正方形或者圆形，那么该算法可以进行很大的简化，进而提高效率。

第一步，先计算要栽种的总数，这个需要使用画笔的面积和用户设计的栽种密度确定：

$$\text{count} = \text{area}/(\text{density}\times\text{density}) \tag{6.35}$$

第二步数，确定个数之后，在画笔区域内按照以下算法栽种覆盖物：

```
for(int i=0;i<count;i++)
    {
        //首先计算一个随机位置
        float x=left+Random(0,1)* width;
        float y=bottom+Random(0,1)* height;
        //标识当前画笔形状是否为圆,如果为圆,则剔除圆外的点
        if(isCircle)
        {
            if(((x-centerX)* (x-centerX)+(y-centerY)* (y-centerY))>radius)
            continue;
        }
        //确定该覆盖物的占地面大小,以和其他对象做冲突检测
        float placeRadius=scale * object. Size * 0.5f;
        if(! canPlace(x,y,placeRadius))
            continue;
        //为栽种的对象在一定范围内随意一个旋转和缩放变换
        float r=Random(startAngle,endAngle);
        float s=Random(startScale,endScale);
```

```
        AddToTile(object,x,y,r,s);
    }
```

其中，Random 为随机函数；canPlace 函数负责把当前生成的点和已经种植的点进行计算，若当前点的种植位置已被占据，则放弃当前点；AddToTile 函数负责把要种植的点加入瓦片集合 T_1 的相应 Tile 中。

（3）绘制过程。其实画笔的绘制过程就是在绘制路径上的离散画笔中进行不断的重复栽种算法，如图 6.21 所示。由于在栽种算法中，设置了 canPlace 函数，不用担心离散画笔的重复问题和计算效率问题。

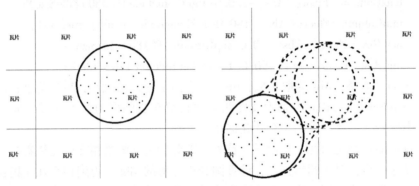

图 6.21　画笔绘制过程的采样示意图

未添加覆盖物的实验效果如图 6.22（a）所示，使用画笔添加覆盖物后总体的实验效果如图 6.22（b）和图 6.22（c）所示，实验中分别选择了两种树、一种石头、两种草、两种花进行综合绘制得到场景效果，整体观察，本书设计的覆盖物画笔非常有效，是快速设计覆盖物的重要辅助，如果要使得场景更加逼真丰富，还可以设计更多的覆盖物类型。对比图 6.22（a）可以看出，地表覆盖物的添加，大大增强了场景的逼真度，给人强烈的身临其境之感，这说明了地表覆盖物是增强虚拟地球仿真场景沉浸感不可缺少的要素。

(a)未添加覆盖物　　　　(b)添加了树木覆盖　　　　(c)添加了树木、花草等覆盖物

图 6.22　画笔的绘制效果

6.3　虚拟水域和大气环境快速生成实例

本书论述了日常最常见的几种自然要素的快速构建与仿真方法，包括地貌、建筑、道路、植被等，这些虽然已经基本包括了日常可见的所有要素种类，但是还缺少两种最常见的自然要素，那就是水域环境和大气环境，水域环境如湖泊、江河、大海等，大气环境如三维云、雾霾、台风等，实现这两大要素的仿真，本书所规划的快速构建三维虚拟仿真地球场景

的技术框架才基本完成。

6.3.1　虚拟水域环境快速构建

常见的水域环境可以分为两大类，一类是河流等线状水域，另一类是湖泊、海洋等面状水域，本书分别对这两种水域的建模方法进行论述。关于水的渲染方法，本书不再赘述。

1. 范围性水域模型的构建

范围性水域，小到池塘，大到湖泊、海洋。对于小型范围水域，只要数据量容许，可以使用多边形来手工构造水面模型。但是对于大型的湖泊、海洋，预制的三角面将耗尽计算机的所有内存资源和图形处理单元（graphics processing unit，GPU）计算资源，因此必须寻求一种类似地形地貌的自适应 LOD 的建模方法，以保证总的三角面数量不会太大，并且水面模型细节跟随摄像机自适应变动。

1）LOD 自适应水面建模

参考 6.1 节地形地貌的建模方法，其水面的调度与建模策略更为简单，因为不需要考虑与数据的调度关系和与数据相关的三角网处理。

那么同样，按照 6.1 节中的分割方法对全球进行原始分割，分别进行瓦片的自适应调度、索引、拓扑关系计算，最佳分辨率计算等，在瓦片建模时，用简单的方法生成一张仅两个三角形的正方形，并赋予平铺的纹理坐标，如图 6.23 所示。

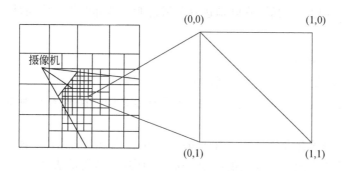

图 6.23　水面 LOD 自适应建模示意图

之所以采取这么简单的格网，是因为本书仿真场景中水并不是核心要素，无须在其之上花费太大的计算代价，所以为了在水面渲染中节省计算量，本书不打算使用基于顶点的水浪建模技术，而是在渲染中使用计算效率更高的凹凸贴图动画方式进行仿真。按照这个思路，本书实现了水面的自适应 LOD 建模效果，如图 6.23 所示，摄像机附近的网格最密集，但是相对于地貌的网格，已经非常稀疏了，另外，摄像机稍远的位置，网格开始自适应降低LOD 细节，这就保证了不管如何漫游，三角形网格的总量基本是一样的（图 6.24），图 6.25 是增加渲染所得到的结果，渲染效果非常优秀，在效率方面，有海面渲染与无海面渲染的场景每秒传输帧数分别是 60fps 与 65fps，帧率下降不大。

2）确定边界

完成了对水域的自适应 LOD 建模后，还有一个问题，即范围性的水域都有水域与陆地的交界，必须使得交界足够自然，才能满足视觉的要求，没有做任何处理的水域边界，使水域边界和陆地直接过渡，很不真实（要说明的是由于实验时，本书仅能获取到 90m 的 DEM

数据，陆地和水面的交界无法和真实海岸线匹配，但这并不影响分析实验结果），另外，为了提高效率，当水面网格完全处于陆地下方时，可以跳过渲染。

图 6.24   自适应 LOD 的水面模型效果   图 6.25   自适应 LOD 的水面模型的渲染效果

（1）计算瓦片是否在地形之下。若否，判断瓦片的四个角点是否都在 DEM 高程之下，若是，不对该瓦片进行建模与渲染。

（2）设置顶点的透明性。设置当水深低于 20m 时，开始进行半透明过渡，当前节点的透明度由式（6.36）决定。

$$V_\alpha = \frac{H_{\text{water}} - H_{\text{dem}}}{20} \tag{6.36}$$

式中，H_{water} 与 H_{dem} 分别为建模顶点位置的水面高程与陆地高程。

按照以上方法处理，三角网在陆地边界平滑过渡，整体效果非常自然，水域边界的过渡部分自然。

2. 快速构建河流水面

对于河流，无法使用上一节所论述的方法，原因如下。

（1）河道一般非常不规则，特别是在山区地形之中，高程不是判断水域存在的准确指标。

（2）瓦片与河道不是非常匹配，在 LOD 过程中，比较大的瓦片与河道完全不对应。

（3）河道中的水有流速、流向的特征，6.1 节所述方法无法表达。

因此必须设计一种专门面向河流水域环境仿真的方法。通过了解水文专业，本书发现所有的河流都有河边线与大断面数据，河边线数据不难理解，即河流的左右岸线数据，大断面数据是为了获取实测数据与水力学计算需要所设置的垂直于河道的观测线，如图 6.26 所示，其中，图 6.26（a）与图 6.26（b）展示了河边线数据与大断面数据，有了这些数据，就可以沿着河流流向进行建模。但是由于大断面的间距比较大，直接使用大断面的建模的河流面损失了很多细节，因此为了提高河流面建模的精确度，可以结合河道中心线数据与大断面数据对断面数据进行加密，首先进行采样，然后在采样点处生成垂直于河道的断面线，最后再把大断面上的属性数据（流速、水位）按照水力学模型反算到加密的断面线上即可，生成的加密断面如图 6.26（c）和图 6.26（d）所示，加密后的断面比大断面更宽，是为了在建模过程中解决采样间隔不能足够小造成的河面缺失问题，加长之后可以解决此问题，而多出河边线部分的三角网会被地形覆盖，所以不会引起视觉错误。

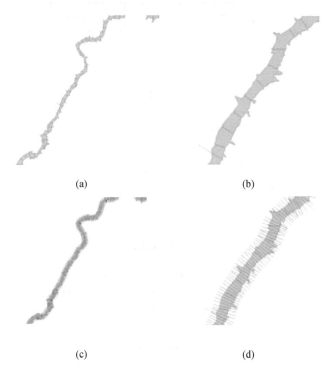

(a)   (b)

(c)   (d)

图 6.26 河边线与断面数据示意图

与湖泊、海洋一样，河流的建模也存在数据量过大，容易将计算机资源消耗殆尽的问题。但是河流不适合按照四叉树进行分块，所以本书使用一种动态分段的建模技术。首先，把加密的断面按照一定数量或距离进行分组，每一个分组相当于一个几何模型；其次，在摄像机的漫游过程中，只对与摄像机靠近的分组进行动态建模与渲染，为了提高在漫游过程中对分段的检索速度，依然可以采用线性四叉树索引，在计算分组的时候，预先将分组算入对应层的瓦片之中，当摄像机快速浏览时，可以非常快地从瓦片中提取断面信息。下面给出河流建模与渲染流程，如图 6.27 所示。

1) 河流分段的无缝拼接

这里所说的拼接，不仅是模型的拼接，还包括分段造成的流速、流向不匹配的问题。由于不同子段纹理偏移速度不一样，子段之间的同一断面会出现裂缝或纹理衔接不自然的现象。为了解决这个问题，需要实现子段之间的无缝拼接。无缝拼接需要解决两个问题：①填补河段衔接处的裂缝；②不同河段之间动态纹理不自然过渡的现象。

对于第一个问题，其解决方案为：在河流分段过程中，为每一个子段末尾增加一个断面，填充衔接处的缝隙，如图 6.28 所示，该子段末断面 C 后添加下一子段断面 D，CD 段填充裂缝 CC'。这种方法可以有效地解决裂缝问题，但可能会出现纹理叠加的现象（$C'D$ 段纹理重叠）。

对于纹理不自然过渡和纹理叠加的问题，其解决办法为：处理 CD 河段的纹理。在建模过程中，C 断面的顶点透明度设为 "1"，D 断面的透明度设为 "0"，实现 C 到 D 逐渐透明的效果。CD 段河流与下游子段 $C'D$ 融合，实现纹理过渡。

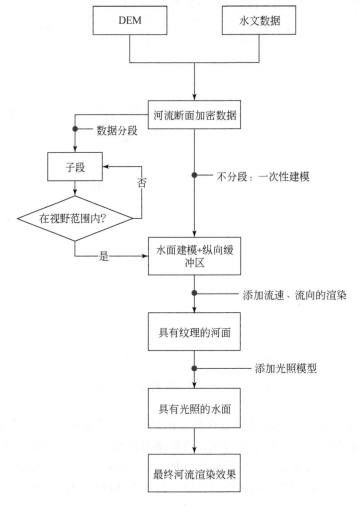

图 6.27　河流建模与渲染流程

2）准确表达流速流向

自然状态下流场的分布具有一定的随机性。为了简化水面建模的复杂性，将流场简化为流速中间大边缘小的模式。

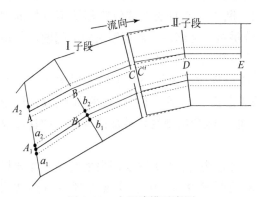

图 6.28　水面建模示意图

在横向方向上均分断面，以左右河岸点及其均分点为顶点数据。其中顶点数据主要包括：顶点坐标、顶点流向、顶点纹理坐标、顶点颜色、顶点纵向透明度数据。如图 6.28 所示，将 A、B、C 等断面分别均分成 n 段（n = 9），由此可以获得 $n+1$ 个顶点，然后，以这些点为顶点构建三角网完成河面建模，此后将此次建模称为第一层河面建模。

由于同一断面 A 不同点 A_1、A_2 的流速不同（图 6.28），造成 $A_1 B_1$ 两侧的纹理偏移速度不同。为了实现更好的视觉效果，进行第二层河面建模，在 A_1B_1 线两侧建立纵向缓冲区 $a_1a_2b_2$ b_1 实现过渡效果。四边形 $a_1a_2b_2b_1$ 中 A_1、B_1 顶点透明度为 "1"，a_1、a_2、b_1、b_2 顶点透明度为 "0"，A_1B_1 向 a_1b_1、a_2b_2 方向逐渐透明。最后，$a_1a_2b_2b_1$ 与第一层河面建模融合，实现过渡效果，图 6.29 展现了河水的建模与渲染效果，可以看到明显的水位、流速和流量。

图 6.29 河流水面建模与渲染效果

6.3.2 虚拟大气环境快速构建

大气本身是无色透明的，人们所能看到的云、雾霾、龙卷风现象都是由于大气的运动造成水汽或其他杂质在大气中聚团形成的现象，所以本书将其称为大气视觉环境，在这些要素当中，最常见的莫过于云团，对于这种视觉效果，在很多三维仿真系统或三维 GIS 中，都使用了一种称为 "天空盒（球）" 的方法进行模拟，这种技术通过把天空的景象（云、雾）用图片映射在假设的天穹之上，来近似模拟天空（从地表看天空）或者大气（从太空看地球），这种技术非常优秀，不仅逼真，而且高效，可以满足大部分仿真应用，但却存在以下问题。

（1）无法达到身临其境的效果，如云层、雾霾遮挡建筑、山脉的效果。

（2）无法实现连续无缝的动态气象变化，这在三维气象中非常有用。

（3）只能比较好地模拟平面云，不适合展现雾霾、台风等立体效果强的要素。

（4）当观察者不断移动时，观察角度发生巨大改变，但云永远不会改变形状，因为其本身只是一张平面照片，不具备三维信息。

（5）不能仿真从太空进入地球的穿越立体云层效果，这在航空航天、军事仿真中有重要意义。

为了改进这种问题，引入体渲染（volume rendering）技术（又称为体绘制）。

另外，对于雾霾、台风的模拟，传统技术中都采用粒子系统的方式进行大致模拟，其只作为场景背景要素来陪衬场景，如果要接近或进入雾霾、台风，这种方法完成的仿真就不能达到要求了。

1. 体渲染技术

体渲染技术作为图形学的一个分支和一项重要的可视化技术，近年来得到了快速发展，并广泛应用于计算机断层扫描、医学核磁共振和流体力学等领域。它和传统的等值面方法不同，在计算过程中不产生中间几何图元。体绘制的优点是能从所产生的图像中观察到三维数据场的整体和全貌，而不是只显示出人们感兴趣的等值面，同时体绘制也易于进行并行处理。体绘制技术的中心思想是为每一个体素指定一个不透明度（opacity），并考虑每一个体素对光线的透射、发射和反射作用。光线的透射取决于体素的不透明度；光线的发射取决于体素的物质度（objectness），物质度越大，其发射光越强；光线的反射取决于体素所在的面与入射光的夹角关系。体绘制的步骤原则上可分为投射、消隐、渲染和合成等4个步骤。下面将介绍目前常用的体绘制方法。

目前常用的体渲染算法原理有抛雪球法、剪切曲变法、光线投射算法、三维纹理映射法等，本书综合考虑各个算法的优缺点，使用三维纹理映射法。

三维纹理，也即体纹理（volume texture），是二维纹理在三维上的扩展，用于描述三维空间数据的图片。同二维纹理一样，三维纹理可以通过三维纹理坐标进行访问，结合三维纹理方法实现的体渲染方法，即三维纹理映射法。这种方法容易实现，效率较高，并且可以被GPU硬件加速，因此本书选择此方法，本节的所有实验都采用了这种方法。

由于GPU都是基于三角网和二维纹理映射方式绘制物体，三维纹理不能直接被绘制，最常见的三维纹理绘制方法就是使用平面切割纹理，每次切割体纹理的平面就会得到一幅横截面图（没有切到纹理的部分是透明的），那么扩展一下，如果用一组平行的平面去切割体纹理，那么就可以获得一组横截面图，如图6.30(a)所示，是一组体纹理从体纹理的斜上方切割体纹理的效果，再假设这组平行平面足够密和足够多，将体纹理从一边到另一边完全切割，并且保持所有的平面位置不变，就得到了与这组平面垂直方向上的所有横截面，那么这组横截面组成的图像其实就是要在平面垂直方向上看到的立体纹理结构了，再扩展一下，假如将所有的横截面上的颜色设置一定的透明度，就可以看到一个通透的体纹理的结构，即就可以看到体纹理的内部结构，为了让表达效果更好一点，再进一步，把某些颜色设置为透明或半透明，可以给一个映射表，来定义每个颜色映射为什么透明度与颜色，那么就可以看到只关注的体纹理内部结构，如果还想把关心的内部结构设置为特殊的颜色，可以把上面提到的颜色表再扩展一下，把它扩展为一张映射图（ColorMap），使用ColorMap替换体纹理本身的颜色，就可以得到专题效果，假设有了人体的体纹理，然后要像给病人做检查一样，医生只想看骨头有没有问题，不想看到肌肉等组织，那么就把代表骨头以外的颜色全部设置为透明，这样就只能看见骨头了，如图6.30（b）所示（图中还有一些肌肉组织的显示，是因为肌肉组织数据和骨骼数据没有严格的界限，只有一个大致的分类）。讲到这里，体纹理的绘制思路已经非常清晰了，剩下的就是通过数学算法去构造这样一组平面，再根据切割结果转换为一组三角平面并映射三维纹理坐标。

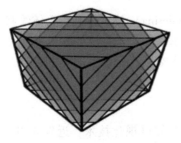 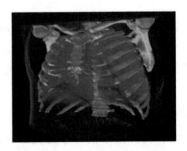

(a)三维纹理的切割方法　　　　　　(b)控制颜色和透明度的人体透视效果

图6.30　体渲染示意图

这里再论述一下有关 ColorMap 的一些情况。地理空间数据不是颜色值，范围不一定刚好与颜色空间范围对应，如风（包含 U、V、W 三个分量）、压强、水汽含量等，我们必须将风速的取值范围和压强值的大小等地理数据映射到 ColorMap 之上，这样配置的专题才能够正常显示，式（6.37）是本书使用的方式。

$$\text{Color} = \text{MapValue}\left(\frac{\text{Value}-\text{Min}}{\text{Max}-\text{Min}}\times\text{length}\right) \tag{6.37}$$

式中，Value 为当前点的值；Min 为该变量的最小值；Max 为该变量的最大值；length 为纹理图的长度；MapValue 为从 ColorMap 上根据 $\frac{\text{Value}-\text{Min}}{\text{Max}-\text{Min}}\times\text{length}$ 的值映射得到，MapValue 方法等同于纹理映射方法。

2. 面向三维地球空间的体渲染方法

普通的体数据范围为立方体区域，地理环境可以通过投影变换，转换为立方体区域，但是虚拟地球是一个曲面环境，如图 6.31 所示。

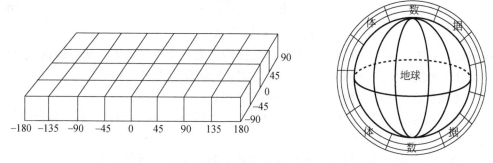

图 6.31　笛卡儿坐标系空间与球面坐标空间的区别

因此，普通的体渲染算法无法在虚拟地球空间中直接应用，综合考虑到三维纹理方法的优点，本书在这里对三维纹理方法进行改进，以适用于三维虚拟地球空间（下文会全面分析地理数据的特殊性，并论述其他体渲染算法如何引入虚拟地球应用中，本节只是结合三维纹理算法进行初步的研究）。

为了能够让体渲染算法在球面空间起作用，首先，把整个球面环境当作一个立方体来对待，然后把球面的体数据插值到立方体空间，如图 6.32 所示。

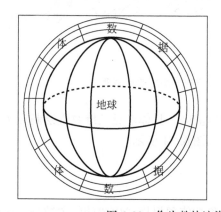 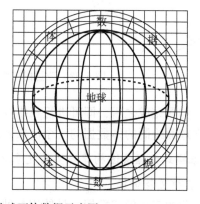

图 6.32　作为整块渲染的球面体数据示意图

公式描述为

$$\mathrm{Cell}(m,n,l)=F_{s\to c}\left(\frac{\sum_{k=1}^{8}V_k}{8}\right) \tag{6.38}$$

式中，$\mathrm{Cell}(m,n,l)$ 为立方体空间的格点值，V_k 为包围 $\mathrm{Cell}(m,n,l)$ 的八邻域空间，$F_{s\to c}$ 代表从球面空间坐标映射到立方体空间的映射函数，此映射使用通过经纬度和笛卡儿坐标系的相互映射关系确定：

定义地球半径为 R，球面坐标为 $(\mathrm{lat},\mathrm{lon},\mathrm{alt})$，笛卡儿坐标为 (x,y,z)，则相互转换公式为

$$\begin{cases} x = R\times\cos\times\cos(\mathrm{lon}) \\ y = R\times\cos\times\sin(\mathrm{lon}) \\ z = R\times\sin(\mathrm{lat}) \end{cases}$$

$$\begin{cases} \mathrm{lon} = \tan^{-1}(y,x) \\ \mathrm{lat} = \sin^{-1}(z/\sqrt{x^2+y^2+z^2}) \\ \mathrm{alt} = \sqrt{x^2+y^2+z^2}-R \end{cases} \tag{6.39}$$

按照以上方法，就可以把球面空间的体数据转换为一个立体数据，从而构造三维纹理，其次，结合三维纹理体渲染方法，按照以下方式进行切片与构网。

（1）连接视点与地心，构成垂直于地表的方向；

（2）从视点与地心连线与体数据的交点开始，等间距 Δd 进行切片，直到数据边界或者切片通过地心，如图 6.33 所示；

（3）切片分为不与地面相交的圆和与地面相交的圆环，构网方式如图 6.33 所示；

（4）三角网点的纹理坐标通过经纬度与笛卡儿坐标系映射确定，具体参见式（6.39）。

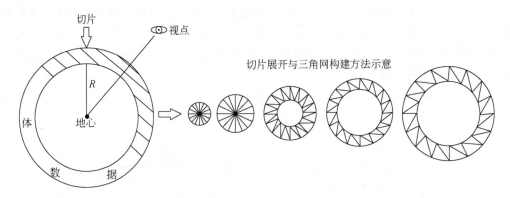

图 6.33　改进的三维纹理绘制方法的切片原理

切片、构网完成之后，即可进行三维纹理体渲染，具体参见三维纹理绘制算法，按照本节方法，在球面绘制的体数据的一个渲染效果如图 6.34 所示。

3. 气象模式数据快速构建真实的气象环境

1）气象模式及数据

本书所称的气象模式数据，是使用某种气象数值预报模式生成的气象数据，这种数据本

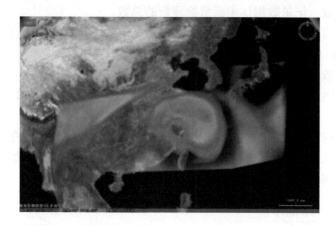

图 6.34 使用本节方法的绘制结果

质上是一种立体格网数据，和体纹理极为相似，所以就有了使用体渲染方法绘制气象模式数据的技术方法。

（1）数值预报模式。常用的气象模式数据有 MM5 模式、WRF 模式、ARPS 模式、RAMS 模式。

（2）数值预报模式数据。数值预报模式数据的格式一般由两部分文件组成，即头文件和数据体文件。

头文件是对数据体文件的详细描述，具体如下。

模式名称，记录原始数据的输出模式，如 MM5、WRF 等。

X 方向格点数，记录 X 方向格点总数，是读取每一层物理量数据和创建三维模型的基本信息。

起始点 X 值，记录 X 方向格点起点值，与起始点 Y 共同确定渲染模型在世界坐标中的位置。

X 方向插值方式，立体渲染数据格式为了支持多尺度立体数据，以 X 方向插值方式设置该方向上某区域的精细程度。与 Y 方向插值方式获取到的坐标点共同确定模型渲染的精细程度。

Y 方向格点数，记录 Y 方向格点总数，是读取每一层物理量数据和创建三维模型的基本信息。

起始点 Y 值，记录 Y 方向格点起点值，与起始点 X 共同确定渲染模型在世界坐标中的位置。

Y 方向插值方式，为了支持多尺度立体数据，以 Y 方向插值方式设置该方向上某区域的精细程度。与 X 方向插值方式获取到的坐标点共同确定模型渲染的精细程度。

垂直高度层数，记录数据在垂直高度上的总层数。

垂直高度数值，记录垂直高度层上每一层的具体高度。

起报时间，即对应数据开始的时间。该数据格式为了支持在时间维度上的动态变化，记录了数据开始的时间信息，方便在模型渲染时，以相应的时间序列顺序模拟。

时次，即时间序列的总数。

时效，即时间序列之间的间隔。

标量物理量个数，记录数据体中标量物理量的总数。

标量名称及垂直层数，记录数据体中所有标量的名称及对应的在垂直方向上的总层数。如气压（P）、气温（T）等。

矢量物理量个数，记录数据体中矢量物理量的总数。

矢量名称以及垂直层数，记录数据体中所有矢量的名称及对应的在垂直方向上的总层数。如风场数据 U、V、W。

数据体文件里按照二进制结构存储了数值模式计算的结果，具体的存储方式由头文件定义。数据存储方式从 Y 方向（纬度方向）开始，存储每一层数据值，直到最后一层，如果有多时刻的数据，则依次类推进行追加，存储示意图如图 6.35 所示。

图 6.35　模式数据的结构示意图

2）实验分析

通过对气象模式数据的分析，再结合本节所论述的仿真方法，本书使用了几组历史气象模式数据，对本节的仿真方法进行验证。如图 6.36（a）使用的是威马逊台风多时刻的数据，从图中来看，不管是地理位置，还是对台风结构的显示情况，还是仿真的逼真度都令人非常满意；图 6.36（b）是我国某日的一次雾霾过程的数据，从数据的仿真结果中，可以很清晰地看清楚雾霾的浓度及雾霾的分布范围；图 6.36（c）是东南亚与我国南部某日的云团运动仿真，从图中可以看出，整体天气情况良好，局部地区为阴天。要说明的是，体数据都是有时间序列的，所以仿真的效果都是动态过程，可以观察出更多的数据特征。

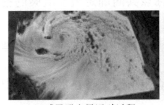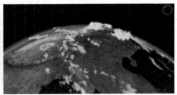

(a)威马逊台风运动过程　　(b)雾霾变化过程仿真　　(c)云团运动仿真

图 6.36　气象模式数据三维仿真与实情分析

扩展阅读

构建完整的三维虚拟仿真地球系统，需要包括渲染系统、对象（实体）系统、动画系统、声音系统、物理系统、人工智能系统、通信系统、脚本系统、交互系统、行为系统与其他扩展系统等，这里的每个方面都需要大量的研究工作。而就本书的研究内容，还有很多地方需要进一步深入或探讨，下面列出作者目前已经思考到的但还没研究出解决方案的问题。

（1）在本书提出的面向逼真度的渲染方法中，图像的逼真度还可以进一步提高。提高的方向分两方面，一方面，算法本身还可以进行改进，如 BRDF、SSAO、HDR 算法的质量；另一方面，还可以把其他新的三维计算机图形学理论添加到框架之中，如子面散射技术、动态模糊、景深效果、视差映射、全屏抗锯齿等。

（2）面向建筑物的实用三维模型的自动 LOD 优化算法。虽然本书提到一些三维模型的优化算法，但是模型的三角面个数始终是各种优化方法躲不过的难题。目前，面向建筑物的自动适应 LOD 几何的算法已经有非常多的理论，但是在面对复杂模型的时候仍然无能为力，只能人工重建，或者在模型需要简化程度比较大的情况下，目前的算法总是解决不了关键顶点被删去的问题，使得建筑物变形或镂空。

（3）对于线状地理要素自动建模的研究，本书目前只解决了最基本的建模问题，一些细节的问题，如对于一般线状要素的建模，还没有解决一般线状要素相交的问题，如管道和管道的连接，对于道路，还没有解决不同型道路的相交问题，如城市街道中，各种路型的道路是可以互相连接的，也没有解决道路和桥梁、隧道相接、自动修正与地形匹配的问题等。

（4）在精细地貌的制作中，为地表添加了大量的覆盖物，这些覆盖物的规模非常庞大，针对覆盖物的渲染优化，本书虽然使用了金字塔瓦片调度与实例化技术，但是这还不够好，需要进一步研究进而优化解决方案才能满足真正的三维虚拟地球仿真的大规模数据处理的需求。

（5）在使用水文数据进行河道自动建模的研究中，还没有研究支流汇入干流的情况，在这种情况下，如何进行自动建模，如何解决支流流向、流速与干流的流向、流速无缝融合的问题，都还没有解决方案，此外，如何仿真水流中的回流现象（这经常发生在支流汇入、河面由宽变窄的情况下，其对河道的构造影响非常大）也还没有合适的解决方案。

思　考　题

1. 名词解释

（1）三维虚拟地球

（2）虚拟现实

（3）光照模型

（4）地形编辑过程

（5）体渲染

2. 简答题

（1）简述三维虚拟地球与仿真技术现状。

（2）简述地形瓦片金字塔调度机制。

（3）简述精细化地表虚拟环境的快速构建方法。

3. 论述题

（1）试论述三维虚拟地球与仿真技术在地学领域的应用。

（2）试论述 AR、VR 技术及虚拟地球技术应用发展趋势。

第7章 并行计算

教学及学习目标

本章主要介绍并行计算的基本概念、基于 MPI 的并行程序设计基础，以及 HASM 方法的并行化程序说明，通过本章的学习，学生能够了解并行计算的基本原理和基本实现方式，掌握 HASM 方法的并行化设计原理，能够尝试对其他空间分析算法进行并行化设计。

7.1 引　言

串行计算是指在具有单个中央处理单元的单个计算机上执行软件读写操作，逐个使用一系列指令解决问题。并行计算是在串行计算的基础上演变而来的，可分为时间上的并行和空间上的并行。并行计算与高性能计算及超级计算是同义词。并行计算主要包括了并行计算的硬件平台（并行计算机）、并行计算的软件支撑（并行程序设计）、并行计算的理论基础（并行算法）及并行计算的具体应用。

在当今大数据时代，串行计算已不能满足海量数据的运算需求，取而代之的将是并行计算技术，它可大幅度提高运算速度（徐冠华，1993）。并行算法是用多台处理机联合求解问题的方法和步骤，它首先将给定的问题分解成若干个尽量相互独立的子问题，其次使用多台计算机同时求解，最终求得原问题的解，其主要目的是快速求解大型且复杂的计算问题（陈国良等，2009）。

7.1.1　并行计算的发展

20 世纪 60 年代初期，由于晶体管及磁芯存储器的出现，处理单元变得越来越小，存储器也更加小巧和廉价。这些技术发展的结果导致了并行计算机的出现，这一时期的并行计算机多是规模不大的共享存储多处理器系统。

20 世纪 60 年代末期，同一个处理器开始设置多个功能相同的功能单元，出现了流水线技术。与单纯提高时钟频率相比，这些并行特性在处理器内部的应用大大提高了并行计算机系统的性能。

从 20 世纪 80 年代开始，微处理器技术一直在高速发展。微处理器随着机器的字长从 4 位、8 位、16 位一直增加到 32 位，其性能也随之显著提高；稍后又出现了非常适合于对称式多处理机的总线协议；同一时期，基于信息传递机制的并行计算机也开始不断涌现。

20 世纪 80 年代末到 90 年代初，共享存储器方式的大规模并行计算机又获得了新的发展。随着商品化微处理器、网络设备的发展，以及信息传递界面等并行编程标准的发布，机群架构的并行计算机出现。在这些系统中，各个节点采用的都是标准的商品化计算机，它们之间通过高速网络进行连接。

20 世纪 90 年代初期，大规模并行处理系统已开始成为高性能计算机发展的主流，大规模并行处理系统由多个微处理器通过高速互联网络构成，每个处理器之间通过消息传递的方式进行通信和协调。较大规模并行处理系统早几年问世的对称式多处理系统由数目相对较少的微处理器共享物理内存和输入/输出总线组成。早期的对称式多处理系统和大规模并行处理系统相比扩展能力有限，不具有很强的计算能力，但单机系统兼容性好，所以 90 年代中后期的一种趋势是将对称式多处理系统的优点和大规模并行处理系统的扩展能力结合，发展成后来的分布式共享内存结构（迟学斌和赵毅，2007）。

并行计算研究可划分为三个阶段：20 世纪 60 年代末至 70 年代末，主要从事大型机中的并行处理技术研究；70 年代末至 80 年代初，主要从事向量机和并行多处理器系统研究；80 年代末至今，主要从事大规模并行处理机系统及工作站集群系统研究（陈国良等，2009）。

并行计算的最新发展主要包括多核体系结构和云计算。多核技术是指在同一个处理器中集成两个或多个完整的计算内核，每个计算内核实质上都是一个相对简单的微处理器；多个计算内核可以并行地执行指令，从而实现一个芯片内的线程级并行，并可在特定的时间内执行更多任务实现任务级并行，从而提高计算能力。云计算是指基于当前已相对成熟与稳定的互联网的新型计算模式，把原本存储于个人电脑、移动设备等个人设备上的大量信息集中在一起，在强大的服务器端协同工作；云计算是分布式计算、并行计算和网格计算的最新发展。

7.1.2　并行计算机体系结构

组成并行机的三个基本要素为：节点、互联网络和内存。每个节点由多个处理器构成，可以直接输入输出。所有节点通过互联网络相互通信。内存由多个存储模块组成，这些模块对称地分布在互联网的两侧或者位于各个节点内部。

按照弗林分类法，根据指令流和数据流的不同，通常把计算机系统分为四类（Michael and Flynn，1972）：单指令流单数据流（single-instruction stream single-data stream，SISD），单指令流多数据流（single-instruction stream multiple-data stream，SIMD），多指令流单数据流（multiple-instruction stream single-data stream，MISD）和多指令流多数据流（multiple-instruction stream multiple-data stream，MIMD）。单指令流多数据流相当于串行计算机系统；单指令流多数据流每个处理器同步执行相同的指令，但操作不同的数据；多指令流单数据流很少使用；多指令流多数据流每个处理器执行的指令不同，操作的数据也不同，是最常用的并行平台。

基于单指令流多数据流结构的计算机系统包括向量处理机、单指令流多数据流并行处理机和图形处理单元（GPU）。向量处理机（或阵列处理机）是可以同时进行多数据要素处理的中央处理器（Kurz，1988）。在 20 世纪 80 年代和 90 年代的科学计算领域，向量处理机是大多数超级计算机的大众化组成部分。目前，它已被更高效和便宜的图形处理单元替代。单指令流多数据流并行处理机由单指令流多数据流多微机系统构成（Michael and Flynn，1972）。显卡的图形处理单元使用成千上万个流处理器来提高芯片级并行度（Luebke et al.，2006），近几年来，图形处理单元的高速计算能力被用于提高计算速度。由于图形处理单元的单指令流多数据流构架，它只适合于数据并行问题（Gao and Li，2011）。

目前主要的高性能并行机体系有四种：①对称式多处理机（symmetric multiprocessor，SMP）；②分布式共享存储器（distributed shared memory，DSM）；③大规模并行处理机（massively parallel processor，MPP）；④机群（cluster）。

7.1.3　并行编程环境

高性能计算的原理是将计算负荷由多台通用主机共同分担，同时并行处理计算，使大规模、复杂问题在短时间内得到解决。高性能计算不仅对计算机硬件提出了要求，也需要提高计算机并行计算能力。而提高并行计算能力的关键在于软件。

1）并行编程环境分类

在当前并行机上，主要的并行编程环境可分为三类：①共享内存模型：假定所有的数据结构分配在一个公用区中，且所有处理器均可访问该公共区；②信息传递模型：假定每个处理器（或进程）有自己的私有数据空间，处理机之间通过相互发送消息来实现数据交换；③数据并行模型：用户通过指导语句指示编译系统将数据分布到各个处理器上，编译系统根据数据分布的情况生成并行程序。

共享存储并行编程和数据并行编程是基于细粒度的编程，仅被对称式多处理机（SMP）、分布式共享存储器（DSM）和大规模并行处理（MPP）并行机所支持，移植性不如信息传递并行编程。但是，由于它们支持数据的共享存储，所以并行编程难度较小。当处理机数目较多时，其并行性能明显低于信息传递编程。信息传递并行编程，基于进程级，其移植性最好，几乎被当前流行的各类并行机支持，且具有很好的可扩展性。但信息传递并行编程只支持进程间的分布存储模式，各个进程只能直接访问其局部内存空间，对其他进程局部空间的访问只能通过信息传递来实现，因此，并行编程难度大于前两种模式。

2）信息传递接口

信息传递接口（message passing interface，MPI）是基于信息传递编写并行程序的一种用户界面，信息传递是目前并行计算机上广泛使用的一种程序设计模式。特别是对分布式存储可扩展的并行计算机（scalable parallel computers，SPCs）和工作站机群（networks of workstations，NOWs 或 clusters of workstations，COWs）。尽管还有很多其他的程序实现方式，但是过程之间的通信采用信息传递已经是一种共识。在 MPI 和并行虚拟机（parallel virtual machine，PVM）问世以前，并行程序设计与并行计算机系统是密切相关的，对不同的并行计算机就要编写不同的并行程序，这给并行程序设计和应用带来了许多麻烦，广大并行计算机的用户迫切需要一些通用的信息传递用户界面，使并行程序具有和串行程序一样的可移植性。

在过去的 4 年中，国际上确定了 MPI 为信息传递用户界面标准，自从 1994 年 6 月推出 MPI 以来，它已被广泛接受和使用，目前国际上推出的所有并行计算机都支持 MPI 和 PVM。对于使用 SPCs 的用户来说，编写单程序流多数据流（single program stream multiple data stream，SPMD）并行程序使用 MPI 可能更为方便。

MPI 按照进程组（process group）方式工作，所有 MPI 程序在开始时均被认为是在通信子 MPI_COMM_WORLD 所拥有的进程组中工作的，之后用户可以根据自己的需要，建立其他的进程组。需注意的是，所有 MPI 的通信一定要在通信子（communicator）中进行。一旦分配好工作，就可以给每个节点发送一条消息，让它们执行自己的那部分工作。工作被放入高性能计算（high performance computing，HPC）单元中同时发送给每个节点，通常会期望每个节点同时给出结果作为响应。来自每个节点的结果通过 MPI 提供的另一条消息返回给主机应用程序，然后由该应用程序接收所有消息，这样工作就完成了。

　　3）并行编程模式

　　并行编程模式主要有三种类型：①主从模式（master-slave），有一个主进程，其他为从进程；在这种模式中，主进程一般负责整个并行程序的数据控制，从进程负责对数据的处理和计算任务；当然，主进程也可以参与对数据的处理和计算；一般情况下，从进程之间不发生数据交换，数据的交换过程是通过主进程来完成的。②对称模式（如 SPMD），在这种编程模式中，没有哪个进程是主进程，每个进程的地位是相同的。然而，在并行实现过程中，我们总是要在这些进程中选择一个进行输入输出的进程，它扮演的角色和主进程类似。③多程序模式 [如多程序多数据（multiple program/multipledata，MPMD）]，在每个处理机上执行的程序可能是不同的，在某些处理机上可能执行相同的程序。

　　并行程序和串行程序没有很大的差别，但是为了实现并行算法在并行计算机上的执行，程序中增加了对各个进程并行处理的控制。主要包括三个部分：①进入并行环境，这部分是要让系统知道此程序是并行程序，启动并行计算环境；在这个过程中，产生并行程序所需要的各种环境变量。②主体并行任务，这是并行程序的实质部分，所有需要并行来完成的任务都在这里进行；在这个部分中，实现并行算法在并行计算机上的执行过程。③退出并行环境，通知并行计算系统，从这里开始，不再使用并行计算环境；一般来说，只要退出并行计算环境，意味着将结束程序的运行。

　　MPI 并行程序设计采用何种编程模式，要视具体应用问题的特征而定，它们在并行程序设计的难度和并行计算性能上没有本质的区别。但是，为了降低使用和维护并行应用软件的复杂度，一般采用 SPMD 模式。进程控制是并行程序的重要组成部分，所有的数据处理和交换过程都离不开进程标识。在 SPMD 并行模式编程过程中，因为只有一份程序，每个处理机上执行的是相同的程序。因此，对于每个进程来说，需要知道自己是属于哪个处理机，从而来确定该进程需要完成的任务。

7.1.4　并行计算时效测定

　　使用 n 个并行处理器的加速比可定义为（Gebali，2011）

$$S(n) = \frac{T_p(1)}{T_p(n)} \tag{7.1}$$

式中，$T_p(1)$ 为单个处理器处理时间；$T_p(n)$ 为 n 个处理器处理时间；$S(n)$ 为加速比。

　　如果处理器与内存之间的通信时间可以忽略，$T_p(n) = T_p(1)/n$，则式（7.1）可简化为

$$S(n) = n \tag{7.2}$$

　　不管是单计算机系统还是并行计算机系统，都需要从内存中读取数据，并将计算结果写回内存。由于处理器与内存之间的速度失谐，与内存的通信需要占用时间。此外，对于并行计算机系统，处理器之间需要进行数据交换。

　　假定并行算法由 n 个独立的任务组成，它们可在一个处理器上执行，也可在 n 个处理器上执行。在这种理想环境中，数据在处理器和内存之间交换，没有处理器之间通信。单处理器处理时间和并行处理器处理时间可分别表达为

$$T_p(1) = n \cdot \tau_p \tag{7.3}$$

$$T_p(n) = \tau_p \tag{7.4}$$

式中，τ_p 为处理每个任务的时间。

假定每个任务对应一组数据。也就是说，n 个任务需要读 n 组数据。单处理器和并行处理器从内存中读数据所需时间可分别表达为

$$T_r(1) = n \cdot \tau_m \tag{7.5}$$

$$T_r(n) = \alpha \cdot T_r(1) = \alpha \cdot n \cdot \tau_m \tag{7.6}$$

式中，τ_m 为读取一组数据的内存访问时间；α 为访问共享内存的限制因子。

对分布式内存，$\alpha = 1/n$；对无冲突共享内存，$\alpha = 1$；对有冲突共享内存，$\alpha > 1$。

类似地，单处理器和并行处理器将计算结果写回内存所需时间可分别表达为

$$T_w(1) = n \cdot \tau_m \tag{7.7}$$

$$T_w(n) = \alpha \cdot T_w(1) = \alpha \cdot n \cdot \tau_m \tag{7.8}$$

单处理器和并行处理器完成任务的总时间分别为

$$T_{\text{Total}}(1) = T_r(1) + T_p(1) + T_w(1) = N(2\tau_m + \tau_p) \tag{7.9}$$

$$T_{\text{Total}}(n) = T_r(n) + T_p(n) + T_w(n) = 2 \cdot n \cdot \alpha \cdot \tau_m + \tau_p \tag{7.10}$$

考虑了通信开销的加速比为

$$S(n) = \frac{T_{\text{total}}(1)}{T_{\text{total}}(n)} = \frac{2\alpha \cdot n \cdot \tau_m + n \cdot \tau_p}{2\alpha \cdot n \cdot \tau_m + \tau_p} = \frac{2\alpha \cdot R \cdot n + n}{2\alpha \cdot R \cdot n + 1} \tag{7.11}$$

式中，$R = \dfrac{\tau_m}{\tau_p}$ 为内存失谐率。

当 $R \cdot n$ 远小于 1 时，通信开销可以忽略，式（7.11）可近似表达为式（7.2）。

7.2　MPI 编程基础

7.2.1　MPI 与 MPICH 介绍

MPI 的定义是多种多样的，但不外乎下面三个方面，它们限定了 MPI 的内涵和外延。

（1）MPI 是一个库，而不是一门语言。许多人认为 MPI 就是一种并行语言，这是不准确的。但是按照并行语言的分类，可以把 Fortran+MPI 或 C+MPI，看作一种在原来串行语言基础之上扩展后得到的并行语言。MPI 库可以被 Fortran77/C/Fortran90/C++调用，从语法上说，它遵守所有对库函数/过程的调用规则，和一般的函数/过程没有什么区别。

（2）MPI 是一种标准或规范的代表，而不特指某一个对它的具体实现。迄今为止，所有的并行计算机制造商都提供对 MPI 的支持，可以在网上免费得到 MPI 在不同并行计算机上的实现，一个正确的 MPI 程序，可以不加修改地在所有的并行机上运行。

（3）MPI 是一种消息传递编程模型，并成为这种编程模型的代表和事实上的标准。MPI 虽然很庞大，但是它的最终目的是服务进程间通信。

MPICH 是一种最重要的 MPI 实现，它可以免费从 http://www-unix.mcs.anl.gov/mpi/mpich 取得。更为重要的是，MPICH 是一个与 MPI-1 规范同步发展的版本，每当 MPI 推出新的版本，就会有相应的 MPICH 的实现版本，目前 MPICH 的最新版本是 MPICH-1.2.1，它支持部分的 MPI-2 的特征。Argonne 国家实验室和密歇根州立大学（Michigan State University，

MSU）对 MPICH 做出了重要的贡献。

7.2.2 第一个 MPI 程序

如下所示为第一个 C+MPI 并行程序。下面分几个部分对它的结构进行介绍。

第一部分，首先要有 MPI 相对于 C 实现的头文件 mpi.h。

第二部分，定义程序中所需要的与 MPI 有关的变量。MPI_MAX_PROCESSOR_NAME 是 MPI 预定义的宏，即某一 MPI 的具体实现中允许机器名字的最大长度，机器名放在变量 processor_name 中，整型变量 myid 和 numprocs 分别用来记录某一个并行执行进程的标识和所有参加计算的进程的个数，namelen 是实际得到的机器名字的长度。

第三部分，MPI 程序的开始和结束必须是 MPI_Init 和 MPI_Finalize，分别完成 MPI 程序的初始化和结束工作。

第四部分，MPI 程序的程序体，包括各种 MPI 过程调用语句和 C 语句。MPI_Comm_rank 得到当前正在运行的进程的标识号，放在 myid 中，MPI_Comm_size 得到所有参加运算的进程的个数，放在 numprocs 中，MPI_Get_processor_name 得到本进程运行的机器的名称，结果放在 processor_name 中，它是一个字符串，而该字符串的长度放在 namelen 中，fprintf 语句将本进程的标识号、并行执行的进程的个数、本进程所运行的机器的名字打印出来，和一般的 C 程序不同的是这些程序体中的执行语句是并行执行的，每一个进程都要执行。不妨指定本程序启动时共产生 4 个进程同时运行，而运行本程序的机器的名字为 tp5，4 个进程都在 tp5 上运行，其标识分别为 0、1、2、3，执行结果如图所示，虽然这一 MPI 程序本身只有一条打印语句，但是由于它启动了四个进程同时执行，每个进程都执行打印操作，故而最终的执行结果有四条打印语句。

```
#include "mpi.h"
#include <stdio.h>
#include <math.h>
void main(argc,argv)
int argc;
char * argv[];
{
int myid,numprocs;
int namelen;
char processor_name[MPI_MAX_PROCESSOR_NAME];
MPI_Init(&argc,&argv);
MPI_Comm_rank(MPI_COMM_WORLD,&myid);
MPI_Comm_size(MPI_COMM_WORLD,&numprocs);
MPI_Get_processor_name(processor_name,&namelen);
fprintf(stderr,"Hello World! Process % d of % d on % s \n",
myid,numprocs,processor_name);
MPI_Finalize();
}
```

Hello World! Process 0 of 4 on tp5
Hello World! Process 1 of 4 on tp5
Hello World! Process 3 of 4 on tp5
Hello World! Process 2 of 4 on tp5

7.2.3　常用的六个 MPI 接口函数

在 MPI-1 中，共有 128 个调用接口，在 MPI-2 中有 287 个，应该说 MPI 是比较庞大的，完全掌握这么多的调用对于初学者来说是比较困难的。但是，从理论上说 MPI 所有的通信功能可以用它的 6 个基本的调用来实现，掌握了这 6 个调用，就可以实现所有的消息传递并行程序的功能，因此，在本节介绍这 6 个最基本的调用。

1. MPI 初始化

```
MPI_INIT( )
int MPI_Init( int * argc, char * * * argv )
MPI_INIT( IERROR )
INTEGER IERROR
```

MPI_INIT 是 MPI 程序的第一个调用，它完成 MPI 程序所有的初始化工作，所有 MPI 程序的第一条可执行语句都是这条语句。

2. MPI 结束

```
MPI_FINALIZE( )
int MPI_Finalize( void )
MPI_FINALIZE( IERROR )
INTEGER IERROR
```

MPI_FINALIZE 是 MPI 程序的最后一个调用，它结束 MPI 程序的运行，它是 MPI 程序的最后一条可执行语句，否则程序的运行结果是不可预知的。

3. 当前进程标识

```
MPI_COMM_RANK( comm, rank )
IN comm 该进程所在的通信域句柄
OUT rank 调用进程在 comm 中的标识号
int MPI_Comm_rank( MPI_Comm comm, int * rank )
MPI_COMM_RANK( COMM, RANK, IERROR )
INTEGER COMM, RANK, IERROR
```

这一调用返回调用进程在给定的通信域中的进程标识号，有了这一标识号，不同的进程就可以将自身和其他的进程区别开来，实现各进程的并行和协作。

4. 通信域包含的进程数

```
MPI_COMM_SIZE(comm,size)
IN comm 通信域句柄
OUT size 通信域 comm 内包括的进程数整数
int MPI_Comm_size(MPI_Comm comm,int * size)
MPI_COMM_SIZE(COMM,SIZE,IERROR)
INTEGER COMM,SIZE,IERROR
```

这一调用返回给定的通信域中所包括的进程的个数，不同的进程通过这一调用得知在给定的通信域中一共有多少个进程在并行执行。

5. 消息发送

```
MPI_SEND(buf,count,datatype,dest,tag,comm)
IN buf 发送缓冲区的起始地址(可选类型)
IN count 将发送的数据的个数(非负整数)
IN datatype 发送数据的数据类型(句柄)
IN dest 目的进程标识号(整型)
IN tag 消息标志(整型)
IN comm 通信域(句柄)
int MPI_Send(void * buf,int count,MPI_Datatype datatype,int dest,int tag,
MPI_Comm comm)
MPI_SEND(BUF,COUNT,DATATYPE,DEST,TAG,COMM,IERROR)
<type> BUF( * )
INTEGER COUNT,DATATYPE,DEST,TAG,COMM,IERROR
```

MPI_SEND 将缓冲区中的 count 个 datatype 数据类型的数据发送到目的进程，目的进程在通信域中的标识号是 dest，本次发送的消息标志是 tag，使用这一标志就可以把本次发送的消息和本进程向同一目的进程发送的其他消息区别开来。

MPI_SEND 操作指定的发送缓冲区由 count 个类型为 datatype 的连续数据空间组成，起始地址为 buf，注意这里不是以字节计数，而是以数据类型为单位。指定消息的长度，这样就独立于具体的实现并且更接近于用户的观点。

其中，datatype 数据类型可以是 MPI 的预定义类型，也可以是用户自定义的类型。通过使用不同的数据类型调用 MPI_SEND，可以发送不同类型的数据。

6. 消息接收

MPI_RECV 从指定的进程 source 接收消息，并且该消息的数据类型、消息标识和本接收进程指定的 datatype、tag 相一致，接收到的消息所包含的数据元素的个数最多不能超过 count。

接收缓冲区是由 count 个类型为 datatype 的连续元素空间组成，由 datatype 指定其类型，起始地址为 buf。接收到消息的长度必须小于或等于接收缓冲区的长度，这是因为如果接收到的数据过大，MPI 没有截断，接收缓冲区会发生溢出错误，因此编程者要保证接收缓冲区的长度不小于发送数据的长度。如果一个短于接收缓冲区的消息到达，那么只有相应于这个消息的那些地址被修改。count 可以是零，这种情况下消息的数据部分是空的。

其中，datatype 数据类型可以是 MPI 的预定义类型，也可以是用户自定义的类型。通过指定不同的数据类型调用 MPI_RECV，可以接收不同类型的数据。

MPI_RECV(buf, count, datatype, source, tag, comm, status)

OUT buf 接收缓冲区的起始地址（可选数据类型）

IN count 最多可接收的数据的个数（整型）

IN datatype 接收数据的数据类型（句柄）

IN source 接收数据的来源即发送数据的进程的进程标识号（整型）

IN tag 消息标识，与相应的发送操作的标识相匹配（整型）

IN comm 本进程和发送进程所在的通信域（句柄）

OUT status 返回状态（状态类型）

int MPI_Recv(void * buf, int count, MPI_Datatype datatype, int source, int tag, MPI_Comm comm, MPI_Status * status)

MPI_RECV(BUF, COUNT, DATATYPE, SOURCE, TAG, COMM, STATUS, IERROR)

<type>BUF(*)

INTEGER COUNT, DATATYPE, SOURCE, TAG, COMM,

STATUS(MPI_STATUS_SIZE) IERROR

7.3 HASM 空间插值算法的并行化

HASM 求解算法是该方法体系的重要研究内容，尽管多种 HASM 求解算法相继提出，但若要从根本上解决 HASM 算法的计算效率问题，并且将 HASM 应用到大区域、高分辨率的研究问题中，算法并行化是必然的选择。在方法分类的基础上，本章节对 HASM 空间插值算法实现并行化，既为本文的后续工作提供方法基础，也为后续 HASM 并行算法的继续发展提供参考和借鉴。

7.3.1 HASM-PCG 算法介绍

HASM-PCG 即基于预处理共轭梯度算法求解 HASM 模型的一种算法。预处理共轭梯度法是共轭梯度法的一种改进算法，后者被广泛用于求解大型稀疏对称正定线性系统（Hestenes and Stiefel，1952）。对于大型稀疏对称正定系统 $Ax = b$，共轭梯度（conjugate gradient，CG）法在理论上具有有限步收敛性（Golub and van Loan，2009）。特别地，当稀疏矩阵的绝大部分特征值在 1 附近或者该问题良态时，CG 法的收敛速度很快。但在实际问题中，由于舍入误差的影响，特别对于病态问题来讲，以往经验表明，为了求得比较准确的解，CG 法的收敛步数往往远远大于系数矩阵的阶数甚至不收敛。而对于 HASM 模型，此方程组的系数矩阵是病态的。因此在实际计算前，先通过改善系数矩阵的条件数来提高 CG 法的收敛速度，即预处理共轭梯度法。设 HASM 模型中最后需要求解的方程组为

$$Ax = b \tag{7.12}$$

式中，$A \in R^{n \times n}$ 为对称正定稀疏矩阵。

预处理 CG 法算法的伪代码如下，其中伪代码中相应记号的含义可以参见文献（赵娜和岳天祥，2012）。

```
初始化:x₀,k=0,r₀=b-Ax₀
while(rₖ≠0)
求解 Mzₖ=rₖ
if k=1
    p₁=z₀
else
    βₖ=rᵀₖ₋₁zₖ₋₁/rᵀₖ₋₂zₖ₋₂
    pₖ=zₖ₋₁+βₖpₖ₋₁
end
αₖ=rᵀₖ₋₁zₖ₋₁/pᵀₖApₖ
xₖ=xₖ₋₁+αₖpₖ
rₖ=rₖ₋₁-αₖApₖ
end
x=xₖ
```

HASM-PCG 算法是目前 HASM 算法体系当中精度较高的算法，当前 HASM 方法在气候变化模拟（Zhao et al., 2014），植被生物量模拟（赵明伟等，2014）、碳储量模拟（Zhao et al., 2014）的应用中都是采用 HASM-PCG 算法进行求解计算的，因此考虑到该算法的应用广泛性和计算结果的高精度，在 HASM 插值算法中本书对该算法进行并行化设计和实现。

7.3.2　HASM-PCG 并行算法设计

采用三个方程的 HASM 空间插值算法不依赖于其他插值方法提供预处理结果，并且模拟精度与旧版本的 HASM 算法相比精度更高。但是改进的 HASM 方法相比其他普通空间插值方法，计算量大、计算时间长仍是其没有改变的缺陷，因此若要将该方法应用到实际中，必须发展 HASM 的并行算法。从前期的研究中可以看出，采样率和计算规模是影响模拟时间的两个重要因素，并且这种影响都随空间位置的变化而存在显著差异，因此必须考虑这种特点设计合适的并行算法。

许多地学算法的并行计算也是基于区域分割的思想进行的（Gong and Xie, 2009；Song et al., 2013）。该类算法并行化思路是根据指定的处理器个数，将计算区域平均划分为若干子区域，其数目与处理器个数相同，然后每个处理器负责一个子区域的计算，从而实现并行计算。

但是这种并行计算方式并不适用于 HASM 空间插值并行算法的构建，这主要基于以下几个方面的考虑：①单个处理器的 HASM 模拟计算能力十分有限，因此当计算区域较大而

处理器较少时，单个处理器难以完成子区域的计算；②即便对子区域进行再分解，如果同一个处理器所负责的子区域计算时间较长，则其他进程计算完成后需要长期等待，不仅延长了计算时间，也严重浪费计算资源。

　　因此，基于以上分析，HASM 空间插值算法的并行化思路应该采取如下的方式，首先将计算区域按照给定的分割粒度（如 100×100，200×200 等）分割，然后依次将分割后的子区域分配给每个进程进行计算。在具体实现过程中，为了便于进程间的管理和通信，可以采用主从模式实现 HASM 计算的并行化，以 0 进程作为主进程，负责将计算任务依次调配给其他进程，并将其他进程的计算结果实时保存。HASM 插值算法并行计算流程可用图 7.1 表示。

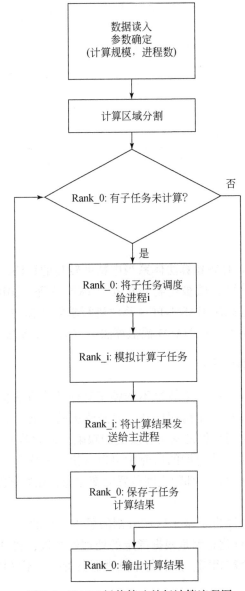

图 7.1　HASM 插值算法并行计算流程图

7.3.3　HASM-PCG 并行算法效率分析

在进行并行算法正确性和并行计算效率测试时，本节首先采用 HASM 比较成熟的应用领域进行测试。对于 HASM 空间插值算法，本书选择基于散点的数字高程模型（DEM）构建，选择计算区域为 2.5km×2.5km，分辨率设为 0.5m，则计算规模为 5000×5000。考虑到计算规模较大，本研究设了三种分割粒度，即 100×100、200×200 和 300×300。同时由前期研究可以得知，采样率对计算时间影响较大，因此分别将采样率设为 1%、5‰和 1‰，对于三种采样率下的问题，分别统计了不同计算粒度下当处理器个数增加时计算时间（单位为 s）、并行加速比和并行计算效率的变化曲线图（图 7.2~图 7.4）。

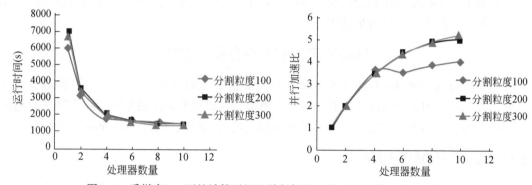

图 7.2　采样率 1% 下的计算时间和并行加速比随处理器增加的变化趋势

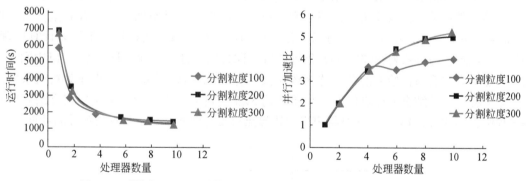

图 7.3　采样率 5‰ 下的计算时间和并行加速比随处理器增加的变化趋势

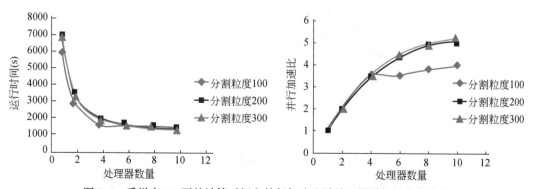

图 7.4　采样率 1‰ 下的计算时间和并行加速比随处理器增加的变化趋势

并行加速比计算公式为

$$S_p(q) = \frac{T_s}{T_p(q)} \tag{7.13}$$

式中，q 为进程数；T_s 为串行执行所消耗的时间；$T_p(q)$ 为当进程数为 q 时并行执行所消耗的时间。

可以看出，当采样率分别为 1%、5‰和 1‰时，三种分割粒度的运行时间和并行加速比随着处理器增加的变化规律类似。当处理器个数为 1，分割粒度为 100 时消耗的计算时间最少，但是随着处理器个数增加，三种分割粒度所消耗的时间趋于一致。至于并行加速比，开始阶段三种分割粒度的计算加速比类似，但随着处理器个数增加，分割粒度为 100 的并行加速比显著低于分割粒度 200 和分割粒度 300，说明分割粒度过小，导致进程间的通信所占用的时间过多，从而降低了并行加速比。

7.4　HASM 空间数据融合算法的并行化

在本节，以 HASM-AD 算法（即 HASM 平差算法）为例实现 HASM 空间数据融合算法的求解，这是因为 HASM-AD 算法的求解需要模型预先提供初始值做参数，即本算法只适用于空间数据融合，而不能实现仅仅输出采样点信息的空间插值（Yue and Wang, 2010）。

7.4.1　HASM-AD 算法及其改进

当进行空间数据融合时，HASM-PCG 算法与空间插值 HASM-PCG 算法的并行算法是一致的。本小节讨论 HASM-AD 算法的并行化。由于 HASM-AD 算法依赖于驱动场计算第一基本量、第二基本量等，该算法不适用空间插值，只能作为一种空间数据融合算法。与其他 HASM 算法相比，HASM-AD 算法可以看作一种局部算法。该算法根据分组平差计算原理，将计算区域划分为一系列相邻的 5×5 分析窗口，称为独立计算单元（图 7.5）。以中间 3×3 的格网点上真实值与初始值的差（称为改正数）作为未知数，将高斯方程作为约束条件建立平差方程组，并结合采样点信息（如果当前 5×5 分析窗口中包含采样点）建立最终的求解方程组，即式（7.14），5×5 分析窗口的边界点仅参与曲面基本量及克氏符号的计算。

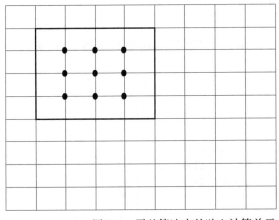

● 计算格网点

图 7.5　平差算法中的独立计算单元

$$
\begin{cases}
\dfrac{(f_{i+1,j}+v_7)-2(f_{i,j}+v_4)+(f_{i-1,j}+v_1)}{h^2}=(\Gamma_{11}^1)_{i,j}\dfrac{(f_{i+1,j}+v_7)-(f_{i-1,j}+v_1)}{2h}+\\[4mm]
(\Gamma_{11}^2)_{i,j}\dfrac{(f_{i,j+1}+v_5)-(f_{i,j-1}+v_3)}{2h}+\dfrac{L_{i,j}}{\sqrt{E_{i,j}+G_{i,j}-1}}\\[4mm]
\dfrac{(f_{i,j+1}+v_5)-2(f_{i,j}+v_4)+(f_{i,j-1}+v_3)}{h^2}=(\Gamma_{22}^1)_{i,j}\dfrac{(f_{i+1,j}+v_7)-(f_{i-1,j}+v_1)}{2h}+\\[4mm]
(\Gamma_{22}^2)_{i,j}\dfrac{(f_{i,j+1}+v_5)-(f_{i,j-1}+v_3)}{2h}+\dfrac{N_{i,j}}{\sqrt{E_{i,j}+G_{i,j}-1}}\\[4mm]
\dfrac{(f_{i+1,j+1}+v_8)-(f_{i-1,j+1}+v_2)+(f_{i-1,j-1}+v_0)-(f_{i+1,j=1}+v_6)}{4h^2}=(\Gamma_{12}^1)_{i,j}\dfrac{(f_{i+1,j}+v_7)-(f_{i=1,j}+v_1)}{2h}+\\[4mm]
(\Gamma_{12}^2)_{i,j}\dfrac{(f_{i,j+1}+v_5)-(f_{i,j=1}+v_3)}{2h}+\dfrac{M_{i,j}}{\sqrt{E_{i,j}+G_{i,j}-1}}\\[4mm]
\bar f_{m,n}+v_q=\tilde f_{m,n}
\end{cases}\tag{7.14}
$$

式中，$v_i(i=0,\cdots,8)$ 为分析窗口内部解算格网点上的模拟变量的改正数，作为方程组的未知数；$f_{i,j}$ 为格网点上的初始值，由 HASM 模型的输入驱动场给出；$\tilde f_{m,n}$ 为采样点值，同样由 HASM 模型的输入采样点信息得到；E，G，L，M，N，Γ 为曲面基本量和克氏符号，可由驱动场计算得到。

在实际应用中，可以认为一个独立计算单元中至多包含一个采样点，这样一个独立计算单元所建立的条件平差方程组是 3 阶（独立计算单元中不包含采样点）或 4 阶（独立计算单元中包含采样点）。因此，无论是采用直接法还是普通迭代法求解，计算量都很小，可以提高计算速度并减小内存消耗。

当计算规模较小时，HASM-AD 算法可以提高计算效率，但是实验表明，由于每个独立计算单元都需要进行采样点信息查找操作，当计算规模增大时 HASM-AD 算法计算耗时也急剧增加。以个人计算机为例（基于 VS2010 平台 C++程序），当计算规模为 1000×1000 时，预处理共轭梯度算法耗时为 10774s，HASM-AD 算法耗时为 5741s，但是当计算规模增加到 1400×1400 时，预处理共轭梯度法消耗时间为 20746s，而平差算法耗时则超过预处理共轭梯度算法，达到了 22174s。因此，本书对 HASM-AD 算法做了进一步改进，旨在降低采样点查找操作带来的时间消耗，从而整体上提高 HASM 模型的效率。

本书对 HASM-AD 算法作了两处改进，首先是为采样点添加索引信息，避免在每个独立计算单元求解时都进行查找操作，另一个改进是根据 HASM-AD 分组算法的特点，在分组计算过程中求解建立方程组所需要的第一类基本量、第二类基本量及克式符号。这两处改进不仅显著提高了 HASM-AD 算法的运算速度，也节省了计算过程中的内存空间需求。

HASM-AD 算法求解过程中最大的时间消耗在于独立计算单元中采样点的查找操作。分析 HASM-AD 算法可以看出，计算区域的所有内部点（即除去边界点），都将作为独立计算单元的中心点参与计算，因此对于位置确定的采样点，所包含该采样点的独立计算单元也是确定的。而对于一个独立计算单元（5×5 分析窗口），只有内部 3×3 的格网点参与平差方程构建（图 7.5），因此，对于一个采样点而言，共有 9 个独立计算单元包含该采样点，如图 7.6 所示。

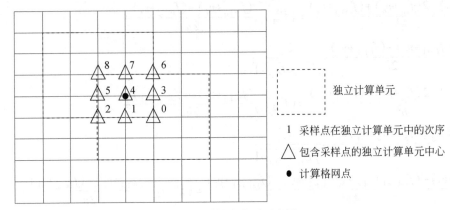

图 7.6　采样点索引示意图

图 7.6 中黑色实心圆代表采样点，空心三角形则代表包含该采样点的独立计算单元中心点，其中左上角、右下角的独立计算单元用虚线框标出。当独立计算单元中包含采样点时，为建立条件平差方程组，还需要知道采样点在 3×3 计算格网中的次序，以便决定条件平差方程组中第四个方程的非 0 系数。例如，图 7.6 中左上角的空心三角形标注的数字"8"表示以该点为中心的独立计算单元中，采样点所对应的未知变量次序号为 8（序号从 0 开始计），其余类推。

综合以上分析，可以建立如下结构体数组：

```
Struct
{
bool tag;//标识以当前格网点为中心的计算单元中是否包含采样点
int cixu1;//标识采样点(如果有)在当前计算单元中的顺序(取值0~8)
int cixu2;//标识采样点(如果有)在采样数组中的顺序号
} Index [mxn];//m,n分别为计算区域的行号和列号
```

在计算过程中，首先对采样点数组遍历一次，遍历过程中对每个格网点都建立采样点索引结构体。索引创建规则为：对于当前采样点，首先根据其坐标信息确定该采样点在计算矩阵中的位置（如图 7.6 中的实心黑点）；其次对该采样点所在的位置及其周围的格网点（共9 个）建立索引信息（图 7.6 中空心三角形）。令空心三角形位置格网点所对应的结构体数组元素的 tag 值为 1，表示以该格网点为中心的独立计算单元内包含采样点；第二个变量 cixu1 按照图中所标注的进行赋值，例如，图中第一个空心三角形处格网点的 cixu1 赋值为 8，表示以该格网点为中心的独立计算单元中，采样点在 3×3 计算格网中的序号为 8；第三个变量 cixu2 赋值为当前采样点在采样点数组中的序号，以便后面建立方程组时直接从采样点数组中获取该采样点的属性值。

在后面独立计算单元遍历时首先根据索引结构体的 tag 变量判断当前计算单元是否包含采样点，若包含，则分别从索引结构体的第二个、第三个变量中得到采样点在当前计算单元中的顺序及采样点的属性值，进而建立平差方程求解；若不包含，则直接建立不包含采样点的平差方程组进行求解。

本书对 HASM-AD 算法的另一个改进是取消计算过程中用来存储第一类基本量、第二类

基本量及克式符号的全局数组。其他 HASM 求解算法需要建立全局线性方程组进行求解，因此在方程组建立之前首先需要计算每个格网点上的第一类基本量（3 个）、第二类基本量（3 个）及克式符号（6 个），为此需要消耗的内存是计算规模的 12 倍。如此大的内存消耗在大规模计算中不容忽视。而分析 HASM-AD 算法的特点可以发现，该算法实质上是以 5×5 分析窗口遍历计算区域，遍历过程中建立条件平差方程组求解，因此可以在遍历过程中实时计算当前需要的第一类基本量、第二类基本量及克式符号。此时不需要开辟数组空间，仅需定义若干变量即可。

综合以上分析，改进后的 HASM-AD 算法可以按照图 7.7 所示的步骤进行。

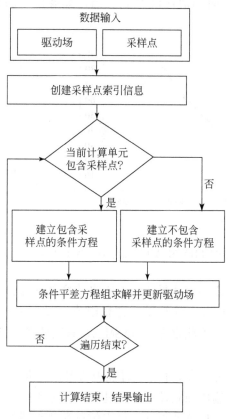

图 7.7 改进的 HASM-AD 算法流程图

HASM-AD 算法包括采样点信息索引创建和独立计算单元计算两个过程，其中，创建索引的过程只需要遍历一遍采样数组，时间可以忽略不计，因此独立计算单元计算是该算法的主要时间消耗。因为每个计算单元所求解方程组为 3 阶或 4 阶，故单个计算单元时间消耗基本一致，假设完成一个独立计算单元计算所消耗的平均时间为 t，而整个计算区域包含的独立计算单元数目为 $M{\times}N$，M 和 N 分别为计算区域的行数和列数，因此最后需要的计算总时间为 $(M{\times}N){\times}t$。可以看出改进的 HASM-AD 算法时间消耗与计算区域的格网数成正比，即计算时间随着计算格网数目的增加而线性增加。

7.4.2 HASM-AD 改进算法计算效率及精度分析

为了验证以上分析，本书统计了不同计算规模下，改进的 HASM-AD 算法与 HASM-PCG 算法计算效率对比（图 7.8）。其中实验曲面为高斯合成曲面，采样点采样率为 1% 并且为随机采样。作为对比，同时统计了 HASM 预处理共轭梯度算法在相同计算规模下的时间消耗。可以看出，HASM-PCG 计算时间随计算规模增加呈指数形式增长，增长速度非常快，例如，当计算规模为 200×200 时，时间消耗为 165s，当计算规模增加到 1000×1000 时，时间消耗达到了 10744s。而改进的 HASM-AD 计算时间与计算规模呈近似线性关系，当计算规模为 200×200 时，时间消耗仅为 1s，当计算规模增加到 1000×1000 时，时间消耗也仅为 32s。

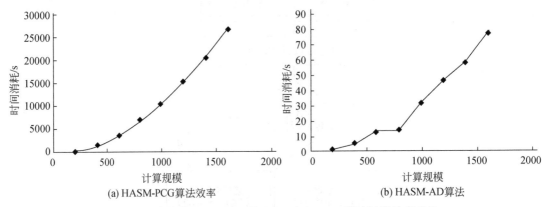

图 7.8　改进的 HASM-AD 算法与 HASM-PCG 算法计算效率对比

由于将全局大规模线性方程组计算转化为依次计算独立计算单元中的条件平差方程组，并且改进的 HASM-AD 算法在独立计算单元方程组建立过程中避免了重复的采样点查找操作，而只需要进行布尔运算，因此改进的 HASM-AD 算法计算效率与 HASM-PCG 算法相比确实得到显著提高。

改进的 HASM-AD 算法同样减小了计算过程中的内存需求。由于将第一类基本量、第二类基本量及克氏符号改为在遍历独立计算单元过程中实时计算，算法在计算过程中仅需要存储驱动场数组和索引信息的结构体数组（采样点信息存储空间忽略不计），并且索引结构体中的变量为 1 个布尔型、2 个整型，所以，若假设驱动场数组的存储空间为 M，则改进的 HASM-AD 算法的内存需求不足 $2M$。而对于其他建立全局线性方程组的算法，以 HASM-PCG 算法为例，在计算过程中需要存储驱动场数据、第一类基本量、第二类基本量、克氏符号、方程组系数矩阵（用稀疏矩阵三元组格式）、方程组右端向量及迭代计算过程中的临时变量，内存总需求超过了 $20M$。

综合以上分析，可以看出相比其他 HASM 求解算法，改进的 HASM-AD 算法计算速度确实大幅提高，同时计算过程中的内存需求也明显减少，因此适用于大区域、大规模数据的空间变量模拟。本书以全国降水量模拟来验证改进后的 HASM-AD 算法在空间变量模拟中的精度，并说明该算法相比于其他 HASM 算法的效率优势。

降水是陆地生物圈模型的主要驱动变量，是重要的农业气候资源。根据有限的降水观测站插值得到区域降水连续的分布是生态学、农用气候学研究的热点问题之一。目前应用于降水空间分布模拟研究中的方法主要有数学插值方法、人工神经网络、多元回归分析等。王晨亮（2012）、赵娜（2013）等将 HASM 引入降水空间插值模拟中，获得了精度更好的结果。为了验证改进的 HASM-AD 算法的空间变量模拟精度及计算速度的优势，本书以模拟中国 1951～2010 年 60 年间的平均降水量作为验证示例。可以获取降水数据的气象站点 712 个，其中，选取 605 个站点（85%）的数据用来模拟降水分布，107 个站点（15%）的数据用作精度验证。验证站点为随机选择，共进行 20 次随机选择验证。最后统计改进的 HASM-AD 算法及比较算法（HASM-PCG 算法）的算法精度及效率对比如表 7.1 所示。

表 7.1　HASM-AD 算法与 HASM-PCG 算法精度及效率对比

HSAM 算法	均方根误差	平均绝对误差	时间消耗/s
HASM-AD	131.4991	77.5088	4
HASM-PCG	131.6400	77.9690	1920

可以看出，与 HASM-PCG 算法相比，在模拟精度方面改进的 HASM-AD 算法略有提高，HASM-PCG 算法模拟结果的均方根误差和平均绝对误差分别是 131.6400 和 77.9690，而改进的 HASM-AD 算法模拟结果的均方根误差和平均绝对误差则分别降低到 131.4991 和 77.5088。在计算速度方面，改进的 HASM-AD 算法优势更为明显，对于本问题的计算规模（计算区域网格数目约为 2×10^5），在相同的计算机环境下，HASM-PCG 算法耗时 1920s，而改进的 HASM-AD 算法仅需 4s，计算速度提高了 480 倍。表明改进的 HASM-AD 算法在模拟精度不低于 HASM-PCG 算法的前提下能够显著提高计算速度，从而降低计算时间消耗。

7.4.3　HASM-AD 改进算法的并行化设计

由于 HASM-AD 算法将求解全局大型稀疏线性方程组转化为求解局部的低阶线性方程组，因此线性方程组的求解不是该算法时间消耗的主要因素，研究区域的大小决定了局部分析窗口的数目，从而决定了本算法的时间消耗。考虑到这些因素，HASM-AD 算法适宜采用计算区域分割，各个子进程平均划分计算区域，同时对所划分的计算区域进行计算。

对于 HASM-AD 算法，在建立条件方程组时需要计算求解格网点的空间曲面的第一类基本量、第二类基本量和克氏符号，这些变量的计算需要当前格网点上面两行和下面两行的数据，因此在基于数据划分方案的并行算法设计中，必须考虑到相邻进程间边界数据的共享，本算法在设计中采用按行划分，相邻进程之间共享两行原始数据，数据共享方案设计和数据划分方式参见图 7.9 和图 7.10。

确定了数据的共享方案和研究区域的划分方式后，HASM-AD 算法的并行执行可以按照如下具体步骤进行。

（1）并行程序初始化，获得可用处理节点的数目 n，HASM-AD 算法的相关参数；

（2）按照数据划分策略，分割计算区域。此时，明确了划分粒度及并行计算的任务数目。进程间实现边界数据共享，保证曲面第一基本量、第二基本量及克氏符号的计算；

（3）各个节点串行执行 HASM-AD 算法；

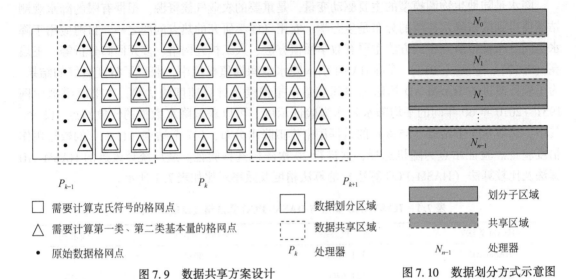

P_{k-1} P_k P_{k+1}

□ 需要计算克氏符号的格网点   ▢ 数据划分分区域

△ 需要计算第一类、第二类基本量的格网点   ⬚ 数据共享区域

• 原始数据格网点 P_k 处理器

▨ 划分子区域

▨ 共享区域

N_{n-1} 处理器

图 7.9   数据共享方案设计   图 7.10   数据划分方式示意图

（4）主节点计算完成后创建结果文件，同时各节点执行串行算法完成后，将计算结果发给主节点，然后主节点按照结果融合策略将计算结果写入结果文件，并行计算任务完成。并行计算流程见图 7.11。

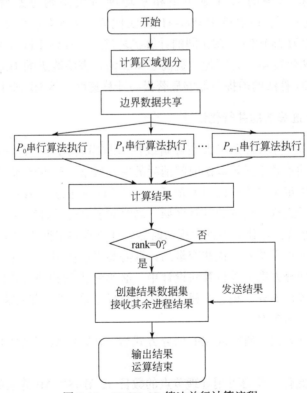

图 7.11   HASM-AD 算法并行计算流程

7.4.4 HASM-AD 改进算法并行化后的计算效率分析

HASM-AD 并行算法的设计同样是基于 C++语言+MPI 实现，测试数据同样采用中国区域的多年平均降水量模拟。当设定分辨率为 1km 时，计算规模为 5000×4000，当进程数设为 1 时，即为本算法的串行执行，然后计算核数从 1 增加到 30，统计核数不同时的运行时间，并计算并行加速比和并行计算效率，如图 7.12 所示。

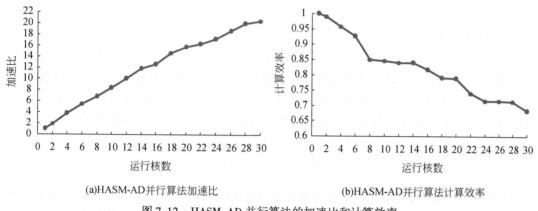

(a)HASM-AD并行算法加速比 (b)HASM-AD并行算法计算效率

图 7.12   HASM-AD 并行算法的加速比和计算效率

从图 7.12 中可以看出，HASM-AD 并行算法具有近线性加速比，虽然并行计算效率随计算核数增加而减小，但是当核数为 30 时，并行计算效率仍然高于 70%，表明 HASM-AD 并行算法的并行效果突出。这是因为 HASM-AD 算法本身是一种局部算法，计算过程中只需要求解阶数最高为 12 的线性方程组，因此不管用迭代法还是用直接法进行求解，所消耗的时间都极小。这也表明 HASM 局部算法在今后的算法改进和发展中具有明显的优势，今后如果能同时解决局部算法的初始值依赖问题，则 HASM 局部算法将具有非常大的应用潜力。

思 考 题

1. 名词解释

（1）并行计算

（2）加速比

（3）MPI

（4）并行计算效率

（5）计算粒度

2. 简答题

（1）如何度量并行计算的效率？

（2）如何基于 MPI 设计并行程序？

3. 论述题

试论述本章两种 HASM 算法并行化设计的原理及区别。

第8章 云 计 算

教学及学习目标

云计算作为一种新型的计算模型，在问世以来的短短几年里就对信息技术产业产生了巨大影响。本章将针对云计算相关知识进行阐述，包括云计算的基本概念和理论、云计算的关键技术和目前云计算的应用及在空间分析中的应用现状，并给出云计算应用的相关实例，以帮助读者理解云计算的相关知识并能应用云计算解决一些简单问题。

8.1 引 言

随着网络社交媒体、移动通信技术和互联网技术的快速发展，尤其是 Web 2.0 的发展，互联网上的数据量高速增长，导致互联网数据处理能力严重不足。为了解决这个问题，用户一般通过配置更多数量或更高性能的计算机来增强计算能力和存储能力，但是昂贵的设备价格非普通个人用户所能承受，即便是大企业也会增加巨大的运营成本。而与此同时，也存在大量处于闲置状态的计算设备和存储资源。如果能将这些闲置资源组织起来统一调度，则既可以大大提高资源利用率，又可以显著增强数据处理能力，并让更多的用户利用此服务从中获益。另外，如果能够实现通过高速互联网租用计算能力和存储资源，就可以使用户大大减少对自有硬件资源的依赖。

在此背景下，云计算应运而生。云计算作为一种新的计算模式，它的出现绝非偶然，一方面是互联网数据处理需求的推动，而另一方面，云计算的出现也是各种计算技术发展到一定阶段的产物，包括网格计算、并行计算和分布式计算发展的产物。云计算通过虚拟化技术将计算与存储资源进行整合，形成庞大的计算与存储网络，用户只需要一台接入网络的终端就能够以相对低廉的价格获得所需的资源和服务。通过这种互联网服务的方式，云计算实现了资源和计算能力的分布式共享，从而完美解决了当前互联网数据量高速增长导致的数据处理能力不足的问题（刘越，2009）。

本章将从三个方面对云计算进行阐述，其中第一部分涉及云计算概述，包括云计算的概念和主要特征等；第二部分为云计算关键技术，主要涉及云计算实现的各项关键技术；第三部分为云计算应用和实例，包括云计算的应用分类、空间云计算、Hadoop 云计算环境搭建与应用实例。

8.2 云计算概述

8.2.1 云计算的定义

本质上，云计算技术是硬件技术和网络技术发展到一定阶段而出现的一种技术模型，它并不是对某一项单一技术的称呼，而是对实现云计算模式所需的所有技术的总称。云计算之所以被称为"云计算"，是因为信息技术人员在绘制网络系统结构图时通常用云的符号表示网络，而网络技术是云计算技术的重要基础，云计算因此而得名。云计算的思想并不新颖，早在20世纪60年代，John McCarthy就设想计算设施将会像水电气一样向大众供给。但云计算这一概念的正式出现是在2007年的10月份，谷歌和IBM给出云计算的定义，并宣布联合投入云计算的研究工作。此后，"云计算"这个词作为一个市场词语，在业界迅速流传开来。但由于云计算牵涉较广，跨行业使用，在不同行业背景下含义不尽相同，目前还没有公认的统一的定义。

在目前存在的所有云计算定义中，使用比较多、影响力比较大的是美国国家标准及技术协会（National Institute of Standards and Technology，NIST）对云计算所做的定义（Mell and Grance，2011）：云计算是一种计算模型，强调实现无处不在、便捷、可通过网络按需访问的可配置计算资源池（如网络、服务器、存储、应用程序、服务），这些资源可以被快速供给，且其管理开销或与服务提供商的交互可以达到最小。

云计算把一套现有技术结合在一起以不同的方式运作。事实上，云计算使用的大多数技术，例如，虚拟化和基于效用的计价方式都并不新颖。云计算利用现有的技术，满足了当前信息技术在经济和技术方面的最新要求。在云计算环境下，传统的服务提供商角色被一分为二：其一为基础设施提供商，负责管理云平台，并按用量计费方式对资源进行租赁；其二为服务提供商，其租赁基础设施提供商的资源，利用这些资源给终端用户提供服务。

云计算出现以后，在短短几年里就对信息技术产业产生了巨大的影响。国际信息技术（information technology，IT）行业巨头如谷歌、亚马逊和微软公司等都致力于提供更强大、更省钱和更可靠的云平台服务。国内以阿里云和腾讯云为代表的云计算提供商也致力于云计算服务供应。众多工商企业也正在依托云计算平台，重塑企业业务收益的新模式。

8.2.2 云计算的特征

云计算发展得如火如荼并非偶然，而是因为其极具吸引力的重要特点（Zhang et al.，2010）。

1. 无须预先投资，按需提供服务

云计算采用了一种"现用现付"的价格计算模式，服务使用者无须投资云计算的基础设施，仅需根据自身需求从"云"中租赁定制，即可按需获得服务，并只需根据使用时间进行付费，从而节约了成本。

2. 高扩展性和高可靠性

云计算的资源采取如前所述的计算资源池的管理方式，这种管理方式也称为"池化"，它把大量计算资源放在资源池里，对资源的需求可弹性扩展、动态部署、动态调度，高效满足业务发展需求，并可以针对平时运行和峰值服务等不同时段的资源需求进行灵活扩展以满足服务需求。云计算采用了数据的多副本备份容错、计算节点同构可互换等各种措施保障服务的高可靠性，使得云计算甚至比本地计算机更加安全可靠。

3. 易访问，可计量

运营在云中的服务一般都是基于互联网的，因而通过接入互联网的终端设备，可以很容

易地获取这些云服务。人们可以通过联网的台式机和笔记本使用这些服务，也可以使用手机和掌上电脑。对服务使用的计量通常采取一些与服务种类（如存储、计算、带宽等）对应的抽象信息计量方式，并按照计量结果收取费用。

4. 商业风险和维护费用降低，提高资源管理效率

通过把基础设施服务外包给基础设施服务提供者，服务提供者把业务风险如硬件失败转移给了基础设施提供者，而基础设施提供者有更强的专业能力解决这些问题，例如，使用虚拟化技术使得跨系统的物理资源统一调配、集中运行维护等。服务提供者因此减少了维护费用和员工培训费用。IT部门不再需要关心硬件技术细节，可以集中注意力在业务、流程设计上，提高了工作效率。

总之，云计算可以快速满足业务需求，提高资源利用率和管理效率，以极低的成本大大提高用户体验。

8.2.3 云计算的分类

根据NIST的定义，云计算根据部署模式的不同可分为四类，即公有云、私有云、社区云和混合云（Mell and Grance，2011）。

1. 公有云

在公有云模式下，云基础设施的部署和使用是完全开放的，可以自由地分配给政府机构、学术单位和企事业单位使用。公有云以低廉的价格为用户提供有吸引力的服务，用户可以借助公有云平台创造新的价值。因而，作为支撑平台，公有云能够整合上游服务提供商和下游终端用户，从而打造新的价值链和产业链。

2. 私有云

在私有云模式下，云基础设施由多个用户组成的单一组织部署和使用。该基础设施可能由该组织、第三方或两者共同拥有和管理运营，有本地和远程之分。

从技术上来讲，公有云和私有云没有本质差异，其区别只在于运营和使用对象不同。使用公有云意味着用户使用其他单位运营的云平台服务，而使用私有云意味着用户自己运营云平台并使用该平台提供的服务。

3. 社区云

在社区云模式下，云基础设施部署分配给一些社区组织专有，这些组织一般有共同关注的任务和安全需求等。本质上来说，社区云是公有云的一部分，是在特定的地域范围内，由云服务提供商统一提供计算资源、网络资源、软件和服务能力构成的一种特定的云计算形式。

4. 混合云

混合云是公有云、私有云和社区云的组合。由于安全和控制原因导致并非所有的企业或单位的数据信息都能放置在公有云上，因此这些组织将使用混合云模式，将公有信息和私有信息分别放置在公有云和私有云环境中。在混合云构建中，多数企业大多选择同时使用公有云和私有云，有一些也会根据实际情况建立社区云。

8.2.4 云计算的服务类型

随着互联网的爆炸式发展，数据存储和运营成本不断攀升，互联网企业不得不开始考虑使用廉价的以工业标准 PC（Personal Computer）集群为基础的云计算作为其服务支撑平台，由此催生了三种主流云计算商业模式，即基础架构即服务（infrastructure as a service，IaaS）、平台即服务（platform as a service，PaaS）和软件即服务（software as a service，SaaS）。

1. 基础架构即服务（IaaS）

IaaS 含义是把硬件资源虚拟化成众多的资源，以服务的形式提供给用户。例如，可以虚拟主机、网络、存储、文件管理系统为众多相应的主机、网络、存储、文件管理系统等（张为民等，2009）。这样用户无须购买服务器、网络设备、存储设备，只需要通过互联网租赁即可创造出属于自己的个性化应用系统。亚马逊在 2002 年推出的亚马逊网络服务（Amazon Web Service，AWS）就是这样的一组服务，提供存储、计算、消息传递等服务，任何能够使用因特网的用户都可以通过它访问亚马逊的基础设施。IaaS 最大的优势在于它允许用户动态申请或释放节点，按用量计费。运行 IaaS 的服务器规模可达到几十万台之多，因而用户可以认为能够申请的资源几乎没有限制，同时因为资源为大众共享，也具有较高的使用效率，使用成本相对廉价。

2. 平台即服务（PaaS）

和 IaaS 相比，PaaS 对资源的抽象层次更进一步。它向用户提供应用程序的运行环境，如提供开发语言和工具、库、服务等，如 Google App Engine、Force.com 和微软的 Azure 服务平台等。Force.com 是 Saleforce 公司推出的一组集成的工具和应用服务，现在已经变得非常流行，在 Force.com 平台上运行的应用目前已超过 80000 个。PaaS 自身负责资源的动态扩展和容错管理，用户不必过多考虑节点间的配合问题。但由于过多的管理交由平台执行，用户的自主权也会受到限制，只能使用特定的编程环境和编程模型工作，如 Google App Engine 只允许使用 Python 和 Java 语言。总之，PaaS 比较适合解决某些特定类型的计算问题。

3. 软件即服务（SaaS）

SaaS 是指提供服务的是特定功能的应用程序。用户可以在各种客户端设备上通过客户端界面访问应用程序，如通过浏览器或应用程序接口。用户不必购买软件，只需按需租用软件。普通用户并不需要管理和控制底层的云计算基础设施，仅在特定情况下需要进行个性化配置。SaaS 的针对性更强，它将某些特定应用软件封装成服务。如 Saleforce 公司提供的在线客户关系管理（client relationship management，CRM）和 Google 公司推出的 Google Docs 在线文档服务都属于此类，目前 Google Docs 企业用户数量已经突破了 200 万。

随着云计算的深入发展，不同云计算服务类型之间会进行相互融合，一种产品往往涉及多种类型。例如，Amazon Web Services 是以 IaaS 发展的，但新提供的弹性 MapReduce 服务模仿了 Google 的 MapReduce，简单数据库服务 SimpleDB 模仿了 Google 的 Bigtable，这两者均属于 PaaS，同时它新提供的电子商务 FPS 和 DevPay 以及网站访问统计服务 Alexa Web 服务，均属于 SaaS 的范畴。

云计算服务类型之间的关系如图 8.1 所示（刘鹏，2011）。

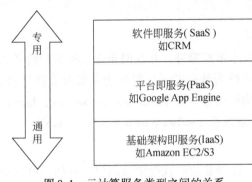

图 8.1   云计算服务类型之间的关系

8.2.5   云计算的架构

云计算的出现改变了信息服务的供应方式。"云"中的资源在用户看来几乎是无限的，能够任意扩展，而且可以在任何需要的时候及时获取，也可以随时释放，按需使用、计量付费。由此可见，云计算的背后不是一个单独的服务，而是一个服务集合，存在一个完整的技术框架，即系统架构。

针对和云计算架构密切相关的云计算服务类型 IaaS、PaaS 和 SaaS，不同的厂家有相对不同的解决方案，目前还没有一个完全统一的系统架构。图 8.2 是被广泛采用的一个云计算体系架构（刘鹏，2011）。

图 8.2 所示的云计算体系架构是一种很有代表性的分层模型，其展示的是一种高度概括的云计算服务形式视图。需要指出的是该视图进行了一些简化，忽略了其他一些相对不核心的部分，例如，数据存储即服务（data storage as a service，dSaaS）。由图 8.2 可知，云计算的体系架构分为四层：物理硬件层、基础设施层、平台层和面向服务的架构（service oriented architecture，SOA）构建层。

物理硬件层：物理硬件层处于最底层，负责管理云的物理资源，包括服务器、路由器、交换机、供电和冷却系统。在实践中，硬件层都是在数据中心实现。一个数据中心通常包括上千台服务器，这些服务器组织成多个机架，并通过交换机、路由器和光纤进行互联。硬件层面上涉及的问题通常包括硬件配置、容错、阻塞管理、电力和冷却资源管理等。

基础设施层：也称为虚拟化层。本层通过采用虚拟化技术分割物理资源，将大量相同类型的资源构成同构或接近同构的资源池，进而创造一个存储和计算资源池，如计算资源池、数据资源池等。构建资源池更多的是物理资源的集成和管理工作。基础设施层的资源池是云计算的关键组成部分，一些重要特征如动态资源分配等都是通过虚拟化技术实现的。

平台层：也称为管理中间件，建立在基础设施层之上，负责对云计算的资源进行管理，并对众多应用任务进行调度，使资源能够高效、安全地为应用提供服务。

SOA 构建层将云计算的各项功能封装成标准的网络服务（web services），并纳入 SOA 体系进行管理和使用，包括服务接口、服务注册、服务查找、服务访问等。

平台层和基础设施层是云计算技术最关键的部分，SOA 构建层的功能更多依靠外部设施提供。

8.2.6   云计算与相关技术的比较

云计算和网格计算、效用计算、虚拟化技术、自主计算等技术既有联系又有区别。

1. 网格计算

网格计算是一种分布式计算模式，其协调联网的计算资源来完成一个计算目标。网格是在网络基础上，使用互操作、按需集成等技术手段，将分散在不同地理位置的资源虚拟成为一个有机整体，实现计算、存储、数据、软件和设备等资源的共享，从而提高资源利用率，使用户获得强大的计算和信息处理能力（刘鹏，2011）。虽然网格计算与云计算都属于分布

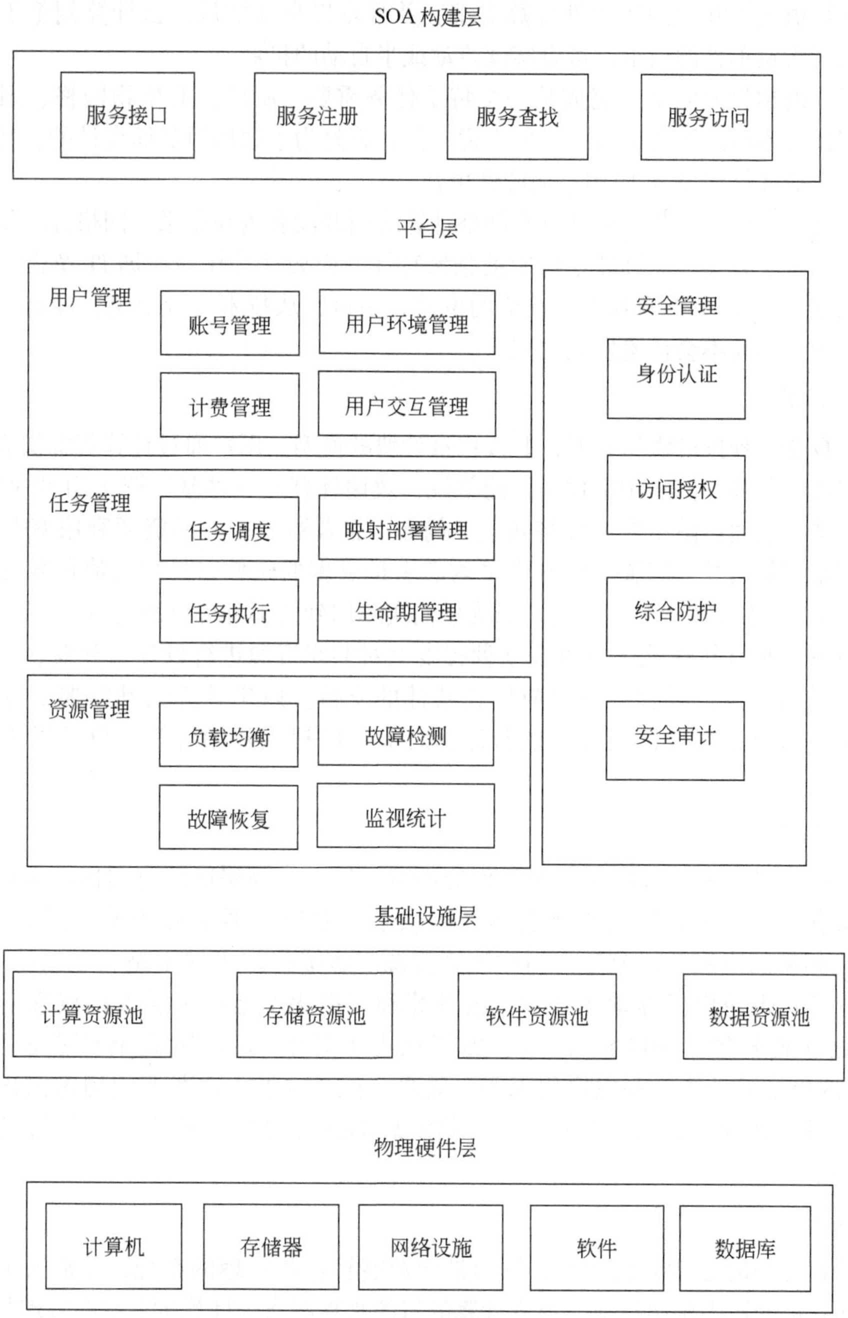

SOA 构建层

| 服务接口 | 服务注册 | 服务查找 | 服务访问 |

平台层

用户管理

| 账号管理 | 用户环境管理 |
| 计费管理 | 用户交互管理 |

任务管理

| 任务调度 | 映射部署管理 |
| 任务执行 | 生命期管理 |

资源管理

| 负载均衡 | 故障检测 |
| 故障恢复 | 监视统计 |

安全管理

身份认证

访问授权

综合防护

安全审计

基础设施层

| 计算资源池 | 存储资源池 | 软件资源池 | 数据资源池 |

物理硬件层

| 计算机 | 存储器 | 网络设施 | 软件 | 数据库 |

图 8.2 云计算体系架构

式计算，但二者有着较为明显的区别。

网格计算源于大规模的科学计算，强调资源共享，任何人都可以作为请求者使用其他节点的资源，同时任何人都需要贡献一定资源给其他节点，专注于将工作量转移到远程的可用计算资源上。但云计算强调专有，任何人都可以通过付费获取自己的专有资源，并且这些资源来自于少数机构（如阿里云属于阿里巴巴公司），个人和单位可以按自己的需要租用其中的部分资源，但不需要贡献自己的资源给其他节点（理论上说它也没有自己的节点）。

网格计算侧重于并行的集中性计算需求，并且难以自动扩展。云计算侧重于事务性应用，需要面对大量单独的请求，可以实现自动或半自动的扩展。

网格运算的构建大多是为完成某一个特定任务需要，所以会有生物网格、国家教育网格、地理网格等不同的网格项目。一般来说，云计算是为了通用目的而设计的，其一开始就支持广泛的企业计算和 Web 应用，适应性更强。

简而言之，从概念上说，云计算和网格计算之间并没有内在联系，网格计算作为一种面向特殊应用的解决方案将会继续在特定的领域存在，而云计算作为一场 IT 革命，则会深刻影响整个 IT 产业，甚至影响到人类社会的发展。不过，从技术实现上说，没有网格计算打下的基础，云计算就不会快速发展并流行。

2. 效用计算

效用计算是一种按需供给资源，并按用量计费的模型。用户通过计算资源供应商获取并使用计算资源，并基于实际用量付费。简单说，效用计算是一种基于资源用量的付费模式，它可以节约费用从而保障用户的经济效益。例如，企业数据中心的资源利用率普遍在 20% 左右，原因是超额购买并部署了比日常平均需求量更多的硬件以处理峰值负载（尽管峰值负载并不常见），而效用计算允许用户只为他们实际用到的那部分资源付费。

云计算是一种计算模式，可以在某种程度上对共享资源进行设计、开发、部署、运行和应用，以及对资源扩展收缩和对应用连续性的支持。效用计算通常需要云计算基础设施支持，但也可以不需要；同样，在云计算之上可以提供效用计算，也可以不提供效用计算。

3. 虚拟化技术

虚拟化技术是一种屏蔽底层物理硬件的细节，进而为高层次的应用提供虚拟化资源的技术。虚拟化技术是云计算的根本技术，提供了汇总服务器集群相关计算资源的方法，并且按需给相关的应用动态分配和回收计算资源。虚拟化技术并不是一项新技术，例如，IBM 大型计算机也使用了虚拟化技术。云计算和虚拟化不是一个层次的概念，云计算不等于虚拟化（吴朱华，2011）。同理，虚拟化也不等于 IaaS。对此有两点说明：首先，PaaS 和 SaaS 也是云计算，和虚拟化无关；其次，IaaS 也不一定非要使用虚拟化技术，虚拟化技术只是实现资源池化的手段之一，是实现 IaaS 服务的手段之一，是与云计算相关的技术之一。

4. 自主计算

自主计算这个词是 IBM 创造的，目的是构建能够自我管理的系统，无需人工干预就可以对内部和外部的请求做出反应，自主计算的目的是克服当今计算机系统的管理复杂性。尽管云计算表现出了某种特定的自主计算特点，如自主的资源供给，但其目标是降低计算成本而非减少系统的复杂程度。

综上所述，云计算利用虚拟化技术达成了像效用计算一样供给计算资源（如自来水公司、供电公司）的目标。云计算和网格计算、自主计算有某些方面的相似之处，但又有区别。

8.2.7 云计算的发展现状

1. 国外云计算发展现状

目前，Amazon、Google、IBM、Microsoft 和 Yahoo 等大公司是云计算的先行者，在云计算发展方面比较成功的公司还包括 Salesforce、Facebook、Youtube、Myspace 等（刘越，2009）。

1）Amazon

Amazon 使用弹性计算云（elastic compute cloud，EC2）和简单存储服务（simple storage service，S3）为企业提供计算和存储服务。收费的服务项目包括计算实例、存储服务器、带宽、中央处理器（central processing unit，CPU）资源等。

计算实例是指 Amazon 定义的"逻辑上的计算机"。客户租用这样一台"逻辑上的计算机"，就可以使用这台计算机上配置的计算资源，包括 CPU、内存、硬盘、输入/输出（input/output，I/O）总线等。这样的计算实例根据配置不同，收取不同的费用，收费单位为"美元/小时"。

存储服务器、带宽按容量收费；CPU 根据计算量时长（小时）收费。

Amazon 用了较短的时间就把云计算做成了一个大业务。不到两年时间，Amazon 上的注册开发人员达 44 万人，还有为数众多的企业级用户。据第三方统计机构提供的数据显示，Amazon 与云计算相关的业务收入已达 1 亿美元，是 Amazon 增长最快的业务之一。

2）Google

Google 是最大的云计算使用者。Google 搜索引擎建立在分布于 200 多个地点、超过 100 万台服务器的支撑之上，这些设施的数量还在迅猛增长。Google Earth、Google Maps、Gmail、Google Docs 等也同样使用了这些基础设施。

使用 Google Docs 之类的应用，用户数据会保存在互联网上的某个位置，可以通过任何一个与互联网相连的系统十分便利地访问这些数据。目前，Google 已经允许第三方在 Google 的云计算中通过 Google App Engine 运行大型并行应用程序。Google 的开放性值得赞赏，很早就以发表学术论文的形式公开了其云计算三大法宝：GFS、MapReduce 和 BigTable，并在美国、中国等高校开设如何进行云计算编程的课程。

3）IBM

IBM 在 2007 年 11 月推出了"改变游戏规则"的"蓝云"计算平台，为客户带来即买即用的云计算平台。它包括一系列自动化、自我管理和自我修复的虚拟化云计算软件，使来自全球的应用可以访问其分布式大型服务器池，使得数据中心在类似于互联网的环境下运行计算。IBM 与 17 个欧洲组织合作开展云计算项目，欧盟提供了 1.7 亿欧元作为资金。该项目名为 RESERVOIR（Resources and Services Virtualization without Barriers），以"无障碍的资源和服务虚拟化"为口号。2008 年 8 月，IBM 宣布投资约 4 亿美元用于其设在北卡罗来纳州和日本东京的云计算数据中心改造。2009 年 IBM 在 10 个国家投资 3 亿美元建成 13 个云计算中心。

4）Microsoft

Microsoft 紧跟云计算的发展，于 2008 年 10 月推出了 Windows Azure 操作系统。"蓝天"（Azure）是继 Windows 取代 DOS 之后，Microsoft 的又一次颠覆性转型。通过在互联网架构上打造新的云计算平台，Windows 真正由 PC 延伸到"蓝天"上。Microsoft 拥有全世界数以亿计的 Windows 用户桌面和浏览器，现在已经将它们连接到"蓝天"上。Azure 的底层是

Microsoft 全球基础服务系统,由遍布全球的第四代数据中心构成。

2. 国内云计算发展现状

云计算概念进入中国以来,有关云计算产业和技术的发展引起了高度重视(鲍亮和陈荣,2012)。中国政府大力发展云计算技术,近年来制定了各种政策,采取了多种措施,有力地推进了云计算产业发展。云计算技术已经进入政府的中长期发展规划,持续获得政策支持和充足的资源投入。国务院办公厅已经发布《国务院关于加快培育和发展战略性新兴产业的决定》,大力发展包括新一代信息技术在内的七大战略性新兴产业,其中云计算是新一代信息技术中的关键技术,反映了中国政府对云计算技术的重视程度。

中国各地方政府也非常重视云计算产业的发展。自 2008 年起,中国地方政府开始构建一系列云计算中心,为云计算在各大中心城市的发展创造了良好的基础设施条件。根据《中国云计算产业发展白皮书》的统计数据,截至 2012 年 4 月,北京、上海、深圳、成都、杭州、青岛、西安和佛山等城市在政府云应用领域进行了积极探索。例如,北京实施了祥云计划,重点应用于电子政务、重点行业、互联网服务及电子商务;上海实施了云海计划,主要应用于城市管理;无锡设计了太湖云谷,目标是优化无锡市软件和服务外包产业的发展生态环境,目前重点应用于电子商务、电子政务及科技服务外包等;杭州建立了微软云计算中心,目标是建立研发、制造、系统集成、运营维护等计算产业体系,立足杭州、辐射周边、面向全国,目前重点应用于软件业和知识产权保护等。

国内的研究机构也纷纷开始云计算方面的研究工作,如清华大学、中国科学院计算技术研究所、华南理工大学等单位都在开展相关的研究工作。科研人员发现在云计算新的体系下,尚有大量需要研究解决的问题,如理论框架、安全机制、调度策略、能耗模型、数据分析、虚拟化、迁移机制等。

2011 年中国科学院和广东省联合开展研究项目,并设立了中国科学院云计算中心。该项目在研究云计算技术的基础上,设计并实现了 G- Clound 云操作系统。G- Clound 运行在400 台云主机组成的高性能云服务器集群中,具有 40 万亿次的计算能力和 5GB 的网络带宽,能够提供云操作系统、云存储、电子政务云平台、遥感云服务平台和智能交通平台,支持云应用迁移与定制开发、测试,提供虚拟化桌面服务等。

清华大学研发了清华云计算平台,该平台主要包括资源层、中间件层和应用层 3 个部分。资源层对多个分布式的数据中心进行整合,提供统一的资源访问服务;中间件层主要提供分布式文件存储服务、云存储服务和虚拟计算环境服务,并向上层应用提供图形化界面、应用程序接口(application programming interface,API)、命令解释程序(shell)和 Web 页面4 种访问方式;应用层能够进行的业务包括并行批处理业务、个人业务和企业业务等。

南京大学开发了通用云(common cloud)计算开发平台。该平台旨在帮助有 Java2 平台企业版(Java2 Platform Enterprise Edition,J2EE)开发经验而没有云计算开发经验的人开发云计算应用,实现普通应用程序向云计算平台的迁移。

华南理工大学建立了基于云计算和开源技术的异构计算平台和存储平台,采用 Rocks、Lustre 及曙光等高性能计算管理系统,构建适合多种科学计算的高性能计算平台系统。该系统通过集成的方式构建基础设施云管理层,支持多种硬件平台和虚拟化技术,实现多种基础设施云管理功能。系统提供标准化接口,支持其他软件通过接口访问基础设施云资源。

国家自然科学基金的立项项目数量也反映了我国在云计算方面的快速发展。2009 年之前，云计算、大数据、数据中心方向的国家自然基金项目还寥寥无几。2009 年之后作为基础的云计算立项项目开始快速增长，成为三个方向中立项数目最多的方向；在云计算的带动下，较为新颖的大数据方面的立项，从 2012 年开始的 6 项，在 2013 年迅速攀升到 53 项；在云计算和大数据的共同推动下，数据中心规模不断增加。但数据中心的建设、运营面临很多新问题，使得数据中心也成为相关的研究热点。

国内的企业也对云计算给予了高度关注。华为、中兴通讯、阿里巴巴、腾讯都宣布了自己宏伟的云计算计划。数据分析、数据运营的作用在云计算的强力带动下已经显现出来，借助云计算，拥有用户数据的 IT 企业可以让数据发挥强大的作用，这对传统的行业产生了巨大影响，"数据为王"的时代正在到来。

8.3　云计算关键技术

云计算系统运用了许多技术，其中以虚拟化技术、海量分布式数据存储技术、分布式处理技术编程模型、数据管理技术、分布式资源管理技术最为关键。

8.3.1　虚拟化技术

1. 什么是虚拟化

随着企业的成长、业务和应用的不断增加，一方面企业 IT 系统规模日益庞大，使用成本越来越高；另一方面，企业 IT 基础架构对业务需求反应不够灵活，不能有效地调配系统资源适应业务需求。因此，企业需要建立一种具有低成本、智能化和安全特性，并能够与当前业务环境相适应的灵活、动态的基础设施和应用环境，以更快速地响应业务环境变化，并降低数据中心的运营成本（张为民等，2009）。

虚拟化技术可满足企业的上述要求，对于云计算非常关键，甚至可以说云计算技术解决方案依赖虚拟化提供服务。虚拟化技术主要应用在基础设施即服务（IaaS）的服务模式中，大多数资源都可以通过虚拟化技术对其进行统一管理。

虚拟化是表示计算资源的抽象方法。通过虚拟化，可以简化基础设施、系统和软件等计算资源的表示、访问和调配。虚拟是相对于物理对象来说的，可以对物理设备进行逻辑抽象，也可以对某种对象进一步抽象，可以把大的事物划分成小的事物，也可以把小的事物聚合成大的事物。

通过虚拟化技术调配计算资源，打破了数据中心、服务器、存储、网络、数据和应用的物理设备之间的划分，实现了架构动态化，达到了集中管理和动态使用物理资源及虚拟资源的目的，提高了系统结构的弹性和灵活性，有利于降低成本，改进服务，并减少管理中的风险。

2. 虚拟化技术分类

虚拟化通常是指服务器虚拟化，但实际上虚拟化的范围很广。虚拟化按照对象可以划分为如下几类：硬件虚拟化、桌面虚拟化、软件虚拟化、内存型虚拟化、存储型虚拟化、数据型虚拟化和网络型虚拟化。

1）硬件虚拟化

硬件虚拟化是指对服务器的虚拟化，可以划分为：部分虚拟化、全虚拟化、半虚拟化。

　　部分虚拟化是指虚拟机模拟大部分的硬件，特别是地址空间（刘黎明和王昭顺，2014）。它通常能够支持重要应用程序运行环境，但整个操作系统不能运行于这样的虚拟机中。它应用于第1代分时CTSS中，运行于IBM M44/44X。部分虚拟化在实现多个用户共享资源时取得了很大的成功，其缺点是它难以支持向前兼容，可移植性差。

　　全虚拟化是指虚拟机模拟一个完整的硬件系统，以使一个操作系统无需修改就可以独立运行（吴朱华，2011）。该方法中虚拟机管理器（virtual machine monitor，VMM）是整个系统的核心，它运行在硬件平台之上、用户操作系统之下，承担了资源的调度、分配和管理工作，在客户操作系统和物理硬件之间进行工作协调，保证多个虚拟机能够在相互隔离的同时运行多个客户操作系统。全虚拟化架构图如图8.3所示。

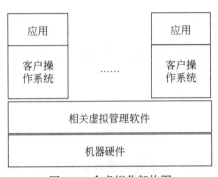

图8.3　全虚拟化架构图

　　全虚拟化最大的优点是操作系统没有经过任何修改，唯一的限制是操作系统必须能够支持底层硬件。VMware、微软的Virtual PC和Mac-on-Linux是代表性的商用产品。

　　半虚拟化与全虚拟化有一定的相似之处。它也使用虚拟机管理器共享底层的硬件，但是它的客户操作系统集成了虚拟化方面的代码，使得操作系统自身能够与虚拟进程进行很好的协作。半虚拟化提供了与原始系统相近的性能，性能非常接近物理机。半虚拟化例子有Win4Lin9x、TRANGO、Xen等。

　　半虚拟化和全虚拟化相比，模式的架构更加精简，在整体速度上有一定的优势。但需要对客户操作系统做部分修改以配合虚拟机管理器，所以在用户体验方面相对较差，因此一般认为半虚拟化在公有云平台上应该继续占有一席之地。

　　2）桌面虚拟化

　　桌面虚拟化是指将一个物理服务器划分为多个逻辑桌面，将计算机的桌面与其使用的终端设备相互分离（刘黎明和王昭顺，2014）。桌面虚拟化依赖于服务器虚拟化，也可以认为是硬件虚拟化的一种特殊应用场景，用户通过另一台桌面计算机或移动设备与宿主计算机进行交互。桌面虚拟化的应用软件安装在云端服务器上，即使本地服务器上没有应用软件，用户依然可以通过虚拟桌面来访问相关的应用，当然这种交互往往基于局域网或互联网。

　　桌面虚拟化的优势表现为：更灵活的访问和使用、更低的用户终端配置、更便于集中管理和控制终端桌面、更高的数据安全性和更低的设备购置成本。

　　3）软件虚拟化

　　软件虚拟化，顾名思义就是用纯软件的方法，在现有的物理平台上模拟实现对物理平台的访问。

　　常见的软件虚拟机如QEMU（Quick Emulator），它是通过纯软件来仿真X86平台处理器的取指令、解码和执行，客户机的指令并不在物理平台上直接执行。由于所有的指令都是软件模拟的，其性能往往比较差，但是可以在同一平台上模拟不同架构平台的虚拟机。

　　软件虚拟机VMWare则使用了动态二进制指令翻译的技术。虚拟机管理器在可控制的范围内，允许客户机的指令在物理平台上直接运行。但是客户机指令在运行前会被虚拟机管理器扫描，如若遇到突破虚拟机管理器限制的指令，则会被动态替换为可以在物理平台上直接运行的安全指令。这样做的好处是，相比于纯软件模拟，性能有大幅的提升，不足之处是失去了跨平台虚拟化的能力。

4）内存型虚拟化

内存型虚拟化可以将集群系统多个节点的内存聚集在一起，虚拟成共享缓存或共享高速存储以达到扩展系统内存、加速存储性能、加速云计算性能的目的。所以内存虚拟化的目标是能够做好虚拟机内存空间之间的隔离，使每个虚拟机都认为自己拥有整个内存地址。内存型虚拟化效率接近物理机。

5）存储型虚拟化

存储型虚拟化的思想是将物理存储与其逻辑映像分开，屏蔽简化了相对复杂的底层基础架构的技术细节，为系统管理员提供一幅简化的资源虚拟视图。将存储资源统一集中到一个大容量资源池，实现对存储资源的统一管理。在调用时无需中断应用即可实现存储数据的移动。

对于用户来说，虚拟化的存储资源就像是一个巨大的"存储池"，用户看不到具体的如磁盘、磁带之类的存储设备。从管理的角度来看，虚拟存储池采取集中化的管理，并根据具体的需求把存储资源动态地分配给各个应用。

6）数据型虚拟化

数据型虚拟化是一种允许用户访问、管理和优化异构数据资源的方法，就好像它们是一种单一且在逻辑上统一的资源一样。数据型虚拟化的核心是抽象层，用户能够从一些服务、功能或其他资源的内部部署中对外部界面进行抽象化，以方便用户访问。在某些情况下，数据型虚拟化可能会在地理上和多云环境中进行扩张。

7）网络型虚拟化

网络型虚拟化可以实现网络容量优先，一般指虚拟专用网，对网络连接进行抽象，方法是通过一个公用网络建立一个临时安全连接，类似建立一条穿过混乱公用网络的安全稳定的隧道。远程用户可以像访问组织内部网络一样访问该网络。

8.3.2 海量分布式数据存储技术

为保证高可靠性和经济性，云计算采用分布式存储方式存储数据，利用冗余存储方式保证数据的可靠性，以高可靠性软件弥补硬件的不可靠性，从而提供廉价可靠的海量分布式存储和计算系统。云计算的数据存储系统主要有 Google 文件系统（Google File System，GFS）和 Hadoop 开发团队开发的开源系统 HDFS（Hadoop Distributed File System，HDFS）（White，2012）。HDFS 的原型来自于 Google GFS，Yahoo、Intel、Facebook 等厂商及互联网服务商使用了 HDFS 的数据存储技术。

1. Google GFS

Google GFS 是 Google 为了满足其迅速增长的数据处理需求而设计的一个分布式文件系统。它运行于廉价的普通硬件上，需要处理随时都有节点可能失效的情况，必须具有强大的容错功能。可以认为 GFS 是一种面向不可信服务器节点而设计的文件系统，其体系结构如图 8.4 所示（刘鹏，2011）。

GFS 将全部系统的节点分为三种角色：总控服务器（GFS master）、数据块服务器（GFS chunkserver，CS）和客户端（GFS client）。

GFS 文件被划分为固定大小的数据块（chunk），由 GFS master 在创建时分派一个 64 位

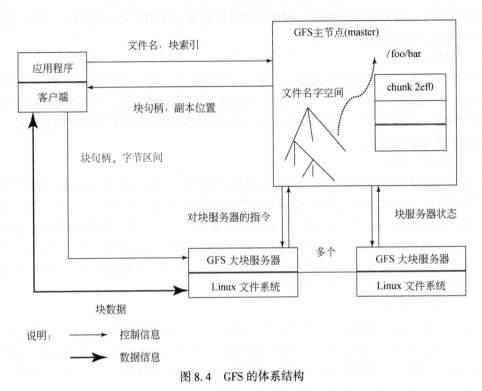

图 8.4　GFS 的体系结构

全局唯一的 chunk 句柄。CS 以通用 Linux 文件形式将 chunk 存储在磁盘中。

　　GFS master 负责保存与维护系统的三类元数据，包括文件及 chunk 名字空间、GFS 文件到 chunk 之间的映射、chunk 位置信息。

　　它也负责整个系统的全局控制，如 chunk 租约办理、chunk 复制等。GFS master 会定期与 CS 互换信息。

　　GFS client 是 GFS 提供给用户的一组专用接口，以库文件形式提供。客户端不会从 GFS master 读和写文件数据。GFS client 访问 GFS 时，首先访问节点，获取与之进行交互的 CS 信息，主要是询问 GFS master 应该和哪个 chunkserver 联系，然后访问 CS，完成数据存取工作。

　　需要指出的是，GFS 中的客户端不缓存文件数据，只缓存 GFS master 中获取的元数据，这由 GFS 的应用特点决定。GFS 最主要的应用有两个：MapReduce 与 Bigtable。对于 MapReduce，GFS 客户端访问方式为顺序读写，不缓存文件数据，而 Bigtable 作为云表格系统，内部已经有一套缓存机制。

　　GFS 的工作过程如下（王鹏等，2014）。

　　(1) 客户端使用固定大小的块将应用程序指定的文件名和字节偏移转换成文件的一个块索引，向 GFS master 发送包含文件名和块索引的访问请求。

　　(2) GFS master 收到客户端发来的请求后，向块服务器发出指示，同时不间断地监控 chunkserver 的状态。chunkserver 缓存 GFS master 从客户端收到的文件名和块索引等信息。

　　(3) GFS master 通过和 chunkserver 的交互，向客户端发送 chunk-handle 和副本位置。其中文件被分成若干个块，而每个块都是由一个不变的、全局唯一的 64 位 chunk-handle 标识。handle 是由 GFS master 在块创建时分配的，出于安全性考虑，每一个文件块都要被复制到多个 chunkserver 上，一般默认 3 个副本。

（4）客户端向其中的一个副本发出请求，请求指定了 chunk-handle（chunkserver 以 chunk-handle 标识 chunk）和块内的一个字节区间。

（5）客户端从 chunkserver 获得块数据，任务完成。

通常客户可以在一个请求中询问多个 chunk 的地址，而 master 也可以很快回应这些请求。很多人把 GFS 的工作原理比作人类大脑的工作方式：分布式的文件系统被分块为很多脑细胞单元，一旦细胞损坏，神经系统（GFS master）会迅速发现并有相应的冗余措施使系统正常工作，这些细胞相当于众多 GFS 主机。

2. Hadoop HDFS

HDFS 是 Hadoop 项目的核心子项目，是一个分布式文件系统（陆嘉恒，2011）。Hadoop 中有一个综合性文件系统抽象，它提供了文件系统实现的各类接口。HDFS 只是这个抽象文件系统的一个实例，该文件系统是仿照 Google GFS 而设计的。HDFS 的架构如图 8.5 所示（王鹏等，2014）。

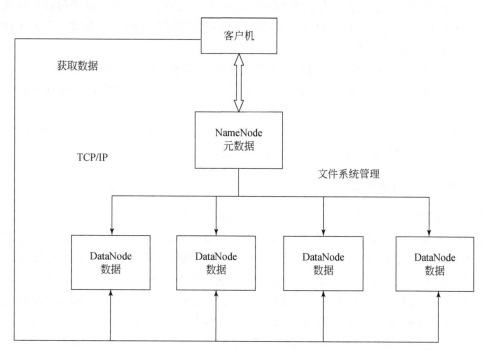

图 8.5　HDFS 的架构

HDFS 由一个名为 NameNode 的主节点和多个名为 DataNode 的子节点组成（陆嘉恒，2011）。

NameNode 可以看作是 HDFS 的总指挥，它存储着文件系统的元数据，这些元数据包括文件系统的名字空间等，向用户映射文件系统，如打开、关闭、重命名文件或目录，负责确定数据块到具体 DataNode 节点的映射，但实际数据并不存放在 NameNode。

HDFS 中的 DataNode 用于实际存放数据，DataNode 在文件系统相当于工作节点，用来执行具体的任务，包括文件块存储、被客户端和 NameNode 调用等。同时，它会通过"心跳"

（Heartbeat）定时向 NameNode 发送所存储的文件块信息。对 DataNode 上数据的访问并不通过 NameNode，而是与用户直接建立数据通信。Hadoop 启动后能够看到 NameNode 和 DataNode 这两个进程。

HDFS 在对一个文件进行存储时，使用了两个重要的策略：分块策略和副本策略。

（1）分块策略。HDFS 分块策略的使用，保证了数据并发读写的效率，并且也是 MapReduce 实现并行数据处理的基础。

文件以块的形式存储在磁盘中，文件系统每次只能访问磁盘块大小整数倍的数据量。在配置 Hadoop 系统时可以看到，它的默认块大小为 64MB。HDFS 使用抽象的块带来了很多好处：可以存储任意大的文件而不受网络中任何单一节点磁盘大小的限制；使用抽象块作为操作的单元可以简化存储子系统；块更有利于分布式文件系统中复制容错的实现。

（2）副本策略。HDFS 副本策略是保证 HDFS 可靠性的关键，优化的副本存放策略也正是 HDFS 区分于其他大部分分布式文件系统的重要特性。

HDFS 典型的副本策略为使用三个副本，第一个副本存放在本地节点，第二个副本存放在同一个机架上的另一个节点，第三个副本存放在不同机架上的节点。这样可以有效防止整个机架失效时数据的丢失，并且允许读数据的时候充分利用多个机架的带宽。因此 HDFS 存储的文件具有很高的可靠性。

HDFS 的工作过程可总结为：用户请求创建文件的指令，NameNode 接收指令，将存储数据的 DataNode 的 IP 返回给用户，并通知其他副本的 DataNode，由用户直接与 DataNode 进行数据传送。NameNode 同时存储相关的元数据。

整个文件系统采用 TCP/IP 协议通信，是建构在 Linux 文件系统上的一个上层文件系统。HDFS 上一个大型文件的大小一般在 G 至 T 字节量级。

8.3.3　分布式处理技术编程模型

为了高效利用云计算的资源，云计算的编程模型必须保证后台复杂的并行执行和任务调度向用户和编程人员透明。云计算采用 MapReduce 编程模式实现透明化，其将任务自动分成多个子任务，通过 Map 和 Reduce 两步实现任务在大规模计算节点中的调度与分配。

MapReduce 系统主要由三个模块组成：客户端、主节点和工作节点（陆嘉恒，2011）。客户端（Client）将用户撰写的并行处理作业提交至主节点（Master）；Master 自动将用户作业分解为 Map 和 Reduce 任务，并将任务调度到工作节点（Worker）；Worker 用于向 Master 请求执行任务，同时多个 Worker 组成的分布式文件系统用于存储 MapReduce 的输入/输出数据。

Map 作为一种处理大数据集的编程模式，其任务调度策略的一大特色是先将任务调度到数据所在的节点。这种基于数据位置的调度方案，使得当请求任务的 Worker 节点保存有任务处理的数据时，Map 任务可以在本地读取并处理数据，从而降低了网络开销，提高了调度性能。

MapReduce 的设计思想借鉴了最早出现的 LISP 语言和其他函数语言中的 Map 和 Reduce 操作。MapReduce 的基本过程为：用户通过 Map 函数处理键值（key/value）对，从而产生一系列不同的 key/value 对，Reduce 函数将 key 值相同的 key/value 对进行合并。很多处理任务都可以利用 MapReduce 模型进行表达。通过 MapReduce 框架能实现基于数据切分的自动并行计算，大大简化了分布式编程的难度，为在廉价的商品化服务器集群系统上实现大规模数据处理提供了可能（王鹏等，2014）。

虽然 MapReduce 的过程并不复杂，但不易理解，通过如下例子进一步阐述其工作原理。

1. 任务描述

来自某大学的三个学院进行一场演讲比赛，每个学院有 3 个系参加，每个系各派 6 名学生参赛，最后各个学院的原始成绩如表 8.1 所示。每个参赛的系别具备两个属性：所属学院和平均成绩，即<系别：{所属学院，平均成绩}>。表 8.1 所示的成绩可以整理成表 8.2。因为是以学院为单位参加比赛，计算各个学院的平均成绩时，各个系别的名称并不重要，所以可以略去系别名称，把表 8.2 进一步整理成表 8.3。

表 8.1　原始比赛成绩

矿业学院		测绘学院		交通学院	
采矿工程系	93	大地测量系	95	车辆工程系	93
安全工程系	91	海洋测量系	90	物流工程系	88
力学系	83	地理信息系	82	交通工程系	80

表 8.2　添加属性信息后的平均比赛成绩

采矿工程系： {矿业学院，93}	大地测量系： {测绘学院，95}	车辆工程系： {交通学院，93}
安全工程系： {矿业学院，91}	海洋测量系： {测绘学院，90}	物流工程系： {交通学院，88}
力学系： {矿业学院，83}	地理信息系： {测绘学院，82}	交通工程系： {交通学院，80}

表 8.3　省略系别名称后的平均比赛成绩

矿业学院，93	测绘学院，95	交通学院，93
矿业学院，91	测绘学院，90	交通学院，88
矿业学院，83	测绘学院，82	交通学院，80

接下来，对各个学院的成绩进行汇总，可得表 8.4。最后计算求得各个学院平均成绩，如表 8.5 所示。以上是计算各个学院平均成绩的主要步骤，该步骤体现出来的过程，可以用 MapReduce 实现。

表 8.4　各学院比赛成绩汇总

矿业学院，93 91 83	测绘学院，95 90 82	交通学院，93 88 80

表 8.5　各学院比赛平均成绩

矿业学院，89	测绘学院，89	交通学院，87

2. 用 MapReduce 实现给定任务

MapReduce 包含 Map、Shuffle 和 Reduce 三个步骤，其中 Map 和 Reduce 前文已介绍。

Shuffle 的本义是洗牌、混洗，即把一组有一定规则的数据转换成一组无规则的数据。MapReduce 中的 Shuffle 更像是洗牌的逆过程，把一组无规则的数据转换成一组规则数据。如前所述，MapReduce 计算模型一般包括两个重要的阶段：Map 是映射，负责数据的过滤分发；Reduce 是归约，负责数据的计算归并。Reduce 的数据来源于 Map，Map 的输出即是 Reduce 的输入，Reduce 需要通过 Shuffle 来获取数据。跨越 Map 端和 Reduce 端，从输入到 Reduce 输出的整个过程可以广义地称为 Shuffle。Shuffle 可以由 Hadoop 自动完成。以下是使用 MapReduce 实现前述例子的过程。

（1）Map Input：<学院名称，{所属系别，平均分数}>。在 Map 部分，需要输入的数据是 <Key，Value>，本例中 Key 指的是学院名称，Value 是属性值，本例中指的是学院和平均分数，可以用表 8.6 表示。

（2）Map Output：<所属学院，平均分数>。对所属学院平均分数进行重新分组，去掉系别名称，将所属的学院名称替代为 Key，平均分数变为 Value，如表 8.7 所示。

（3）Shuffle Output：<所属学院，List(平均分数)>。已经说明 Shuffle 由 Hadoop 自动完成，它的基本任务是对 Map 的实现，对 Key 进行分组，用户可以得到 Value 列表，也就是 List<Value>，结果如表 8.8 所示。

（4）Reduce Input：<所属学院，List(平均分数)>。将表 8.8 中的内容作为 Reduce 任务的输入数据，也就是从 Shuffle 任务中获得的（Key，List<Value>）。

（5）Reduce Output：<所属学院，平均分数>。Reduce 任务的功能是完成用户的计算逻辑，这里的任务是计算各个学院学生的比赛平均成绩，获得的最终结果如表 8.9 所示。

表 8.6   Map Input 数据表

Key：采矿工程系	Key：大地测量系	Key：车辆工程系
Value：{矿业学院，93}	Value：{测绘学院，95}	Value：{交通学院，93}
Key：安全工程系	Key：海洋测量系	Key：物流工程系
Value：{矿业学院，91}	Value：{测绘学院，90}	Value：{交通学院，88}
Key：力学系	Key：地理信息系	Key：交通工程系
Value：{矿业学院，83}	Value：{测绘学院，82}	Value：{交通学院，80}

表 8.7   Map Output 表

Key：矿业学院	Key：测绘学院	Key：交通学院
Value：93	Value：95	Value：93
Key：矿业学院	Key：测绘学院	Key：交通学院
Value：91	Value：90	Value：88
Key：矿业学院	Key：测绘学院	Key：交通学院
Value：83	Value：82	Value：80

表 8.8　Shuffle Output 数据表

Key：矿业学院	Key：测绘学院	Key：交通学院
List<Value>：93 91 83	List<Value>：95 90 82	List<Value>：93 88 80

表 8.9　Reduce Output 数据表

矿业学院　89	测绘学院　89	交通学院　87

8.3.4　数据管理技术

云计算数据管理技术中最著名的是 Google 的 BigTable 数据管理技术（刘鹏等，2011）。

由于云计算系统对大数据处理、分析面临多方面问题，例如，需要存储的数据种类繁多，要能够在海量的数据中查询到指定的数据等。普通的商用数据库无法满足 Google 的这种要求。在细致考察了 Google 的日常需求后，其开发团队巧妙地结合了各种数据库技术，扬长避短，最终设计了能够达成 Google 既定目标的 BigTable 系统。

BigTable 是一个用于管理结构化数据的分布式存储系统，构建在 GFS、Chubby、SSTable 等 Google 技术之上。大量 Google 应用使用了 BigTable，例如，Google Earth 和 Google Analytics，因此它和 GFS、MapReduce 并称为 Google 技术"三宝"（陆嘉恒，2011）。下面介绍 BigTable 的系统架构。

1. 数据模型

BigTable 是一个分布式多维映射表，表由行（row key）和列（column key）组成，并且每个存储单元都有一个时间戳（time stamp）。在不同的时间对同一存储单元有多份拷贝，这样就可以记录数据的变动情况。BigTable 对存储在其中的数据不做任何解析，统一看作是字符串，具体数据结构的实现需要用户自行处理。其存储逻辑可以表示为：（row：string，column：string，time：int64）→string。其中常见的几个名词解释如下。

（1）行：可以是任意的字符串，其大小不能超过 64KB，不支持一般意义上的事务，能保证对于行的读写操作的原子性。表中数据按照行关键字的词典序进行排序。因为单个的大表不利于数据处理，BigTable 将一个表分成了很多子表（tablet），每个子表包含多个行。子表是 BigTable 中数据划分和负载均衡的基本单位。

（2）列：BigTable 不是简单地存储所有的列关键字，而是将其组织成所谓的列族（column family），每个族中的数据都属于同一个类型，同族的数据会被压缩到一起保存。在引入了列族的概念后，列关键字可以采用下面的语法规则来定义：

族名：限定词（family qualifier）

其中"族名"必须有意义，限定词可以任意选定。"族"同时也是 BigTable 中访问控制（access control）的基本单位，也就是说访问权限的设置是在族这一级别上进行的。

（3）时间戳：Google 的很多服务，例如，网页检索和用户的个性化设置等，需要保存不同时间的数据，这些不同的数据版本通过时间戳区分。BigTable 中的时间戳是 64 位整型数。

2. 系统架构

BigTable 主要由三个部分组成：客户端程序库（Client Library）、一个主服务器（Master

Server）和多个子表服务器（Tablet Server）。当客户访问 BigTable 服务时，首先要利用其库函数执行 open（）操作来打开一个锁，借以获取文件目录，然后客户端可以与子表服务器进行通信。主服务器主要进行一系列元数据的操作及子表服务器之间的负载调度，而实际的数据存储在子表服务器。

在数据存储中，数据压缩非常重要。因为内存表的空间有限，当容量达到一个阈值时，旧的内存表就会被停止访问并压缩成 SSTable，BigTable 会定期执行一次合并压缩操作，将一些已有的 SSTable 和现有的内存表一起进行压缩。另外，系统还会定期执行主压缩，每执行一次主压缩，就将所有的被压缩数据彻底删除。这样一来，既回收了空间，又因为涉密数据的及时删除而保护了涉密数据的安全性。

子表地址的查询也是经常使用的操作。BigTable 系统的内部采用一种 B+树的三层查询表示。所有的子表地址都被记录在元数据中，其中的根子表是元数据表中一个特殊子表，它既是元数据表的第一条记录，也包含了其他元数据子表的地址，同时其中的一个文件也存储了这个根子表的信息。在查询时，首先获取这个根子表的地址，进而读取所需的元数据子表的位置，就可以从元数据子表中找到待查询的子表。

8.3.5 分布式资源管理技术

在多节点并发的环境中，分布式资源管理系统是保证系统状态正确性的关键技术。系统状态需要在多节点之间同步，关键节点出现故障时需要迁移服务。分布式资源管理技术通过锁机制协调多任务对于资源的使用，从而保证数据操作的一致性。Google 的 Chubby 是被人熟知的分布式资源管理系统（刘鹏，2011）。

分布的一致性问题是分布式算法中的一个经典问题。这个问题描述大概是：在一个分布式系统中，有一组 process，它们需要确定一个 value。于是每个 process 都提出了一个 value，一致性是指只有其中的一个 value 能够被选中作为最后确定的值，并且当这个值被选出来以后，所有的 process 都需要被通知到。

表面上看，上述问题很容易解决。比如设置一个 server，所有的 process 都向这个 server 提交一个 value，这个 server 可以通过一个简单的规则来挑选出一个 value（例如，最先到达的 value 被选中），然后由这个 server 通知所有的 process。但是在分布式系统中，就会有各种问题发生，例如，这个 server 崩溃了怎么办，所以可能需要有几台 server 共同决定；还有，process 提交 value 的时间都不一样，由于网络传输过程中的延迟，这些 value 到达 server 的顺序也都没有保证。为了解决这个问题，技术人员提出了各种各样的 protocol，这些 protocol 可以看作一组需要遵循的规则，按照这些规则，这些 process 就能够选出一个唯一的 value。其中，最有名的一个 protocol 就是 Paxos 算法。Chubby 就是为了解决这个问题而构建出来的，是 Google 精心设计的一个 service，这个 service 主要解决的就是一致性问题。

Chubby 是一个针对松耦合的分布式系统的 lock service。这个 service 能够提供开发人员经常用到的"加锁"和"解锁"功能。通过 Chubby，一个分布式系统中的上千个 client 都能够对于某项资源进行"加锁"和"解锁"。

Chubby 通过文件来实现"锁"的功能。Chubby 中"锁"的实质就是文件，创建文件就是进行"加锁"操作，创建文件成功的那个 server 其实就是抢占到了"锁"。用户通过打开、关闭和读取文件，获取共享锁或者独占锁；并且通过通信机制，向用户发送更新信息。

综上所述，Chubby 是一个 lock service，通过这个 lock service 可以解决分布式中的一致性问题，而这个 lock service 的实现基于分布式的文件系统，其中的细节需要精心设计。

8.3.6 云计算平台管理技术

云计算资源规模庞大，一个系统的服务器数量可能会高达十万台并跨越几个坐落于不同物理地点的数据中心，同时还运行多种多样的应用。如何有效地管理这些服务器，让其不间断地提供正常服务，是一个艰巨的任务。

Google 解决云计算平台的管理技术被称为 Borg（Verma et al., 2015）。Borg 系统群集管理器运行几十万个以上的 jobs，来自几千个不同的应用，跨多个集群，每个集群有上万个机器。它通过管理控制、高效的任务包装、超售、进程级别性能隔离实现了高利用率，支持高可用性应用程序与运行时功能，最大限度地减少故障恢复时间，减少相关故障概率的调度策略。Borg 具有诸多重要属性支持其高性能的管理技术，包括声明性的工作规范语言，名称服务集成，实时作业监控、分析和系统行为模拟。

Borg 提供了三个重要功能：①隐藏资源管理和故障处理细节，使其用户可以专注于应用开发；②高可靠性和高可用性的操作，并支持应用程序做到高可靠高可用；③在数以万计的机器上有效运行。

Borg 的用户是 Google 开发人员和系统管理员（网站可靠性工程师 SRE），他们运行 Google 应用与服务。用户以 job 的方式提交他们的工作给 Borg，job 由一个或多个 task 组成，每个 task 含有同样的二进制程序。一个 job 在一个 Borg 的 Cell 里运行，一个 Cell 是包括了多台机器的单元。这里主要介绍用户视角下的 Borg 系统。

Borg Cell 主要运行两种异构的工作负载。第一种是长期服务，应该"永远"运行下去，并处理短时间的敏感请求（几微秒到几百毫秒）。这种服务是面向终端用户的产品如 Gmail、Google Docs、网页搜索等内部基础设施服务（如 Bigtable）。第二种是批处理任务，需要几秒到几天来完成，对短期性能波动不敏感。在一个 Cell 上混合运行了这两种负载，取决于他们的主要租户（例如，有些 Cell 就是专门用来跑密集的批处理任务的）。工作负载也会随着时间产生变化，批处理任务完成即可，终端用户服务的负载是以天为周期的。Borg 需要把这两种情况都处理好。

一个 job 的属性有：名字、拥有者和 task 数量。job 可以有一些约束，以指定该 job 运行的处理器、操作系统版本、是否有外部 IP 等。约束可以是硬的或者软的。一个 job 可以指定在另一个 job 运行完后再开始。一个 job 只在一个 Cell 里运行。用户通过 RPC 来操作 job，大多是从命令行工具，或者监控系统。

Borg 的 alloc（allocation）是在单台机器上的一组保留的资源配额，用来让一个或更多的 task 运行，alloc 可以被分配出来给未来的 task，用来在停止一个 task 和重启这个 task 之间保持资源，以聚集不同 jobs 的 tasks 到同一台机器上（例如，一个 web server 实例，用于把 serverURL 日志发送到一个分布式文件系统的日志搜集实例）。一个 alloc 的资源管理方式和一台机器上的资源管理方式类似，多个 tasks 在一个 alloc 上运行并共享资源。若一个 alloc 被重新分配到其他机器上，它的 task 也要跟着重新调度。

云计算平台总体架构可采用浏览器/服务器（browser/server，B/S）架构，采取 MVC 的设计模式，由 Apache Web 服务器对外发布，用户只需通过 IE 浏览器即可访问系统。系统数据采用 MySQL 数据库或用户指定的数据库进行集中存储，其核心是系统服务器程序，它负责处理客户端页面的实时刷新请求、用户对监控配置信息的更改请求和用户对监控对象的控制指令。对于客户端刷新请求，服务器从数据库中取得最新的数据并产生新的数据模型对象，然后调用显示层中的处理模块，根据不同数据模型对象刷新客户端的展示页面。

8.4　云计算应用

8.4.1　云计算应用分类

1. 按照应用领域分类

1）云教育

教育在云技术平台上的开发和应用。云教育从信息技术的应用方面打破了传统教育的垄断和固有边界。通过教育走向信息化，使教育的不同参与者——教师、学生、家长、教育部门等在云技术平台上进行教育、教学、娱乐、沟通等活动。同时可以通过视频云计算的应用对学校特色教育课程进行直播和录播，并将信息储存至流存储服务器上，便于长时间和多渠道享受教育成果。

2）云物联

物联网是新一代信息技术浪潮的生力军。物联网通过智能感知、识别技术与普适计算广泛应用于互联网各方面。物联网作为互联网的业务和应用，随着其深入的发展和流量的增加，其对数据储存和计算量的要求也逐渐提高，进而对云计算的需求增加。并且在物联网的高级阶段，必将需要虚拟云计算技术的进一步应用。

3）云社交

云社交是一种虚拟社交应用。它以资源分享作为主要目标，将物联网、云计算和移动互联网相结合，通过其交互作用创造新型社交方式。云社交把社会资源进行测试、分类和整合，并向有需求的用户提供相应的服务。用户流量越大，资源整合越多，云社交的价值就越大。目前云社交已经具备了初步模型。

4）云安全

云安全是云计算在互联网安全领域的应用。云安全融合了并行处理、网络技术、未知病毒等新兴技术，通过分布在各领域的客户端对互联网中存在异常的情况进行监测，获取最新病毒程序信息，将信息发送至服务端进行处理并推送最便捷的解决建议。通过云计算技术使整个互联网变成了终极安全卫士。

5）云政务

云计算应用于政府部门中，为政府部门降低成本提高效率做出贡献。云计算由于具有集约、共享、高效的特点，其应用将为政府部门降低 20%~80% 的成本。所以在电子商务延伸至电子政务的背景下，各国政府部门都在着力进行电子政务改革，研究云计算普遍应用的可能性。伴随政府改革的进行，政府部门也开始从自建平台到购买电信运营商的服务，这将促进云计算的进一步发展并为电信运营商带来商机。

6）云存储

云存储是云计算一个新的发展浪潮。云存储不是某一个具体的存储设备，而是互联网中大量的存储设备通过应用软件共同作用协同发展，进而带来的数据访问服务。由于云计算系统要运算和处理海量数据，为支持云计算系统需要配置大量的存储设备，这样云计算系统就自动转化为云存储系统。因此，云存储是云计算概念的延伸。

2. 按照服务类型分类

云计算还处于不断发展阶段，有庞杂的各类厂商在开发不同的云计算服务。云计算的表现形式多种多样，简单的云计算在人们日常网络应用中随处可见，例如，腾讯 QQ 空间提供的在线制作 Flash 图片、Google 的搜索服务、Google Doc 和 Google Apps 等。目前，云计算的主要服务形式有：SaaS、PaaS 和 IaaS（维伯哈夫巴蒂亚，2012）。

1）软件即服务（SaaS）

对于小型企业来说，SaaS 是采用先进技术的最好途径。以企业管理软件来说，SaaS 模式的云计算企业资源规划（enterprise resource planning，ERP）可以让客户根据并发用户数量、所用功能多少、数据存储容量、使用时间长短等因素的不同组合按需支付服务费用，不需要支付软件许可费用，不需要支付采购服务器等硬件设备费用，不需要支付购买操作系统和数据库等平台软件费用，不需要承担软件项目定制、开发、实施费用，不需要承担 IT 维护部门开支费用，实际上云计算 ERP 正是继承了开源 ERP 免许可费用只收服务费用的最重要特征，是突出了服务的 ERP 产品。

目前，Salesforce.com 是提供这类服务最有名的公司，Google Doc、Google Apps 和 Zoho Office 也属于这类服务。

2）平台即服务（PaaS）

PaaS 能够给企业或个人提供研发的中间件平台，支持企业或个人进行应用程序开发、数据库管理、应用服务器部署、测试、托管及应用服务等功能，帮助用户简化开发流程并提升业务效率。

Google App Engine 和 Salesforce 的 force.com 平台，以及八百客的 800APP 是 PaaS 的代表产品。以 Google App Engine 为例，它是一个由 Python 应用服务器群、BigTable 数据库及 GFS 组成的平台，为开发者提供一体化主机服务器及可自动升级的在线应用服务。用户编写应用程序并在 Google 的基础架构上运行就可以为互联网用户提供服务，Google 提供应用运行及维护所需要的平台资源。

3）基础架构即服务（IaaS）

IaaS 即把厂商的由多台服务器组成的"云端"基础设施作为计量服务提供给客户。它将内存、I/O 设备、存储和计算能力整合成一个虚拟的资源池为整个业界提供所需要的存储资源和虚拟化服务器等服务。这是一种托管型硬件方式，用户付费使用厂商的硬件设施。如 AWS、IBM 的 BlueCloud 等均是将基础设施作为服务出租。

IaaS 的优点是用户只需低成本硬件，按需租用相应计算能力和存储能力，大大降低了用户在硬件上的开销。

目前，以 Google 云应用最具代表性，如 Google Docs、Google Apps、Google sites，以及云计算应用平台 GoogleApp Engine。

8.4.2 空间云计算

在对地观测技术（包括遥感卫星、雷达等技术）发展的推动下，空间数据呈现爆炸式增长，形成了规模巨大的空间数据。面对如此大规模的空间数据，任何单台高性能的服务器都已经无法处理，必须借助于分布式的计算模式。而如前所述的云计算以分布式的计算框架 MapReduce 和分布式的文件存储系统 HDFS 为核心，兼具扩展性强、低成本和编程模式简单等特点，还可以按需提供服务，像水、电、天然气和电话等采用效用计算模式收费，可以满足空间大数据的处理分析需求（Armbrust et al., 2010）。得益于这些优势，近些年云计算的应用在空间数据处理和地学分析等领域得到了快速发展（Zhang, 2010）。云计算在空间数据处理方面的发展，称为空间云计算（Yue et al., 2013）。

空间云计算可以为地球科学多个方面的研究提供有力支持（Yang et al., 2013）：其一是早期地球研究，通过对天文物理的模拟寻找类似于地球的星球，而这些需要处理大量的数据和复杂的过程模拟，现在可以使用云计算推进相关研究；其二为能源与矿产科学需要良好的数据管理以支持能源的分布和产生模式建模，云计算可以对相关的极为复杂的数据存储、处理和管理提供支持；其三为气候科学的研究，气候科学的研究需要大规模的观测数据和模型输出数据的处理和管理，云计算也有效支持了这方面的研究；其四为交通管理和模拟问题，利用云计算可以有效解决交通监控问题，集成交通数据并提供人性化、合理的交通方案；其五为生态问题研究，使用云计算可以集成全球范围的环境和人口数据，进而支撑社会的可持续发展；其六为水利工程和水资源管理问题，利用云计算可以对地下水的储量进行分析并对未来可提供的可饮用地下水量进行预测；其七为灾害监控和预警，云计算可以用来对相关数据进行集成并对灾害模型进行模拟与分析，从而对可能出现的灾害进行预警；其八为人类和环境健康研究，可以通过云计算集成大规模的人类健康和环境健康数据，对传染病的传播进行监控和防治。

而目前空间云计算在空间数据处理和地理信息系统方面已经得到了越来越广泛的应用。Cary 等（2009）利用空间云计算对空间大数据包括栅格数据和矢量数据的处理和管理进行了早期的探索，验证了利用云计算可以显著地改善空间大数据的处理和管理效率。Akdogan 等（2010）用云计算实现了地理空间查询，并验证了当云计算用于大规模地理空间查询时，其计算能力随着云计算中节点的增加可以达到线性的查询速度。Wang 等（2013）基于云计算实现了对大规模遥感图像的快速处理。Giachetta（2015）提出了基于云计算的大规模地理空间和遥感数据的处理框架。Aji 等（2013）基于云计算建立了空间数据仓库，对大规模的种类繁多的空间数据实现了高效管理。Eldawy（2014）对 Hadoop 云计算软件进行了改造，建立针对空间数据处理和管理的 Spatial Hadoop 云计算软件，对大规模空间数据处理有良好的支持。Wang 等（2015）基于云计算，实现了地理信息系统中多边形的叠加计算，充分验证了云计算的高效率。Li 等（2016）基于云计算建立了针对大规模气候数据的时空索引，从而方便了对气候数据的分析和处理。

尽管云计算在空间数据处理等方面已经有了较多应用，但是通用云计算目前仍然存在一定缺陷，如面对高强度的科学计算时效率仍有待提高，且对于科学计算中常用的迭代计算效率不够。目前 GPU 通用计算等技术被融入云计算解决此类问题，以改善大规模空间计算的效率问题（Aji et al., 2013）。Fang 等（2011）针对传统云计算平台的 MapReduce 编程模型的弱点，提出了一种运行在 GPU 上的 MapReduce 编程框架 Mars，该框架可以利用云平台上众核 GPU 的强大的计算能力。其结果显示，和传统编程框架相比，Mars 获得了 16 倍的速度提升。但该框架建立在单 GPU 上，且处理能力受限于 GPU 存储器容量，扩展能力有限。在开源云计算软件平台 Hadoop 的 MapReduce 框架上集成了对 GPU 的编程调用以利用其高性能计算能力，其改进的框架可以在相同的时间内执行超过原框架多个数量级的数据处理工作。Barak 等（2010）提出了一个可以用于运行在配置有 OpenMp、C++ 和 OpenCl 应用的众多 GPU 集群上的软件包 MGP，对其性能的评估表明该包可以灵活地在集群远程设备上高效运行多个并行的核函数，该框架适合于运行在单个结点配置多个 GPU 的集群上。Stuart 和 Owens（2011）提出了一个针对 GPU 集群的高效 MapReduce 框架 GPMR，但其和网络的交互能力有限。Farivar 等（2009）则通过融合开源社区最具影响力的云计算平台 Hadoop 和 GPU 的高性能计算能力获得了多个数量级的效率提升。由于 Hadoop 的优良且成熟的性能，不少相关工作都在 Hadoop 平台上用 CUDA 或 OpenCL 融合了 GPU 的高性能计算能力以提高处理能力（Grossman et al., 2013；Wang et al., 2014）。McDermotta 等（2015）借助于 GPU 和云计算，对在大规模时空中如何发现感兴趣的路径或区域进行了研究，验证了融合了 GPU 技术的云计算。结合 GPU 技术的空间云计算对大规模空间数据的处理和分析将有明显的效率提升（Aji et al., 2013）。

8.4.3 Hadoop 云计算环境搭建与应用实例

1. 云计算集群搭建——Hadoop 小型云计算环境

Hadoop 是一个由 Apache 基金会所开发的开源、高可靠、伸缩性强的分布式计算框架（White, 2012）。用户可以在不了解分布式底层细节的情况下开发分布式程序，主要用于对大于 1TB 的海量数据进行处理。Hadoop 采用 Java 语言开发，是对 Google 的 MapReduce 核心技术的开源实现。Hadoop 框架最核心的设计就是 HDFS 和 MapReduce，HDFS 为海量的数据提供了存储操作，而 MapReduce 为海量的数据提供了计算处理。

1）安装前准备

（1）操作系统要求。GNU/Linux 系列操作系统可以作为客户端和服务端的开发平台和运行平台。Hadoop 已在有 2000 个节点的 GNU/Linux 主机组成的集群系统上得到了测试验证。

由于分布式操作尚未在 Windows 32 平台上充分测试，Windows 32 仅作为客户端和服务端的开发平台。

如果集群尚未安装所需软件，就需要首先进行软件安装。

以 Ubuntu Linux 为例：

```
$ sudo apt-get install ssh
$ sudo apt-get install rsync
```

在 Windows 平台上，如果安装 cygwin 时未安装全部所需软件，则需启动 cyqwin 安装管理器安装如下软件包：

openssh-Net

关于开发平台和运行平台，开发平台指的是开发 Hadoop 分布式应用时可以使用的操作系统平台；运行平台则是指基于 Hadoop 的分布式应用运行时所处的操作系统平台。

（2）软件要求。Hadoop 运行在 Java 环境中，需要每台计算机上预先安装 JDK 6 或更高版本，推荐使用 Sun 公司的 JDK，可以打开以下网址，获取合适的 JDK 版本：http://www.oracle.com/technetwork/java/javase/downloads/jdk8-downloads-2133151.html。

Hadoop 使用无口令的 SSH 协议，必须安装 SSH 并保证 SSH 的运行，使主节点能够免口令远程访问到集群中的每个节点。

（3）下载 Hadoop。打开链接 http://hadoop. apache. org/releases. html，选择合适的镜像站点下载 Hadoop 发行版。

2）安装环境的搭建

在上面介绍的环境中安装 Hadoop，进行安装环境的配置，可以分为以下几个步骤：

（1）安装 Linux 系统，如 Ubuntu 等，具体安装过程不再赘述。

（2）为 Hadoop 集群安装安全协议 SSH。Hadoop 运行过程中 NameNode 是通过 SSH 来启动和停止各个节点上的守护进程（Daemon）的，为了保证在节点之间执行指令时无需输入密码，所以要配置 SSH 使用无密码公钥认证的方式。

可以使用下面的命令来检测节点上是否安装了 SSH：

```
$ which ssh
```

如果提示错误信息，则表示没有安装 SSH。

（3）安装 JDK。例如，使用的 Java 是 JDK1.6.0，使用下面的命令将 Java 安装在/usr/java/jdk1.6.0_29 目录下：

```
$ cd/usr/java
$ jdk-6u-linux-i586.bin
```

3）详细安装步骤

集群有 3 种运行模式，分别是单机模式、伪分布模式和完全分布式模式。

（1）单机模式。单机模式是 Hadoop 的默认模式。在该模式下无需运行任何守护进程，所有程序都在单个 JVM 上执行。该模式主要用于开发调试 MapReduce 程序的应用逻辑。

下面的实例将已解压的 conf 目录拷贝作为输入，查找并显示匹配给定正则表达式的条目，然后将输出写入指定的输出（output）目录。

```
$ mkdir input
$ cp conf/* .xml input
$ bin/hadoop jar hadoop-* -examples. jar grep input output 'dfs[a-z. ]+'
$ cat output/*
```

（2）伪分布模式。在伪分布模式下，Hadoop 守护进程运行在一台机器上，模拟一个小规模的集群。该模式在单机模式的基础上增加了代码调试功能，允许用户检查 NameNode、DataNode、JobTracker、TaskTracker 等模拟节点的运行情况。

（3）完全分布式模式。单机模式和伪分布模式均用于开发与调试。真实 Hadoop 集群的运行采用的是完全分布式模式，其 Hadoop 安装分为以下几个步骤：

第一步：配置 NameNode 及 DataNode。

由于需要远程访问，各个节点之间 IP 地址和主机名的正确解析是配置的关键。修改每个节点的/etc/hosts 文件，如果该台机器作为 NameNode，则需要在文件中添加集群中所有机器的 IP 地址及其对应的主机名；如果该台机器作为 DataNode，则需要在文件中添加本机和 NameNode 的 IP 地址及其对应的主机名。

本系统配置将主机名为 namenode 的机器作为 NameNode，则该节点的/etc/hosts 文件应该修改为：

```
127.0.0.1          localhost
192.168.0.100      namenode
192.168.0.101      data1
192.168.0.102      data2
```

将主机名为 data1、data2 的机器作为 DataNode，分别将它们配置的/etc/hosts 文件修改为：

```
data1：
127.0.0.1          localhost
192.168.0.100      namenode
192.168.0.101      data1
data2：
127.0.0.1          localhost
192.168.0.100      namenode
192.168.0.102      data2
```

第二步：建立 Hadoop 用户。

最好创建特定的 Hadoop 用户账号以区分 Hadoop 和本机上的其他服务，通过如下命令在集群中所有的机器上建立相同的用户 Hadoop：

```
$ useradd -m hadoop
$ passwd hadoop  * * * * * *
```

其中，* 标识为 Hadoop 用户的登录密码。

第三步：配置 SSH。

配置 SSH 是为了实现各机器之间执行指令时无需输入登录密码。务必要避免输入密码，否则，主节点每次访问其他节点时，都需要手动输入这个密码，造成不必要的麻烦。

首先，用 Hadoop 用户登录每台机器（包括 namenode），在/home/hadoop/目录下建立 ssh 目录，并将目录权设为 drwxr-xr-x，设置命令：

```
$ mkdir  .ssh
$ chmod755  .ssh
```

其次，在 NameNode 节点上生成密钥对：

```
$ ssh-keygen-t rsa
```

输入后一直按回车键，默认会将生成的密钥对保存在 .ssh/_rsa 文件中。

接下来需要逐一将公钥复制到包括主节点在内的每个从节点上，执行：

```
$ cd ~ /.ssh
$ cd id_rsa.pub authorized_keys
$ cd authorized_keys data1:/home/hadoop/.ssh
$ scp authorized_keys data2:/home/hadoop/.ssh
```

最后，用 Hadoop 用户登录每台机器，修改/home/hadoop/.ssh/authorized_keys 文件的权限为-rw-r-r-，执行：

```
$ chmod 644 authorized_keys
```

若是该机器上的文件已经是可读写，就不需修改。

设置完成后，测试 namenode 到各个节点的 SSH 连接，包括到本机，如果不需要输入密码就可以 SSH 登录，就说明设置成功。

第四步：配置 Hadoop。

首先要执行解压缩命令，在主节点上配置：

```
$ tar-zxvf  /home/hadoop/handoop-0.20.203.0rc1.tar.gz
```

编辑 Hadoop 的配置文件 core-site. xml、hdfs-site. xml、mapred-site. xml，这三个文件都在 /usr/local/hadoop/conf 目录下。core-site. xml 文件指定 NameNode 的主机名和端口；hdfs-site. xml 文件指定 HDFS 的默认副本数；mapred- site. xml 为 MapReduce 守护进程的配置项，包括 jobtracker 和 tasktracker。

编辑 conf/masters 及 conf/slaves，修改为对应主机的主机名，本书的配置环境中分别修改为 namenode、data1、data2。

上面对环境变量和配置文件的修改均在 namenode 节点上，还需要把 Hadoop 安装文件复制到其他所有机器节点上，执行命令：

```
$ scp  -r hadoop-0.20.2  data1:/home/hadoop
$ scp  -r hadoop-0.20.2  data2:/home/hadoop
```

编辑集群中每台机器的 conf/hadoop-env. sh 文件，将 JAVA_HOME 变量设置为各自 JAVA 安装的根目录。当然，如果不同机器使用相同的 Java 版本，并且安装目录相同，此处所介绍的配置文件无需更改。

第五步：启动 Hadoop。

将所有文件复制到集群上的所有节点之后，要格式化 HDFS 以准备好存储数据：

```
$ bin/hadoop namenode  -format
```

启动 Hadoop，接着执行 start-all. sh 来启动所有服务，包括 namenode、datanode，start-all. sh 脚本用来装载守护进程。执行下面的启动命令：

```
$ bin/strat - all.sh
```

可以用 Java 的 jps 命令列出所有守护进程来验证安装成功。

这样就在主机 namenode 上启动了 NameNode 及 JobTracer，在 data1 和 data2 上启动了 DataNode 和 TaskTracker。

第六步：运行 wordnum 实例。

假定计算单词数目的程序存放在本地上的 input 目录上，将其复制到 HDFS 的根目录下，重命名为 in，out 为数据处理完成后的输出目录，默认存放在分布式文件系统用户的根目录下。执行以下命令：

首先，在 HDFS 上建立一个 input 目录，执行：

```
$ bin/hadoop  dfs  -mkdir/input
```

其次，在本地文件系统建立两个文件 f1 和 f2，执行：

```
$ echo "hello world" > ~/input/f1
$ echo "hello hadoop bye hadoop" > ~/input/f2
```

再次，将 f1 和 f2 复制到 HDFS 的 input 目录下，执行：

```
$ bin/hadoop dfs-put input input
```

最后，运行 wordnum 实例，执行：

```
$ bin/hadoop jar hadoop-examples-0.20.203.0.jar worddnum input output
```

运行完成后，执行：

```
$ bin/hadoop dfs-cat out/*
```

查看结果。

至此，Hadoop 集群环境搭建成功。

2. 应用实例

MapReduce 操作代表了云计算对大数据进行处理的典型操作方式，为了能让读者对 MapReduce 云计算工作过程有一个更为直观的了解，下面的程序采用 C 语言实现了一个简单经典的 MapReduce 计算，该程序引自文献（王鹏等，2014）。程序的功能是计算从键盘输入的字符串中单词的计数，通过本例，读者可以更好地理解 MapReduce 这一操作过程。

程序中的 my_map( ) 和 my_reduce( ) 函数分别实现了对字符串的 Map 和 Reduce 操作。

```
/* 文件名:mapreduce.c* /
#include<stdio.h>
#include<string.h>
#include<stdlib.h>
#define  BUF SIZE   2048
int my_map(char * buffer,char(* mapbuffer[100]);
int my_reduce(char(* mapbuffer)[100],char(* reducebuffer)[100],
int * count,int num);
int main()
{  char buffer[BUF_SIZE];//定义存储字符串的缓冲区
   char mapbuffer[BUF_SIZE][100];//定义存储 map 结果缓冲区
   char reducebuffer[BUF_SIZE][100];//定义 reduce 结果缓冲区
   int count[BUF_SIZE]={0};//定义每个单词计数数组
   int num;//单词总数
int countnum;//归纳后的结果数
int i;
fgets(buffer,BUF_SIZE-1,stdin);
buffer[strlen(buffer)-1]='\0';//将字符串最后的回车符改为结束符
num=my_map(buffer,mapbuffer);//调用 map 函数处理字符串
printf("This is map results:\n");
for(i=0;i<num;i++)
  printf("<% s \t1>\n",mapbuffer[i]);
```

```
//下句是调用 reduce 函数处理字符串
countnum=my_reduce(mapbuffer,reducebuffer,count,num);
printf("This is reduce results:\n");
for(i=0;i<countnum;i++)
  printf("<%s\t%d>\n",reducebuffer[i],count[i]);
} //主函数结束
//map 函数,输入参数为字符串指针 buffer,map 后的结果通过 mapbuffer 参数传出
//函数返回值为字符串中单词的个数
int my_map(char * buffer,char(* mapbuffer[100]);
{ char * p;
  int num=0;
  if(p=strtok(buffer," "))
  {   strcpy(mapbuffer[num],n);
      num++;
  }
else
    return num;
while(p=strtok(NULL," "))
{
  strcpy(mapbuffer[num],p);
  num++;
}
return num;
}
//reduce 函数,输入参数为字符串 map 后的结果 mapbuffer 和单词个数 num
//reduce 结果通过 reducebuffer 和 count 参数传出
//函数返回值为 reduce 结果的个数
int my_reduce(char(* mapbuffer)[100],char(* reducebuffer)[100],
int * count,int num);
{ int i,j;
  int flag[BUF_SIZE]={0};
  char tmp[100];
  int countnum=0;
  for(i=0;i<num;i++)
  {  strcpy(tmp,mapbuffer[i]);
     flag[i]=1;
     strcpy(reducebuffer[countnum],mapbuffer[i]);
     count[countnum]=1;
  for(j=0;j<num;j++)
  {  if(flag[i]==0)
     {  strcpy(tmp,mapbuffer[i]);
        flag[i]=1;
        strcpy(reducebuffer[countnum,mapbuffer[i]]);
```

```
            count[countnum]=1;
            for(j=0;j<num;j++)
            {  if(memcmp(tmp,mapbuffer[j],strlen(tmp))==0&&
               (strlen(tmp)==strlen(mapbuffer[j]))&&(flag[j]==0))
                    {  count[countnum]++;
                       flag[j]=1;
                    }
            }
            countnum++
        }
    }
return countnum;
}   //程序完成
```

输入:

this is map reduce hello map hello reduce

输出:

```
This is map results:
<this    1>
<is      1>
<map     1>
<reduce  1>
<hello   1>
<map     1>
<hello   1>
<reduce  1>
This is reduce results:
<this    1>
<is      1>
<map     2>
<reduce  2>
<hello   2>
```

在以上运行的例子中，从控制台输入字符串"this is map reduce hello reduce"，程序通过 Map 和 Reduce 过程对字符串的单词出现的频率进行统计，并输出了结果，这是一个典型的 MapReduce 过程。

扩 展 阅 读

翟永，刘津，陈杰，等.2013. 空间云计算. 信息安全与技术，4（8）：3-5.

思 考 题

1. 名词解释

（1）云计算

（2）基础架构即服务（IaaS）

（3）平台即服务（PaaS）

（4）软件即服务（SaaS）

（5）虚拟化技术

2. 简答题

（1）云计算的特征有哪些？

（2）云计算是如何分类的？

（3）简述云计算的架构。

（4）简述 GFS 的工作过程。

（5）简述云计算数据中心的组成。

3. 论述题

（1）论述网格计算与云计算的异同。

（2）论述空间云计算的发展趋势。

4. 应用题

（1）搭建云计算环境。

（2）运行简单的云计算程序。

主要参考文献

鲍亮，陈荣 . 2012. 深入浅出云计算 . 北京：清华大学出版社 .

鲍显诚，陈灵芝，陈清朗，等 . 1984. 栓皮标林的生物量 . 植物生态学与地植物学丛刊，8（4）：63-70.

边少锋，柴洪州，金际航 . 2005. 大地坐标系与大地基准 . 北京：国防工业出版社 .

边少锋，纪兵，李厚朴 . 2016. 卫星导航系统概论 . 北京：测绘出版社 .

边少锋，许江宁 . 2004. 计算机代数系统与大地测量数学分析 . 北京：国防工业出版社 .

蔡畅 . 2011. 三维地理信息网络服务的理论与关键技术研究 . 郑州：解放军信息工程大学博士学位论文 .

陈报章，张慧芳 . 2015. 中国碳同化系统及其应用研究 . 北京：科学出版社 .

陈国良，孙广中，徐云，等 . 2009. 并行计算的一体化研究现状与发展趋势 . 科学通报，54（8）：
    1043-1049.

陈浩磊，邹湘军，陈燕，等 . 2011. 虚拟现实技术的最新发展与展望 . 中国科技论文在线，6（1）：1-
    5，14.

陈静，刘婷婷，侯小波 . 2015. 面向虚拟地球的多尺度矢量数据可视化方法 . 武汉大学学报（信息科学版），
    40（9）：1195-1200.

陈俊勇 . 2008. 中国现代大地基准——中国大地坐标系统2000（CGCS2000）及其框架 . 测绘学报，37（3）：
    269-271.

陈仁喜，赵忠明，王殿行 . 2006. 基于整型小波变换的 DEM 数据压缩 . 武汉大学学报（信息科学版），
    31（4）：344-347.

陈述彭，郭华东 . 2000. "数字地球"与对地观测 . 地理学报，55（1）：9-14.

陈希孺，王松桂 . 1987. 近代回归分析：原理方法及应用 . 合肥：安徽教育出版社 .

程鹏飞，成英燕，文汉江，等 . 2008. 2000 国家大地坐标系实用宝典 . 北京：测绘出版社 .

迟学斌，赵毅 . 2007. 高性能计算技术及其应用 . 中国科学院院刊，（4）：306-313.

范文义，张海玉，于颖，等 . 2011. 三种森林生物量估测模型的比较分析 . 植物生态学报，35（4）：
    402-410.

方精云，刘国华，徐嵩龄 . 1996. 我国森林植被的生物量和净生产量 . 生态学报，16（5）：497-508.

费立凡，何津，马晨燕，等 . 2006. 3 维 Douglas-Peucker 算法及其在 DEM 自动综合中的应用研究 . 测绘学
    报，35（3）：278-284.

冯宗炜，陈楚莹，张家武，等 . 1982. 湖南会同地区马尾松林生物量的测定 . 林业科学，18（2）：127-134.

冯宗炜，王效科，吴刚 . 1999. 中国森林生态系统的生物量和生产力 . 北京：科学出版社 .

付尧，马炜，王新杰，等 . 2011. 小兴安岭长白落叶松相容性生物量模型的构建 . 东北林业大学学报，
    39（7）：42-45.

高广磊，信忠保，丁国栋，等 . 2013. 基于遥感技术的森林健康研究综述 . 生态学报，33（6）：1675-1689.

高志强，刘纪远 . 2008. 中国植被净生产力的比较研究 . 科学通报，53（3）：317-326.

官元红，周广庆，陆维松，等 . 2007. 资料同化方法的理论发展及应用综述 . 气象与减灾研究，30（4）：
    1-8.

郭雷 . 2016. 系统学是什么 . 系统科学与数学，36（3）：291-301.

郭仁忠 . 2001. 空间分析 . 2 版 . 北京：高等教育出版社 .

国庆喜，张锋．2003．基于遥感信息估测森林的生物量．东北林业大学学报，31（2）：13-16.

黄丁发，熊永良，袁林果．2006．全球定位系统（GPS）：理论与实践．成都：西南交通大学出版社．

黄玫．2005．中国陆地生态系统水、热通量和碳循环模拟研究．北京：中国科学院研究生院硕士学位论文．

黄谟涛，翟国君，管铮，等．1999．关于空间直角坐标和大地坐标的转换．海洋测绘，（1）：9-14，22.

黄晓康．2008．基于BSP和四叉树的场景管理研究．南京：南京理工大学硕士学位论文．

江泽慧，彭镇华．2001．世界主要树种木材科学特性．北京：科学出版社．

金钟跃，贾炜玮，刘微．2010．落叶松人工林生物量模型研究．植物研究，30（6）：747-752.

巨文珍，农胜奇．2011．森林生物量研究进展．西南林业大学学报，31（2）：78-83，89.

孔祥元，郭际明，刘宗泉．2006．大地测量学基础．武汉：武汉大学出版社．

李德仁，李清泉．1999．地球空间信息学与数字地球．地球科学进展，14（6）：535-540.

李海奎，雷渊才．2010．中国森林植被生物量和碳储量评估．北京：中国林业出版社．

李厚朴，边少锋，钟斌．2015．地理坐标系计算机代数精密分析理论．北京：国防工业出版社．

李建成．2012．最新中国陆地数字高程基准模型：重力似大地水准面CNGG2011．测绘学报，41（5）：651-660，669.

李敏，韩丰．2010．虚拟现实技术综述．软件导刊，9（6）：142-144.

李双成，蔡运龙．2005．地理尺度转换若干问题的初步探讨．地理研究，24（1）：11-18.

李苏军，杨冰，吴玲达．2008．海浪建模与绘制技术综述．计算机应用研究，25（3）：666-669.

李文耀．2011．交互式系统中的环境光遮蔽技术研究．杭州：浙江大学硕士学位论文．

李文耀，任重．2011．自适应的多层屏幕空间环境光遮蔽．计算机辅助设计与图形学学报，23（8）：1294-1303.

李小文，曹春香，张颢．2009．尺度问题研究进展．遥感学报，13：12-20.

李鑫，欧阳勋志，刘琪璟．2011．江西省2001—2005年森林植被碳储量及区域分布特征．自然资源学报，26（4）：655-665.

李征航，张小红．2009．卫星导航定位新技术及高精度数据处理方法．武汉：武汉大学出版社．

李志林，朱庆．2000．数字高程模型．武汉：武汉测绘科技大学出版社．

李志林，朱庆．2003．数字高程模型．3版．武汉：武汉大学出版社．

梁顺林，李新，谢先红，等．2013．陆面观测，模拟与模型与数据同化．北京：高等教育出版社．

刘春，王家林，刘大杰．2004．多尺度小波分析用于DEM格网数据综合．中国图象图形学报，9（3）：340-344.

刘国华，傅伯杰，方精云．2000．中国森林碳动态及其对全球碳平衡的贡献．生态学报，20（5）：733-740.

刘基余．2015．全球导航卫星系统及其应用．北京：测绘出版社．

刘黎明，王昭顺．2014．云计算时代——本质、技术、创新、战略．北京：电子工业出版社．

刘鹏．2011．云计算．2版．北京：电子工业出版社．

刘鹏，黄宜华，陈卫卫．2011．实战Hadoop：开启通向云计算的捷径．北京：电子工业出版社．

刘越．2009．云计算技术及应用．北京：工业和信息化部电信研究院通信信息研究所．

刘双娜，周涛，舒阳，等．2012．基于遥感降尺度估算中国森林生物量的空间分布．生态学报，32（8）：2320-2330.

刘学军，卢华兴，仁政，等．2007．论DEM地形分析中的尺度问题．地理研究，26（3）：433-442.

刘玉萃，吴明作，郭宗民，等．1998．宝天曼自然保护区栓皮栎林生物量和净生产力研究．应用生态学报，9（6）：569.

刘占平，王宏武，汪国平，等．2002．面向数字地球的虚拟现实系统关键技术研究．中国图象图形学报，7（2）：160-164.

陆嘉恒．2011．Hadoop实战．北京：机械工业出版社．

陆显祥．1979．温带森林资源清查的实践和趋势．林业科技通讯，（2）：27-29.

路甫祥 . 2007. 数字地球与数字城市 . 中国建设信息，（20）：23-25.

吕希奎，易思蓉，韩春华 . 2007. 基于 M 进制小波技术的 DEM 压缩研究 . 水土保持研究，14（6）：123-125.

吕咸青，刘文剑 . 2001. 模型–数据同化中的伴随方法及其有关问题的研究 . 海洋科学，25（3）：44-50.

吕晓华，李少梅 . 2016. 地图投影原理与方法 . 北京：测绘出版社 .

吕一河，傅伯杰 . 2001. 生态学中的尺度与尺度转换方法 . 生态学报，21（12）：2096-2105.

吕志平，乔书波 . 2010. 大地测量学基础 . 北京：测绘出版社 .

骆期邦，曾伟生，贺东北，等 . 1999. 立木地上部分生物量模型的建立及其应用研究 . 自然资源学报，14（3）：271-277.

马建文，秦思娴，王皓玉，等 . 2013. 数据同化算法研发与实验 . 北京：科学出版社 .

马钦彦，谢征鸣 . 1996. 中国油松林储碳量基本估计 . 北京林业大学学报，18（3）：31-34.

毛学刚，范文义，李明泽，等 . 2011. 黑龙江长白山森林生物量的时空变化分析 . 植物生态学报，35（4）：371-379.

闵志强，孙玉军 . 2010. 长白落叶松林生物量的模拟估测 . 应用生态学报，21（6）：1359-1366.

宁津生，陈俊勇，李德仁，等 . 2008. 测绘学概论 . 武汉：武汉大学出版社 .

宁津生，刘经南，陈俊勇，等 . 2006. 现代大地测量理论与技术 . 武汉：武汉大学出版社 .

宁津生，姚宜斌，张小红 . 2013. 全球导航卫星系统发展综述 . 导航定位学报，1（1）：3-8.

牛文元 . 1993. 地球表层形态分析的定量注记 . 第四纪研究，（2）：129-141.

潘维俦，李利村，高正衡，等 . 1978. 杉木人工林生态系统中的生物产量及其生产力的研究 . 湖南林业科技，5：3-14.

庞新华，石俊成 . 2010. 三维虚拟地球发展回顾与展望：第二届"测绘科学前沿技术论坛"论文精选 . 北京：测绘出版社 .

浦汉昕 . 1983. 地球表层的系统与进化 . 自然杂志，6（2）：126-128.

钱伟懿，徐恭贤，宫召华 . 2010. 最优控制理论及其应用 . 大连：大连理工大学出版社 .

钱学森 . 1983. 保护环境的工程技术——环境系统工程 . 环境保护，6：2-4.

钱学森 . 2007. 创建系统学 . 上海：上海交通大学出版社 .

邱祥松，李泽昇，吴志红，等 . 2014. 改进的基于屏幕空间环境遮挡 . 计算机学报，37（3）：642-648.

沈桐立 . 2010. 数值天气预报 . 北京：气象出版社 .

盛业华，唐宏 . 2000. 线性四叉树快速动态编码及其实现 . 武汉测绘科技大学学报，25（4）：324-328.

宋敦江，岳天祥，龚云，等 . 2007. 散乱数据插值的 HASM 方法 . 地球信息科学学报，9（3）：45-51.

宋健，于景元 . 1985. 人口控制论 . 北京：科学出版社 .

隋立芬，宋力杰，柴洪洲 . 2010. 误差理论与测量平差基础 . 北京：测绘出版社 .

孙达，蒲英霞 . 2005. 地图投影 . 南京：南京大学出版社 .

孙君，秦勃 . 2014. 基于 GPU 的实时水面场景并行渲染算法 . 海洋湖沼通报，（2）：125-131.

孙晓芳 . 2012. 主要陆地生态系统植被地上生物量高精度曲面建模 . 北京：中国科学院地理科学与资源研究所博士学位论文 .

汤国安，刘学军，房亮，等 . 2006. DEM 及数字地形分析中尺度问题研究综述 . 武汉大学学报（信息科学版），31（12）：1059-1066.

汤国安，刘学军，闾国年 . 2005. 数字高程模型及地学分析的原理与方法 . 北京：科学出版社 .

唐建维，张建侯，宋启示，等 . 1998. 西双版纳热带次生林生物量的初步研究 . 植物生态学报，22（6）：489-498.

唐守正，张会儒 . 2000. 相容性生物量模型的建立及其估计方法研究 . 林业科学，36（Z1）：19-27.

陶志良，成迟薏，潘志庚，等 . 2001. 多分辨率 BSP 树的生成及应用 . 软件学报，12（1）：117-125.

汪汇兵，唐新明，吴凡 . 2005. 基于小波变换的地形多尺度表达模型及实现：中国测绘学会第八次全国会员代表大会暨 2005 年综合性学术年会论文集, 77-85.

王晨亮, 岳天祥, 范泽孟, 等. 2012. 高精度曲面建模的中国气候降尺度模型. 地球信息科学学报, 14 (5): 599-610.

王道臣, 万旺根, 唐经洲, 等. 2008. 基于 GPU 的水面实时渲染算法. 计算机工程, 34 (20): 233-234, 237.

王光霞, 朱长青, 史文中, 等. 2004. 数字高程模型地形描述精度的研究. 测绘学报, 33 (2): 168-173.

王红岩, 高志海, 王璞瑜, 等. 2010. 基于 SPOT5 遥感影像丰宁县植被地上生物量估测研究. 遥感技术与应用, 25 (5): 639-646.

王健美, 张旭, 王勇, 等. 2010. 美国虚拟现实技术发展现状、政策及对我国的启示. 科技管理研究, 30 (14): 37-40, 56.

王劲峰, 徐成东. 2017. 地理探测器: 原理与展望. 地理学报, 72 (1): 116-134.

王立海, 邢艳秋. 2008. 基于人工神经网络的天然林生物量遥感估测. 应用生态学报, 19 (2): 261-266.

王立海, 赵正勇, 杨旗. 2006. 利用 GIS 对吉林针阔混交林 TM 遥感图像分类方法的初探. 应用生态学报, 17 (4): 577-582.

王鹏, 黄炎, 安俊秀, 等. 2014. 云计算与大数据技术. 北京: 人民邮电出版社.

王强. 2007. 基于 Google Earth 平台的数字旅游应用研究. 北京: 北京林业大学硕士学位论文.

王威, 刘卫东, 宋佳兴. 2006. 基于 Globe 的分布式 LDAP 元数据目录服务框架. 计算机工程, 32 (11): 66-68, 71.

王伟, 王鹏, 陈能成, 等. 2011. 一种面向大区域不规则河道的水流仿真方法. 武汉大学学报 (信息科学版), 36 (5): 510.

王效科, 冯宗炜, 欧阳志云. 2001. 中国森林生态系统的植物碳储量和碳密度研究. 应用生态学报, 12 (1): 13-16.

王燕, 赵士洞. 1999. 天山云杉林生物量和生产力的研究. 应用生态学报, 10 (4): 6-8.

王宇宙, 赵宗涛. 2003. 一种多进制小波变换 DEM 数据简化方法. 计算机应用, 23 (6): 107-108.

王玉辉, 周广胜, 蒋延玲, 等. 2001. 基于森林资源清查资料的落叶松林生物量和净生长量估算模式. 植物生态学报, 25 (4): 420-425.

王仲锋. 2006. 森林生物量建模与精度分析. 北京: 北京林业大学博士学位论文.

王仲锋, 冯仲科. 2006. 森林蓄积量与生物量转换的 CVD 模型研究. 北华大学学报 (自然科学版), 7 (3): 265-268.

维伯哈夫巴蒂亚. 2012. 云计算技术的产生、概念、原理、应用和前景. 呼和浩特经济, 29-34.

魏克让, 江聪世. 2003. 空间数据的误差处理. 北京: 科学出版社.

吴凡, 祝国瑞. 2001. 基于小波分析的地貌多尺度表达与自动综合. 武汉大学学报 (信息科学版), 26 (2): 170-176.

吴忠性, 杨启和. 1989. 数学制图学原理. 北京: 测绘出版社.

吴朱华. 2011. 云计算核心技术剖析. 北京: 人民邮电出版社.

肖冬荣. 1995. 控制论: 系统建模与系统分析. 武汉: 武汉工业大学出版社.

邢艳秋. 2005. 基于 RS 和 GIS 东北天然林区域森林生物量及碳贮量估测研究. 哈尔滨: 东北林业大学博士学位论文.

邢艳秋, 王立海. 2007. 基于森林调查数据的长白山天然林森林生物量相容性模型. 应用生态学报, 18 (1): 1-8.

胥辉. 2001. 一种生物量模型构建的新方法. 西北农林科技大学学报 (自然科学版), 29 (3): 35-40.

胥辉. 2003. 两种生物量模型的比较. 西南林学院学报, 23 (2): 36-39.

徐冠华. 1993. 遥感与地理信息系统中的数学模型及其应用. 第四纪研究, 13 (2): 170-184.

徐冠华. 1994. 遥感与资源环境信息系统应用与展望. 环境遥感, 9 (4): 241-246.

徐新良，曹明奎，李克让 . 2007. 中国森林生态系统植被碳储量时空动态变化研究 . 地理科学进展，26（6）：1-10.

杨成杰，翁正平，张夏林 . 2009. 基于 BSP 树的块体快速填充算法在矿山三维储量计算中的应用 . 金属矿山，(11)：89-92.

杨存建，刘纪远，黄河，等 . 2005. 热带森林植被生物量与遥感地学数据之间的相关性分析 . 地理研究，24（3）：473-479.

杨存建，刘纪远，骆剑承 . 2004. 不同龄组的热带森林植被生物量与遥感地学数据之间的相关性分析 . 植物生态学报，28（6）：862-867.

杨存建，刘纪远，张增祥 . 2004. 热带森林植被生物量遥感估算探讨 . 地理与地理信息科学，20（6）：22-25.

杨存建，张增祥，党承林，等 . 2004. 不同树种组的热带森林植被生物量与遥感地学数据之间的相关性分析 . 遥感技术与应用，19（4）：232-235.

杨昆，管东生 . 2007. 森林林下植被生物量收获的样方选择和模型 . 生态学报，27（2）：705-714.

杨启和 . 1990. 地图投影变换原理与方法 . 北京：解放军出版社 .

杨勤科，郭伟玲，李锐，等 . 2008. 基于滤波方法的 DEM 尺度变换方法研究 . 水土保持通报，28（6）：58-62.

杨万春 . 2007. 基于小波多尺度分解的数字高程模型研究 . 贵州：贵州大学硕士学位论文 .

杨元喜 . 2010. 北斗卫星导航系统的进展、贡献与挑战 . 测绘学报，39（1）：1-6.

杨正宇，周广胜，杨奠安 . 2003. 4 个常用的气候–植被分类模型对中国植被分布模拟的比较研究 . 植物生态学报，27（5）：587-593.

杨志强 . 2002. 误差理论与数据优化处理 . 西安：西安地图出版社 .

杨族桥，熊新阶，张子宪，等 . 2003. 基于小波变换的 DEM 多尺度分析模型的研究 . 黄冈师范学院学报，23（6）：38-41.

尹艳豹，曾伟生，唐守正 . 2010. 中国东北落叶松立木生物量模型的研建 . 东北林业大学学报，38（9）：23-26，92.

于贵瑞，温发全，王秋凤，等 . 2003. 全球气候变化与陆地生态系统碳循环 . 北京：气象出版社 .

于浩，杨勤科，张晓萍，等 . 2008. 基于小波多尺度分析的 DEM 数据综合研究 . 测绘科学，33（3）：93-95，115.

于景元 . 2016. 从系统思想到系统实践的创新——钱学森系统研究的成就和贡献 . 系统工程理论与实践，36（12）：2993-3002.

于景元，郭宝珠，朱广田 . 1999. 人口分布参数系统控制理论 . 武汉：华中理工大学出版社 .

岳天祥 . 2017. 地球表层系统模拟分析原理与方法 . 北京：科学出版社 .

岳天祥，艾南山 . 1990. 冰斗形态的数学模型 . 冰川冻土，12（3）：227-234.

岳天祥，杜正平 . 2005. 高精度曲面建模：新一代 GIS 与 CAD 的核心模块 . 自然科学进展，15（4）：423-432.

岳天祥，杜正平 . 2006a. 高精度曲面建模与经典模型的误差比较分析 . 自然科学进展，16（8）：986-991.

岳天祥，杜正平 . 2006b. 高精度曲面建模最佳表达形式的数值实验分析 . 地球信息科学，8（3）：83-87.

岳天祥，杜正平，刘纪远 . 2004. 高精度曲面建模与误差分析 . 自然科学进展，14（3）：300-306.

岳天祥，杜正平，宋敦江 . 2007a. 高精度曲面建模与实时空间模拟 . 中国图象图形学报，12（9）：1659-1664.

岳天祥，杜正平，宋敦江 . 2007b. 高精度曲面建模：HASM4. 中国图象图形学报，12（2）：343-348.

岳天祥，杜正平，宋敦江，等 . 2007c. HASM 应用中的精度损失问题和解决方案 . 自然科学进展，17（5）：624-631.

岳天祥，刘纪远 . 2001a. 多源信息融合数字模型 . 世界科技研究与发展，23（5）：1-4.

岳天祥, 刘纪远. 2001b. 第四代地理信息系统研究中的尺度转换数字模型. 中国图象图形学报, 6 (9): 907-911.

岳天祥, 赵娜, 刘羽, 等. 2020. 生态环境曲面建模基本定理及其应用. 中国科学 (地球科学), 50 (8): 1083-1105.

曾庆化. 2014. 全球导航卫星系统. 北京: 国防工业出版社.

曾伟生, 唐守正. 2010a. 国外立木生物量模型研究现状与展望. 世界林业研究, 23 (4): 30-35.

曾伟生, 唐守正. 2010b. 利用度量误差模型方法建立相容性立木生物量方程系统. 林业科学研究, 23 (6): 797-803.

曾伟生, 唐守正. 2010c. 利用混合模型方法建立全国和区域相容性立木生物量方程. 中南林业调查规划, 29 (4): 1-6.

曾伟生, 骆期邦, 贺东北, 等. 1999. 海南省主要树种相对树高曲线模型应用研究. 中南林业调查规划, 18 (2): 1-7.

翟永, 刘津, 陈杰, 等. 2013. 空间云计算. 信息安全与技术, 4 (8): 3-5.

张会儒, 王学利, 王柱明. 2000. 落叶松单木生物量生长变化规律的研究. 林业科技通讯, (2): 17-20.

张会儒, 赵有贤, 王学力, 等. 1999. 应用线性联立方程组方法建立相容性生物量模型研究. 林业资源管理, (6): 6.

张佳华, 符淙斌. 1999. 生物量估测模型中遥感信息与植被光合参数的关系研究. 测绘学报, 28 (2): 128-132.

张立强. 2004. 构建三维数字地球的关键技术研究. 北京: 中国科学院研究生院硕士学位论文.

张连金, 曾伟生, 唐守正. 2011. 带截距的非线性方程与分段建模方法对立木生物量估计的比较. 林业科学研究, 24 (4): 453-457.

张猛刚, 雷祥义. 2005. 地球表层系统浅论. 西北地质, 38 (2): 99-101.

张世利, 刘健, 余坤勇. 2008. 基于 SPSS 相容性林分生物量非线性模型研究. 福建农林大学学报 (自然科学版), 37 (5): 496-500.

张为民, 唐剑锋, 罗志国, 等. 2009. 云计算: 深刻改变未来. 北京: 科学出版社.

张新时, 杨奠安, 倪文革. 1993. 植被的 PE (可能蒸散) 指标与植被–气候分类 (三) 几种主要方法与 PEP 程序介绍. 植物生态学与地植物学学报, 17 (2): 97-109.

赵丹. 2012. 实时阴影渲染技术的研究与应用. 成都: 电子科技大学硕士学位论文.

赵琳, 丁继发, 马雪飞. 2011. 卫星导航原理及应用. 西安: 西北工业大学出版社.

赵敏, 周广胜. 2004. 基于森林资源清查资料的生物量估算模式及其发展趋势. 应用生态学报, 15 (8): 1468-1472.

赵明伟, 岳天祥, 孙晓芳, 等. 2014. 基于草地综合顺序分类系统 (IOCSG) 的中国北方草地地上生物量高精度模拟. 生态学报, 34 (17): 4891-4899.

赵娜, 岳天祥. 2012. 高精度曲面建模的一种快速算法. 地球信息科学学报, 14 (3): 281-285.

赵娜, 岳天祥, 王晨亮. 2013. 1951–2010 年中国季平均降水高精度曲面建模分析. 地理科学进展, 32 (1): 49-58.

赵强. 2007. 基于 BSP 树的点云精简方法研究. 西安: 西北工业大学硕士学位论文.

赵沁平. 2009. 虚拟现实综述. 中国科学 (信息科学), 39 (1): 2-46.

赵蔚, 段红. 2012. 虚拟现实软件研究. 计算机技术与发展, 22 (2): 229-233.

郑元润, 周广胜. 2000. 基于 NDVI 的中国天然森林植被净第一性生产力模型. 植物生态学报, 24 (1): 9-12.

中国科学院《中国自然地理》编辑委员会. 1985. 中国自然地理总论. 北京: 科学出版社.

中国林业科学研究院木材工业研究所. 1982. 中国木材物理化学性质. 北京: 中国林业出版社.

周广胜. 2003. 全球碳循环. 北京: 气象出版社.

周广胜，张新时 . 1995. 自然植被净第一性生产力模型初探 . 植物生态学报，19（3）：193-200.

周俊 . 2004. "地球表层"再讨论 . 自然灾害学报，13（6）：1-7.

周立三，孙颔，沈煜清，等 . 1981. 中国综合农业区划 . 北京：中国农业出版社 .

朱立娟 . 2005. 背景场误差协方差估计技术的应用研究 . 南京：南京信息工程大学硕士学位论文 .

邹晓蕾 . 2009. 资料同化理论和应用（上）. 北京：气象出版社 .

de Smith M J, Goodchild M F, Longley P A. 2009. 地理空间分析——原理、技术与软件工具 . 2 版 . 杜培军，张海荣，冷海龙，等译 . 北京：电子工业出版社 .

Madgwick H A I, 陆显祥 . 1979. 森林生物量的测定 . 林业科技通讯，8：31-33.

O'Sullivan D, Unwin D J. 2013. 地理信息分析 . 2 版 . 赵永，译 . 北京：科学出版社 .

Wong D W S, Lee J. 2008. ArcView GIS 与 ArcGIS 地理信息统计分析 . 张学良，译 . 北京：中国财政经济出版社 .

Adhikary S K, Muttil N, Yilmaz A G. 2017. Cokriging for enhanced spatial interpolation of rainfall in two Australian catchments. Hydrological Processes，31（12）：2143-2161.

Ahlberg J H, Nilson E N, Walsh J L. 1967. The Theory of Splines and Their Application. New York：Academic Press.

Aiello G, Giovino I, Vallone M, et al. 2018. A decision support system based on multisensor data fusion for sustainable greenhouse management. Journal of Cleaner Production，172：4057-4065.

Aji A, Wang F, Vo H, et al. 2013. Hadoop GIS：a high performance spatial data warehousing system over mapreduce. The VLDB Endowment，6（11）：12.

Akdogan A, Demiryurek U, Banaei-Kashani F, et al. 2010. Voronoi-based geospatial query processing with mapreduce, Cloud Computing Technology and Science（CloudCom），2010 IEEE Second International Conference on. IEEE，9-16.

Akima H. 1978a. A method of bivariate interpolation and smooth surface fitting for irregularly distributed data points. ACM Transactions on Mathematical Software，4：148-159.

Akima H. 1978b. Algorithm 526：Bivariate interpolation and smooth surface fitting for irregularly distributed data points. ACM Transactions Mathematical Software，4：160-164.

Alizadeh M R, Nikoo M R. 2018. A fusion- based methodology for meteorological drought estimation using remote sensing data. Remote Sensing of Environment，211：229-247.

Alonzo M, Bookhagen B, Roberts D A. 2014. Urban tree species mapping using hyperspectral and lidar data fusion. Remote Sensing of Environment，148：70-83.

Alvarez-Vazquez L J, Martinez A, Vazquez-Mendez M E, et al. 2009. An application of optimal control theory to river pollution remediation. Applied Numerical Mathematics，59（5）：845-858.

Anagnostopoulou C. 2017. Drought episodes over Greece as simulated by dynamical and statistical downscaling approaches. Theoretical and Applied Climatology，129：587-605.

Anselin L. 1988. Spatial Econometrics：Methods and Models. Dordrecht：Kluwer Academic Publishers.

Anselin L. 1995. Local indicators of spatial association-LISA. Geographical Analysis，27（2）：93-115.

Anway J C, Brittain E G, Hunt H W, et al. 1972. U. S. IBP Grassland Biome Tech. Rep. No. 156. Fort Collins：Colorado State University.

Arakawa A. 1969. Parameterization of cumulus clouds：Proceedings of the WMO/IUGG Symposium on Numerical Weather Prediction.

Arakawa A, Lamb V R. 1981. A potential enstrophy and energy conserving scheme for the shallow water equations. Monthly Weather Review，109（1）：18-36.

Armbrust M, Fox A, Griffith R, et al. 2010. A view of cloud computing. Communications of the Acm，53（4）：50-58.

ArowoloA O, Bhowmik A K, Qi W, et al. 2017. Comparison of spatial interpolation techniques to generate high-resolution climate surfaces for Nigeria. International Journal of Climatology, 37 (S1): 179-192.

Arulampalam M S, Maskell S, Gordon N, et al. 2002. A tutorial on particle filters for online nonlinear/non-Gaussian Bayesian tracking. IEEE Transactions on Signal Processing, 50 (2): 174-188.

Asner G P, Knapp D E, Broadbent E N, et al. 2005. Selective logging in the Brazilian Amazon. Science, 310 (5747): 480-482.

Atkinson P M, Tate N J. 2004. Spatial scale problems and geostatistical solutions: a review. The Professional Geographer, 52 (4): 607-623.

Baccini A, Goetz S J, Walker W S, et al. 2012. Estimated carbon dioxide emissions from tropical deforestation improved by carbon-density maps. Nature Climate Change, 2 (3): 182-185.

Bachi R. 1963. Standard distance measures and related methods for spatial analysis. Papers of the Regional Science Association, 10 (1): 83-132.

Baddeley A, Rubak E, Turner R. 2015. Spatial Point Patterns: Methodology and Applications with R. London: Chapman and Hall/CRC.

Bailey T C, Gatrell A C. 1995. Interactive Spatial Data Analysis. New York: John Wiley & Sons.

Baller R D, Anselin L, Messner S F, et al. 2001. Structural covariates of US county homicide rates: incorporating spatial effects. Criminology, 39 (3): 561-588.

Barak A, Ben N T, Levy E, et al. 2010. A package for OpenCL based heterogeneous computing on clusters with many GPU devices. Cluster Computing Workshops and Posters (CLUSTER WORKSHOPS), 2010 IEEE International Conference on. IEEE, 1-7.

Baskent E Z, Keles S. 2005. Spatial forest planning: a review. Ecological Modelling, 188 (2-4): 145-173.

Bater C W, Coops N C. 2009. Evaluating error associated with lidar-derived DEM interpolation. Computers & Geosciences, 35 (2): 289-300.

Bavaud F. 1998. Models for spatial weights: a systematic look. Geographical Analysis, 30 (2): 153-171.

Beaujouan V, Durand P, Ruiz L. 2001. Modelling the effect of the spatial distribution of agricultural practices on nitrogen fluxes in rural catchments. Ecological Modelling, 137 (1): 93-105.

Beer T, Meisen T, Reinhard R, et al. 2011. The virtual production simulation platform: from collaborative distributed simulation to integrated visual analysis. Production Engineering - Research and Development, 5 (4): 383-391.

Bellman R E. 1954. The theory of dynamic programming. Bulletin of the American Mathematical Society, 60: 503-515.

Bellman R E. 1957. Dynamic Programming. Princeton: Princeton University Press.

Bender M A, Knutson T R, Tuleya R E, et al. 2010. Modeled impact of anthropogenic warming on the frequency of intense Atlantic hurricanes. Science, 327 (5964): 454-458.

Bengtsson B E, Nordbeck S. 1964. Construction of isarithms and isarithmic maps by computers. Numerical Mathematics, 4 (2): 87-105.

Berg M D, Khosravi A A. 2012. Optimal binary space partitions in the plane. International Journal of Computational Geometry and Applications, 22 (3): 187.

Besag J E. 1977. Comments on Ripley's paper. Journal of the Royal Statistical Society B, 39 (2): 193-195.

Bevan A, Conolly J. 2009. Modelling spatial heterogeneity and nonstationarity in artifact-rich landscapes. Journal of Archaeological Science, 36 (4): 956-964.

Beverton R J H, Holt S J. 1957. On the Dynamics of Exploited Fish Populations. London: Her Majesty's Stationery Office.

Bhunia G S, Shit P K, Maiti R. 2018. Comparison of GIS-based interpolation methods for spatial distribution of soil organic carbon (SOC). Journal of the Saudi Society of Agricultural Sciences, 17 (2): 114-126.

Bian L, Butler R. 1999. Comparing effects of aggregation methods on statistical and spatial properties of simulated spatial data. Photogrammetric Engineering & Remote Sensing, 65 (1): 73-84.

Bian S F, Li H P. 2012. Mathematical Analysis in Cartography by Means of Computer Algebra System//Bateira C. Cartography: A Tool for Spatial Analysis. Croatia: InTech.

Birkhoff G, Garabedian H L. 1961. Smooth surface interpolation. Journal of Mathematics and Physics, 39 (1): 258-268.

Bitter C, Mulligan G F, Dall'erba S. 2007. Incorporating spatial variation in housing attribute prices: a comparison of geographically weighted regression and the spatial expansion method. Journal of Geographical Systems, 9: 7-27.

Bivand R, Piras G. 2015. Comparing implementations of estimation methods for spatial econometrics. Journal of Statistical Software, 63 (18): 1-36.

Bjerknes V. 1903. Das Problem von der Wettervorhersage, Betrachtet vom Standpunkt der Mechanik und der Physik. Meteorologisch Zeitung, 21: 1-7.

Black J N. 1956. The distribution of solar radiation over the Earth's surface. Theoretical and Applied Climatology, 7 (2): 165-189.

Blackard J A, Finco MV, Helmer E H, et al. 2008. Mapping U. S. forest biomass using nationwide forest inventory data and moderate resolution information. Remote Sensing of Environment, 112 (4): 1658-1677.

Bledsoe L J, Francis R C, Swartzman G L, et al. 1971. PWNEE: a grassland ecosystem model. U. S. IBP grassland biome tech. Rep. No. 64. Fort Collins: Colorado State University.

Bobarykin N D, Latyshev K S. 2007. Optimum control of the ground-water level with account for a rain or snow fallout. Journal of Engineering Physics and Thermophysics, 80 (2): 370-373.

Borga M, Vizzaccaro A. 1997. On the interpolation of hydrologic variables: formal equivalence of multiquadratic surface fitting and Kriging. Journal of Hydrology, 195 (1-4): 160-171.

Bouttier F, Courtier P. 1999. Data assimilation concepts and methods: Meteorological Training Course Lecture Series, 1-58.

Bowman A W. 1984. An alternative method of cross-validation for the smoothing of density estimates. Biometrika, 71 (2): 353-360.

Bowring B R. 1985. The accuracy of geodetic latitude and height equations. Survey Review, 28 (218): 202-206.

Box G E P, Cox D R. 1964. An analysis of transformations. Journal of the Royal Statistical Society Series B (Methodological), 26 (2): 211-252.

Bragard L. 1965. Method to determine the shape of the topographical earth surface by means of gravity measurements on that surface by solving two integral equations. Studia Geophysica et Geodaetica, 9 (2): 108-112.

Breakwell J V, Dixon J F. 1976. Minimum-fuel rocket trajectories involving intermediate-thrust arcs. Journal of Optimization Theory and Applications, 17 (5): 465-975.

Briggs I C. 1974. Machine contouring using minimum curvature. Geophysics, 39 (1): 39-48.

Brill K F, Uccellini L W, Manobianco J, et al. 1991. The use of successive dynamic initialization by nudging to simulate cyclogenesis during GALE IOP 1. Meteorology and Atmospheric Physics, 45 (1): 15-40.

Brown S, Gaston G. 1995. Use of forest inventories and geographic information systems to estimate biomass density of tropical forests: Application to tropical Africa. Environmental Monitoring & Assessment, 38 (2-3): 157-168.

Brown S, Lugo A E. 1984. Biomass of tropical forests: a new estimate based on forest volumes. Science, 223 (4642): 1290-1293.

Brown S, Lugo A E. 1992. Aboveground biomass for tropical moist forests of the Brazilian Amazon. Interciencia, 17 (1): 8-18.

Brown S. 1996. Tropical forests and the global carbon cycle: Estimating state and change in biomass density. Forest

Ecosystems, Forest Management and the Global Carbon Cycle, 40: 135-144.

Brown S L, Schroeder P, Kern J S. 1999. Spatial distribution of biomass in forests of the eastern USA. Forest Ecology and Management, 123 (1): 81-90.

Brown S, Gillespie A J R, Lugo A E. 1991. Biomass of tropical forests of south and southeast-Asia. Canadian Journal of Forest Research, 21 (1): 111-117.

Brown S, Hall C A S, Knabe W, et al. 1993. Tropical forests: their past, present, and potential future role in the terrestrial carbon budget. Water Air & Soil Pollution, 70 (1-4): 71-94.

Brunsdon C, Fotheringham A S, Charlton M E. 1996. Geographically weighted regression: a method for exploring spatial nonstationarity. Geographical Analysis, 28 (4): 281-298.

Brunsdon C, Fotheringham A S, Charlton M E. 1998. Geographically weighted regression-modelling spatial non-stationarity. The Statistician, 47: 431-443.

Brus D J, De Gruijter J J, Marsman B A, et al. 1996. The performance of spatial interpolation methods and choropleth maps to estimate properties at points: a soil survey case study. Environmetrics, 7: 1-16.

Budyko M I, Izreal Y A. 1991. Anthropogenic Climate Change. Tucson: University of Arizona Press.

Buehner M. 2005. Ensemble-derived stationary and flow-dependent background error covariances: evaluation in a quasi-operational NWP setting. Quarterly Journal Royal Meteorological Society, 131 (607): 1013-1044.

Buelmer M, Gauthier P, Liu Z. 2006. Evaluation of new estimates of background and observation error covariances for variational assimilation. The Quarterly Journal Royal Meteorological Society, 131 (613): 3373-3383.

Bujak J. 2009. Optimal control of energy losses in multi-boiler steam systems. Energy, 34 (9): 1260-1270.

Burdecki F. 1957. Remarks on the distribution of solar radiation over the surface of the Earth. Theoretical and Applied Climatology, 8 (3): 326-335.

Burrough P A. 1986. Principles of Geographical Information Systems for Land Resources Assessment. New York: Oxford University Press.

Burrows S N, Gower S T, Clayton M K, et al. 2002. Application of geostatistics to characterize leaf area index (LAI) from flux tower to landscape scales using a cyclic sampling design. Ecosystems, 5 (7): 667-679.

Butler D, Schutze M. 2005. Integrating simulation models with a view to optimal control of urban wastewater systems. Environmental Modelling and Software, 20 (4): 415-426.

Cammalleri C, Anderson M C, Gao F, et al. 2013. A data fusion approach for mapping daily evapotranspiration at field scale. Water Resources Research, 49: 4672-4686.

Cammalleri C, Anderson M C, Gao F, et al. 2014. Mapping daily evapotranspiration at field scales over rainfed and irrigated agricultural areas using remote sensing data fusion. Agricultural and Forest Meteorology, 186: 1-11.

Cardinali C, Pezzulli S, Anderson F. 2004. Influence matrix diagnostic of a data aysimilation system. Quart J Roy Meteor Soc, 130 (603): 2767-2786.

Carrara A, Bitelli G, Carla R. 1997. Comparison of techniques for generating digital terrain models from contour lines. International Journal of Geographical Information Science, 11 (5): 451-473.

Cary A, Sun Z, Hristidis V, et al. 2009. Experiences on processing spatial data with mapreduce. Scientific and Statistical Database Management, 302-319.

Casetti E, Can A. 1999. The econometric estimation and testing of DARP models. Journal of Geographical Systems, 1 (2): 91-106.

Cassetti E. 1972. Generating models by the expansion method: applications to geographical research. Geographical Analysis, 4 (1): 81-91.

Chambers J Q, Asner G P, Morton D C, et al. 2007. Regional ecosystem structure and function: ecological insights from remote sensing of tropical forests. Trends in Ecology & Evolution, 22 (8): 414-423.

Chang K T. 2008. Introduction to Geographic Information Systems. New York: McGraw-Hill Higher Education.

Chaplot V, Darboux F, Bourennane H, et al. 2006. Accuracy of interpolation techniques for the derivation of digital elevation models in relation to landform types and data density. Geomorphology, 77 (1): 126-141.

Chapman S. 1957. Annals of the International Geophysical Year, Volume 1: the Histories of the International Polar Years and the Inception and Development of the International Geophysical Year. London: Pergamon Press.

Charney J G. 1947. The dynamics of long waves in a baroclinic westerly current. Journal of Meteorology, 4 (5): 135-162.

Charney J G, Eliassen A. 1949. A numerical method for predicting the pertubations of the middle latitude westerlies. Tellus, 1 (2): 38-54.

Charney J G, Fjortoft R, von Neumann J. 1950. Numerical integration of the barotropic vorticity equation. Tellus, 2 (4): 237-254.

Charney J G, Phillips N A. 1953. Numerical integration of the quasi-geostrophic equations for barotropic and simple baroclinic flows. Journal of the Atmospheric Sciences, 10 (2): 71-99.

Chen C F, Yue T X. 2010. A method of dem construction and related error analysis. Computers & Geosciences, 36 (6): 717-725.

Chen C F, Li Y Y, Cao X W, et al. 2014a. Smooth surface modeling of DEMs based on a regularized least squares method of thin plate spline. Mathematical Geosciences, 46 (8): 909-929.

Chen C F, Li Y Y, Dai H L, et al. 2014b. Noisy data smoothing in DEM construction using least squares support vector machines. Transactions in GIS, 18 (6): 896-910.

Chen C F, Yue T X, Dai H L, et al. 2013. The smoothness of HASM. International Journal of Geographical Information Science, 27 (8): 1651-1667.

Chen C F, Yue T X, Li Y Y. 2012. A high speed method of SMTS. Computers & Geosciences, 41: 64-71.

Chen C M, Hepner G F, Forster R R. 2003. Fusion of hyperspectral and radar data using the HIS transformation to enhance urban surface features. Journal of Photogrammetry & Remote Sensing, 58: 19-30.

Chen J J, He Z R. 2009. Optimal control for a class of nonlinear age-distributed population systems. Applied Mathematics and Computation, 214 (2): 574-580.

Chen Y L, Shan X J, Jin X S, et al. 2016. A comparative study of spatial interpolation methods for determining fishery resources density in the Yellow Sea. Acta Oceanologica Sinica, 35 (12): 65-72.

Cheng M D, Arakawa A. 1997. Inclusion of rainwater budget and convective downdrafts in the Arakawa-Schubert cumulus parameterization. Journal of the Atmospheric Sciences, 54 (10): 1359-1378.

Clark P J, Evans F C. 1954. Distance to nearest neighbor as a measure of spatial relationships in populations. Ecology, 35 (4): 445-453.

Clarke F H. 1983. Optimization and Nonsmooth Analysis. New York: John Wiley & Sons.

Cleveland W S. 1979. Robust locally weighted regression and smoothing scatterplots. Journal of the American Statistical Association, 74 (368): 829-836.

Cleveland W S, Devlin S J. 1988. Locally weighted regression an approach to regression analysis by local fitting. Journal of the American Statistical Association, 83 (403): 596-610.

Cliff A D, Ord J K. 1973. Spatial Autocorrelation. London: Pion Ltd.

Cliff A D, Ord J K. 1981. Spatial Processes: Models & Applications. London: Poin Ltd.

Committee on Challenges and Opportunities in Earth Surface Processes. 2010. Landscapes on the Edge: New Horizons for Research on Earth's Surface. Washington: The National Academies Press.

Cormen T H, Leiserson C E, Rivest R L, et al. 2009. Introduction to Algorithms. Cambridge: MIT Press.

Costanza R. 1989. Model goodness of fit: a multiple resolution procedure. Ecological Modelling, 47 (3-4): 199-215.

Costanza R, Maxwell T. 1991. Spatial ecosystem modelling using parallel processors. Ecological Modelling, 58 (1-

4）：159-183.

Costanza R，Sklar F H，White M L. 1990. Modeling costal landscape dynamics. Process-based dynamic ecosystem simulation can examine long term natural changes and humen impact. BioScience，40（2）：91-107.

Cox P M. 2001. Description of the "TRIFFID" Dynamic Global Vegetation Model. Hadley：Hadley Centre.

Cressie N A C. 1991. Statistics for Spatial Data. New York：John Wiley & Sons.

Cressie N A C，Wikle C K. 2011. Statistics for Spatio-Temporal Data. New York：John Wiley & Sons.

Crow W T，Berg A A，Cosh M H，et al. 2012. Upscaling sparse ground-based soil moisture observations for the validation of coarse-resolution satellite soil moisture products. Reviews of Geophysics，50（2）：RG2002.

Cutler M E J，Boyd D S，Foody G M，et al. 2012. Estimating tropical forest biomass with a combination of SAR image texture and Landsat TM data：an assessment of predictions between regions. Journal of Photogrammetry and Remote Sensing，70（3）：66-77.

Dag A，Ozdemir A C. 2013. A comparative study for 3D surface modeling of coal deposit by spatial interpolation approaches. Resource Geology，63（4）：394-403.

Dai A G，Rasmussen R M，Ikeda K，et al. 2017. A new approach to construct representative future forcing data for dynamic downscaling. Climate Dynamics，55：315-323.

Dai S L，Wang C. 2011. Realistic rendering of virtual earth in real-time application. Journal of Beijing University of Aeronautics and Astronautics，8：25.

Daley R. 1993. Atmospheric Data Analysis. Cambridge：Cambridge University Press.

Dalponte M，Bruzzone L，Gianelle D. 2012. Tree species classification in the Southern Alps based on the fusion of very high geometrical resolution multispectral/hyperspectral images and LiDAR data. Remote Sensing of Environment，123：258-270.

Davidson R S，Clymer A B. 1966. The desirability and applicability of simulating ecosystems. Annals of the New York Academy of Sciences，128（3）：790-794.

de Boor C. 1962. Bicubic spline interpolation. Journal of Mathematics and Physics，41（3）：212-218.

de Gbaaff-Hunter J. 1937. The shape of the Earth's surface expressed in terms of gravity at ground level. Bulletin Géodésique，34（1）：191-200.

de Lannoy G J M，Houser P R，Pauwels V，et al. 2007. State and bias estimation for soil moisture profiles by an ensemble Kalman filter：effect of assimilation depth and frequency. Water resources research，43（6）：W06401.

Dech S. 2005. The Earth Surface//Feuerbacher B，Stoewer H. Utilization of Space Today and Tomorrow. New York：Springer.

Decourt J P，Madsen P，Rosbjerg D. 2006. Calibration frame work for a Kalman filter applied to a groundwater model. Advances in Water Resources，29（5）：719-734.

Delmelle E，Dony C，Casas，et al. 2014. Visualizing the impact of space-time uncertainties on dengue fever patterns. International Journal of Geographical Information Science，28（5）：1107-1127.

Desmet P J J. 1998. Effects of interpolation errors on the analysis of DEM. Earth Surface Processes and Landforms，22（6）：563-580.

Dickson N E M，Comte J C，McKinley J，et al. 2014. Coupling ground and airborne geophysical data with upscaling techniques for regional groundwater modeling of heterogeneous aquifers：case study of a sedimentary aquifer intruded by volcanic dykes in Northern Ireland. Water Resources Research，50（10）：7984-8001.

Diggle P J. 1983. Statistical Analysis of Spatial Point Patterns. London：Academic Press.

Diggle P J. 2003. Statistical Analysis of Spatial Point Patterns. 2nd ed. New York：Arnold.

Diggle P J. 2013. Statistical Analysis of Spatial and Spatio-temporal Point Patterns. 3rd ed. London：Chapman and Hall/CRC.

Doll R. 1955. Etiology of lung cancer. Advances in Cancer Research，3：1-50.

Donnelly K P. 1978. Simulations to determine the variance and edge effect of total nearest neighbourhood distance// Hodder I. Simulation Methods in Archeology. Cambridge: Cambridge University Press.

Doucet A, Godsill S, Andrieu C. 2000. On sequential monte carlo sampling methods for Bayesian filtering. Statistics & Computing, 10 (3): 197-208.

Duchon J. 1977. Splines minimizing rotation invariant seminorms in sobolev spaces. Lecture Notes in Mathematics, 571: 85-100.

Edson C, Wing M G. 2011. Airborne light detection and ranging (lidar) for individual tree stem location, height, and biomass measurements. Remote Sensing, 3 (11): 2494-2528.

Ekman V W. 1905. On the influence of the Earth's rotation on ocean currents. Ark. Mat. Astron. Fys., 2 (11): 1-52.

El-Gohary A. 2009. Chaos and optimal control of steady-state rotation of a satellite-gyrostat on a circular orbit. Chaos, Solitons & Fractals, 42 (5): 2842-2851.

Eldawy A, 2014. SpatialHadoop: towards flexible and scalable spatial processing using mapreduce. Snowbird: 2014 SIGMOD PhD Symposium.

Elumalai V, Brindha K, Sithole B, et al. 2017. Spatial interpolation methods and geostatistics for mapping groundwater contamination in a coastal area. Environmental Science and Pollution Research, 24: 11601-11617.

Emili E, Popp C, Wunderle S, et al. 2011. Mapping particulate matter in alpine regions with satellite and ground-based measurements: an exploratory study for data assimilation. Atmospheric Environment, 45 (26): 4344-4353.

Eum H I, Simonovic S P, Kim Y O. 2010. Climate change impact assessment using k-nearest neighbor weather generator: case study of the Nakdong River basin in Korea. Journal of Hydrologic Engineering, 15 (10): 772-785.

Evensen G. 2007. Data Assimilation: The Ensemble Kalman Filter. Berlin: Springer.

Evensen G, van Leeuwen P J. 2000. An Ensemble Kalman Smoother for nonlinear dynamics. Monthly Weather Review, 128 (6): 1852-1867.

Fang J Y, Chen A P, Peng C H, et al. 2001. Changes in forest biomass carbon storage in China between 1949 and 1998. Science, 292 (5525): 2320-2322.

Fang J Y, Guo Z D, Piao S L, et al. 2007. Terrestrial vegetation carbon sinks in China, 1981-2000. Science in China (Earth Sciences), 50 (9): 1341-1350.

Fang J Y, Piao S L, Tang Z Y, et al. 2001. Interannual variability in net primary production and precipitation. Science, 293 (5536): 1723.

Fang J Y, Wang G G, Liu G H, et al. 1998. Forest biomass of China: an estimate based on the biomass-volume relationship. Ecological Applications, 8 (4): 1084-1091.

Fang J Y, Wang Z M. 2001. Forest biomass estimation at regional and global levels, with special reference to China's forest biomass. Ecological Research, 16 (3): 587-592.

Fang W, He B, Luo Q, et al. 2011. Mars: accelerating mapreduce with graphics processors. Parallel and Distributed Systems, IEEE Transactions, 22 (4): 608-620.

Farivar R, Verma A, Chan E M, et al. 2009. Mithra: multiple data independent tasks on a heterogeneous resource architecture. Cluster Computing and Workshops. IEEE International Conference on. IEEE, 1-10.

Ferreira M A R, Holan S H., Bertolde A I. 2011. Dynamic multiscale spatiotemporal models for Gaussian areal data. Journal of the Royal Statistical Society (Statistical Methodology), 73 (5): 663-688.

Fisher R A. 1922. Statistical Methods for Research Workers. Edinburgh: Oliver and Boyd.

Flynn M J. 1972. Some computer organizations and their effectiveness. IEEE Transactions on Computers, 21 (9): 948-960.

Foley T A, Nielson G M. 1980. Multivariate interpolation to scattered data using delta iteration//Cheney E W. Approximation Theory III. New York: Academic Press.

Foody G M, Boyd D S, Cutler M E J. 2003. Predictive relations of tropical forest biomass from Landsat TM data and their transferability between region. Remote Sensing of Environment, 85 (4): 463-474.

Fotheringham A S, Brunsdon C F, Charlton M. 2002. Geographically Weighted Regression: The Analysis of Spatially Varying Relationships. New York: John Wiley & Sons.

Fotheringham A S, Charlton M, Brunsdon C. 1996. The geography of parameter space: an investigation of spatial non-stationarity. International Journal of Geographical Information Systems, 10 (5): 605-627.

Fraedrich K, Jansen H, Kirk E, et al. 2005a. The Planet Simulator: green planet and desert world. Meteorologische Zeitschrift, 14 (3): 305-314.

Fraedrich K, Jansen H, Kirk E, et al. 2005b. The Planet Simulator: towards a user friendly model. Meteorologische Zeitschrift, 14 (3): 299-304.

Franke J, Häentzschel J, Goldberg V, et al. 2008. Application of a trigonometric approach to the regionalization of precipitation for a complex small-scale terrain in a GIS environment. Meteorological Applications, 15: 483-490.

Franke R. 1982. Scattered data interpolation: tests of some methods. Mathematics of Computation, 38: 181-200.

Friend A D. 1998. Parameterisation of a global daily weather generator for terrestrial ecosystem modeling. Ecological Modelling, 109 (2): 121-140.

Fry J, Guber A K, Ladoni M, et al. 2017. The effect of up-scaling soil properties and model parameters on predictive accuracy of DSSAT crop simulation model under variable weather conditions. Geoderma, 287: 105-115.

Furfey P H. 1927. A note on Lefever's "Standard Deviational Ellipse". American Journal of Sociology, 33 (1): 94-98.

Gahegan M N. 1989. Efficient use of quadtrees in a geographical information system. Int. J. GIS, 3 (3): 201-214.

Galton F. 1884. Life History Album. London: Macmillan.

Gao J B, Li S C. 2011. Detecting spatially non-stationary and scale-dependent relationships between urban landscape fragmentation and related factors using geographically weighted regression. Applied Geography, 31 (1): 292-302.

Gao Q. 1996. Dynamic modeling of ecosystems with spatial heterogeneity: A structured approach implemented in Windows environment. Ecological Modelling, 85: 241-252.

Gao Q, Yu M, Yang X, et al. 2001. Scaling simulation models for spatially heterogeneous ecosystems with diffusive transportation. Landscape Ecology, 16: 289-300.

Garcia D. 2009. Robust smoothing of gridded data in one and higher dimensions with missing values. Computational Statistics & Data Analysis, 54 (4): 1167-1178.

García M, Riano D, Chuvieco E, et al. 2011. Multispectral and LiDAR data fusion for fuel type mapping using support vector machine and decision rules. Remote Sensing of Environment, 115 (6): 1369-1379.

Gardner M R, Ashby W R. 1970. Connectance of large dynamic (cybernetic) systems: Critical values for stability. Nature, 228 (5273): 784.

Gardner R H, Kemp W M, Kennedy V S, et al. 2001. Scaling Relations in Experimental Ecology. New York: Columbia University Press.

Garfinkel D. 1967a. A simulation study of the effect on simple ecological systems of making rate of increase of population density-dependent. Journal of Theoretical Biology, 14 (1): 46-58.

Garfinkel D. 1967b. Effect on stability of Lotka-Volterra ecological systems of imposing strict territorial limits on populations. Journal of Theoretical Biology, 14 (3): 325-327.

Garfinkel D, Sack B. 1964. Digital computer simulation of an ecological system based on a modified mass action law. Ecology, 45 (3): 502-507.

Gatrell A C, Bailey T C, Diggle P J, et al. 1996. Spatial point pattern analysis and its application in geographical epidemiology. Transactions of the Institute of British Geographers, 21 (1): 256-274.

Geary R C. 1954. The contiguity ration and statistical mapping. The Incorporated Statistician, 5 (3): 115-145.

Gebali F. 2011. Algorithms and Parallel Computing. New York: John Wiley & Sons.

Gehlke C E, Biehl B. 1934. Certain effects of grouping upon the size of the correlation coefficient in census tract material. Journal of the American Statistical Association, 29 (185): 169-170.

Getis A, Ord J K. 1992. The analysis of spatial association by use of distance statistics. Geographical Analysis, 24 (3): 189-206.

Giachetta R. 2015. A framework for processing large scale geospatial and remote sensing data in MapReduce environment. Computers & Graphics, 49: 37-46.

Giorgi F, Brodeur C S, Bates G T. 1994. Regional climate change scenarios over theunited states produced with a nested regional climate model. Journal of Climate, 7 (3): 375-399.

Glaz J, Balakrishnan J. 1999. Spatial Scan Statistics: Models, Calculations, and Applications//Kulldorff M. Scan Statistics and Applications. Boston: Birkhäuser.

Gleason H A. 1920. Some applications of the quadrat method. Bulletin of the Torrey Botanical Club, 47 (1): 21-33.

Goldstein H. 2011. Multilevel Statistical Models. New York: John Wiley & Sons.

Golub G H, van Loan C F. 2009. Matrix Computation. Baltimore: Johns Hopkins University Press.

Gong J Y, Xie J B. 2009. Extraction of drainage networks from large terrain datasets using high throughput computing. Computers & Geosciences, 35 (2): 337-346.

Goodchild M F. 1982. The fractal brownian process as a terrain simulation model. Modelling and Simulation, 13: 1133-1137.

Goovaerts P. 1997. Geostatistics for Natural Resources Evaluation. New York: Oxford University Press.

Gordon N J, Salmond D J, SmithA F M. 1993. Novel approach to nonlinear/non-Gaussian Bayesian state estimation. IEEE Proceedings F-Radar and Signal Processing, 140 (2): 107-113.

Gorr W L, Olligschlaeger A M. 1994. Weighted spatial adaptive filtering: Monte Carlo studies and application to illicit drug market modelling. Geographical Analysis, 26 (1): 67-87.

Grohmann C H. 2015. Effects of spatial resolution on slope and aspect derivation for regional-scale analysis. Computers & Geosciences, 77: 111-117.

Grossman M, Breternitz M, Sarkar V. 2013. Hadoop CL: MapReduce on distributed heterogeneous platforms through seamless integration of Hadoop and OpenCL. The 2013 IEEE 27th International Symposium on Parallel and Distributed Processing Workshops and PhD Forum.

Grossner K E, Goodchild M F, Clarke K C. 2008. Defining a digital earth system. Transactions in GIS, 12 (1): 145-160.

Gumiere S J, Lafond J A, Hallema D W, et al. 2014. Mapping soil hydraulic conductivity and matric potential for water management of cranberry: characterisation and spatial interpolation methods. Biosystems Engineering, 128: 29-40.

Guo Z D, Fang J Y, Pan Y D, et al. 2010. Inventory-based estimates of forest biomass carbon stocks in China: a comparison of three methods. Forest Ecology and Management, 259 (7): 1225-1231.

Guo Z D, Hu H F, Pan Y D, et al. 2014. Increasing biomass carbon stocks in trees outside forests in China over the last three decades. Biogeosciences, 11 (15): 4115-4122.

Gómez-Rubio V, Ferrándiz-Ferragud J, López-Quílez A. 2005. Detecting clusters of disease with R. Journal of Geographical Systems, 7 (2): 189-206.

Göl C, Bulut S, Bolat F. 2017. Comparison of different interpolation methods for spatial distribution of soil organic carbon and some soil properties in the Black Sea backward region of Turkey. Journal of African Earth Sciences, 134: 85-91.

Habib T M A. 2012. Global optimum spacecraft orbit control subject to bounded thrust in presence of nonlinear and random disturbances in a low earth orbit. The Egyptian Journal of Remote Sensing and Space Science, 15 (1): 1-18.

Hagen T R, Hjelmervik J M, Lie K A, et al. 2005. Visual simulation of shallow-waterwaves. Simulation Modelling Practice and Theory, 13 (8): 716-726.

Halatsch J, Kunze A, Burkhard R A, et al. 2010. ETH future cities simulation platform: a framework for the participative management of large-scale urban environments//Konsorski-Lang S, Hampe M. The Design of Material, Organism, and Minds. Heidelberg: Springer.

Haldane J B S. 1927. A mathematical theory of natural and artificial selection, part V: selection and mutation. Mathematical Proceedings of the Cambridge Philosophical Society, 23 (7): 838-844.

Harder R L, Desmarais R N. 1972. Interpolation using surface splines. Journal of Aircraft, 9 (2): 189-191.

Hardy R L. 1971. Multiquadric equations of topography and other irregular surfaces. Journal of Geophysical Research, 76 (8): 1905-1915.

Harris N L, Brown S, Hagen S C, et al. 2012. Baseline map of carbon emissions from deforestation in tropical regions. Science, 336 (6088): 1573-1576.

Harshavardan K, Davies R, Randall D A, et al. 1987. A fast radiation parameterization for atmospheric general circulation models. Journal of Geophysical Research, 92 (D1): 1009-1016.

Hattab T, Albouy C, Lasram F B R, et al. 2014. Towards a better understanding of potential impacts of climate change on marine species distribution: a multiscale modelling approach. Global Ecology and Biogeography, 23 (12): 1417-1429.

Haxeltine A, Prentice I C. 1996. BIOME3: an equilibrium terrestrial biosphere model based on ecophysiological constraints, resource availability, and competition among plant functional types. Global Biogeochemical Cycles. 10 (4): 693-709.

Henderson D W. 1998. Differential Geometry. Upper Saddle River: Prentice Hall.

Henderson D W, Taimina D. 1998. Differential Geometry: A Geometric Introduction. London: Prentice Hall.

Hengl T, Heuvelink G B M, Rossiter D G. 2007. About regression-kriging: from equations to case studies. Computers & Geosciences, 33 (10): 1301-1315.

Hernández-Díaz L, Laprise R, Nikiéma O, et al. 2017. 3-step dynamical downscaling with empirical correction of sea-surface conditions: application to a CORDEX Africa simulation. Climate Dynamics, 48: 2215-2233.

Hertig E, Tramblay Y. 2017. Regional downscaling of Mediterranean droughts under past and future climatic conditions. Global and Planetary Change, 151: 36-48.

Hestenes M R, Stiefel E F. 1952. Methods of conjugate gradients for solving linear systems. J. Res. Nat. Bur. Stand, 49: 409-436.

Hilker T, Wulder M A, Coops N C, et al. 2009. A new data fusion model for high spatial- and temporal-resolution mapping of forest disturbance based on Landsat and MODIS. Remote Sensing of Environment, 113 (8): 1613-1627.

Hirata Y, Tabuchi R, Patanaponpaiboon P, et al. 2014. Estimation of aboveground biomass in mangrove forests using high-resolution satellite data. Journal of Forest Research, 19 (1): 34-41.

Hoehn D C, Niemann J D, Green T R, et al. 2017. Downscaling soil moisture over regions that include multiple coarse-resolution grid cells. Remote Sensing of Environment, 199: 187-200.

Hofmann-Wellenhof B, Lichtenegger H, Wasle E. 2008. GNSS: Global Navigation Satellite Systems: GPS, GLONASS, Galileo, and More. New York: Springer.

Holdaway M R. 2001. Spatial modeling and interpolation of monthly temperature using kriging. Climate Research, 6 (3): 215.

Holling C S. 1964. The analysis of complex population processes. The Canadian Entomologist, 96 (1-2): 335-347.

Hossen M J, Navon I M, Fang X F. 2011. A penalized 4D-Var data assimilation method for reducing forecast error. International Journal for numberical methods in fluids. 1: 1-16.

Houghton R A. 1995. Land-use change and the carbon-cycle. Global Change Biology, 1 (4): 275-287.

Houghton R A. 1999. The annual net flux of carbon to the atmosphere from changes in land use 1850-1990. Chemical and Physical Meteorology, 51 (2): 298-313.

Houghton R A. 2002. Temporal patterns of land-use change and carbon storage in China and tropical Asia. Science in China (Life Sciences), 45 (z1): 1-17.

Houghton R A. 2005. Aboveground forest biomass and the global carbon balance. Global Change Biology, 11 (6): 945-958.

Houghton R A. 2010. How well do we know the flux of CO_2 from land-use change? Chemical and Physical Meteorology, 62 (5): 337-351.

Houghton R A, Hall F, Goetz S J. 2009. Importance of biomass in the global carbon cycle. Journal of Geophysical Research, Biogeosciences, 116 (G2), G00E03.

Houghton R A, Hobbie J E, Melillo J M, et al. 1983. Changes in the carbon content of terrestrial biota and soils between 1860 and 1980: a net release of CO_2 to the atmosphere. Ecological Monographs, 53 (3): 235-262.

Houghton R A, House J I, Pongratz J, et al. 2012. Carbon emissions from land use and land-cover change. Biogeosciences, 9 (12): 5125-5142.

Houghton R A, Lawrence K T, Hackler J L, et al. 2001. The spatial distribution of forest biomass in the Brazilian Amazon: a comparison of estimates. Global Change Biology, 7 (7): 731-746.

Huang R, Zhai X X, Ivey C E, et al. 2018. Air pollutant exposure field modeling using air quality model-data fusion methods and comparison with satellite AOD-drived fields: application over North Carolina, USA. Air Quality Atmosphere & Health, 11: 11-22.

Hugelius G. 2012. Spatial upscaling using thematic maps: an analysis of uncertainties in permafrost soil carbon estimates. Global Biogeochemical Cycles, 26: GB2026.

Hulme M, Conway D, Jones P D, et al. 1995. Construction of a 1961-1990 European climatology for climate change modelling and impact applications. Int. J. Climatol, 15 (12): 1333-1363.

Hulme M, Mitchell J, Ingram W, et al. 1999. Climate change scenarios for global impacts studies. Global Environmental Change, 9: 3-19.

Hutchinson M F. 1989. A new procedure for gridding elevation and stream line data with automatic removal of spurious pits. Journal of Hydrology, 106 (3-4): 211-232.

Hutchinson M F, Dowling T I. 1991. A continental hydrological assessment of a new grid-based digital elevation model of Australia. Hydrological Processes, 5 (1): 45-58.

Hutchinson M F, Gessler P E. 1994. Splines: more than just a smooth interpolator. Geoderma, 62 (1-3): 45-67.

Härdle W K, Simar L. 2015. Applied Multivariate Statistical Analysis. 4th ed. Berlin: Springer.

Illian J, Penttinen A, Stoyan H, et al. 2008. Statistical Analysis and Modelling of Spatial Point Patterns. New York: Wiley-Interscience.

Institute of Forestry Industry. 1982. Physical and Chemical Properties of Woods in China. Beijing: China Forestry Publisher.

Ionescu I R, Volkov D. 2008. Earth surface effects on active faults: an eigenvalue asymptotic analysis. Journal of Computational and Applied Mathematics, 220 (1-2): 143-162.

IPBES. 2016. The methodological assessment report on scenarios and models of biodiversity and ecosystem services. Secretariat of the Intergovernmental Science-Policy Platform on Biodiversity Ecosystem Services.

IPBES. 2019. Global assessment on biodiversity and ecosystem services. Secretariat of the Intergovernmental Science-

Policy Platform on Biodiversity Ecosystem Services.

IPCC. 2000. Emissions Scenarios: A Special Report of Working Group III of the Intergovernmental Panel on Climate Change. Cambridge: Cambridge University Press.

IPCC. 2001. Climate Change: The IPCC Third Assessment Report. Cambridge: Cambridge University Press.

IPCC. 2007. Climate Change 2007: The Physical Science Basis. Working Group I Contribution to the Fourth Assessment Report of the IPCC, Cambridge: Cambridge University Press.

Isaaks E H, Srivastava R M. 1989. Applied Geostatistics. New York: Oxford University Press.

Israel G, Gasca A M. 2002. The Biology of Numbers. Cambridge: Birkhaeuser Verlag.

Ji J J. 1995. A climate-vegetation interaction model: simulating physical and biological processes at the surface. Journal of Biogeography, 22 (2-3): 445-451.

Ji J J, Huang M, Li K R. 2008. Prediction of carbon exchanges between China terrestrial ecosystem and atmosphere in 21st century. Science in China (Earth Sciences), 51 (6): 885-898.

Ji W, Jeske C. 2000. Spatial modeling of the geographic distribution of wildlife populations: a case study in the lower Mississippi River region. Ecological Modelling, 132 (1-2): 95-104.

Jia B H, Ning Z, Xie Z H. 2014. Assimilating the LAI data to the VEGAS model using the local ensemble transform Kalman filter: an observing system simulation experiment. Atmospheric and Oceanic Science Letters, 7 (4): 314-319.

Jianya G, Jing C, Longgang X, et al. 2010. GeoGlobe: geo-spatial information sharing platform as open virtual earth. Acta Geodaeticaet Cartographica Sinica, 39 (6): 551-553.

Jørgensen S E. 1975a. A world model of growth in production and population. Ecological Modelling, 1 (3): 199-203.

Jørgensen S E. 1975b. About "Ecological Modelling". Ecological Modelling, 1 (1): 1-2.

Kalnay E. 2003. Atmospheric Modeling, Data Assimilation and Prediction. New York: Cambridge University Press.

Kattenborn T, Maack J, Fanacht F, et al. 2015. Mapping forest biomass from space- Fusion of hyperspectral EO1-hyperion data and Tandem-X and WorldView-2 canopy height models. International Journal of Applied Earth Observation and Geoinformation, 35: 359-367.

Ke Y H, Im J, Park S, et al. 2017. Spatiotemporal downscaling approaches for monitoring 8-day 30 m actual evapotranspiration. Journal of Photogrammetry and Remote Sensing, 126: 79-93.

Kerimov I A. 2009. F-approximation of the earth's surface topography. Izvestiya, Physics of the Solid Earth, 45 (8): 719-729.

Kim Y J, Arakawa A. 1995. Improvement of orographic gravity wave parameterization using a mesoscale gravity wave model. Journal of the Atmospheric Sciences, 52 (11): 1875-1902.

King L M M, Irwin S, Sarwar R, et al. 2012. The effects of climate change on extreme precipitation events in the Upper Thames River basin: a comparison of downscaling approaches. Canadian Water Resources Journal, 37 (3): 253-274.

Koehler M, Mechoso C R, Arakawa A. 1997. Ice cloud formulation in climate modelling. American Meteorological Society: 237-242.

Koetz B, Sun G Q, Morsdorf F, et al. 2007. Fusion of imaging spectrometer and LIDAR data over combined radiative transfer models for forest canopy characterization. Remote Sensing of Environment, 106 (4): 449-459.

Kolditz O, Rink K, Shao H B, et al. 2012. Data and modelling platforms in environmental Earth sciences. Environmental Earth Sciences, 66: 1279-1284.

Konarska K M, Sutton P C, Castellon M. 2002. Evaluating scale dependence of ecosystem service valuation: a comparison of NOAA- AVHRR and Landsat TM datasets. Ecological Economics, 41 (3): 491-507.

Kondo M, Ichii K, Takagi H, et al. 2015. Comparison of the data-driven top-down and bottom-up global terrestrial

CO_2 exchanges: GOSAT CO_2 inversion and empirical eddy flux upscaling. Journal of Geophysical Research Biogeosciences, 120 (7): 1226-1245.

Kravchenko A N. 2003. Influence of spatial structure on accuracy of interpolation methods. Soil Science Society of America Journal, 67 (5): 1564-1571.

Krige D G. 1951. A statistical approach to some basic mine valuation problems on the Witwatersrand. Journal of Chemical, Metallurgical and Mining Society of South Africa, 52 (9): 119-139.

Kulawardhana R W, Popescu S C, Feagin R A. 2014. Fusion of lidar and multispectral data to quantify salt marsh carbon stocks. Remote Sensing of Environment, 154: 345-357.

Kulldorff M. 1997. A spatial scan statistic. Communications in Statistics-Theory and Methods, 26 (6): 1481-1496.

Kulldorff M. 1999. Spatial scan statistics: models, calculations, and applications//Glaz J, Balakrishnan N. Scan Statistics and Applications. Boston: Birkhäuser.

Kulldorff M, Nagarwalla N. 1995. Spatial disease clusters: detection and inference. Statistics in Medicine, 14 (8): 799-810.

Kumari M, Singh C K, Basistha A. 2017. Clustering data and incorporating topographical variables for improving spatial interpolation of rainfall in mountainous region. Water Resources Management, 31: 425-442.

Kunin W E, Harte J, He F L, et al. 2018. Upscaling biodiversity: estimating the species-area relationship from small samples. Ecological Monographs, 88 (2): 170-187.

Kurz V. 1988. Vector and parallel processors in computational science III. Parallel Computing, 6 (1): 127-129.

Kurz W A, Apps M J. 1993. Contribution of northern forests to the global C cycle: canada as a case study. Water Air & Soil Pollution, 70 (1-4): 163-176.

Labrecque S, Fournier R A, Luther J E, et al. 2006. A comparison of four methods to map biomass from Landsat-TM and inventory data in western Newfoundland. Forest Ecology and Management, 226 (1-3): 129-144.

Laflamme E M, Linder E, Pan Y B. 2016. Statistical downscaling of regional climate model output to achieve projections of precipitation extremes. Weather and Climate Extremes, 12: 15-23.

Lahoz W A, Schneider P. 2010. Data assimilation: making sense of Earth observation. Atmosphere Science, 2014, 2: 16.

Lam N S N, Quattrochi D A. 1992. On the issues of scale, resolution, and fractural analysis in the mapping sciences. The Professional Geographer, 44 (1): 88-98.

Laslett G M, Mcbratney A B. 1990. Further comparison of spatial methods for predicting soil pH. Soil Science Society of America Journal, 54 (6): 1553-1558.

Laslett G M, McBratney A B, Pahl P J, et al. 1987. Comparison of several spatial prediction methods for soil pH. Journal of Soil Science, 38 (2): 325-341.

Ledimet D, Talagrand O. 1986. Variational algorithms for analysis and assimilation of meteorological observations: theoretical aspects. Tellus, 38 (2): 97-110.

Ledoux H, Gold C M, Fisher P. 2005. An efficient natural neighbour interpolation algorithm for geoscientific modeling//Fisher P. Developments in Spatial Data Handling. Berlin: Springer.

Lee J. 1991. Comparison of existing methods for building triangular irregular network, models of terrain from grid digital elevation models. International Journal of Geographical Information Systems, 5 (3): 267-285.

Lee J, Wong D W S. 2000. Statistical Analysis with ArcView GIS. New York: John Wiley & Sons.

Leenhardt D, Trouvat J L, Gonzalès G B, et al. 2004a. Estimating irrigation demand for water management on a regional scale: I. ADEAUMIS, a simulation platform based on bio-decisional modelling and spatial information. Agricultural Water Management, 68 (3): 207-232.

Leenhardt D, Trouvat J L, Gonzalès G B, et al. 2004b. Estimating irrigation demand for water management on a regional scale: II. Validation of ADEAUMIS. Agricultural Water Management, 68 (3): 233-250.

Legendre L, Legendre P. 1983. Numerical Ecology. Amsterdam: Elsevier Scientific.

Lehmann A, Overton J M, Leathwick J R. 2002. GRASP: generalized regression analysis and spatial prediction. Ecological Modelling, 160 (1-2): 189-207.

Lenton T M, Williamson M S, Edwards N R, et al. 2006. Millennial timescale carbon cycle and climate change in an efficient Earth system model. Climate Dynamics, 26 (7): 687-711.

LeRoux R, Katurji M, Zawar-Reza P, et al. 2018. Comparison of statistical and dynamical downscaling results from the WRF model. Environmental Modelling & Software, 100: 67-73.

Leslie P H. 1945. On the use of matrices in certain population mathematics. Biometrika, 33 (3): 183-212.

Leslie P H. 1948. Some further notes on the use of matrics in population mathematics. Biometrika, 35 (3-4): 213-245.

Levy P E, Cannell M G R, Friend A D. 2004. Modelling the impact of future changes in climate, CO_2 concentration and land use on natural ecosystems and the terrestrial carbon sink. Global Environmental Change-Human and Policy Dimensions, 14 (1): 21-30.

Li B, Wang C, Li Z, et al. 2009. A practical method for real-time ocean simulation//Computer Science & Education. 4th International Conference on. IEEE, 742-747.

Li H F, Calder C A, Cressie N. 2007. Beyond Moran's I: testing for spatial dependence based on the spatial autoregressive model. Geographical Analysis, 39 (4): 357-375.

Li J L F, Mechoso C R, Arakawa A. 1999. Improved PBL moist processes with the UCLA GCM//The 10th Symposium on Global Change Studies, American Meteorological Society: 423-426.

Li Q, Racine J S. 2007. Nonparametric Econometrics: Theory and Practice. Princeton: Princeton University Press.

Li Q Q, Yue T X, Wang C Q, et al. 2013. Spatially distributed modeling of soil organic matter across China: an application of artificial neural network approach. Catena, 104: 210-218.

Li Q Q, Zhang H, Jiang X Y, et al. 2017. Spatially distributed modeling of soil organic carbon across China with improved accuracy. Journal of Advances in Modeling Earth Systems, 9 (2): 1167-1185.

Li Z L. 2007. Algorithmic Foundation of Multi-Scale Spatial Representation. London: CRC Press.

Li Z L, Hu F, Schnase J L, et al. 2016. A spatiotemporal indexing approach for efficient processing of big array-based climate data with MapReduce. International Journal of Geographical Information Science, 31 (1): 1-19.

Lieth H, Whittaker R H. 1975. Primary productivity of the biosphere. Ecological Studies, 14 (4): 274.

Liseikin V D. 2004. A Computational Differential Geometry Approach to Grid Generation. Berlin: Springer Science & Business Media.

Liu S, Tian M, Shi W Q. 2010. Digital Earth, a new approach for geoconservation: case study of Hexigten Global Geopark, Inner Mongolia. Sixth International Symposium on Digital Earth: Models, Alorithms, and Virtual Reality, 7840: 784004.

Liu Y, Yue T X, Zhang L L, et al. 2018. Simulation and analysis of XCO_2 in north China based on high accuracy surface modeling. Environmental Science and Pollution Research, 25 (7): 27378-27392.

Long G E. 1980. Surface approximation: a deterministic approach to modeling partially variable systems. Ecological Modelling, 8: 333-343.

Longley P A, Goodchild M, Maguire D J, et al. 2010. Geographic Information Systems and Science. 3rd ed. New York: John Wiley & Sons.

Lu J, Yang Q W. 2010. Study on GNSS interoperability. Science China: Physics, Mechanics & Astronomy, 40 (5): 1-8.

Lu X C, Lu J, Wang X, et al. 2012. Interoperability feasibility analysis between Beidou and GPS: China Satellite Navigation Conference (CSNC) 2012 Proceedings. Heidelberg: Springer.

Luebke D, Harris M J, Govindaraju N, et al. 2006. GPGPU: general- purpose computation on graphics hardware. Proceedings of the 2006 ACM/IEEE conference on Supercomputing.

Lugo A E, Brown S, Chapman J. 1988. An analytical review of production-rates and stemwood biomass of tropical forest plantations. Forest Ecology and Management, 23 (2-3): 179-200.

Luo W, Taylor M C, Parker S R. 2007. A comparison of spatial interpolation methods to estimate continuous wind speed surfaces using irregularly distributed data from England and Wales. International Journal of Climatology, 28 (7): 947-959.

Luo Y J, Zhang X Q, Wang X K, et al. 2014. Biomass and its allocation of Chinese forest ecosystems. Ecology, 95 (7): 2026.

Luo Y J, Zhang X Q, Wang X K, et al. 2014. Dissecting variation in biomass conversion factors across China's forests: implications for biomass and carbon accounting. PLoS ONE, 9 (4): 1-10.

Lv A F, Zhou L. 2016. A rainfall model based on a geographically weighted regression algorithm for rainfall estimations over the arid Qaidam Basin in China. Remote Sensing, 8 (4): 311.

Lv G N, Xiong L Y, Chen M, et al. 2017. Chinese progress in geomorphometry. Journal of Geogr Aphical Sciences, 27 (11): 1389-1412.

Ma Q, Wang R, Xin Q, et al. 2013. The research on the key technology of building 3D virtual scene in Wendeng City based on Google Earth//Geoinformatics (GEOINFORMATICS), 2013 21st International Conference on. IEEE, 1-4.

Maack J, Lingenfelder M, Weinacker H, et al. 2016. Modelling the standing timber volume of Baden-Württemberg—A large-scale approach using a fusion of Landsat, airborne LiDAR and National Forest Inventory data. International Journal of Applied Earth Observation and Geoinformation, 49: 107-116.

MacDicken K G, Delaney M. 1998. Current technologies for forest carbon monitoring. Greenhouse Gas Mitigation: Technologies for Activities Implemented Jointly, 171-176.

Magnussen S, Naesset E, Wulder M A. 2007. Efficient multiresolution spatial predictions for large data arrays. Remote Sensing of Environment, 109 (4): 451-463.

Mahmood H S, Hoogmoed W B, van Henten E J. 2012. Sensor data fusion to predict multiple soil properties. Precision Agriculture, 13: 628-645.

Maimaitijiang M, Ghulam A, Sidike P, et al. 2017. Unmanned Aerial System (UAS)-based phenotyping of soybean using multi-sensor data fusion and extreme learning machine. Journal of Photogrammetry and Remote Sensing, 134: 43-58.

Makarieva A M, Gorshkov V G, Sheil D, et al. 2010. Where do winds come from? a new theory on how water vapor condensation influences atmospheric pressure and dynamics. Atmospheric Chemistry and Physics Discussions, 10: 24015-24052.

Malone B P, Styc Q, Minasny B, et al. 2017. Digital soil mapping of soil carbon at the farm scale: a spatial downscaling approach in consideration of measured and uncertain data. Geoderma, 290: 91-99.

Manabe S, Strickler R F. 1964. Thermal equilibrium of the atmosphere with a convective adjustment. Journal of the Atmospheric Sciences, 21 (4): 361-385.

Maude A D. 1973. Interpolation: mainly for grapher plotters. The Computer Journal, 16 (1): 64-65.

May R M. 1972. Will a large complex system be stable? Nature, 238 (5364): 413-414.

McDermotta M, Prasadb S K, Shekharc S, et al. 2015. Interesting spatio-temporal region discovery computations over GPU and mapreduce platforms. Annals of Photogrammetry, Remote Sensing and Spatial Information Sciences, (2-4): 35-41.

McRoberts R E, Tomppo E O, Finley A O, et al. 2007. Estimating areal means and variances of forest attributes using the k-Nearest Neighbors technique and satellite imagery. Remote Sensing of Environment, 111 (4): 466-480.

Mehmood S, Awotunde A A. 2016. Sensitivity-based upscaling for history matching of reservoir models. Petroleum Science, 13 (3): 517-531.

Mell P, Grance T. 2011. The NIST definition of cloud computing (draft). NIST Special Publication 800-145.

Meyer J D D, Jin J M. 2017. The response of future projections of the North American monsoon when combining dynamical downscaling and bias correction of $CCSM_4$ output. Climate Dynamics, 49: 433-447.

Middelberg A, Zhang J F, Xia X H. 2009. An optimal control model for load shifting-with application in the energy management of a colliery. Applied Energy, 86 (7-8): 1266-1273.

Milne B T, Cohen W B. 1999. Multiscale assessment of binary and continuous landcover variables for MODIS validation, mapping, and modeling applications. Remote Sensing of Environment, 70 (1): 82-98.

Mintz Y. 1958. Design of some numerical general circulation experiments. Bulletin of the Research Council of Israel, 76: 67-114.

Misaghian N, Assareh M, Sadeghi M T. 2018. An upscaling approach using adaptive multi-resolution upgridding and automated relative permeability adjustment. Computational Geosciences, 22: 261-282.

Mishra S K, Sahany S, Salunke P. 2018. $CMIP_5$ vs. CORDEX over the Indian region: how much do we benefit from dynamical downscaling? Theoretical and Applied Climatology, 133: 1133-1141.

Mitas L, Mitasova H. 1999. Spatial interpolation// Longley P, Goodchild K F, Maguire D J, et al. Geographical Information Systems: Principles, Techniques, Management and Applications. New Work: Wiley.

Mitchard E T, Saatchi S S, Baccini A, et al. 2013. Uncertainty in the spatial distribution of tropical forest biomass: a comparison of pan-tropical maps. Carbon Balance and Management, 8 (1): 1-13.

Mizuochi H, Hiyama T, Ohta T, et al. 2017. Development and evaluation of a lookup-table-based approach to data fusion for seasonal wetlands monitoring: an integrated use of AMSR series, MODIS, and Landsat. Remote Sensing of Environment, 199: 370-388.

Montenbruck O, Hauschild A, Steigenberger P, et al. 2012. Initial assessment of the COMPASS/BeiDou-2 regional navigation satellite system. GPS Solutions, 17 (2): 211-222.

Montesano P M, Cook B D, Sun G Q, et al. 2013. Achieving accuracy requirements for forest biomass mapping: a spaceborne data fusion method for estimating forest biomass and LiDAR sampling error. Remote Sensing of Environment, 130: 153-170.

Mora B, Wulder M A, White J C, et al. 2013. Modeling stand height, volume, and biomass from very high spatial resolution satellite imagery and samples of airborne LIDAR. Remote Sensing, 5 (5): 2308-2326.

Moradkhani H, Hsu K L, Gupta H, et al. 2005. Uncertainty assessment of hydrologic model states and parameters: sequential data assimilation using the particle filter. Water Resources Research, 41 (5): W05012.

Moran P A P. 1950. Notes on continuous stochastic phenomena. Biometrika, 37 (1-2): 17-23.

Murray A B, Lazarus E, Ashton A D, et al. 2009. Geomorphology, complexity, and the emerging science of the Earth's surface. Geomorphology, 103 (3): 496-505.

Myers D E. 1994. Spatial interpolation: an overview. Geoderma, 62 (1-3): 17-28.

Ménard R. 2010. Bias estimation//Lahoz W, Khattatov B, Menard R. Data Assimilation: Making Sense of Observations. Berlin: Springer.

Nakaya T, Yano K. 2010. Visualising crime clusters in a space-time cube: an exploratory data-analysis approach using space-time kernel density estimation and scan statistics. Transactions in GIS, 14 (3): 223-239.

O'Sullivan D, Unwin D J. 2003. Geographic Information Analysis. Hoboken: John Wiley & Sons.

Neuhold J M. 1975. Introduction to modeling in the Biome//Patten B C. Systems Analysis and Simulation in Ecology. New York: Academic Press.

Ni J. 2001. Carbon storage in terrestrial ecosystems of China: estimates at different spatial resolutions and their responses to climate change. Climatic Change, 49 (3): 339-358.

Ni J. 2002. Carbon storage in grasslands of China. Journal of Arid Environments, 50 (2): 205-218.

Ni J. 2004. Estimating net primary productivity of grasslands from field biomass measurements in temperate Northern China. Plant Ecology, 174 (2): 217-234.

Ni J, Zhang X S, Scurlock J M O. 2001. Synthesis and analysis of biomass and net primary productivity in Chinese forests. Annals of Forest Science, 58 (4): 351-384.

Odum H T. 1960. Ecological potential and analogue circuits for the ecosystem. American Scientist, 48 (1): 1-8.

Oezesmi S L, Oezesmi U. 1999. An artificial neural network approach to spatial habitat modelling with interspecific interaction. Ecological Modelling, 116 (1): 15-31.

Oliver M A, Webster R. 1990. Kriging: a method of interpolation for geographical information systems. Geographical Information Systems, 4 (3): 313-332.

Openshaw S. 1984. The Modifiable Areal Unit Problem, in Concepts and Techniques in Modern Geography 38. England: Geo Books.

Openshaw S, Taylor P J. 1979. A million or so correlation coefficients: three experiments on the modifiable areal unit problem//Wrigley. Statistical Applications in Spatial Sciences. London: Pion.

Ord J K, Getis A. 1995. Local spatial autocorrelation statistics: distributional issues and an application. Geographical Analysis, 27 (4): 286-306.

Ott E, Hunt B R, Szunyogh I, et al. 2004. A local ensemble Kalman filter for atmospheric data assimilation. Dynamic Meteorology & Oceanography, 56 (5): 415-428.

Pacifici K, Reich B J, Miller D A W, et al. 2017. Integrating multiple data sources in species distributionmodeling: a framework for data fusion. Ecology, 98 (3): 840-850.

Palutikof J P, Goodess C M, Watkins S J, et al. 2002. Generating rainfall and temperature scenarios at multiple sites: examples from the Mediterranean. Journal Climate, 15 (24): 3529-3548.

Pan Y D, Birdsey R A, Fang J, et al. 2011. A large and persistent carbon sink in the world's forests. Science, 333 (6045): 988-993.

Pan Y D, Birdsey R A, Phillips O L, et al. 2013. The structure, distribution, and biomass of the world's forests. Annual Review of Ecology, Evolution & Systematics, 44 (1): 593-622.

Pan Y D, Luo T X, Birdsey R, et al. 2004. New estimates of carbon storage and sequestration in China's forests: effects of age-class and method on inventory-based carbon estimation. Climate Change, 67 (2-3): 211-236.

Park N W, Moon W M, Chi K H, et al. 2002. Multi-sensor data fusion for supervised land-cover classification using Bayesian and geostatistical techniques. Geosciences Journal, 6 (3): 193-202.

Park R A, O'Neill R A, Bloomfield J A, et al. 1974. A generalized model for simulating lake ecosystems. Simulation, 23 (2): 33-50.

Parrish D F, Derber J C. 1992. The National Meteorological Center's spectral statistical interpolation analysis system. Monthly Weather Review, 120 (8): 1747-1763.

Parry M L, Rosenzweig C, Iglesias A, et al. 2004. Effects of climate change on global food production under SRES emissions and socio-economic scenarios. Global Environmental Change, 14 (2): 53-67.

Patten B C. 1972. A simulation of the shortgrass prairie ecosystem. Simulation, 19 (6): 177-186.

Paulik G J, Greenough Jr J W. 1966. Management analysis for a salmon resource system//Watt K E F. Systems Analysis in Ecology. New York: Academic Press.

Pearl R, Reed L J. 1920. On the rate of growth of the population of the United States since 1790 and its mathematical representation. The National Academy of Sciences, 6 (6): 275-288.

Pearson T R H, Brown S, Casarim F M. 2014. Carbon emissions from tropical forest degradation caused by logging. Environmental Research Letters, 9 (3): 206-222.

Peng C H, Apps M J. 1997. Contribution of China to the global carbon cycle since the last glacial maximum-

Reconstruction from palaeovegetation maps and an empirical biosphere model. Chemical and Physical Meteorology, 49 (4): 393-408.

Peng C H, Guiot J, van Campo E. 1998. Estimating changes in terrestrial vegetation and carbon storage. Quaternary Science Reviews, 17 (8): 719-735.

Peng C H, Liu, J X, Dang Q L, et al. 2002. TRIPLEX: a generic hybrid model for predicting forest growth and carbon and nitrogen dynamics. Ecological Modelling, 153 (1): 109-130.

Pereira P, Oliva M, Misiune I. 2016. Spatial interpolation of precipitation indexes in Sierra Nevada (Spain): comparing the performance of some interpolation methods. Theoretical and Applied Climatology, 126: 683-698.

Perry G L W, Enright N J. 2002. Spatial modelling of landscape composition and pattern in a maquis-forest complex, Mont Do, New Caledonia. Ecological Modelling, 152 (2-3): 279-302.

Peternson G D. 2000. Scaling ecological dynamics: self-organization, hierarchical structure, and ecological resilience. Climate Change, 44 (3): 291-309.

Peters W, Miller J B, Whitaker J, et al. 2005. An ensemble data assimilation system to estimate CO_2 surface fluxes from atmospheric trace gas observations. Journal of Geophysical Research Atmospheres, 110 (D24).

Petrovskaya M S. 1977. Generalization of Laplace's expansion to the Earth's surface. Journal of Geodesy, 51 (1): 53-62.

Phillips J D. 1995. Biogeomorphology and landscape evolution: the problem of scale. Geomorphology, 13 (1): 337-347.

Phillips J D. 1999. Earth Surface Systems. Oxford: Blackwell Publishers.

Phillips J D. 2002. Global and local factors in earth surface systems. Ecological Modelling, 149 (3): 257-272.

Phillips N A. 1956. The general circulation of the atmosphere: a numerical experiment. Quarterly Journal of the Royal Meteorological Society, 82 (352): 123-164.

Phillips N A. 1959. An example of nonlinear computational instability//Bolin B. The Atmosphere and Sea in Motion, Rossby Memorial Volume. New York: Rockefeller Institute Press.

Piao S L, Ciais P, Friedlingstein P, et al. 2008. Net carbon dioxide losses of northern ecosystems in response to autumn warming. Nature, 451 (7174): 49-53.

Piao S L, Fang J Y, Ciais P, et al. 2009. The carbon balance of terrestrial ecosystems in China. Nature, 458 (7241): 1009-1013.

Piao S L, Fang J Y, Zhou L M, et al. 2005. Changes in vegetation net primary productivity from 1982 to 1999 in China. Global Biogeochemical Cycles, 19 (2): GB2027.

Piao S L, Fang J Y, Zhou L M, et al. 2008. Changes in biomass carbon stocks in China's grasslands between 1982 and 1999. Global Biogeochemical Cycles, 21 (2): GB2002.

Piao S, Wang X, Ciais P, et al. 2011. Changes in satellite-derived vegetation growth trend in temperate and boreal Eurasia from 1982 to 2006. Global Change Biology, 17 (10): 3228-3239.

Piao S L, Fang J Y, Zhu B, et al. 2005. Forest biomass carbon stocks in China over the past 2 decades: estimation based on integrated inventory and satellite data. Journal of Geophysical Research, 110 (G1): 1-10.

Piazza A, Rapaport A. 2009. Optimal control of renewable resources with alternative use. Mathematical and Computer Modelling, 50 (1-2): 260-272.

Pishbin M, Fathianpour N, Mokhtari A R. 2016. Uniaxial compressive strength spatial estimation using different interpolation techniques. International Journal of Rock Mechanics and Mining Sciences, 89: 136-150.

Podobnikar T. 2005. Production of integrated digital terrain model from multiple datasets of different quality. International Journal of Geographical Information Science, 19 (1): 69-89.

Ponsar S, Luyten P, Dulière V. 2016. Data assimilation with the ensemble Kalman filter in a numerical model of the North Sea. Ocean Dynamics, 66 (8): 955-971.

Pontraygin L S, Boltyanski V G, Gamkrelidge R V, et al. 1962. The Mathematic Theory of Optimal Processes. New York: Wiley-Interscience.

Premože S, Ashikhmin M. 2001. Rendering natural waters: Computer graphics forum. Blackwell Publishers Ltd, 20 (4): 189.

Prentice I C, Lloyd J. 1998. C-quest in the Amazon basin. Nature, 396 (6712): 619-620.

Qi Y, Wu J G. 1996. Effects of changing scale on the results of landscape pattern analysis using spatial autocorrelation indices. Landscape Ecology, 11 (1): 39-49.

Qin J, Zhao L, Chen Y Y, et al. 2015. Inter-comparison of spatial upscaling methods for evaluation of satellite-based soil moisture. Journal of Hydrology, 523: 170-178.

Qu L L, Xiao H Y, Zheng N J, et al. 2017. Comparison of four methods for spatial interpolation of estimated atmospheric nitrogen deposition in South China. Environmental Science and Pollution Research, 24: 2578-2588.

Quattrochi D A, Goodchild M F, et al, 1997. Scale in Remote Sensing and GIS. Boca Raton: CRC Lewis Publishers.

R Core Team. 2015. R: A Language and Environment for Statistical Computing. Vienna: R Foundation for Statistical Computing.

Ragab R, Prudhomme C. 2002. Sw-soil and water: climate change and water resources management in arid and semiarid regions: prospective and challenges for the 21st century. Biosystems Engineering, 81 (1): 3-34.

Raisanen J. 2007. How reliable are climate models? Dynamic Meteorology and Oceanography, 59: 2-29.

Rashid M M, Beecham S, Chowdhury R K. 2016. Statistical downscaling of rainfall: a non-stationary and multi-resolution approach. Theoretical Applied Climatology, 124: 919-933.

Rasouli M, Simonson C J, Besant R W. 2010. Applicability and optimum control strategy of energy recovery ventilators in different climatic conditions. Energy and Buildings, 42 (9): 1376-1385.

Reich R M, Bonham C D, Metzger K L. 1997. Modeling small-scale spatial interaction of shortgrass prairie species. Ecological Modelling, 101 (2): 163-174.

Ribalaygua J, Gaitán E, Pórtoles J, et al. 2018. Climatic change on the Gulf of Fonseca (Central America) using two-step statistical downscaling of CMIP$_5$ model outputs. Theoretical and Applied Climatology, 132 (3-4): 867-883.

Richardson J J, Moskal L M, Kim S H. 2009. Modeling approaches to estimate effective leaf area index from aerial discrete-return LIDAR. Agricultural and Forest Meteorology, 149: 1152-1160.

Ripley B D. 1976. The second-order analysis of stationary point processes. Journal of Applied Probability, 13 (2): 255-266.

Rodríguez-Amigo M C, Díez-Mediavilla M, González-Peña D, et al. 2017. Mathematical interpolation methods for spatial estimation of global horizontal irradiation in Castilla-Léon, Spain: a case study. Solar Energy, 151: 14-21.

Rogerson PA. 2015. Statistical Methods for Geography: A Student's Guide. 4th ed. London: SAGE Publications Ltd.

Rokityanskiy D, Benítez P C, Kraxner F, et al. 2007. Geographically explicit global modeling of land-use change, carbon sequestration, and biomass supply. Technological Forecasting and Social Change, 74 (7): 1057-1082.

Rosenzweig M L. 1971. Paradox of enrichment: destabilization of exploitation ecosystems in ecological time. Science, 171 (3969): 385-387.

Ross R. 1916. An application of the theory of probabilities to the study of a priori pathometry. Proceedings of the Royal Society of London, 92: 204-230.

Rossby C G. 1939. Relation between variations in the intensity of the zonal circulation of the atmosphere and the displacements of the semi-permanent centers of action. Journal of Marine Research, 2 (1): 38-55.

Sahai A K, Borah N, Chattopadhyay R, et al. 2017. A bias-correction and downscaling technique for operational extended range forecasts based on self organizing map. Climate Dynamics, 48: 2437-2451.

Sales M H, Souza C M, Kyriakidis P C, et al. 2007. Improving spatial distribution estimation of forest biomass with geostatistics: a case study for Rondonia, Brazil. Ecological Modelling, 205 (1-2): 221-230.

Sankey T T, McVay J, Swetnam T L, et al. 2017. UAV hyperspectral and lidar data and their fusion for arid and semi-arid land vegetation monitoring. Remote Sensing in Ecology and Conservation, 4 (1): 1-14.

Sasaki Y. 1958. An objective analysis based on the variational method. Journal of the Meteorological Society of Japan, 36 (3): 77-88.

Sato T. 2004. The earth simulator: roles and impacts. Parallel Computing, 30 (12): 1279-1286.

Schiermeier Q. 2010. The real holes in climate science. Nature, 463 (7279): 284-287.

Schlesinger M E, Mintz Y. 1979. Numerical simulation of ozone production, transport and distribution with a global atmospheric general circulation model. Journal of the Atmospheric Sciences, 36 (7): 1325-1361.

Schlummer M, Hoffmann T, Dikau R, et al. 2014. From point to area: upscaling approaches for Late Quaternary archaeological and environmental data. Earth-Science Reviews, 131: 22-48.

Schneider B. 2001. Phenomenon-based specification of the digital representation of terrain surfaces. Transactions in GIS, 5 (1): 39-52.

Schoenberg I J. 1946. Contributions to the problem of approximation of equidistant data by analytic functions. Quarterly of Applied Mathematics, 4 (1946): 45-99, 112-141.

Schroeder L D, Sjoquist D L. 1976. Investigation of population density gradients using trend surface analysis. Land Economics, 52 (3): 382-392.

Schroeder P, Brown S, Mo J M, et al. 1997. Biomass estimation for temperate broadleaf forests of the United States using inventory data. Forest Science, 43 (3): 424-434.

Schulze E D, Lloyd J, Kelliher F M, et al. 1999. Productivity of forests in the Eurosiberian boreal region and their potential to act as a carbon sink——a synthesis. Global Change Biology, 5 (6): 703-722.

Schulze R. 2000. Transcending scales of space and time in impact studies of climate and climate change on agrohydrological responses. Agriculture, Ecosystems and Environment, 82 (1-3): 185-212.

Schumm S A, Lichty R W. 1965. Time, space, and causality in geomorphology. American Journal of Science, 263 (2): 110-119.

Seekell D A, Carr J A, Gudasz C, et al. 2014. Upscaling carbon dioxide emissions from lakes. Geophysical Research Letters, 41 (21): 7555-7559.

Shepard D. 1968. A two-dimensional interpolation function for irregularly-spaced data// New York: The 1968 23rd ACM national conference.

Shi S, Ye X, Dong Z, et al. 2007. Real-time simulation of large-scale dynamic river water. Simulation Modelling Practice and Theory, 15 (6): 635-646.

Shi W J, Liu J Y, Du Z P, et al. 2009. Surface modelling of soil PH. Geoderma, 150 (1-2): 113-119.

Shi W J, Liu J Y, Du Z P, et al. 2011. Surface modelling of soil properties based on land use information. Geoderma, 162 (3-4): 347-357.

Shi W J, Yue T X, Du Z P, et al. 2016. Surface modeling of soil antibiotics. Science of the Total Environment, 543 (Pt A): 609-619.

Shugart H H, O'Neill R V. 1979. Systems Ecology. Stroudsburg: Dowden Hutchinson & Ross.

Sibon R. 1981. A brief description of natural neighbor interpolation//Barnett V. Interpreting Multivariate Data. Chichester: John Wiley & Sons.

Silverman B W. 1986. Density Estimation for Statistics and Data Analysis. New York: Chapman & Hall/CRC.

Simon H A. 1956. Dynamic programming under uncertainty with a quadratic criterion function. Econometrica, 24 (1): 74-81.

Singh K K, Vogler J B, Shoemaker D A, et al. 2012. LiDAR-Landsat data fusion for large-area assessment of urban land cover: balancing spatial resolution, data volume and mapping accuracy. ISPRS Journal of Photogrammetry and Remote Sensing, 74: 110-121.

Singh T P, Das S. 2014. Predictive analysis for vegetation biomass assessment in Western Ghat Region (WG) using geospatial techniques. Journal of the Indian Society of Remoting Sensing, 42 (3): 549-557.

Sinha E, Michalak A M, Balaji V. 2017. Eutrophication will increase during the 21st century as a result of precipitation changes. Science, 357 (6349): 405-408.

Sitch S, Smith B, Prentice I C, et al. 2003. Evaluation of ecosystem dynamics, plant geography and terrestrial carbon cycling in the LPJ dynamic global vegetation model. Global Change Biology, 9 (2): 161-185.

Skellam J G. 1951. Random dispersal in theoretical populations. Biometrika, 38 (1-2): 196-218.

Sklar F H, Costanza R, Day Jr J W. 1985. Dynamic spatial simulation modeling of coastal wetland habitat succession. Ecological Modelling, 29 (1-4): 261-281.

Smith F E. 1952. Experimental methods in population dynamics: a critique. Ecology, 33 (4): 441-450.

Smith-Konter B R, Sandwell D T. 2003. Accuracy and resolution of shuttle radar topography mission data. Geophysical Research Letters, 30 (9): 1467.

Snorrason A, Einarsson S F. 2006. Single-tree biomass and stem volume functions for eleven tree species used in Icelandic forestry. Icelandic Agricultural Science, 26 (19): 15.

Song X, Li D. 2007. Terrain change detection and updating with image pyramid. Remote Sensing and GIS data Processing and Applications; and Innovative Multispectral Technology and Applications, 6790: 679030.

Song X D, Tang G A, Li F Y, et al. 2013. Extraction of loess shoulder-line based on the parallel GVF snake model in the loess hilly area of China. Computers & Geosciences, 52: 11-20.

Stein A, Riley J, Halberg N. 2001. Issues of scale for environmental indicators. Agriculture, Ecosystems and Environment, 82 (2): 215-232.

Stepanova I E. 2007. S-approximation of the Earth's surface topography. Izvestiya Physics of the Solid Earth, 43 (6): 466-475.

Stolz Jr G. 1960. Numerical solutions to an inverse problem of heat conduction for simple shapes. Journal of Heat Transfer, 82 (1): 20-26.

Stommel H. 1963. Varieties of oceanographic experience. Science, 139 (3555): 572-576.

Stott J P. 1977. Review of surface modelling//Darwent T. Proceedings of London: Surface Modelling by Computer, proceedings of a conference jointly sponsored by the Royal Institution of Chartered Surveyors and the Institution of Civil Engineers, 1-8.

Strakhov V N, Kerimov I A, Strakhov A V. 1999. Linear analytical approximations of the Earth's surface topography// Moscow: the 1st All-Russia Conference on Geophysics and Mathematics.

Stuart J A, Owens J D. 2011. Multi-GPU MapReduce on GPU clusters, Parallel & Distributed Processing Symposium (IPDPS). IEEE, 1068-1079.

Stute M, Clement A, Lohmann, G. 2001. Global climate models: past, present, and future. Proceedings of the National Academy of Sciences, 98 (19): 10529-10530.

Su B D, Huang J L, Gemmer M, et al. 2016. Statistical downscaling of CMIP5 multi-model ensemble for projected changes of climate in the Indus River Basin. Atmospheric Research, (178-179): 138-149.

Su H F, Xiong Z, Yan X D, et al. 2017. Comparison of monthly rainfall generated from dynamical and statistical downscaling methods: a case study of the Heihe River Basin in China. Theoretical Applied Climatology, 129: 437-444.

Su W, Wang Q F, Zhang L, et al. 2013. Spatial patterns and climate drivers of carbon fluxes in terrestrial ecosystems of China. Global Change Biology, 19 (3): 798-810.

Sui X H, Zhou G S. 2013. Carbon dynamics of temperate grassland ecosystems in China from 1951 to 2007: an analysis with a process based biogeochemistry model. Environmental Earth Sciences, 68 (2): 521-533.

Sullivan W. 1961. Assault on the Unknown. New York: McGraw-Hill.

Szymanowski M, Bednarczyk P, Kryza M, et al. 2017. Spatial interpolation of Ewert's index of continentality in Poland. Pure and Applied Geophysics, 174: 623-642.

Taillandier P, Vo D-A, Amouroux E, et al. 2010. GAMA: a simulation platform that integrates geographical information data, agent-based modeling and multi-scale control//Desai N, Liu A, Winikoff M. PRIMA 2010, LNAI 7057. Berlin: Springer-Verlag.

Talmi A, Gilat G. 1977. Method for smooth approximation of data. Journal of Computational Physics, 23 (2): 93-123.

Tang L L, Kan Z H, Zhang X, et al. 2016. A network Kernel Density Estimation for linear features in space-time analysis of big trace data. International Journal of Geographical Information Science, 30 (9): 1717-1737.

Tao F L, Zhang Z. 2010. Dynamic responses of terrestrial ecosystems structure and function to climate change in China. Journal of Geophysical Research, 115 (G3), G03003.

Tarolli P, Arrowsmith J R, Vivoni E R. 2009. Understanding earth surface processes from remotely sensed digital terrain models. Geomorphology, 113: 1-3.

Teegavarapu R S V, Aly A, Pathak C S, et al. 2017. Infilling missing precipitation records using variants of spatial interpolation and data-driven methods: use of optimal weighting parameters and nearest neighbour-based corrections. International Journal of Climatology, 38 (2): 776-793.

Ter-Mikaelian M T, Korzukhin M D. 1997. Biomass equations for sixty-five North American tree species. Forest Ecology and Management, 97 (1): 1-24.

Theil H. 1957. A note on certainty equivalence in dynamic planning. Econometrica, 25 (2): 346-349.

Tian Y Z, Yue T X, Zhu L F, et al. 2005. Modelling population density using land cover data. Ecological Modelling, 189 (1-2): 72-88.

Tobler W R. 1970. A computer movie simulating urban growth in the Detroit region. Economic Geography, 46 (2): 234-240.

Tomozeiu R, Pasqui M, Quaresima S. 2018. Future changes of air temperature over Italian agricultural areas: a statistical downscaling technique applied to 2021-2050 and 2071-2100 periods. Meteorology and Atmospheric Physics, 130: 543-563.

Toponogov V A. 2006. Differential Geometry of Curves and Surfaces. New York: Birkhaeuser Boston.

Torabzadeh H, Morsdorf F, Schaepman M E. 2014. Fusion of imaging spectroscopy and airborne laser scanning data for characterization of forest ecosystems: a review. Journal of Photogrammetry and Remote Sensing, 97: 25-35.

Triantafilis J, Odeh I O A, McBratney A B. 2001. Five geostatistical models to predict soil salinity from electromagnetic induction data across irrigated cotton. Soil Science Society of America Journal, 65 (3): 869-878.

Tse R O C, Gold C. 2004. TIN meets CAD—extending the TIN concept in GIS. Future Generation Computer Systems, 20 (7): 1171-1184.

Turner M G, Costanza R, Sklar F H. 1989. Methods to evaluate the performance of spatial simulation models. Ecological Modelling, 48 (1-2): 1-18.

Tyukavina A, Stehman S V, Potapov P V, et al. 2013. National-scale estimation of gross forest aboveground carbon loss: a case study of the Democratic Republic of the Congo. Environmental Research Letters, 8 (4): 044039.

Uchijima Z, Seino H. 1988. An agroclimatic method of estimating net primary productivity of natural vegetation. Japan Agricultural Research Quarterly, 21 (4): 244-250.

United States Geological Survey. 1997. Standards for Digital Terrain Models. Reston: United States Geological Survey.

Unwin D J. 1995. Geographical information systems and the problems of "error and uncertainty". Progress in Human Geography, 19 (4): 549-558.

Usery E L, McMaster R B. 2005. Introduction to the UCGIS research agenda//Usery E L, McMaster R B. A

Research Agenda for Geographic Information Science. London: CRC Press.

Uuemaa E, Roosaare J, Kanal A, et al. 2008. Spatial correlograms of soil cover as an indicator of landscape heterogeneity. Ecological Indicators, 8 (6): 783-794.

Valentini R, Matteucci G, Dolman A J, et al. 2000. Respiration as the main determinant of carbon balance in European forests. Nature, 404 (6780): 861-865.

van Bussel L G J, Grassini P, Wart J V, et al. 2015. From field to atlas: upscaling of location-specific yield gap estimates. Field Crops Research, 177: 98-108.

van der Veer G, Voerkelius S, Lorentz G, et al. 2009. Spatial interpolation of the deuterium and oxygen-18 composition of global precipitation using temperature as ancillary variable. Journal of Geochemical Exploration, 101 (2): 175-184.

van Henten E J. 2003. Sensitivity analysis of an optimal control problem in greenhouse climate management. Biosystems Engineering, 85 (3): 355-364.

Veldkamp A, Kok K, De Koning G H J, et al. 2001. Multi-scale system approaches in agronomic research at the landscape level. Soil and Tillage Research, 58 (3-4): 129-140.

Verburg P H, Tabeau A, Hatna E. 2013. Assessing spatial uncertainties of land allocation using a scenario approach and sensitivity analysis: a study for land use in Europe. Journal of Environment Management, 127: S132-S144.

Verma A, Pedrosa L, Korupolu M, et al. 2015. Large-scale cluster management at Google with Borg//Bordeaux: The Tenth European Conference on Computer Systems.

Volterra V. 1926. Fluctuations in the abundance of a species considered mathematically. Nature, 118 (2972): 558-560.

Wagner P D, Fiener P, Wilken F, et al. 2012. Comparison and evaluation of spatial interpolation schemes for daily rainfall in data scare regions. Journal of Hydrology, (464-465): 388-400.

Walker G T. 1925. Correlation in seasonal variations of weather: a further study of world weather. Monthly Weather Review, 53 (6): 252-254.

Walsh K, McGregor J. 1997. An assessment of simulations of climate variability over Australia with a limited area model. International Journal of Climatology, 17 (2): 201-223.

Wang J F, Haining R, Liu T J, et al. 2013. Sandwich estimation for multi-unit reporting on a stratified heterogeneous surface. Environment and Planning A, 45 (10): 2515-2534.

Wang J F, Li X H, Christakos G, et al. 2010. Geographical detectors-based health risk assessment and its application in the neural tube defects study of the Heshun Region, China. International Journal of Geographical Information Science, 24 (1): 107-127.

Wang J F, Zhang T L, Fu B J. 2016. A measure of spatial stratified heterogeneity. Ecological Indicators, 67: 250-256.

Wang L, Li L, Chen X, et al. 2014. Biomass allocation patterns across China's terrestrial biomes. PLoS ONE, 9 (4): 1-9.

Wang P, Wang J, Chen Y, et al. 2013. Rapid processing of remote sensing images based on cloud computing. Future Generation Computer Systems, 29 (8): 1963-1968.

Wang S, Huang G H, Lin Q G, et al. 2014. Comparison of interpolation methods for estimating spatial distribution of precipitation in Ontario, Canada. International Journal of Climatology, 34 (14): 3745-3751.

Wang X K, Feng Z W, Ouyang Z Y. 2001. The impact of human disturbance on vegetative carbon storage in forest ecosystems in China. Forest Ecology and Management, 148 (1-3): 117-123.

Wang X P, Ouyang S, Sun J X, et al. 2013. Forest biomass patterns across northeast China are strongly shaped by forest height. Forest Ecology and Management, 293: 149-160.

Wang Y, Liu Z, Liao H, et al. 2015. Improving the performance of GIS polygon overlay computation with

MapReduce for spatial big data processing. Cluster Computing, 18 (2): 507-516.

Wang Y Q, Sen O L, Wang B. 2003. A highly resolved regional climate model (IPRC-RegCM) and its simulation of the 1998 severe precipitation event over China. Part I: Model description and verification of simulation. Journal of Climate, 16 (11): 1721-1738.

Wang Y Z, Zhang L G, Sun J H, et al. 2009. Research on Real-Time Visualization of Massive Data Oriented to Digital Earth//Information Engineering and Computer Science. International Conference on. IEEE, 1-4.

Wang Z, Lv P, Zheng C. 2014. CUDA on Hadoop: a mixed computing framework for massive data processing, foundations and practical applications of cognitive systems and information processing. Springer, 215: 253-260.

Washington W M, Parkinson C L. 2005. An Introduction to Three Dimensional Climate Modeling. 2nd ed. Sausalito: University Science Books.

Weber D, Englund E. 1992. Evaluation and comparison of spatial interpolators. Mathematical Geology, 24 (4): 381-391.

Weng Q H. 2006. An evaluation of spatial interpolation accuracy of elevation data//Riedl A, Kainz W, Elmes G A. Progress in Spatial Data Handling. Berlin: Springer-Verlag.

Whitaker J S, Hamill T M. 2002. Ensemble data assimilation without perturbed observations. Monthly Weather Review, 130 (7): 1913-1924.

White T. 2012. Hadoop: the Definitive Guide. 3rd ed. Sebastopol: O'Reilly Media, Inc.

Wiegand T, Moloney K A. 2004. Rings, circles, and null-models for point pattern analysis in ecology. Oikos, 104 (2): 209-229.

Wiemann S. 2017. Formalization and web-based implementation of spatial data fusion. Computers & Geosciences, 99 (FEB.), 107-115.

Wiener N. 1948. Cybernetics or Control and Communication in the Animal and the Machine. Cambridge: Technology Press.

Wiener N. 1950. Extrapolation, Interpolation, and Smoothing of Stationary Time Series. New York: Technology Press of MIT and John Wiley & Sons.

Williamsona M S, Lentona T M, Shepherd J G, et al. 2006. An efficient numerical terrestrial scheme (ENTS) for Earth system modeling. Ecological Modelling, 198 (3-4): 362-374.

Wise S. 2000. GIS data modeling-lessons from the analysis of DTMs. International Journal of Geographical Information Science, 14 (4): 313-318.

Witharana C, LaRue M A, Lynch H J. 2016. Benchmarking of data fusion algorithms in support of earth observation based Antarctic wildlife monitoring. Journal of Photogrammetry and Remote Sensing, 113 (3), 124-143.

Wong D W, Yuan L, Perlin S A. 2004. Comparison of spatial interpolation methods for the estimation of air quality data. Journal of Exposure Analysis and Environmental Epidemiology, 14 (5): 404-415.

Wood B D. 2009. The role of scaling laws in upscaling. Advances in Water Resources, 32 (5): 723-736.

Wood J D, Fisher P F. 1993. Assessing interpolation accuracy in elevation models. IEEE Computer Graphics and Applications, 13 (2): 48-56.

Woodhouse I H, Mitchard E T A, Brolly M, et al. 2012. Radar backscatter is not a "direct measure" of forest biomass. Nat. Clim. Change, 2 (8): 556-557.

Woodward F I, Lomas M R. 2004. Vegetation dynamics-simulating responses to climatic change. Biological Reviews, 79 (3): 643-670.

Wright J K. 1936. A method of mapping densities of population with Cape Cod as an example. Geographical Review, 26 (1): 519-536.

Wrigley N. 1982. Statistical applications in the spatial sciences//Openshaw S, Taylor P J. 1979. A Million or so Correlation Coefficients: Three Experiments on the Modifiable Area Unit Problem. London: Pion.

Wu C S, Murray A T. 2005. A cokriging method for estimating population density in urban areas. Computers Environment and Urban Systems, 29 (5): 558-579.

Wu J. 1999. Hierarchy and scaling: extrapolating information along a scaling ladder. Canadian Journal of Remote Sensing, 25 (4): 367-380.

Wu W, Tang X P, Ma X Q, et al. 2016. A comparison of spatial interpolation methods for soil temperature over a complex topographical region. Theoretical and Applied Climatology, 125: 657-667.

Xu W B, Zou Y J, Zhang G P, et al. 2014. A comparison among spatial interpolation techniques for daily rainfall data in Sichuan Province, China. International Journal of Climatology, 35 (10): 2898-2907.

Xue J J, Ge Y H, Ren H R. 2017. Spatial upscaling of green aboveground biomass derived from MODIS-based NDVI in arid and semiarid grasslands. Advances in Space Research, 60 (9): 2001-2008.

Yakowitz S J, Szidarovsky F. 1985. A comparison of Kriging with nonparametric regression methods. Journal of Multivariate Analysis, 16 (1): 21-53.

Yang C, Xu Y, Nebert D. 2013. Redefining the possibility of digital Earth and geosciences with spatial cloud computing. International Journal of Digital Earth, 6 (4): 297-312.

Yang Q H, Snyder J P, Tobler W R. 2000. Map Projection Transformation: Principles and Applications. London: Taylor & Francis.

Yang T C, Yu P S, Wei C M, et al. 2011. Projection of climate change for daily precipitation: a case study in Shih-Men reservoir catchment in Taiwan. Hydrological Processes, 25 (8): 1342-1354.

Yang X M, Cunia T. 1990. Construction and application of biomass regressions to size- classes of trees. Pacific Northwest Research Station, Forest Service USDA, 254-259.

Yang Y X. 2009. Chinese Geodetic Coordinate System 2000. Chinese Science Bulletin, 54 (15): 2714-2721.

Yin G, Zhang Y, Sun Y, et al. 2015. MODIS based estimation of forest aboveground biomass in China. PLoS ONE, 10 (6): 1-13.

Yue P, Zhou H, Gong J, et al. 2013. Geoprocessing in Cloud Computing platforms——a comparative analysis. International Journal of Digital Earth, 6: 404-425.

Yue T X. 2000. Analysis on sustainable growth range of population. Progress in Natural Science, 10 (8): 631-636.

Yue T X. 2011. Surface Modelling: High Accuracy and High Speed Methods. New York: CRC Press.

Yue T X. 2015. Principles and Methods of Earth Surface Simulation. Beijing: Science Press.

Yue T X, Li Q Q. 2010. Relationship between species diversity and ecotope diversity. Annals of the New York Academy of Sciences, 1195: E40-E51.

Yue T X, Song Y J. 2008. The YUE-HASM Method. Liverpool: World Acad Union-World Acad Press.

Yue T X, Wang S H. 2010. Adjustment computation of HASM: a high-accuracy and high-speed method. International Journal of Geographical Information Science, 24 (11): 1725-1743.

Yue T X, Zhou C H. 1999. An Approach of Differential Geometry to Data Mining. ECOMOD, 10: 1-6.

Yue T X, Chen C F, Li B L. 2010. An adaptive method of high accuracy surface modelling and its application to simulating elevation surfaces. Transactions in GIS, 14 (5): 615-630.

Yue T X, Chen C F, Li B L. 2012. A high- accuracy method for filling voids and its verification. International Journal of Remote Sensing, 33 (9): 2815-2830.

Yue T X, Chen S P, Xu B, et al. 2002. A curve-theorem based approach for change detection and its application to Yellow River Delta. International Journal of Remote Sensing, 23 (11): 2283-2292.

Yue T X, Du Z P, Lu M, et al. 2015. Surface modeling of ecosystem responses to climatic change in Poyang Lake Basin of China. Ecological Modelling, 306: 16-23.

Yue T X, Du Z P, Song D J, et al. 2007. A new method of surface modeling and its application to DEM construction. Geomorphology, 91: 161-172.

Yue T X, Fan Z M, Chen C F, et al. 2011. Surface modelling of global terrestrial ecosystems under three climate change scenarios. Ecological Modelling, 222 (14): 2342-2361.

Yue T X, Fan Z M, Liu J Y. 2005. Changes of major terrestrial ecosystems in china since 1960. Global and Planetary Change, 48 (4): 287-302.

Yue T X, Liu Y, Zhao M W, et al. 2016. A fundamental theorem of Earth's surface modelling. Environmental Earth Sciences, 75 (9): 1-12.

Yue T X, Ma S N, Wu S X, et al. 2007. Comparative analyses of the scaling diversity index and its applicability. International Journal of Remote Sensing, 28 (7): 1611-1623.

Yue T X, Song D J, Du Z P, et al. 2010. High-accuracy surface modelling and its application to DEM generation. International Journal of Remote Sensing, 31 (8): 2205-2226.

Yue T X, Tian Y Z, Liu J Y, et al. 2008. Surface modeling of human carrying capacity of terrestrial ecosystems in China. Ecological Modelling, 214 (2): 168-180.

Yue T X, Wang Q, Lu Y M, et al. 2010. Change trends of food provisions in China. Global and Planetary Change, 72 (3): 118-130.

Yue T X, Wang Y A, Chen S P, et al. 2003. Numerical simulation of population distribution in China. Population and Environment, 25 (2): 141-163.

Yue T X, Wang Y A, Liu J Y, et al. 2005a. Surface modelling of human population distribution in China. Ecological Modelling, 181 (4): 461-478.

Yue T X, Wang Y A, Liu J Y, et al. 2005b. SMPD scenarios of spatial distribution of human population in China. Population and Environment, 26 (3): 207-228.

Yue T X, Wang Y F, Du Z P, et al. 2016. Analysing the uncertainty of estimating forest carbon stocks in China. Biogeosciences, 13: 3991-4004.

Yue T X, Zhang L L, Zhao N, et al. 2015. A review of recent developments in HASM. Environment Earth Sciences, 74 (8): 6541-6549.

Yue T X, Zhang L L, Zhao M W, et al. 2016. Space- and ground-based CO_2 measurements: a review. Science China Earth Sciences, 59 (11): 2089-2097.

Yue T X, Zhao M W, Zhang X Y. 2015. A high-accuracy method for filling voids on remotely sensed XCO_2 surfaces and its verification. Journal of Cleaner Production, 103: 819-827.

Yue T X, Zhao N, Fan Z M, et al. 2016. CMIP5 Downscaling and its uncertainty in China. Global and Planetary Change, 146: 30-37.

Yue T X, Zhao N, Fan Z M, et al. 2019. Methods for simulating climate scenarios with improved spatiotemporal specificity and less uncertainty. Global and Planetary Change, 181: 1-18.

Yue T X, Zhao N, Liu Y, et al. 2020. A fundamental theorem for eco-environmental surface modelling and its applications. Science China Earth Sciences, 63 (8): 1092-1112.

Yue T X, Zhao N, Ramsey R D, et al. 2013. Climate change trend in China, with improved accuracy. Climatic Change, 120 (1-2): 137-151.

Yue T X, Zhao N, Yang H, et al. 2013. A multi-grid method of high accuracy surface modeling and its validation. Transactions in GIS, 17 (6): 943-952.

Zhang C H, Ju W M, Chen J M, et al. 2013. China's forest biomass carbon sink based on seven inventories from 1973 to 2008. Climatic Change, 118 (3-4): 933-948.

Zhang J. 2010. Towards personal high-performance geospatial computing (HPC-G): perspectives and a case study//The ACM SIGSPATIAL International Workshop on High Performance and Distributed Geographic Information Systems.

Zhang L L, Yue T X, Wilson J P, et al. 2016. Modelling of XCO_2 surfaces based on flight tests of TanSat instruments. Sensors, 16 (11): 1818.

Zhang L L, Yue T X, Wilson J P, et al. 2017. A comparison of satellite observations with the XCO$_2$ surface obtained by fusing TCCON measurements and GEOS- Chem model outputs. Science of the Total Environment, 601: 1575-1590.

Zhang Q, Cheng L, Boutaba R, 2010. Cloud computing: state-of-the-art and research challenges. Journal of Internet Services and Applications, 1 (1): 7-18.

Zhang S P, Zheng X G, Chen Z Q, et al. 2015. Global carbon assimilation system using a local ensemble Kalman filter with multiple ecosystem models. Journal of Geophysical Research, 119 (11): 2171-2187.

Zhang Y J, Xian C L, Chen H J, et al. 2016. Spatial interpolation of river channel topography using the shortest temporal distance. Journal of Hydrology, 542: 450-462.

Zhao C Y, Nan Z G, Cheng G D. 2005. Methods for modelling of temporal and spatial distribution of air temperature at landscape scale in the southern Qilian mountains, China. Ecological Modelling, 189 (1-2): 209-220.

Zhao M W, Yue T X, Zhang X Y, et al. 2017. Fusion of multi-source near-surface CO$_2$ concentration data based on high accuracy surface modeling. Atmospheric Pollution Research, 8 (6): 1170-1178.

Zhao M W, Yue T X, Zhao N, et al. 2014. Combining LPJ-GUESS and HASM to simulate the spatial distribution of forest vegetation carbon stock in China. Journal of Geograph Sciences, 24 (2): 249-268.

Zhao M W, Yue T X, Zhao N, et al. 2015. Parallel algorithm of a modified surface modeling method and its application in digital elevation model construction. Environment Earth Sciences, 74: 6551-6561.

Zhao M W, Zhang X Y, Yue T X, et al. 2017. A high-accuracy method for simulating the XCO$_2$ global distribution using GOSAT retrieval data. Science China Earth Sciences, 60: 143-155.

Zhao M, Zhou G S. 2005. Estimation of biomass and net primary productivity of major planted forests in China based on forest inventory data. Forest Ecology and Management, 207 (3): 295-313.

Zhao N, Lu N, Chen C F, et al. 2017. Mapping temperature using a Bayesian statistical method and a high accuracy surface modelling method in the Beijing-Tianjin-Hebei region, China. Meteorological Applications, 24 (4): 571-579.

Zhao N, Yue T X, Chen C F, et al. 2018. An improved HASM method for dealing with large spatial data sets. Science China Earth Sciences, 61: 1078-1087.

Zhao N, Yue T X, Chen C F, et al. 2018. An improved statistical downscaling scheme of tropical rainfall measuring mission precipitation in the Heihe River basin, China. International Journal of Climatology, 38 (8): 3309-3322.

Zhao N, Yue T X, Li H, et al. 2018. Spatio-temporal changes in precipitation over Beijing-Tianjin-Hebei region, China. Atmospheric Research, 202: 156-168.

Zhao N, Yue T X, Zhou X, et al. 2017. Statistical downscaling of precipitation using local regression and high accuracy surface modeling method. Theoretical and Applied Climatology, 129: 281-292.

Zhao X, Zhou D J, Fang J Y. 2012. Satellite-based studies on large-scale vegetation changes in China. Journal of Integrative Plant Biology, 54 (10): 713-728.

Zheng D L, Rademacher J, Chen J Q, et al. 2004. Estimating aboveground biomass using Landsat 7 ETM+data across a managed landscape in northern Wisconsin, USA. Remote Sensing of Environment, 93 (3): 402-411.

Zhou X, Vanenberghe F, Pondeca M, et al. 1997. Introduction to adjoint techniques and the MM5 Adjoint Modeling System. NCAR Technical Note, NCAR/TN-435-STR, 122.

Zhu A X. 2005. Research issues on uncertainty in geographic data and GIS-based analysis//Usery E L, McMaster R B. A Research Agenda for Geographic Information Science. London: CRC Press.

Zienkiewlcz O C. 1967. The Finite Element Method in Structural and Continuum Mechanics. London: McGraw Hill.

Zimmerman D, Pavlik C, Ruggles A, et al. 1999. An experimental comparison of ordinary universal Kriging and inverse distance weighting. Mathematical Geology, 31 (4): 375-390.

附　　录

1　高精度曲面建模方法数学表达

1.1　高斯方程有限差分表达

Gauss 方程组是曲面的偏微分方程组，其表达式为

$$\begin{cases} f_{xx} = \Gamma_{11}^1 f_x + \Gamma_{11}^2 f_y + \dfrac{L}{\sqrt{E+G-1}} \\[2mm] f_{yy} = \Gamma_{22}^1 f_x + \Gamma_{22}^2 f_y + \dfrac{N}{\sqrt{E+G-1}} \\[2mm] f_{xy} = \Gamma_{12}^1 f_x + \Gamma_{12}^2 f_y + \dfrac{M}{\sqrt{E+G-1}} \end{cases} \tag{1-1}$$

式中，

$$L = \frac{f_{xx}}{\sqrt{1+f_x^2+f_y^2}};$$

$$M = \frac{f_{xy}}{\sqrt{1+f_x^2+f_y^2}};$$

$$N = \frac{f_{yy}}{\sqrt{1+f_x^2+f_y^2}};$$

$$\Gamma_{11}^1 = \frac{1}{2}(GE_x - 2FF_x + FE_y)(EG-F^2)^{-1};$$

$$\Gamma_{11}^2 = \frac{1}{2}(2EF_x - EE_y - FE_x)(EG-F^2)^{-1};$$

$$\Gamma_{22}^1 = \frac{1}{2}(2GF_y - GG_x - FG_y)(EG-F^2)^{-1};$$

$$\Gamma_{22}^2 = \frac{1}{2}(EG_y - 2FF_y + FG_x)(EG-F^2)^{-1};$$

$$\Gamma_{12}^1 = \frac{1}{2}(GE_y - FG_x)(EG-F^2)^{-1};$$

$$\Gamma_{12}^2 = \frac{1}{2}(EG_x - FE_y)(EG-F^2)^{-1}。$$

若 $\{(x_i, y_j)\}$ 为计算域 Ω 的正交剖分，$[0,Lx] \times [0,Ly]$ 为无量纲标准化计算域；$\max\{Lx,Ly\}=1$；$h = \dfrac{Lx}{I+1} = \dfrac{Ly}{J+1}$ 为计算步长；$\{(x_i, y_j) \mid 0 \le i \le I+1, 0 \le j \le J+1\}$ 为标准化计算域的

栅格，则第一类基本量的有限差分逼近为

$$\begin{cases} E_{i,j} = 1 + \left(\dfrac{f_{i+1,j}-f_{i-1,j}}{2h}\right)^2 \\[2mm] F_{i,j} = \left(\dfrac{f_{i+1,j}-f_{i-1,j}}{2h}\right)\left(\dfrac{f_{i,j+1}-f_{i,j-1}}{2h}\right) \\[2mm] G_{i,j} = 1 + \left(\dfrac{f_{i,j+1}-f_{i,j-1}}{2h}\right)^2 \end{cases} \tag{1-2}$$

第二类基本量的有限差分逼近为

$$\begin{cases} L_{i,j} = \dfrac{\dfrac{f_{i+1,j}-2f_{i,j}+f_{i-1,j}}{h^2}}{\sqrt{1+\left(\dfrac{f_{i+1,j}-f_{i-1,j}}{2h}\right)^2+\left(\dfrac{f_{i,j+1}-f_{i,j-1}}{2h}\right)^2}} \\[6mm] M_{i,j} = \dfrac{\left(\dfrac{f_{i+1,j+1}-f_{i+1,j-1}}{4h^2}\right)-\left(\dfrac{f_{i-1,j+1}-f_{i-1,j-1}}{4h^2}\right)}{\sqrt{1+\left(\dfrac{f_{i+1,j}-f_{i-1,j}}{2h^2}\right)^2+\left(\dfrac{f_{i,j+1}-f_{i,j-1}}{2h^2}\right)^2}} \\[6mm] N_{i,j} = \dfrac{\dfrac{f_{i,j+1}-2f_{i,j}+f_{i,j-1}}{h^2}}{\sqrt{1+\left(\dfrac{f_{i+1,j}-f_{i-1,j}}{2h}\right)^2+\left(\dfrac{f_{i,j+1}-f_{i,j-1}}{2h}\right)^2}} \end{cases} \tag{1-3}$$

第二类克里斯托弗尔符号的有限差分可表达为

$$(\Gamma_{11}^1)_{i,j} = \frac{G_{i,j}(E_{i+1,j}-E_{i-1,j})-2F_{i,j}(F_{i+1,j}-F_{i-1,j})+F_{i,j}(E_{i,j+1}-E_{i,j-1})}{4(E_{i,j}G_{i,j}-(F_{i,j})^2)h} \tag{1-4}$$

$$(\Gamma_{11}^2)_{i,j} = \frac{2E_{i,j}(F_{i+1,j}-F_{i-1,j})-E_{i,j}(E_{i,j+1}-E_{i,j-1})-F_{i,j}(E_{i,j+1}-E_{i,j-1})}{4(E_{i,j}G_{i,j}-(F_{i,j})^2)h} \tag{1-5}$$

$$(\Gamma_{22}^1)_{i,j} = \frac{2G_{i,j}(F_{i,j+1}-F_{i,j-1})-G_{i,j}(G_{i+1,j}-G_{i-1,j})-F_{i,j}(G_{i,j+1}-G_{i,j-1})}{4(E_{i,j}G_{i,j}-(F_{i,j})^2)h} \tag{1-6}$$

$$(\Gamma_{22}^2)_{i,j} = \frac{E_{i,j}(G_{i,j+1}-G_{i,j-1})-2F_{i,j}(F_{i,j+1}-F_{i,j-1})+F_{i,j}(G_{i+1,j}-G_{i-1,j})}{4(E_{i,j}G_{i,j}-(F_{i,j})^2)h} \tag{1-7}$$

$$(\Gamma_{12}^1)_{i,j} = \frac{G_{i,j}(E_{i,j+1}-E_{i,j-1})-2F_{i,j}(G_{i+1,j}-G_{i-1,j})}{4(E_{i,j}G_{i,j}-(F_{i,j})^2)h} \tag{1-8}$$

$$(\Gamma_{12}^2)_{i,j} = \frac{E_{i,j}(G_{i+1,j}-G_{i-1,j})-F_{i,j}(E_{i,j+1}-E_{i,j-1})}{4(E_{i,j}G_{i,j}-(F_{i,j})^2)h} \tag{1-9}$$

高斯方程组的有限差分形式为

$$\begin{cases} \dfrac{f_{i+1,j}-2f_{i,j}+f_{i-1,j}}{h^2}=(\varGamma_{11}^1)_{i,j}\dfrac{f_{i+1,j}-f_{i-1,j}}{2h}+(\varGamma_{11}^2)_{i,j}\dfrac{f_{i,j+1}-f_{i,j-1}}{2h}+\dfrac{L_{i,j}}{\sqrt{E_{i,j}+G_{i,j}-1}} \\[4mm] \dfrac{f_{i,j+1}-2f_{i,j}+f_{i,j-1}}{h^2}=(\varGamma_{22}^1)_{i,j}\dfrac{f_{i+1,j}-f_{i-1,j}}{2h}+(\varGamma_{22}^2)_{i,j}\dfrac{f_{i,j+1}-f_{i,j-1}}{2h}+\dfrac{N_{i,j}}{\sqrt{E_{i,j}+G_{i,j}-1}} \\[4mm] \dfrac{f_{i+1,j+1}-f_{i+1,j}-f_{i,j+1}+2f_{i,j}-f_{i-1,j}-f_{i,j-1}+f_{i-1,j-1}}{2h^2}=(\varGamma_{12}^1)_{i,j}\dfrac{f_{i+1,j}-f_{i-1,j}}{2h} \\[4mm] \qquad\qquad\qquad\qquad\qquad +(\varGamma_{12}^2)_{i,j}\dfrac{f_{i,j+1}-f_{i,j-1}}{2h}+\dfrac{M_{i,j}}{\sqrt{E_{i,j}+G_{i,j}-1}} \end{cases} \tag{1-10}$$

1.2　等式约束的 HASM 表达

HASM 主方程组式（1-10）的有限差分迭代格式可表达为

$$\begin{cases} \dfrac{f_{i+1,j}^{(n+1)}-2f_{i,j}^{(n+1)}+f_{i-1,j}^{(n+1)}}{h^2}=(\varGamma_{11}^1)_{i,j}^{(n)}\dfrac{f_{i+1,j}^{(n)}-f_{i-1,j}^{(n)}}{2h} \\[4mm] \qquad\qquad +(\varGamma_{11}^2)_{i,j}^{(n)}\dfrac{f_{i,j+1}^{(n)}-f_{i,j-1}^{(n)}}{2h}+\dfrac{L_{i,j}^{(n)}}{\sqrt{E_{i,j}^{(n)}+G_{i,j}^{(n)}-1}} \\[4mm] \dfrac{f_{i,j+1}^{(n+1)}-2f_{i,j}^{(n+1)}+f_{i,j-1}^{(n+1)}}{h^2}=(\varGamma_{22}^1)_{i,j}^{(n)}\dfrac{f_{i+1,j}^{(n)}-f_{i-1,j}^{(n)}}{2h} \\[4mm] \qquad\qquad +(\varGamma_{22}^2)_{i,j}^{(n)}\dfrac{f_{i,j+1}^{(n)}-f_{i,j-1}^{(n)}}{2h}+\dfrac{N_{i,j}^{(n)}}{\sqrt{E_{i,j}^{(n)}+G_{i,j}^{(n)}-1}} \\[4mm] \dfrac{f_{i+1,j+1}^{(n+1)}-f_{i+1,j}^{(n+1)}-f_{i,j+1}^{(n+1)}+2f_{i,j}^{(n+1)}-f_{i-1,j}^{(n+1)}-f_{i,j-1}^{(n+1)}+f_{i-1,j-1}^{(n+1)}}{2h^2}=(\varGamma_{12}^1)_{i,j}^{(n)}\dfrac{f_{i+1,j}^{(n)}-f_{i-1,j}^{(n)}}{2h} \\[4mm] \qquad\qquad +(\varGamma_{12}^2)_{i,j}^{(n)}\dfrac{f_{i,j+1}^{(n)}-f_{i,j-1}^{(n)}}{2h}+\dfrac{M_{i,j}^{(n)}}{\sqrt{E_{i,j}^{(n)}+G_{i,j}^{(n)}-1}} \end{cases} \tag{1-11}$$

式中，

$$E_{i,j}^{(n)}=1+\left(\frac{f_{i+1,j}^{(n)}-f_{i-1,j}^{(n)}}{2h}\right)^2;$$

$$F_{i,j}^{(n)}=\left(\frac{f_{i+1,j}^{(n)}-f_{i-1,j}^{(n)}}{2h}\right)\left(\frac{f_{i,j+1}^{(n)}-f_{i,j-1}^{(n)}}{2h}\right);$$

$$G_{i,j}^{(n)}=1+\left(\frac{f_{i,j+1}^{(n)}-f_{i,j-1}^{(n)}}{2h}\right)^2;$$

$$L_{i,j}^{(n)}=\frac{\dfrac{f_{i+1,j}^{(n)}-2f_{i,j}^{(n)}+f_{i-1,j}^{(n)}}{h^2}}{\sqrt{1+\left(\dfrac{f_{i+1,j}^{(n)}-f_{i-1,j}^{(n)}}{2h}\right)^2+\left(\dfrac{f_{i,j+1}^{(n)}-f_{i,j-1}^{(n)}}{2h}\right)^2}};$$

$$M_{i,j}^{(n)}=\frac{\left(\dfrac{f_{i+1,j+1}^{(n)}-f_{i+1,j-1}^{(n)}}{4h^2}\right)-\left(\dfrac{f_{i-1,j+1}^{(n)}-f_{i-1,j-1}^{(n)}}{4h^2}\right)}{\sqrt{1+\left(\dfrac{f_{i+1,j}^{(n)}-f_{i-1,j}^{(n)}}{2h^2}\right)^2+\left(\dfrac{f_{i,j+1}^{(n)}-f_{i,j-1}^{(n)}}{2h^2}\right)^2}};$$

$$N_{i,j}^{(n)} = \frac{\dfrac{f_{i,j+1}^{(n)} - 2f_{i,j}^{(n)} + f_{i,j-1}^{(n)}}{h^2}}{\sqrt{1 + \left(\dfrac{f_{i+1,j}^{(n)} - f_{i-1,j}^{(n)}}{2h}\right)^2 + \left(\dfrac{f_{i,j+1}^{(n)} - f_{i,j-1}^{(n)}}{2h}\right)^2}};$$

$$(\Gamma_{11}^1)_{i,j}^{(n)} = \frac{G_{i,j}^{(n)}(E_{i+1,j}^{(n)} - E_{i-1,j}^{(n)}) - 2F_{i,j}^{(n)}(F_{i+1,j}^{(n)} - F_{i-1,j}^{(n)}) + F_{i,j}^{(n)}(E_{i,j+1}^{(n)} - E_{i,j-1}^{(n)})}{4[E_{i,j}^{(n)}G_{i,j}^{(n)} - (F_{i,j}^{(n)})^2]h};$$

$$(\Gamma_{11}^2)_{i,j}^{(n)} = \frac{2E_{i,j}^{(n)}(F_{i+1,j}^{(n)} - F_{i-1,j}^{(n)}) - E_{i,j}^{(n)}(E_{i,j+1}^{(n)} - E_{i,j-1}^{(n)}) - F_{i,j}^{(n)}(E_{i,j+1}^{(n)} - E_{i,j-1}^{(n)})}{4[E_{i,j}^{(n)}G_{i,j}^{(n)} - (F_{i,j}^{(n)})^2]h};$$

$$(\Gamma_{22}^1)_{i,j}^{(n)} = \frac{2G_{i,j}^{(n)}(F_{i,j+1}^{(n)} - F_{i,j-1}^{(n)}) - G_{i,j}^{(n)}(G_{i+1,j}^{(n)} - G_{i-1,j}^{(n)}) - F_{i,j}^{(n)}(G_{i,j+1}^{(n)} - G_{i,j-1}^{(n)})}{4[E_{i,j}^{(n)}G_{i,j}^{(n)} - (F_{i,j}^{(n)})^2]h};$$

$$(\Gamma_{22}^2)_{i,j}^{(n)} = \frac{E_{i,j}^{(n)}(G_{i,j+1}^{(n)} - G_{i,j-1}^{(n)}) - 2F_{i,j}^{(n)}(F_{i,j+1}^{(n)} - F_{i,j-1}^{(n)}) + F_{i,j}^{(n)}(G_{i+1,j}^{(n)} - G_{i-1,j}^{(n)})}{4[E_{i,j}^{(n)}G_{i,j}^{(n)} - (F_{i,j}^{(n)})^2]h};$$

$$(\Gamma_{12}^1)_{i,j}^{(n)} = \frac{G_{i,j}^{(n)}(E_{i,j+1}^{(n)} - E_{i,j-1}^{(n)}) - 2F_{i,j}^{(n)}(G_{i+1,j}^{(n)} - G_{i-1,j}^{(n)})}{4[E_{i,j}^{(n)}G_{i,j}^{(n)} - (F_{i,j}^{(n)})^2]h};$$

$$(\Gamma_{12}^2)_{i,j}^{(n)} = \frac{E_{i,j}^{(n)}(G_{i+1,j}^{(n)} - G_{i-1,j}^{(n)}) - F_{i,j}^{(n)}(E_{i,j+1}^{(n)} - E_{i,j-1}^{(n)})}{4[E_{i,j}^{(n)}G_{i,j}^{(n)} - (F_{i,j}^{(n)})^2]h};$$

设 $z^{(n+1)} = (f_{1,1}^{(n+1)}, \cdots, f_{1,J}^{(n+1)}, \cdots, f_{I-1,1}^{(n+1)}, \cdots, f_{I-1,J}^{(n+1)}, f_{I,1}^{(n+1)}, \cdots, f_{I,J}^{(n+1)})^{\mathrm{T}}$ $(n \geq 0)$，迭代初值 $z^{(0)} = (\tilde{f}_{1,1}, \cdots, \tilde{f}_{1,J}, \cdots, \tilde{f}_{I-1,1}, \cdots, \tilde{f}_{I-1,J}, \tilde{f}_{I,1}, \cdots, \tilde{f}_{I,J})^{\mathrm{T}}$ 为驱动场，则式（1-11）中方程组的第一个方程用矩阵形式可以表达为

$$\boldsymbol{A} \cdot z^{(n+1)} = \boldsymbol{d}^{(n)} \tag{1-12}$$

式中，$\boldsymbol{A}$ 为系数矩阵；$\boldsymbol{d}^{(n)} = [\boldsymbol{d}_1^{(n)}, \boldsymbol{d}_2^{(n)}, \cdots, \boldsymbol{d}_{I-1}^{(n)}, \boldsymbol{d}_I^{(n)}]^{\mathrm{T}}$ 为方程的右端项；设 $\boldsymbol{I}_J$ 为 $J \times J$ 单位矩阵，则

$$\boldsymbol{d}_1^{(n)} = \left[\begin{array}{l}
\dfrac{f_{2,1}^{(n)} - f_{0,1}^{(n)}}{2} \cdot (\Gamma_{11}^1)_{1,1}^{(n)} \cdot h + \dfrac{f_{1,2}^{(n)} - f_{1,0}^{(n)}}{2} \cdot (\Gamma_{11}^2)_{1,1}^{(n)} \cdot h + \dfrac{L_{1,1}^{(n)}}{\sqrt{E_{1,1}^{(n)} + G_{1,1}^{(n)} - 1}} \cdot h^2 - f_{0,1}^{(n+1)} \\[3mm]
\dfrac{f_{2,2}^{(n)} - f_{0,2}^{(n)}}{2} \cdot (\Gamma_{11}^1)_{1,2}^{(n)} \cdot h + \dfrac{f_{1,3}^{(n)} - f_{1,1}^{(n)}}{2} \cdot (\Gamma_{11}^2)_{1,2}^{(n)} \cdot h + \dfrac{L_{1,2}^{(n)}}{\sqrt{E_{1,2}^{(n)} + G_{1,2}^{(n)} - 1}} \cdot h^2 - f_{0,2}^{(n+1)} \\[3mm]
\vdots \\[2mm]
\dfrac{f_{2,j}^{(n)} - f_{0,j}^{(n)}}{2} \cdot (\Gamma_{11}^1)_{1,j}^{(n)} \cdot h + \dfrac{f_{1,j+1}^{(n)} - f_{1,j-1}^{(n)}}{2} \cdot (\Gamma_{11}^2)_{1,j}^{(n)} \cdot h + \dfrac{L_{1,j}^{(n)}}{\sqrt{E_{1,j}^{(n)} + G_{1,j}^{(n)} - 1}} \cdot h^2 - f_{0,j}^{(n+1)} \\[3mm]
\vdots \\[2mm]
\dfrac{f_{2,J-1}^{(n)} - f_{0,J-1}^{(n)}}{2} \cdot (\Gamma_{11}^1)_{1,J-1}^{(n)} \cdot h + \dfrac{f_{1,J}^{(n)} - f_{1,J-2}^{(n)}}{2} \cdot (\Gamma_{11}^2)_{1,J-1}^{(n)} \cdot h + \dfrac{L_{1,J-1}^{(n)}}{\sqrt{E_{1,J-1}^{(n)} + G_{1,J-1}^{(n)} - 1}} \cdot h^2 - f_{0,J-1}^{(n+1)} \\[3mm]
\dfrac{f_{2,J}^{(n)} - f_{0,J}^{(n)}}{2} \cdot (\Gamma_{11}^1)_{1,J}^{(n)} \cdot h + \dfrac{f_{1,J+1}^{(n)} - f_{1,J-1}^{(n)}}{2} \cdot (\Gamma_{11}^2)_{1,J}^{(n)} \cdot h + \dfrac{L_{1,J}^{(n)}}{\sqrt{E_{1,J}^{(n)} + G_{1,J}^{(n)} - 1}} \cdot h^2 - f_{0,J}^{(n+1)}
\end{array}\right]_{J \times 1}^{\mathrm{T}}$$

对 $i = 2, 3, \cdots, I-2, I-1$，有

$$
\boldsymbol{d}_i^{(n)} = \left[\begin{array}{c}
\dfrac{f_{i+1,1}^{(n)}-f_{i-1,1}^{(n)}}{2}\cdot(\Gamma_{11}^1)_{i,1}^{(n)}\cdot h+\dfrac{f_{i,2}^{(n)}-f_{i,0}^{(n)}}{2}\cdot(\Gamma_{11}^2)_{i,1}^{(n)}\cdot h+\dfrac{L_{i,1}^{(n)}}{\sqrt{E_{i,1}^{(n)}+G_{i,1}^{(n)}-1}}\cdot h^2 \\[4mm]
\dfrac{f_{i+1,2}^{(n)}-f_{i-1,2}^{(n)}}{2}\cdot(\Gamma_{11}^1)_{i,2}^{(n)}\cdot h+\dfrac{f_{i,3}^{(n)}-f_{i,1}^{(n)}}{2}\cdot(\Gamma_{11}^2)_{i,2}^{(n)}\cdot h+\dfrac{L_{i,2}^{(n)}}{\sqrt{E_{i,2}^{(n)}+G_{i,2}^{(n)}-1}}\cdot h^2 \\[2mm]
\vdots \\[1mm]
\dfrac{f_{i+1,j}^{(n)}-f_{i-1,j}^{(n)}}{2}\cdot(\Gamma_{11}^1)_{i,j}^{(n)}\cdot h+\dfrac{f_{i,j+1}^{(n)}-f_{i,j-1}^{(n)}}{2}\cdot(\Gamma_{11}^2)_{i,j}^{(n)}\cdot h+\dfrac{L_{i,j}^{(n)}}{\sqrt{E_{i,j}^{(n)}+G_{i,j}^{(n)}-1}}\cdot h^2 \\[2mm]
\vdots \\[1mm]
\dfrac{f_{i+1,J-1}^{(n)}-f_{i-1,J-1}^{(n)}}{2}\cdot(\Gamma_{11}^1)_{i,J-1}^{(n)}\cdot h+\dfrac{f_{i,J}^{(n)}-f_{i,J-2}^{(n)}}{2}\cdot(\Gamma_{11}^2)_{i,J-1}^{(n)}\cdot h+\dfrac{L_{i,J-1}^{(n)}}{\sqrt{E_{i,J-1}^{(n)}+G_{i,J-1}^{(n)}-1}}\cdot h^2 \\[4mm]
\dfrac{f_{i+1,J}^{(n)}-f_{i-1,J}^{(n)}}{2}\cdot(\Gamma_{11}^1)_{i,J}^{(n)}\cdot h+\dfrac{f_{i,J+1}^{(n)}-f_{i,J-1}^{(n)}}{2}\cdot(\Gamma_{11}^2)_{i,J}^{(n)}\cdot h+\dfrac{L_{i,J}^{(n)}}{\sqrt{E_{i,J}^{(n)}+G_{i,J}^{(n)}-1}}\cdot h^2
\end{array}\right]_{J\times1}^{\mathrm{T}} ;
$$

$$
\boldsymbol{d}_I^{(n)} = \left[\begin{array}{c}
\dfrac{f_{I+1,1}^{(n)}-f_{I-1,1}^{(n)}}{2}\cdot(\Gamma_{11}^1)_{I,1}^{(n)}\cdot h+\dfrac{f_{I,2}^{(n)}-f_{I,0}^{(n)}}{2}\cdot(\Gamma_{11}^2)_{I,1}^{(n)}\cdot h+\dfrac{h^2\cdot L_{I,1}^{(n)}}{\sqrt{E_{I,1}^{(n)}+G_{I,1}^{(n)}-1}}-f_{I+1,1}^{(n+1)} \\[4mm]
\dfrac{f_{I+1,2}^{(n)}-f_{I-1,2}^{(n)}}{2}\cdot(\Gamma_{11}^1)_{I,2}^{(n)}\cdot h+\dfrac{f_{I,3}^{(n)}-f_{I,1}^{(n)}}{2}\cdot(\Gamma_{11}^2)_{I,2}^{(n)}\cdot h+\dfrac{h^2\cdot L_{I,2}^{(n)}}{\sqrt{E_{I,2}^{(n)}+G_{I,2}^{(n)}-1}}-f_{I+1,2}^{(n+1)} \\[2mm]
\vdots \\[1mm]
\dfrac{f_{I+1,j}^{(n)}-f_{I-1,j}^{(n)}}{2}\cdot(\Gamma_{11}^1)_{I,j}^{(n)}\cdot h+\dfrac{f_{I,j+1}^{(n)}-f_{I,j-1}^{(n)}}{2}\cdot(\Gamma_{11}^2)_{I,j}^{(n)}\cdot h+\dfrac{h^2\cdot L_{I,j}^{(n)}}{\sqrt{E_{I,j}^{(n)}+G_{I,j}^{(n)}-1}}-f_{I+1,j}^{(n+1)} \\[2mm]
\vdots \\[1mm]
\dfrac{f_{I+1,J-1}^{(n)}-f_{I-1,J-1}^{(n)}}{2}\cdot(\Gamma_{11}^1)_{I,J-1}^{(n)}\cdot h+\dfrac{f_{I,J}^{(n)}-f_{I,J-2}^{(n)}}{2}\cdot(\Gamma_{11}^2)_{I,J-1}^{(n)}\cdot h+\dfrac{h^2\cdot L_{I,J-1}^{(n)}}{\sqrt{E_{I,J-1}^{(n)}+G_{I,J-1}^{(n)}-1}}-f_{I+1,J-1}^{(n+1)} \\[4mm]
\dfrac{f_{I+1,J}^{(n)}-f_{I-1,J}^{(n)}}{2}\cdot(\Gamma_{11}^1)_{I,J}^{(n)}\cdot h+\dfrac{f_{I,J+1}^{(n)}-f_{I,J-1}^{(n)}}{2}\cdot(\Gamma_{11}^2)_{I,J}^{(n)}\cdot h+\dfrac{h^2\cdot L_{I,J}^{(n)}}{\sqrt{E_{I,J}^{(n)}+G_{I,J}^{(n)}-1}}-f_{I+1,J}^{(n+1)}
\end{array}\right]_{J\times1}^{\mathrm{T}} ;
$$

$$
\boldsymbol{A}=\left[\begin{array}{cccccc}
-2\boldsymbol{I}_J & \boldsymbol{I}_J & & & & \\
\boldsymbol{I}_J & -2\boldsymbol{I}_J & \boldsymbol{I}_J & & & \\
 & \ddots & \ddots & \ddots & & \\
 & & & \boldsymbol{I}_J & -2\boldsymbol{I}_J & \boldsymbol{I}_J \\
 & & & & \boldsymbol{I}_J & -2\boldsymbol{I}_J
\end{array}\right]_{(I\cdot J)\times(I\cdot J)}
$$

第二个方程可以表达为

$$
\boldsymbol{B}\cdot z^{(n+1)}=\boldsymbol{q}^{(n)} \tag{1-13}
$$

式中，$\boldsymbol{B}=\left[\begin{array}{ccc}\boldsymbol{B}_J & & \\ & \ddots & \\ & & \boldsymbol{B}_J\end{array}\right]_{(I\times J)\times(I\times J)}$ 为系数矩阵；$\boldsymbol{q}^{(n)}=[\boldsymbol{q}_1^{(n)},\boldsymbol{q}_2^{(n)},\cdots,\boldsymbol{q}_{I-1}^{(n)},\boldsymbol{q}_I^{(n)}]^{\mathrm{T}}$ 为方程的右端项，有

$$\boldsymbol{B}_J = \begin{bmatrix} -2 & 1 & & & & & \\ 1 & -2 & 1 & & & & \\ & \ddots & \ddots & \ddots & & & \\ & & 1 & -2 & 1 & & \\ & & & \ddots & \ddots & \ddots & \\ & & & & 1 & -2 & 1 \\ & & & & & 1 & -2 \end{bmatrix}_{J \times J},$$

$$\boldsymbol{q}_i^{(n)} = \begin{bmatrix} \dfrac{f_{i+1,1}^{(n)} - f_{i-1,1}^{(n)}}{2} \cdot (\varGamma_{22}^1)_{i,1}^{(n)} \cdot h + \dfrac{f_{i,2}^{(n)} - f_{i,0}^{(n)}}{2} \cdot (\varGamma_{22}^2)_{i,1}^{(n)} \cdot h + \dfrac{N_{i,1}^{(n)}}{\sqrt{E_{i,1}^{(n)} + G_{i,1}^{(n)} - 1}} \cdot h^2 - f_{i,0}^{(n+1)} \\[3mm] \dfrac{f_{i+1,2}^{(n)} - f_{i-1,2}^{(n)}}{2} \cdot (\varGamma_{22}^1)_{i,2}^{(n)} \cdot h + \dfrac{f_{i,3}^{(n)} - f_{i,1}^{(n)}}{2} \cdot (\varGamma_{22}^2)_{i,2}^{(n)} \cdot h + \dfrac{N_{i,2}^{(n)}}{\sqrt{E_{i,2}^{(n)} + G_{i,2}^{(n)} - 1}} \cdot h^2 \\[3mm] \vdots \\[2mm] \dfrac{f_{i+1,j}^{(n)} - f_{i-1,j}^{(n)}}{2} \cdot (\varGamma_{22}^1)_{i,j}^{(n)} \cdot h + \dfrac{f_{i,j+1}^{(n)} - f_{i,j-1}^{(n)}}{2} \cdot (\varGamma_{22}^2)_{i,j}^{(n)} \cdot h + \dfrac{N_{i,j}^{(n)}}{\sqrt{E_{i,j}^{(n)} + G_{i,j}^{(n)} - 1}} \cdot h^2 \\[3mm] \vdots \\[2mm] \dfrac{f_{i+1,J-1}^{(n)} - f_{i-1,J-1}^{(n)}}{2} \cdot (\varGamma_{22}^1)_{i,J-1}^{(n)} \cdot h + \dfrac{f_{i,J}^{(n)} - f_{i,J-2}^{(n)}}{2} \cdot (\varGamma_{22}^2)_{i,J-1}^{(n)} \cdot h + \dfrac{N_{i,J-1}^{(n)}}{\sqrt{E_{i,J-1}^{(n)} + G_{i,J-1}^{((n))} - 1}} \cdot h^2 \\[3mm] \dfrac{f_{i+1,J}^{(n)} - f_{i-1,J}^{(n)}}{2} \cdot (\varGamma_{22}^1)_{i,J}^{(n)} \cdot h + \dfrac{f_{i,J+1}^{(n)} - f_{i,J-1}^{(n)}}{2} \cdot (\varGamma_{22}^2)_{i,J}^{(n)} \cdot h + \dfrac{N_{i,J}^{(n)}}{\sqrt{E_{i,J}^{(n)} + G_{i,J}^{(n)} - 1}} \cdot h^2 - f_{i,J+1}^{(n+1)} \end{bmatrix}^{\mathrm{T}}_{J \times 1}$$

$i = 1, 2, \cdots, I_{\circ}$

第三个方程可以表达为

$$\boldsymbol{C} \cdot \boldsymbol{z}^{(n+1)} = \boldsymbol{h}^{(n)} \tag{1-14}$$

式中，$\boldsymbol{C}$ 为第三个方程的系数矩阵；$\boldsymbol{h}^{(n)} = [\boldsymbol{h}_1^{(n)}, \boldsymbol{h}_2^{(n)}, \cdots, \boldsymbol{h}_{I-1}^{(n)}, \boldsymbol{h}_I^{(n)}]^{\mathrm{T}}$ 为第三个方程的右端项，有

$$\boldsymbol{C} = \begin{bmatrix} \boldsymbol{C}_1 & -\boldsymbol{C}_1 & & & \\ \boldsymbol{C}_3 & \boldsymbol{C}_2 & \boldsymbol{C}_4 & & \\ & \ddots & \ddots & \ddots & \\ & & \boldsymbol{C}_3 & \boldsymbol{C}_2 & \boldsymbol{C}_4 \\ & & & \boldsymbol{C}_1 & -\boldsymbol{C}_1 \end{bmatrix}_{(I \times J) \times (I \times J)},$$

$$\boldsymbol{C}_1 = \begin{bmatrix} 1 & -1 & & & \\ 1/2 & 0 & -1/2 & & \\ & \ddots & \ddots & \ddots & \\ & & 1/2 & 0 & -1/2 \\ & & & 1 & -1 \end{bmatrix}_{J \times J},$$

$$
\boldsymbol{C}_2 = \begin{bmatrix} 0 & 0 & 0 & & \\ -1/2 & 1 & -1/2 & & \\ & \ddots & \ddots & \ddots & \\ & & -1/2 & 1 & -1/2 \\ & & 0 & 0 & 0 \end{bmatrix}_{J \times J},
$$

$$
\boldsymbol{C}_3 = \begin{bmatrix} 1/2 & -1/2 & & & \\ 1/2 & -1/2 & & & \\ & \ddots & \ddots & & \\ & & 1/2 & -1/2 & \\ & & & 1/2 & -1/2 \end{bmatrix}_{J \times J},
$$

$$
\boldsymbol{C}_4 = \begin{bmatrix} -1/2 & 1/2 & & & \\ & -1/2 & 1/2 & & \\ & & \ddots & \ddots & \\ & & & -1/2 & 1/2 \\ & & & -1/2 & 1/2 \end{bmatrix}_{J \times J},
$$

$$
\boldsymbol{h}_1^{(n)} = \begin{bmatrix}
2h\left[(\varGamma_{12}^1)_{1,1}^{(n)}(f_{2,1}^{(n)} - f_{0,1}^{(n)}) + (\varGamma_{12}^2)_{1,1}^{(n)}(f_{1,2}^{(n)} - f_{1,0}^{(n)}) \right] + \dfrac{4M_{1,1}^{(n)} \cdot h^2}{\sqrt{E_{1,1}^{(n)} + G_{1,1}^{(n)} - 1}} + f_{0,2}^{(n+1)} - f_{0,0}^{(n+1)} + f_{2,0}^{(n+1)} \\[2mm]
2h\left[(\varGamma_{12}^1)_{1,2}^{(n)}(f_{2,2}^{(n)} - f_{0,2}^{(n)}) + (\varGamma_{12}^2)_{1,2}^{(n)}(f_{1,3}^{(n)} - f_{1,1}^{(n)}) \right] + \dfrac{4M_{1,2}^{(n)} \cdot h^2}{\sqrt{E_{1,2}^{(n)} + G_{1,2}^{(n)} - 1}} + f_{0,3}^{(n+1)} - f_{0,1}^{(n+1)} \\[2mm]
\vdots \\[2mm]
2h\left[(\varGamma_{12}^1)_{1,j}^{(n)}(f_{2,j}^{(n)} - f_{0,j}^{(n)}) + (\varGamma_{12}^2)_{1,j}^{(n)}(f_{1,j+1}^{(n)} - f_{1,j-1}^{(n)}) \right] + \dfrac{4M_{1,j}^{(n)} \cdot h^2}{\sqrt{E_{1,j}^{(n)} + G_{1,j}^{(n)} - 1}} + f_{0,j+1}^{(n+1)} - f_{0,j-1}^{(n+1)} \\[2mm]
\vdots \\[2mm]
2h\left[(\varGamma_{12}^1)_{1,J-1}^{(n)}(f_{2,J-1}^{(n)} - f_{0,J-1}^{(n)}) + (\varGamma_{12}^2)_{1,J-1}^{(n)}(f_{1,J}^{(n)} - f_{1,J-2}^{(n)}) \right] + \dfrac{4M_{1,J-1}^{(n)} \cdot h^2}{\sqrt{E_{1,J-1}^{(n)} + G_{1,J-1}^{(n)} - 1}} + f_{0,J}^{(n+1)} - f_{0,J-2}^{(n+1)} \\[2mm]
2h\left[(\varGamma_{12}^1)_{1,J}^{(n)}(f_{2,J}^{(n)} - f_{0,J}^{(n)}) + (\varGamma_{12}^2)_{1,J}^{(n)}(f_{1,J+1}^{(n)} - f_{1,J-1}^{(n)}) \right] + \dfrac{4M_{1,J}^{(n)} \cdot h^2}{\sqrt{E_{1,J}^{(n)} + G_{1,J}^{(n)} - 1}} + f_{0,J+1}^{(n+1)} - f_{0,J-1}^{(n+1)} - f_{2,J+1}^{(n+1)}
\end{bmatrix}^{\mathrm{T}}_{J \times 1}
$$

对 $i = 2, 3, \cdots, I-2, I-1$,

$$
\boldsymbol{h}_i^{(n)} = \begin{bmatrix}
2h\left[(\varGamma_{12}^1)_{i,1}^{(n)}(f_{i+1,1}^{(n)} - f_{i-1,1}^{(n)}) + (\varGamma_{12}^2)_{i,1}^{(n)}(f_{i,2}^{(n)} - f_{i,0}^{(n)}) \right] + \dfrac{4M_{i,1}^{(n)} \cdot h^2}{\sqrt{E_{i,1}^{(n)} + G_{i,1}^{(n)} - 1}} + f_{i+1,0}^{(n+1)} \\[2mm]
2h\left[(\varGamma_{12}^1)_{i,2}^{(n)}(f_{i+1,2}^{(n)} - f_{i-1,2}^{(n)}) + (\varGamma_{12}^2)_{i,2}^{(n)}(f_{i,3}^{(n)} - f_{i,1}^{(n)}) \right] + \dfrac{4M_{i,2}^{(n)} \cdot h^2}{\sqrt{E_{i,2}^{(n)} + G_{i,2}^{(n)} - 1}} \\[2mm]
\vdots \\[2mm]
2h\left[(\varGamma_{12}^1)_{i,j}^{(n)}(f_{i+1,j}^{(n)} - f_{i-1,j}^{(n)}) + (\varGamma_{12}^2)_{i,j}^{(n)}(f_{i,j+1}^{(n)} - f_{i,j-1}^{(n)}) \right] + \dfrac{4M_{i,j}^{(n)} \cdot h^2}{\sqrt{E_{i,j}^{(n)} + G_{i,j}^{(n)} - 1}} \\[2mm]
\vdots \\[2mm]
2h\left[(\varGamma_{12}^1)_{i,J-1}^{(n)}(f_{i+1,J-1}^{(n)} - f_{i-1,J-1}^{(n)}) + (\varGamma_{12}^2)_{i,J-1}^{(n)}(f_{i,J}^{(n)} - f_{i,J}^{(n)}) \right] + \dfrac{4M_{i,J-1}^{(n)} \cdot h^2}{\sqrt{E_{i,J-1}^{(n)} + G_{i,J-1}^{(n)} - 1}} \\[2mm]
2h\left[(\varGamma_{12}^1)_{i,J}^{(n)}(f_{i+1,J}^{(n)} - f_{i-1,J}^{(n)}) + (\varGamma_{12}^2)_{i,J}^{(n)}(f_{i,J+1}^{(n)} - f_{i,J-1}^{(n)}) \right] + \dfrac{4M_{i,J}^{(n)} \cdot h^2}{\sqrt{E_{i,J}^{(n)} + G_{i,J}^{(n)} - 1}} - f_{i+1,J+1}^{(n+1)}
\end{bmatrix}^{\mathrm{T}}_{J \times 1},
$$

$$
\boldsymbol{h}_I^{(n)} = \begin{bmatrix} 2h\left[(\varGamma_{12}^1)_{I,1}^{(n)}(f_{I+1,1}^{(n)}-f_{I-1,1}^{(n)})+(\varGamma_{12}^2)_{I,1}^{(n)}(f_{I,2}^{(n)}-f_{I,0}^{(n)})\right]+\dfrac{4h^2\cdot M_{I,1}^{(n)}}{\sqrt{E_{I,1}^{(n)}+G_{I,1}^{(n)}-1}}-f_{I+1,2}^{(n+1)}+f_{I+1,0}^{(n+1)}-f_{I-1,0}^{(n+1)} \\[2mm] 2h\left[(\varGamma_{12}^1)_{I,2}^{(n)}(f_{I+1,2}^{(n)}-f_{I-1,2}^{(n)})+(\varGamma_{12}^2)_{I,2}^{(n)}(f_{I,3}^{(n)}-f_{I,1}^{(n)})\right]+\dfrac{4h^2\cdot M_{I,2}^{(n)}}{\sqrt{E_{I,2}^{(n)}+G_{I,2}^{(n)}-1}}-f_{I+1,3}^{(n+1)}+f_{I+1,1}^{(n+1)} \\[2mm] \vdots \\[2mm] 2h\left[(\varGamma_{12}^1)_{I,j}^{(n)}(f_{I+1,j}^{(n)}-f_{I-1,j}^{(n)})+(\varGamma_{12}^2)_{I,j}^{(n)}(f_{I,j+1}^{(n)}-f_{I,j-1}^{(n)})\right]+\dfrac{4h^2\cdot M_{I,j}^{(n)}}{\sqrt{E_{I,j}^{(n)}+G_{I,j}^{(n)}-1}}-f_{I+1,j+1}^{(n+1)}+f_{I+1,j-1}^{(n+1)} \\[2mm] \vdots \\[2mm] 2h\left[(\varGamma_{12}^1)_{I,J-1}^{(n)}(f_{I+1,J-1}^{(n)}-f_{I-1,J-1}^{(n)})+(\varGamma_{12}^2)_{I,J-1}^{(n)}(f_{I,J}^{(n)}-f_{I,J-2}^{(n)})\right]+\dfrac{4h^2\cdot M_{I,J-1}^{(n)}}{\sqrt{E_{I,J-1}^{(n)}+G_{I,J-1}^{(n)}-1}}-f_{I+1,J}^{(n+1)}+f_{I+1,J-2}^{(n+1)} \\[2mm] 2h\left[(\varGamma_{12}^1)_{I,J}^{(n)}(f_{I+1,J}^{(n)}-f_{I-1,J}^{(n)})+(\varGamma_{12}^2)_{I,J}^{(n)}(f_{I,J+1}^{(n)}-f_{I,J-1}^{(n)})\right]+\dfrac{4h^2\cdot M_{I,J}^{(n)}}{\sqrt{E_{I,J}^{(n)}+G_{I,J}^{(n)}-1}}-f_{I+1,J+1}^{(n+1)}+f_{I+1,J-1}^{(n+1)}+f_{I-1,J+1}^{(n+1)} \end{bmatrix}_{J\times1}^{\mathrm{T}};
$$

如果将高斯方程组三个方程依先后顺序依次标记为 A、B 和 C，则 HASMabc 可表达为等式约束的最小二乘问题，有

$$
\begin{cases} \min \left\| \begin{bmatrix} A \\ B \\ C \end{bmatrix}\cdot z^{(n+1)}-\begin{bmatrix} d^{(n)} \\ q^{(n)} \\ h^{(n)} \end{bmatrix} \right\|_2 \\[4mm] \text{s.\,t.}\quad S\cdot z^{(n+1)}=k \end{cases} \tag{1-15}
$$

式中，S 和 k 分别为采样矩阵和采样向量。

式（1-15）是一个由地面采样信息等式约束的最小二乘问题，目的是在保证采样点处模拟值逼近采样值的条件下，保持整体模拟误差最小。充分利用采样信息，也是保证迭代趋近于最佳模拟效果的有效手段。

在以往的研究中，对充分大的实数 λ，HASMabc 可近似地表达为

$$
\min_F \left\| \begin{bmatrix} A \\ B \\ C \\ \lambda S \end{bmatrix}\cdot z^{(n+1)}-\begin{bmatrix} d^{(n)} \\ q^{(n)} \\ h^{(n)} \\ \lambda k \end{bmatrix} \right\|_2 \tag{1-16}
$$

从而获得迭代式，有

$$
z^{(n+1)}=(A^{\mathrm{T}}\cdot A+B^{\mathrm{T}}\cdot B+C^{\mathrm{T}}\cdot C+\lambda^2\cdot S^{\mathrm{T}}\cdot S)^{-1}(A^{\mathrm{T}}\cdot d^{(n)}+B^{\mathrm{T}}\cdot q^{(n)}+C^{\mathrm{T}}\cdot h^{(n)}+\lambda^2\cdot S^{\mathrm{T}}\cdot k) \tag{1-17}
$$

类似地，基于高斯方程组前两个方程的 HASMab 可表达为

$$
z^{(n+1)}=(A^{\mathrm{T}}\cdot A+B^{\mathrm{T}}\cdot B+\lambda^2\cdot S^{\mathrm{T}}\cdot S)^{-1}(A^{\mathrm{T}}\cdot d^{(n)}+B^{\mathrm{T}}\cdot q^{(n)}+\lambda^2\cdot S^{\mathrm{T}}\cdot k) \tag{1-18}
$$

1.3　HASM 等式和不等式共同约束的表达

在实际应用中，有时候需要采用不等式，将一些采样信息以不等式约束的形式，用于对

曲面的约束控制。考虑到不等式 $k_2 \leqslant S_2 \cdot z^{(n+1)} \leqslant k_3$ 可以改写为 $\begin{cases} -S_2 \cdot z^{(n+1)} \leqslant -k_2 \\ S_2 \cdot z^{(n+1)} \leqslant k_3 \end{cases}$，不失一般

性，带不等式约束的 HASM 算法可表示为

$$\begin{cases} \min \left\| \begin{bmatrix} A \\ B \\ C \end{bmatrix} \cdot z^{(n+1)} - \begin{bmatrix} d^{(n)} \\ q^{(n)} \\ p^{(n)} \end{bmatrix} \right\| \\ \text{s. t.} \\ S_1 \cdot z^{(n+1)} = k_1 \\ S_2 \cdot z^{(n+1)} \leqslant k_2 \end{cases} \qquad (1\text{-}19)$$

式中，S_1 和 k_1 分别为采样信息等式约束的采样矩阵和采样向量；S_2 和 k_2 分别为采样信息的不等式控制矩阵与向量。

在式（1-19）这个不等式约束最小二乘问题中，$\begin{cases} S_1 \cdot z^{(n+1)} = k_1 \\ S_2 \cdot z^{(n+1)} \leqslant k_2 \end{cases}$ 是采样点信息和背景信

息等数量化后得到的约束控制条件，由等式和不等式共同形成解空间；在这个解空间中，求

$\left\| \begin{bmatrix} A \\ B \\ C \end{bmatrix} \cdot z^{(n+1)} - \begin{bmatrix} d^{(n)} \\ q^{(n)} \\ p^{(n)} \end{bmatrix} \right\|_2$ 的最小值，从而得到目标曲面。

定义拉格朗日函数为

$$f(z^{(n+1)}, \lambda, u) = \frac{1}{2} \| W \cdot z^{(n+1)} - v^{(n)} \|_2^2 + \lambda^{\mathrm{T}}(k_1 - S_1 \cdot z^{(n+1)}) + u^{\mathrm{T}}(k_2 - S_2 \cdot z^{(n+1)}) \qquad (1\text{-}20)$$

式中，$W = \begin{bmatrix} A \\ B \\ C \end{bmatrix}$；$v^{(n)} = \begin{bmatrix} d^{(n)} \\ q^{(n)} \\ p^{(n)} \end{bmatrix}$；$\lambda$ 和 u 为参数向量。

等式约束最小二乘问题［式（1-20）］可通过拉格朗日乘子法将其转化为求函数 f $(z^{(n+1)}, \lambda, u)$ 的极小值问题。

根据 Karush-Kuhn-Tucker（KKT）最优化条件，求 $f(z^{(n+1)}, \lambda, u)$ 的极小值，需要满足如下条件：

（1）$\dfrac{\partial f(z^{(n+1)}, \lambda, u)}{\partial z^{(n+1)}} = 0$；

（2）$S_1 \cdot z^{(n+1)} - k_1 = 0$；

（3）$u^{\mathrm{T}} \cdot (S_2 \cdot z^{(n+1)} - k_2) = 0$，即 $u = 0$，或者 $S_2 \cdot z^{(n+1)} - k_2 = 0$。

若 $u = 0$，则含不等式约束的最小二乘问题［式（1-19）］退化为等式约束最小二乘问题［式（1-17）］。此即说明式（1-20）的解空间包含在 $S_1 \cdot z^{(n+1)} = k_1$ 中，即 $S_1 \cdot z^{(n+1)} = k_1$ 满足 $S_2 \cdot z^{(n+1)} \leqslant k_2$。求解式（1-20），退化为在空间 $S_1 \cdot z^{(n+1)} = k_1$ 中，求 $\| W \cdot z^{(n+1)} - v^{(n)} \|_2$ 的最小值。

对 $f(z^{(n+1)}, \lambda)$ 就 $z^{(n+1)}$ 求导，令其导数为 0，可得 $W^{\mathrm{T}} \cdot W \cdot z^{(n+1)} - W^{\mathrm{T}} \cdot v^{(n)} - S_1^{\mathrm{T}} \cdot \lambda = 0$。设 $r^{(n+1)} = v^{(n)} - W \cdot z^{(n+1)}$，可以得到 $W^{\mathrm{T}} \cdot r^{(n+1)} + S_1^{\mathrm{T}} \cdot \lambda = 0$。根据 $S_1 \cdot z^{(n+1)} = k_1$ 可得对称不正定

系统为

$$\begin{bmatrix} \mathbf{0} & \mathbf{W}^{\mathrm{T}} & \mathbf{S}_1^{\mathrm{T}} \\ \mathbf{W} & \mathbf{I} & \mathbf{0} \\ \mathbf{S}_1 & \mathbf{0} & \mathbf{0} \end{bmatrix} \begin{bmatrix} \mathbf{z}^{(n+1)} \\ \mathbf{r}^{(n+1)} \\ \boldsymbol{\lambda} \end{bmatrix} = \begin{bmatrix} \mathbf{0} \\ \mathbf{v}^{(n)} \\ \mathbf{k}_1 \end{bmatrix} \tag{1-21}$$

若 $\boldsymbol{u} \neq \mathbf{0}$，则 $\mathbf{S}_2 \cdot \mathbf{z}^{(n+1)} = \mathbf{k}_2$，$\begin{cases} \mathbf{S}_1 \cdot \mathbf{z}^{(n+1)} = \mathbf{k}_1 \\ \mathbf{S}_2 \cdot \mathbf{z}^{(n+1)} = \mathbf{k}_2 \end{cases}$ 形成式（1-20）的解空间，在这个解空间中，求 $\| \mathbf{W} \cdot \mathbf{z}^{(n+1)} - \mathbf{v}^{(n)} \|_2$ 的最小值。对拉格朗日函数 $f(\mathbf{z}^{(n+1)}, \boldsymbol{\lambda}, \boldsymbol{u})$ 就 $\mathbf{z}^{(n+1)}$ 求导，令其导数为 0，可得 $\mathbf{W}^{\mathrm{T}} \cdot \mathbf{W} \cdot \mathbf{z}^{(n+1)} - \mathbf{W}^{\mathrm{T}} \cdot \mathbf{v}^{(n)} - \mathbf{S}_1^{\mathrm{T}} \cdot \boldsymbol{\lambda} - \mathbf{S}_2^{\mathrm{T}} \cdot \boldsymbol{u} = 0$。

设 $\mathbf{r}^{(n+1)} = \mathbf{v}^{(n)} - \mathbf{W} \cdot \mathbf{z}^{(n+1)}$，可以得到 $\mathbf{W}^{\mathrm{T}} \cdot \mathbf{r}^{(n+1)} + \mathbf{S}_1^{\mathrm{T}} \cdot \boldsymbol{\lambda} + \mathbf{S}_2^{\mathrm{T}} \cdot \boldsymbol{u} = 0$。根据 $\mathbf{S}_1 \cdot \mathbf{z}^{(n+1)} = \mathbf{k}_1$ 和 $\mathbf{S}_2 \cdot \mathbf{z}^{(n+1)} = \mathbf{k}_2$，可得对称不正定系统为

$$\begin{bmatrix} \mathbf{0} & \mathbf{W}^{\mathrm{T}} & \mathbf{S}_1^{\mathrm{T}} & \mathbf{S}_2^{\mathrm{T}} \\ \mathbf{W} & \mathbf{I} & \mathbf{0} & \mathbf{0} \\ \mathbf{S}_1 & \mathbf{0} & \mathbf{0} & \mathbf{0} \\ \mathbf{S}_2 & \mathbf{0} & \mathbf{0} & \mathbf{0} \end{bmatrix} \begin{bmatrix} \mathbf{z}^{(n+1)} \\ \mathbf{r}^{(n+1)} \\ \boldsymbol{\lambda} \\ \boldsymbol{u} \end{bmatrix} = \begin{bmatrix} \mathbf{0} \\ \mathbf{v}^{(n)} \\ \mathbf{k}_1 \\ \mathbf{k}_2 \end{bmatrix} \tag{1-22}$$

此类问题的求解方法一般为直接法及迭代法。直接法涉及矩阵的分解等，对大规模问题并不适合。常用的迭代法为 Krylov 子空间迭代法，如预处理共轭梯度法（HASM-PCG）、基于最小二乘的 QR 分解方法（least squares QR，LSQR）和广义极小残差化方法（generalized minimal residual metods，GMRES）等。由于此类迭代法需要将方程组系数矩阵全部一次性输入内存，随着计算规模的增加，此类方法已不再适用。行投影迭代法可避免此类问题，行投影迭代法应用广泛，算法简单，经典的行投影迭代法如 Cimmio 算法、Kaczmar 算法等。

不失一般性，对于代数方程组 $\mathbf{A} \cdot \mathbf{x} = \mathbf{b}$，将矩阵 $\mathbf{A}$ 分解为块行形式，有

$$\begin{pmatrix} \mathbf{A}_1 \\ \mathbf{A}_2 \\ \vdots \\ \mathbf{A}_p \end{pmatrix} \cdot \mathbf{x} = \begin{pmatrix} \mathbf{b}_1 \\ \mathbf{b}_2 \\ \vdots \\ \mathbf{b}_p \end{pmatrix} \quad \mathbf{A}_i \in \mathbf{R}^{m \times n}, m \ll n \tag{1-23}$$

定义 $\mathbf{H}_i$ 为集合 $\mathbf{H}_i \equiv \{ \mathbf{x} \in \mathbf{R}^n : \mathbf{A}_i \cdot \mathbf{x} = \mathbf{b}_i \}$，$i = 1, \cdots, p$。也就是说，任意 $\mathbf{x} \in \bigcap_{i=1}^{p} \mathbf{H}_i$ 均为线性系统 $\mathbf{A} \cdot \mathbf{x} = \mathbf{b}$ 的解。此外可以计算任意 $\mathbf{x} \in \mathbf{R}^n$ 在 $\mathbf{H}_i$ 上的正交投影 $P_i(\mathbf{x}) = \mathbf{x} + \mathbf{A}_i^{\mathrm{T}} (\mathbf{A}_i \cdot \mathbf{A}_i^{\mathrm{T}})^{-1} (\mathbf{b}_i - \mathbf{A}_i \cdot \mathbf{x})$。

给定一个迭代点 $\mathbf{x}^{(k)}$，行投影迭代算法将 $\mathbf{x}^{(k)}$ 在所有 $\mathbf{H}_i$ 上的正交投影的线性组合 $\sum_{i=1}^{p} w_i P_i(\mathbf{x}^{(k)})$ 作为下一个迭代点，其中 $\sum_{i=1}^{p} w_i = 1$。总体思路是先将 $\mathbf{x}^{(k)}$ 投影到 p 个超平面 $\underbrace{P_1(\mathbf{x}^{(k)}), \cdots, P_p(\mathbf{x}^{(k)})}_{p}$。

选取 $\mathbf{x}^{(0)}$，令 $k = 0$，重复下述步骤直到收敛：

begin

  do in parallel $i = 1, \cdots, p$

  $\delta_i^{(k)} = \mathbf{A}_i^+ \cdot \mathbf{b}_i - P_A(\mathbf{A}_i^{\mathrm{T}}) \mathbf{x}^{(k)} = \mathbf{A}_i^+ (\mathbf{b}_i - \mathbf{A}_i \cdot \mathbf{x}^{(k)})$

end parallel

$$x^{(k+1)} = x^{(k)} + \varpi \sum_{i=1}^{p} \delta_i^{(k)}$$

set $k = k+1$

end

式中，A_i^+ 为 A_i 的广义逆。

此算法可避免每次都输入矩阵全部元素，每次只需输入矩阵的一块行，保证了大规模问题的求解可能性。但缺点是收敛速度慢，因此在实际中较少应用。为此，基于 Kaczmar 算法，可给出一个新的块行投影迭代算法。通过选取离当前迭代点距离最远的块来进行正交投影，并将投影作为下一个迭代点，从而加快了收敛速度。假设当前迭代点为 $x^{(k)}$，首先计算 $x^{(k)}$ 在所有 $\mathbf{H}_i$ 上的正交投影 $P_i(x^{(k)})$，$i=1,\cdots,p$，其次比较所有的 $\| P_i(x^{(k)}) - x^{(k)} \|_2$，并求出其中最大者，即找出离 $x^{(k)}$ 正交距离最远的块 $\mathbf{H}_i$。假设 $\| P_j(x^{(k)}) - x^{(k)} \|_2$ 最大，即 $\| P_j(x^{(k)}) - x^{(k)} \|_2 = \max\limits_{i=1,\cdots,p} \| P_i(x^{(k)}) - x^{(k)} \|_2$，选取 $x^{(k)}$ 在 $\mathbf{H}_i$ 上的投影 $P_j(x^{(k)})$ 作为下一个迭代点，即 $x^{(k+1)} = P_j(x^{(k)})$。继续上面的过程，得到序列 $\{x^{(k)}\}$，不断迭代直至收敛。该算法描述如下。

初始化：对矩阵 A 进行分块，给定初始点 $x^{(0)} \in \mathbf{R}^n$，$0 \leqslant \varepsilon < 1$，令 $k=0$

for $i=1,\cdots,p$

$Q_i = (A_i^{\mathrm{T}} \cdot A_i)^{-1}$

while($\| A^{\mathrm{T}} \cdot x^{(k)} - b \|_2 > \varepsilon$)

$\{d = A_1 \cdot Q_1(b_1 - A_1^{\mathrm{T}} \cdot x^{(k)})$

for $j=2,3,\cdots,p$

if $\| A_j \cdot Q_j(b_j - A_j^{\mathrm{T}} \cdot x^{(k)}) \|_2 > \| d \|_2$

$\{d = A_j \cdot Q_j(b_j - A_j^{\mathrm{T}} \cdot x^{(k)})\}$

$x^{(k+1)} = x^{(k)} + d$

$k = k+1\}$

上述算法中，涉及稀疏矩阵的乘积及稀疏矩阵与向量的乘积运算、向量内积及向量加法运算。稀疏矩阵通常存储为压缩格式。随着应用场景及计算平台的不同，矩阵通常被压缩为不同的存储格式。压缩格式的选择要综合考虑矩阵的稀疏特点及计算平台。最常见的，可以对稀疏矩阵采用行压缩存储（CSR），CSR 格式是将稀疏矩阵的非零元素进行按行压缩存储，并用专用数组来记录非零元素原有的位置，压缩效率高，压缩过程便于理解。CSR 格式便于移植到不同平台上，许多新的压缩格式也都基于 CSR 格式修改而来。这种方法存储 n 阶稀疏矩阵 A 时，假设 A 中共有 l 个非零元素，则需要用一个 l 维向量 x 按先行后列的顺序依次存放 A 中的非零元素，用一个 l 维向量 x^J 按同样的顺序依次存放 A 中的这些非零元素列号，同时还需要引入一个 $n+1$ 维整型向量 $x^{(R)}$，$x_i^{(R)}(1 \leqslant i \leqslant n)$ 指明 A 中第 i 行第一个非零元素被存储在 x 中的位置，$x_{n+1}^{(R)} = l+1$。HASM 算法中的代数方程组式（1-21）或者式（1-22）的系数矩阵为对称矩阵，因此实际中只需存储上三角部分非零元素。对于 Huge 型，对应地采用了块行压缩存储方式。

基于上述格式实现的矩阵与向量乘法 $y = A \cdot v$ 可写为

$$\text{for}(i=0;i<\frac{l}{2};i++)$$

$$\quad\boldsymbol{y}\big[\boldsymbol{x}^{(R)}(i)\big]=\boldsymbol{x}(i)\times v\big[\boldsymbol{x}^{J}(i)\big]$$

end

基于 CSR 行压缩存储方式，矩阵与矩阵相乘计算花费由 $O(n^3)$ 变为 $O(n)$；矩阵与向量相乘的计算花费由 $O(n^2)$ 变为 $O(n)$；上述算法的计算花费最大为 $O(n)$，其中，n 为计算网格数。

1.4　HASM 停止准则

根据曲面论基本定理，当曲面的第一类和第二类基本量对称正定，且满足 Gauss-Codazii 方程组时，可由高斯方程组解出所要求的曲面。设 $\phi_1=\dfrac{L}{\sqrt{E}}$，$\phi_2=\dfrac{N}{\sqrt{G}}$，$\varphi_1=\dfrac{M}{\sqrt{G}}$，$\varphi_2=\dfrac{M}{\sqrt{E}}$，$P=\dfrac{\sqrt{E}_y}{\sqrt{G}}$，$Q=\dfrac{\sqrt{G}_x}{\sqrt{E}}$，则 Gauss-Codazii 方程组式可转化为

$$\begin{cases}\phi_{1y}-\varphi_{2x}-\phi_2 P-\varphi_1 Q=0\\ \phi_{2x}-\varphi_{1y}-\phi_1 Q-\varphi_2 P=0\\ Q_x+P_y+\phi_1\phi_2-\varphi_1\varphi_2=0\end{cases}\tag{1-24}$$

将式（1-24）作为外迭代停止准则，可保证 HASM 的理论完美性。同时，使得 HASM 的内迭代和外迭代停止准则有了固定的标准。在实际应用中，外迭代停止准则可表达为

$$(\phi_{1y}-\varphi_{2x}-\phi_2 P-\varphi_1 Q)^2+(\phi_{2x}-\varphi_{1y}-\phi_1 Q-\varphi_2 P)^2+(Q_x+P_y+\phi_1\phi_2-\varphi_1\varphi_2)^2\leqslant e_t\tag{1-25}$$

式中，e_t 为根据具体应用的精度要求确定的误差阈值。

在程序具体实现过程中，将式（1-25）中的偏微分项进行有限差分离散，对一阶偏导数采用二阶中心离散格式为

$$\begin{cases}f_x=\dfrac{f_{i+1,j}-f_{i-1,j}}{2h}\\ f_y=\dfrac{f_{i,j+1}-f_{i,j-1}}{2h}\end{cases}\tag{1-26}$$

2　HASM 精度分析

2.1　驱动场对 HASM 精度的影响

2.1.1　驱动场为零值

为了比较分析 HASMab 和 HASMabc 的模拟精度，在标准化区域 $[0,1]\times[0,1]$，对式（2-1）所示的无量纲数学曲面分别进行模拟分析（附图 2-1）。

$$z(x,y)=3+2\sin(2\pi x)\cdot\sin(2\pi y)+\exp\big[-15(x-1)^2$$
$$-15(y-1)^2\big]+\exp\big[-10x^2-15(y-1)^2\big]\tag{2-1}$$

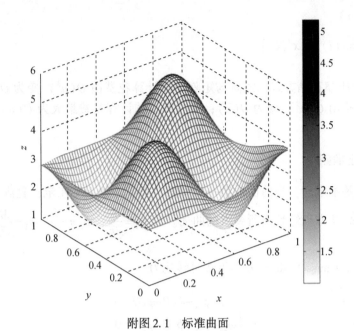

附图 2.1　标准曲面

　　数值实验结果（附表 2.1）表明，在驱动场为零值、采样间隔为 1 的情况下，基于三个主方程的 HASMabc 在不同计算规模下的模拟精度均高于基于两个主方程的 HASMab。附图 2.2 表明，HASMab 的模拟误差都随着外迭代次数的增加而缓慢减小，达到一定迭代次数后，误差变化幅度减弱。尽管 HASMab 随着外迭代次数的增加误差有所下降，但其误差仍大于 HASMabc。而外迭代次数对 HASMabc 的模拟结果没有显著影响，HASMabc 外迭代一次便可达到较好的模拟精度。由此可见，HASMabc 在零作为初值的情况下，不需要多次外迭代便可取得较好的模拟结果。

附表 2.1　不同主方程 HASM 在不同计算规模下外迭代 20 次时的计算误差

计算域内像元数	HASMab		HASMabc	
	绝对误差	相对误差	绝对误差	相对误差
256	0.026	0.0072	6.09×10^{-5}	2.43×10^{-5}
576	0.0038	0.0011	2.90×10^{-5}	1.04×10^{-5}
1024	0.0015	0.0004	2.52×10^{-5}	9.06×10^{-6}
1600	0.0011	0.0003	2.49×10^{-5}	9.10×10^{-6}
2304	0.0007	0.0002	2.49×10^{-5}	9.07×10^{-6}
3136	0.0005	0.0002	2.48×10^{-5}	9.08×10^{-6}

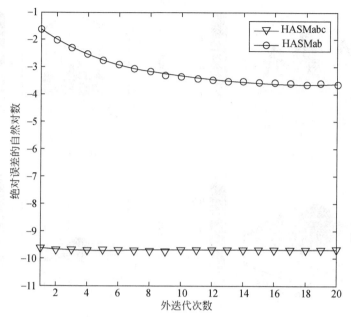

附图 2.2　HASMab 和 HASMabc 模拟误差的自然对数在外迭代过程中的变化

再以具有特殊几何性质、并在实际生活中有广泛应用的 8 个数学曲面为例，来比较 HASMab 与 HASMabc 的模拟精度。这 8 个曲面见附图 2.3，其对应的解析表达式为

$$f_1(x,y) = \cos(10y) + \sin[10(x-y)] \tag{2-2}$$

$$f_2(x,y) = e^{[-(5-10x)^2/2]} + 0.75e^{[-(5-10y)^2/2]} + 0.75e^{[-(5-10x)^2/2]}e^{[-(5-10y)^2/2]} \tag{2-3}$$

$$f_3(x,y) = \sin(2\pi \cdot y) \cdot \sin(\pi \cdot x) \tag{2-4}$$

$$f_4(x,y) = 0.75e^{\{-[(9x-2)^2+(9y-2)^2]/4\}} + 0.75e^{[-(9x+1)^2/49-(9y+1)/10]}$$
$$+ 0.5e^{\{-[(9x-7)^2+(9y-3)^2]/4\}} - 0.2e^{[-(9x-4)^2-(9y-7)^2]} \tag{2-5}$$

$$f_5(x,y) = \frac{1}{9}[\tanh(9y-9x)+1] \tag{2-6}$$

$$f_6(x,y) = \frac{1.25+\cos(5.4y)}{6[1+(3x-1)^2]} \tag{2-7}$$

$$f_7(x,y) = \frac{1}{3}e^{-(81/16)[(x-0.5)^2+(y-0.5)^2]} \tag{2-8}$$

$$f_8(x,y) = \frac{1}{3}e^{-(81/4)[(x-0.5)^2+(y-0.5)^2]} \tag{2-9}$$

以零作为 HASM 驱动场，并设采样比例为 1/100，内迭代停止准则为

$$\|r\|_2 \leqslant 10^{-12} \tag{2-10}$$

对 HASMabc，有

$$r = A^{\mathrm{T}} \cdot d^{(n)} + B^{\mathrm{T}} \cdot q^{(n)} + C^{\mathrm{T}} \cdot h^{(n)} + \lambda^2 \cdot S^{\mathrm{T}} \cdot k - (A^{\mathrm{T}} \cdot A + B^{\mathrm{T}} \cdot B + C^{\mathrm{T}} \cdot C + \lambda^2 \cdot S^{\mathrm{T}} \cdot S) \cdot z^{(n+1)} \tag{2-11}$$

对 HASMab，有

$$r = A^{\mathrm{T}} \cdot d^{(n)} + B^{\mathrm{T}} \cdot q^{(n)} + \lambda^2 \cdot S^{\mathrm{T}} \cdot k - (A^{\mathrm{T}} \cdot A + B^{\mathrm{T}} \cdot B + \lambda^2 \cdot S^{\mathrm{T}} \cdot S) \cdot z^{(n+1)} \tag{2-12}$$

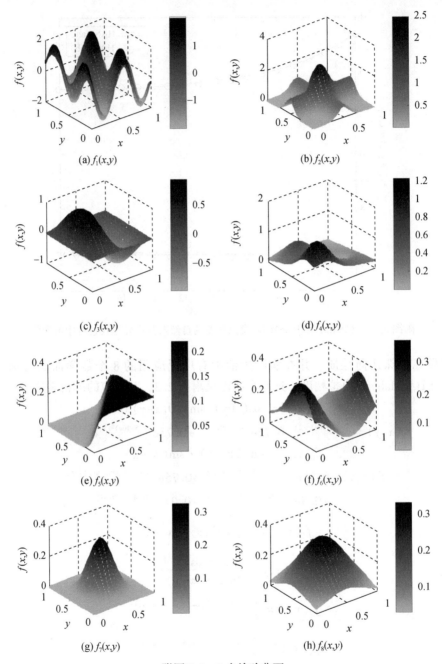

附图 2.3　8 个检验曲面

　　在随机采样的情况下，对于所测试的 8 个数学曲面，HASMabc 的计算精度均高于 HASMab（附表 2.2）。HASMabc 的极端最大误差远小于 HASMab 极端最大误差，特别是曲面 f_2 和 f_5，表现尤为突出。

附表 2.2　不同主方程 HASM 在不同计算规模下外迭代 20 次时的计算误差

计算域内像元数	绝对误差		最大误差	
	HASMab	HASMabc	HASMab	HASMabc
f_1	0.0199	0.0027	0.0100	0
f_2	0.3270	0.0058	9.2800	0.0200
f_3	0.0402	0.0040	0.0100	0
f_4	0.0140	0.0017	0.0200	0.0100
f_5	0.1142	0.0100	0.4100	0.0300
f_6	0.0097	0.0003	0.0050	0.0020
f_7	0.0028	0.0003	0.0030	0.0030
f_8	0.0031	0.0001	0.0001	0.0001

2.1.2　驱动场为经典方法插值结果

本书仍然选择式（2-2）~式（2-9）数学曲面对 HASM 及各种经典曲面建模方法的模拟结果进行对比分析。8 个数值实验的计算域都由 121×121 个栅格组成，采样方法区分为均匀采样和随机采样。均匀采样间隔为 5 个栅格，共有 625 个采样点；随机采样点个数为 1296 个。误差指标采用均方根误差（RMSE）。为了得到较高精度的驱动场，本实验中 HASM 驱动场不再选用零值，而采用三次立方插值方法获得。

数值实验显示（附表 2.3 ~ 附表 2.6），在模拟 8 个曲面时，无论均匀采样还是随机采样，HASMab 和 HASMabc 方法较经典曲面建模方法都有明显的精度优势。均匀采样时，HASMabc 对 8 个曲面的模拟平均精度，分别是 HASMab、spline、Kriging、TIN 和 IDW 的 2.0、19.2、59.0、110.7 和 581.0 倍（附表 2.4）；随机采样时，HASMab、spline、Kriging、TIN 和 IDW 对 8 个典型曲面模拟的平均误差分别是 HASMabc 误差的 2.3、19.2、145.4、114.9 和 553.1 倍。

附表 2.3　均匀采样时各种方法的 RMSE 误差

曲面	HASMabc	HASMab	spline	Kriging	TIN	IDW
$f_1(x,y)$	8.2×10^{-4}	1.3×10^{-3}	4.0×10^{-3}	1.4×10^{-1}	2.9×10^{-2}	1.4×10^{-1}
$f_2(x,y)$	9.3×10^{-5}	2.3×10^{-4}	2.0×10^{-3}	4.8×10^{-3}	9.0×10^{-3}	4.6×10^{-2}
$f_3(x,y)$	3.3×10^{-5}	4.4×10^{-5}	6.6×10^{-4}	2.5×10^{-3}	4.2×10^{-3}	4.0×10^{-3}
$f_4(x,y)$	1.8×10^{-5}	5.8×10^{-5}	4.4×10^{-4}	1.3×10^{-3}	2.5×10^{-3}	1.4×10^{-2}
$f_5(x,y)$	1.1×10^{-5}	2.9×10^{-5}	1.1×10^{-4}	5.1×10^{-4}	10.0×10^{-4}	4.9×10^{-3}
$f_6(x,y)$	9.4×10^{-6}	1.9×10^{-5}	1.1×10^{-4}	2.6×10^{-4}	5.0×10^{-4}	4.0×10^{-3}
$f_7(x,y)$	5.1×10^{-6}	8.7×10^{-6}	1.6×10^{-4}	4.3×10^{-4}	8.8×10^{-4}	4.7×10^{-3}
$f_8(x,y)$	4.2×10^{-6}	5.8×10^{-6}	6.6×10^{-5}	2.3×10^{-4}	4.0×10^{-4}	3.7×10^{-3}

附表 2.4　均匀采样时各种经典方法误差与 HASMab 方法误差的比值

曲面	HASMab	spline	Kriging	TIN	IDW
$f_1(x,y)$	1.6	4.9	166.7	35.4	166.7
$f_2(x,y)$	2.5	21.5	51.6	97.0	494.6

曲面	HASMab	spline	Kriging	TIN	IDW
$f_3(x,y)$	1.3	20	75.8	127.2	121.2
$f_4(x,y)$	3.2	24.4	72.2	138.9	777.8
$f_5(x,y)$	2.6	10	46.4	90.9	445.5
$f_6(x,y)$	2.0	11.7	27.7	53.2	425.5
$f_7(x,y)$	1.7	31.4	84.3	172.5	921.6
$f_8(x,y)$	1.4	15.7	54.8	95.2	881.0
平均	2.0	19.2	59.0	110.7	581.0

附表 2.5   随机采样时各种方法的 RMSE 误差

曲面	HASMabc	HASMab	spline	Kriging	TIN	IDW
$f_1(x,y)$	2.9×10^{-4}	7.8×10^{-4}	4.8×10^{-3}	1.1×10^{-1}	2.7×10^{-2}	1.0×10^{-3}
$f_2(x,y)$	9.1×10^{-5}	2.1×10^{-4}	1.7×10^{-3}	8.3×10^{-3}	9.9×10^{-3}	3.2×10^{-2}
$f_3(x,y)$	2.8×10^{-5}	1.1×10^{-4}	6.0×10^{-4}	3.8×10^{-3}	3.8×10^{-3}	2.5×10^{-2}
$f_4(x,y)$	1.5×10^{-5}	4.0×10^{-5}	3.9×10^{-4}	2.2×10^{-3}	2.5×10^{-3}	1.2×10^{-2}
$f_5(x,y)$	9.9×10^{-6}	2.9×10^{-5}	2.1×10^{-4}	8.9×10^{-4}	1.0×10^{-3}	4.3×10^{-3}
$f_6(x,y)$	8.8×10^{-6}	1.0×10^{-4}	8.0×10^{-5}	5.0×10^{-4}	4.7×10^{-4}	3.3×10^{-3}
$f_7(x,y)$	5.0×10^{-6}	7.0×10^{-6}	1.4×10^{-4}	7.6×10^{-4}	8.6×10^{-4}	4.0×10^{-3}
$f_8(x,y)$	4.3×10^{-6}	5.3×10^{-6}	5.3×10^{-5}	4.8×10^{-4}	3.8×10^{-4}	3.3×10^{-3}

附表 2.6   随机采样时各种经典方法误差与 HASMab 方法误差的比值

平均	HASMab	spline	Kriging	TIN	IDW
$f_1(x,y)$	2.7	16.6	379.3	93.1	3.4
$f_2(x,y)$	2.3	18.7	91.2	108.8	351.6
$f_3(x,y)$	3.9	21.4	135.7	135.7	892.9
$f_4(x,y)$	2.7	26.0	146.7	166.7	800.0
$f_5(x,y)$	2.9	21.2	89.9	101.0	434.3
$f_6(x,y)$	1.1	9.1	56.8	53.4	375.0
$f_7(x,y)$	1.4	28.0	152.0	172.0	800.0
$f_8(x,y)$	1.2	12.3	111.6	88.4	767.4
平均	2.3	19.2	145.4	114.9	553.1

2.2   差分离散格式对 HASM 精度的影响

HASM 算法，是以有限差分方法对高斯方程进行差分离散，并在此基础上构建迭代格式，从而完成曲面的模拟，选择不同的有限差分格式，有可能会对计算产生一定的影响。

以高斯合成曲面 $f(x,y) = 3(1-x)^2 e^{-x^2-(y+1)^2} - 10\left(\dfrac{x}{5}-x^3-y^5\right)e^{-x^2-y^2} - \dfrac{e^{-(x+1)^2-y^2}}{3}$ 为数值试验对象，来分析高阶差分格式和低阶差分格式对 HASM 模拟精度的影响。首先对应 HASM 主方程组中 f_x、f_y、f_{xx}、f_{yy}、f_{xy} 的低阶差分格式可表达为

$$(f_x)_{(i,j)} \approx \begin{cases} \dfrac{f_{1,j}-f_{0,j}}{h} & i=0 \\[2mm] \dfrac{f_{i+1,j}-f_{i-1,j}}{2h} & i=1,\cdots,I \\[2mm] \dfrac{f_{I+1,j}-f_{I,j}}{h} & i=I+1 \end{cases} \qquad (2\text{-}13)$$

$$(f_{xx})_{(i,j)} \approx \begin{cases} \dfrac{f_{0,j}+f_{2,j}-2f_{1,j}}{h^2} & i=0 \\[2mm] \dfrac{f_{i-1,j}-2f_{i,j}+f_{i+1,j}}{2h^2} & i=1,\cdots,I \\[2mm] \dfrac{f_{I+1,j}+f_{I-1,j}-2f_{I,j}}{h^2} & i=I+1 \end{cases} \qquad (2\text{-}14)$$

$$(f_y)_{(i,j)} \approx \begin{cases} \dfrac{f_{i,1}-f_{i,0}}{h} & j=0 \\[2mm] \dfrac{f_{i,j+1}-f_{i,j-1}}{2h} & j=1,\cdots,J \\[2mm] \dfrac{f_{i,J+1}-f_{i,J}}{h} & j=J+1 \end{cases} \qquad (2\text{-}15)$$

$$(f_{yy})_{(i,j)} \approx \begin{cases} \dfrac{f_{i,0}+f_{i,2}-2f_{i,1}}{h^2} & j=0 \\[2mm] \dfrac{f_{i,j-1}-2f_{i,j}+f_{i,j+1}}{2h^2} & j=1,\cdots,J \\[2mm] \dfrac{f_{i,J+1}+f_{i,J-1}-2f_{i,J}}{h^2} & j=J+1 \end{cases} \qquad (2\text{-}16)$$

$$(f_{xy})_{(i,j)} = \begin{cases} \dfrac{f_{1,1}-f_{1,0}-f_{0,1}+f_{0,0}}{h^2} & i=0;\ j=0 \\[2mm] \dfrac{f_{1,J+1}-f_{1,J}-f_{0,J+1}+f_{0,J}}{h^2} & i=0;\ j=J+1 \\[2mm] \dfrac{f_{1,j+1}-f_{0,j+1}-f_{1,j-1}+f_{0,j-1}}{2h^2} & i=0;\ j=1,\cdots,J \\[2mm] \dfrac{f_{I+1,1}-f_{I,0}-f_{I,1}+f_{I+1,0}}{h^2} & i=I+1;\ j=0 \\[2mm] \dfrac{f_{I,J}-f_{I+1,J}-f_{I,J+1}+f_{I+1,J+1}}{h^2} & i=I+1;\ j=J+1 \\[2mm] \dfrac{f_{I+1,j+1}-f_{I,j+1}-f_{I+1,j-1}+f_{I,j-1}}{2h^2} & i=I+1;\ j=1,\cdots,J \\[2mm] \dfrac{f_{i+1,1}-f_{i+1,0}-f_{i-1,1}+f_{i-1,0}}{2h^2} & i=1,\cdots,I;\ j=0 \\[2mm] \dfrac{f_{i+1,J+1}-f_{i+1,J}-f_{i-1,J+1}+f_{i-1,J}}{2h^2} & i=1,\cdots,I;\ j=J+1 \\[2mm] \dfrac{f_{i+1,j+1}-f_{i-1,j+1}+f_{i-1,j-1}-f_{i+1,j-1}}{4h^2} & i=1,\cdots,I;\ j=1,\cdots,J \end{cases} \qquad (2\text{-}17)$$

高阶差分格式为

$$(f_x)_{(i,j)} \approx \begin{cases} \dfrac{-3f_{0,j}+4f_{1,j}-f_{2,j}}{2h} & i=0 \\[3mm] \dfrac{f_{i+1,j}-f_{i-1,j}}{2h} & i=1,\cdots,I \\[3mm] \dfrac{3f_{I+1,j}-4f_{I,j}+f_{I-1,j}}{2h} & i=I+1 \end{cases} \quad (2\text{-}18)$$

$$(f_{xx})_{(i,j)} \approx \begin{cases} \dfrac{2f_{0,j}-5f_{1,j}+4f_{2,j}-f_{3,j}}{h^2} & i=0,1 \\[3mm] \dfrac{-f_{i+2,j}+16f_{i+1,j}-30f_{i,j}+16f_{i-1,j}-f_{i-2,j}}{12h^2} & i=2,\cdots,I-1 \\[3mm] \dfrac{2f_{I+1,j}-5f_{I,j}+4f_{I-1,j}-f_{I-2,j}}{h^2} & i=I,I+1 \end{cases} \quad (2\text{-}19)$$

$$(f_y)_{(i,j)} \approx \begin{cases} \dfrac{-3f_{i,0}+4f_{i,1}-f_{i,2}}{2h} & j=0 \\[3mm] \dfrac{f_{i,j+1}-f_{i,j-1}}{2h} & j=1,\cdots,J \\[3mm] \dfrac{3f_{i,J+1}-4f_{i,J}+f_{i,J-1}}{2h} & j=J+1 \end{cases} \quad (2\text{-}20)$$

$$(f_{yy})_{(i,j)} \approx \begin{cases} \dfrac{2f_{i,0}-5f_{i,1}+4f_{i,2}-f_{i,3}}{h^2} & j=0,1 \\[3mm] \dfrac{-f_{i,j+2}+16f_{i,j+1}-30f_{i,j}+16f_{i,j-1}-f_{i,j-2}}{12h^2} & j=2,\cdots,J-1 \\[3mm] \dfrac{2f_{i,J+1}-5f_{i,J}+4f_{i,J-1}-f_{i,J-2}}{h^2} & j=J,J+1 \end{cases} \quad (2\text{-}21)$$

$$(f_{xy})_{(i,j)} = \begin{cases} \dfrac{f_{1,1}-f_{1,0}-f_{0,1}+f_{0,0}}{h^2} & i=0;j=0 \\[3mm] \dfrac{f_{1,J+1}-f_{1,J}-f_{0,J+1}+f_{0,J}}{h^2} & i=0;\ j=J+1 \\[3mm] \dfrac{f_{1,j+1}-f_{0,j+1}-f_{1,j-1}+f_{0,j-1}}{2h^2} & i=0;\ j=1,\cdots,J \\[3mm] \dfrac{f_{I+1,1}-f_{I,0}-f_{I,1}+f_{I+1,0}}{h^2} & i=I+1;\ j=0 \\[3mm] \dfrac{f_{I,J}-f_{I+1,J}-f_{I,J+1}+f_{I+1,J+1}}{h^2} & i=I+1;\ j=J+1 \\[3mm] \dfrac{f_{I+1,j+1}-f_{I,j+1}-f_{I+1,j-1}+f_{I,j-1}}{2h^2} & i=I+1;\ j=1,\cdots,J \\[3mm] \dfrac{f_{i+1,1}-f_{i+1,0}-f_{i-1,1}+f_{i-1,0}}{2h^2} & i=1,\cdots,I;\ j=0 \\[3mm] \dfrac{f_{i+1,J+1}-f_{i+1,J}-f_{i-1,J+1}+f_{i-1,J}}{2h^2} & i=1,\cdots,I;\ j=J+1 \\[3mm] \dfrac{f_{i+1,j+1}-f_{i+1,j}-f_{i,j+1}+2f_{i,j}-f_{i-1,j}-f_{i,j-1}+f_{i-1,j-1}}{2h^2} & i=1,\cdots,I;\ j=1,\cdots,J \end{cases} \quad (2\text{-}22)$$

设 HASMab 低阶差分 f_x、f_y、f_{xx}、f_{yy} 采用式（2-13）~ 式（2-16），HASMab 高阶差分 f_x、

f_y、f_{xx}、f_{yy}采用式（2-18）~ 式（2-21）。HASMabc 低阶差分 f_x，f_y，f_{xx}，f_{yy}，f_{xy}采用式（2-13）~ 式（2-17）。HASMabc 的高阶差分f_x、f_y、f_{xx}、f_{yy}、f_{xy}采用式（2-18）~ 式（2-22）。对于不同的计算网格数，在零初值下其结果如附表2.7所示。

附表 2.7　HASMab 和 HASMabc 不同离散格式 RMSE

计算栅格总数	289	625	1296	2209	3721
HASMab 低阶差分	0.2021	0.2543	0.3109	0.3593	0.3958
HASMab 高阶差分	0.1959	0.2500	0.2935	0.3393	0.3485
HASMabc 低阶差分	0.0328	0.0436	0.0868	0.0995	0.0946
HASMabc 高阶差分	0.0266	0.0423	0.0719	0.0880	0.0890

由 HASMab 低阶差分和 HASMab 高阶差分的模拟结果可以看出，高阶差分格式在一定程度上提高了 HASM 的模拟效果，但在同样的外迭代步数下，二者均随着计算网格数的增多误差变大；由 HASMab 低阶差分和 HASMabc 低阶差分的模拟结果可知，加入了第三个方程后的 HASM，其模拟精度显著提高，并且其模拟效果要好于只考虑高阶差分格式的 HASMab；加入了第三个方程并采用了高阶差分格式后的 HASMabc 模拟精度最高。同时，HASMabc 低阶差分、HASMabc 高阶差分随着计算网格数的增加，计算误差在给定的外迭代次数下没有明显增长。这说明考虑了交叉项偏微分方程组的 HASM 计算结果更稳定、精度更高。

从上述分析中可以看出，在同等采样和计算等条件下，HASM 的模拟精度受高斯方程组中第三个方程（混合偏导数所满足方程）的影响较大，高斯方程离散时有限差分格式的影响次之。

2.3　采样方式对 HASM 精度的影响

IDW、Kriging 和 spline 是空间曲面建模的经典方法，这里比较分析 HASM 与这三种经典方法的模拟精度。

IDW、Kriging 和 spline 的计算，利用 ArcGIS 9.2 中空间内插的模块完成，各方法的参数设置均为其默认参数。IDW 的权重设置为 2，搜索点数为 12；采用 Kriging，半方差模型为椭球模型，搜索点数为 12；spline 采用规则样条，权重为 0.1，搜索点数为 12。HASMab 不同于其他插值方法的一个明显优势就是，其可以将其他方法得到的结果作为驱动场，以高精度采样数据作为优化控制条件。

对空间要素进行采样是估测区域该属性特性统计参数和空间变异分析模型的重要方式。采样数目是决定采样成本和估测精度的关键因素。对于给定的计算网格，即模拟空间分辨率一定，采样比例定义为采样数目与计算网格数目的比值。试验中，计算网格为 481×481，分辨率为 0.0125。以曲面式（2-1）为例，采取计算域的均匀间隔采样和区域随机采样两种方式。误差指标采用 RMSE。为了绘图时线条更有区分度，通常对 RMSE 取自然对数。

均匀采样间隔分别为 2、3、4、5、6、8、10、12、15 个栅格，样点距离分别为 0.025、0.0375、0.05、0.0625、0.075、0.0875、0.1、0.125、0.15、0.1875。对计算域内的随机采样，首先是在计算域边界上以间隔为 5 个栅格均匀采样，在计算域内部 (0,6)×(0,6) 随机采样，采样点数分别为栅格总数的 1%、2%、3%、4%、5%、10%、20%、30%、40%、50%。

　　数值实验结果表明，当采样点为均匀采样时，整体来看，采样点越多各方法的插值精度越高（附表 2.8）；在随机采样的情况下，整体上采样点越多各方法的插值精度越高（附表 2.9）。但采样点增加不明显的情况下，各方法反而在采样点少的时候插值精度高，例如，当采样点比例为 10% 和 15% 时，IDW、spline 及 HASM 的插值精度均是前者高于后者，这说明，除采样点多少外，各方法模拟精度还和采样点位置及代表性等有关。结合附表 2.8 及附表 2.9 可以看出，不管是在均匀采样还是随机采样的情况下，HASM 的模拟精度均高于经典的插值方法。HASM 由于具有数据融合的功能，在实际应用中，为了得到较好的模拟结果，可以选取精度较高的驱动场作为输入数据。

附表 2.8　均匀采样下各方法的模拟误差

采样间隔编号	采样间隔	IDW	Kriging	spline	HASM
1	2	1.40×10^{-2}	3.28×10^{-3}	3.15×10^{-3}	2.23×10^{-3}
2	3	1.41×10^{-2}	3.29×10^{-3}	3.17×10^{-3}	2.55×10^{-3}
3	4	1.42×10^{-2}	3.42×10^{-3}	3.17×10^{-3}	2.73×10^{-3}
4	5	1.42×10^{-2}	3.53×10^{-3}	3.19×10^{-3}	3.01×10^{-3}
5	6	1.51×10^{-2}	3.69×10^{-3}	3.20×10^{-3}	2.89×10^{-3}
6	8	1.53×10^{-2}	4.01×10^{-3}	3.23×10^{-3}	3.11×10^{-3}
7	10	1.60×10^{-2}	4.27×10^{-3}	3.23×10^{-3}	3.10×10^{-3}
8	12	1.61×10^{-2}	5.12×10^{-3}	3.22×10^{-3}	3.07×10^{-3}
9	15	1.71×10^{-2}	6.00×10^{-3}	3.24×10^{-3}	3.09×10^{-3}

附表 2.9　随机采样下各方法的模拟误差

采样比例（内部/%）	IDW	Kriging	spline	HASM
1	2.4×10^{-2}	4.2×10^{-3}	5.7×10^{-4}	4.6×10^{-4}
2	3.5×10^{-2}	2.4×10^{-3}	2.9×10^{-4}	2.4×10^{-4}
5	3.6×10^{-2}	1.2×10^{-3}	1.3×10^{-4}	9.1×10^{-5}
10	3.0×10^{-2}	7.8×10^{-3}	6.7×10^{-5}	6.4×10^{-5}
15	3.3×10^{-2}	5.3×10^{-4}	2.3×10^{-3}	3.7×10^{-4}
20	3.1×10^{-2}	4.2×10^{-4}	4.4×10^{-5}	3.9×10^{-5}
30	3.2×10^{-2}	3.2×10^{-4}	3.6×10^{-5}	3.1×10^{-5}
40	3.5×10^{-2}	2.4×10^{-4}	3.3×10^{-5}	2.9×10^{-5}
50	3.5×10^{-2}	1.8×10^{-4}	3.2×10^{-5}	2.8×10^{-5}

　　同样的采样数据，在分辨率不一样时，IDW、Kriging、spline 的模拟误差 RMSE 随分辨率的变化不大；但 HASM 方法则不一样，当计算分辨率提高时，其模拟误差随着分辨率的提高而减小（附图 2.4）。HASM 方法之所以有这样的数值特点，是因为 HASM 本身需要求

解偏微分方程，虽然采样数据不变，但求解偏微分方程的离散误差会随着分辨率的提高而降低，从而使 HASM 整体模拟误差降低。

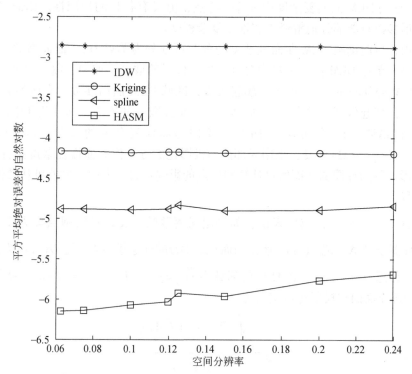

附图 2.4　不同分辨率下各种曲面建模方法的模拟精度比较

2.4　曲面复杂度对 HASM 精度的影响

曲面复杂度包含曲面崎岖度和曲面起伏度。曲面崎岖度指水平方向曲面变化的频率，而曲面起伏度指垂直方向曲面变化的强度。众多学者提出各种参数用以刻画崎岖度和起伏度。例如，表面投影比、高程频率分布和坡向分布[1]，分形维数和分形截距[2]，DEM 高程标准差[3]，以及地区中最大高度差与地区最大距离的比值[4]，平均剖面曲率[5]，通过相邻两空间坡面的空间二面角表达的地形复杂度指数[6]，以及平均法矢量法[7]等。也有许多研究者提出了

---

①　Hobson R D. Surface Roughness in Topography：Quantitative Approach//Chorley R J. Spatial Analysis in Geomorphology. London：Methuen & Co Ltd，1972：221-245.

②　黄金聪. 应用分形维数为地理特征物指针之研究. 新竹：台湾交通大学博士学位论文，1999.

③　Evans I S. General Geomorphometry，Derivates of Attitude，and Descriptive Statistics//Chorley R J. Spatial Analysis in Geomorphology. London：Methuen & Co Ltd，1972：17-90.

④　Elghazali M S，Hassan M M. A simplified terrain relief classification from DEM data using finite differences. Geo-Processing，1986，3（2）：167-178.

⑤　汤国安，龚健雅，陈正江，等. 数字高程模型地形描述精度量化模拟研究. 测绘学报，2001，30（4）：361-365.

⑥　王雷，汤国安，刘学军，等. DEM 地形复杂度指数及提取方法研究. 水土保持通报，2004，24（4）：55-58.

⑦　汤晓安，陈敏，孙茂印. 2002. 一种基于视觉特征的地形模型数据提取与快速显示方法. 测绘学报，2002，31（3）：266-269.

各种混合模型，例如，地形起伏参数（最大高程与最小高程的差）、DEM 高程标准偏差和等高线密度（单位面积等高线长度总和与面积之比）[1]、地形起伏参数、高程标准偏差和坡度分布频率[2]。这些 DEM 曲面复杂度指标各有特点，但又有各自的局限性。Evans[3] 认为，地形参数与分形参数只能部分地解释真实地表复杂程度。

总体来说，目前刻画 DEM 曲面复杂度的参数可划分为单点 DEM 曲面参数和区域 DEM 曲面参数两类。单点 DEM 曲面参数中含有其坐标位置的坡度、坡向、曲率（水平曲率和剖面曲率）、DEM 局部崎岖度和 DEM 局部起伏度；区域 DEM 曲面参数含有区域表面投影比、区域崎岖度、区域起伏度和单点 DEM 曲面参数的统计数（如均值、标准差和中位数等）。

为了分析 HASM 与其他方法在 DEM 插值时与曲面复杂度的关系，本书从真实曲面 $(x,y,f(x,y) \mid (x,y) \in \Omega)$ 出发，采用局部曲面投影比的方差作为曲面复杂度指标。一方面，局部曲面投影比可测算周围曲面值对计算网格点的影响；另一方面，方差可从整体区域来衡量曲面的变异。

对 $(x,y,f(x,y) \mid (x,y) \in \Omega)$ 来说，如果定义离散的正交计算格网点集为 $\overline{\Omega}$，分辨率为 h。对 Ω 的任意子域 Λ，记 $S(\Lambda)$ 为 Λ 的面积。对 $\overline{\Omega}$ 的任意子域 $\overline{\Lambda}$，记 $D(\overline{\Lambda})$ 为 $\overline{\Lambda}$ 中格网点数。对 $\overline{\Omega}$ 中的任意点 (x_i, y_j)，在 Ω 中的邻域为 $\overline{\Omega}_{i,j} = ([x_i-h, x_i+h] \times [y_j-h, y_j+h]) \cap \Omega$。点 (x_i, y_j) 的局部曲面面积投影比可定义为

$$tc_{i,j} = \frac{\iint\limits_{\overline{\Omega}_{i,j}} \sqrt{1+f_x^2+f_y^2}\,\mathrm{d}x\mathrm{d}y}{S(\overline{\Omega}_{i,j})} \tag{2-23}$$

设 $\overline{tc} = \dfrac{\sum\limits_{\overline{\Omega}} tc_{i,j}}{D(\overline{\Omega})}$，衡量全区域曲面复杂度的指数 TC 可定义为

$$\mathrm{TC} = \sqrt{\frac{\sum\limits_{\overline{\Omega}} (tc_{i,j} - \overline{tc})^2}{D(\overline{\Omega})}} \tag{2-24}$$

$tc_{i,j}$ 在 $\overline{\Omega}$ 的所有点上都有定义，因此曲面投影比很好地考虑了整个区域的地形特征，适合进行曲面复杂度与 DEM 模拟误差的理论分析。本书采用无量纲的高斯曲面式（2-25）为标准曲面，用以比较分析模拟误差与复杂度的关系。

$$\begin{aligned}
G(A,B,C) = &\ A \times [1-(x-1)^2] \times \exp^{[-(x-1)^2-y^2]} \\
&- B \times [0.2 \times (x-1) - (x-1)^3 - (y-1)^5] \times \exp^{[-(x-1)^2-(y-1)^2]} \\
&- C \times \exp^{[-x^2-(y-1)^2]} \quad (x,y) \in [0,2] \times [0,2]
\end{aligned} \tag{2-25}$$

在附表 2.10 中，不同参数对应的曲面如附图 2.5 所示，后两列表达曲面复杂度指数的

①　Gao J. 1998. Impact of sampling intervals on the reliability of topographic variables mapped from grid DEMs at mircoscale. International Journal of Geographical Information Science，1998，2（8）：875-890.

②　李天文，刘学军，汤国安. 地形复杂度对坡度坡向的影响. 山地学报，2004，22（3）：272-277.

③　Evans I S. What Do Terrain Statistics Really Mean? //Lane S，Richards K，Chandler J. Landform Monitor, Modeling and Analysis. New Jersey：Wiley，1998：119-138.

曲面投影比和高程标准差都是在 61×61 尺度下进行计算。从附图 2.5 可以看到，不同参数的高斯曲面，大致的形状虽然一样，但高程范围依次扩大，高程标准差依次增大，曲面复杂度值依次增长。

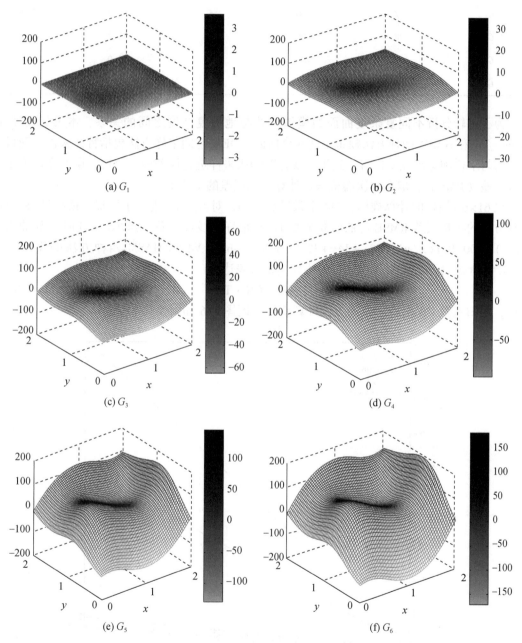

(a) G_1

(b) G_2

(c) G_3

(d) G_4

(e) G_5

(f) G_6

附图 2.5　不同地形复杂度的高斯合成曲面

附表 2.10　曲面参数与复杂度

曲面	A	B	C	曲面投影比	高程标准差
G_1	3	10	1/3	2.4	1.4
G_2	30	100	3	24.2	13.5
G_3	60	200	6	48.5	27.0
G_4	90	300	9	72.8	40.6
G_5	120	400	12	97.0	54.1
G_6	150	500	24	122.2	69.4

　　为了比较分析不同复杂度曲面的模拟误差与地形复杂度之间的关系，本书运用 TIN、Cubic、V4 和 HASM 四种方法模拟上述 6 个曲面。DEM 空间采样方法包括特征采样、随机采样、均匀采样和等高线采样等，这里主要针对随机采样进行误差回归分析。误差度量采用均方根误差（RMSE），取 500 次随机采样计算结果误差的平均值。

　　以 61×61 栅格的计算规模、744 个采样点为例，对 $G_1 \sim G_6$ 进行了模拟。模拟结果发现，各种方法的模拟误差 RMSE 与曲面复杂度 TC 有很好的线性关系。当 TC 为 0 时（如曲面为 $f(x,y)=100$ 和 $f(x,y)=23x+14y+12$），TIN、cubic、V4 和 HASM 四种方法的模拟误差 RMSE 都为 0。因此，RMSE 和 TC 的线性关系可表达为

$$\text{RMSE} = \text{CR} \cdot \text{TC} \tag{2-26}$$

式中，回归系数 CR 由最小二乘方法计算获得（附图 2.6 和附表 2.11）。

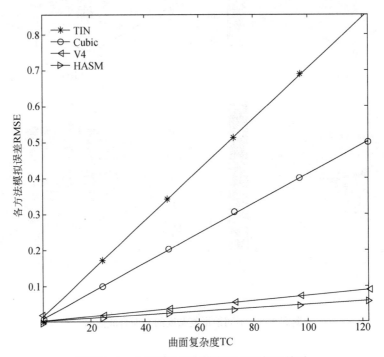

附图 2.6　曲面复杂度与模拟误差的相互关系

附表 2.11　各方法的回归结果

计算方法	TIN	Cubic	V4	HASM
相关系数	0.9999	0.9999	0.9999	0.9999
RMSE	0.018	0.019	0.016	0.012
CR	7×10^{-3}	4×10^{-3}	0.8×10^{-3}	0.5×10^{-3}

　　回归结果表明，计算误差 RMSE 与曲面复杂度 TC 的相关系数非常接近1，对各种方法来讲，RMSE 与曲面复杂度指数 TC 有强烈的线性相关性。就回归系数 CR 来说，HASM、V4、Cubic 和 TIN 依次增大。也就是说，当曲面复杂度增加时，HASM 误差增加较少（附图 2.6）。

　　对 $G_1 \sim G_6$ 六个曲面，以 31×31 为计算网格规模，分别取 N 为38、57、76、96、115、134、153、172 和 192，计算曲面复杂度与模拟误差的回归系数 CR。从计算结果可以看到，回归系数 CR 与采样率 SR 之间并不是简单的线性关系（附图 2.7）。理论上，如果采样率 SR 为100%，则 CR 应该为0，因为此时各方法的模拟误差应该为0。回归系数 CR 与采样率 SR 回归方程可分别表达为

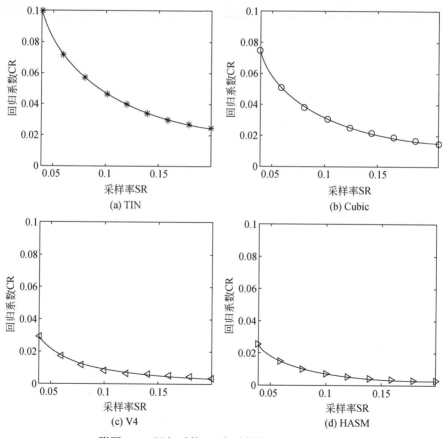

附图 2.7　回归系数 CR 与采样率 SR 的相互关系

$$CR_{TIN} = -0.011 \times (1 - SR^{-0.7145}) \tag{2-27}$$

$$\mathrm{CR_{Cubic}} = -0.00496 \times (1 - \mathrm{SR}^{-0.8623}) \tag{2-28}$$

$$\mathrm{CR_{V4}} = -0.0006 \times (1 - \mathrm{SR}^{-1.2188}) \tag{2-29}$$

$$\mathrm{CR_{HASM}} = -0.0004 \times (1 - \mathrm{SR}^{-1.3061}) \tag{2-30}$$

式（2-27）~式（2-30）可抽象为式（2-31）所示的统一表达式

$$\mathrm{CR} = A \cdot (1 - \mathrm{SR}^B) \tag{2-31}$$

从计算过程可以发现，参数 A 和 B 随着分辨率的变化而变化。设 h 为计算分辨率，N 为采样点数，TC 为曲面复杂度。结合以上的模拟结果，可得

$$\mathrm{RMSE}(\mathrm{TC}, h, \mathrm{SR}) = \mathrm{CR} \cdot \mathrm{TC} = A \cdot (1 - \mathrm{SR}^B) \cdot \mathrm{TC} = (a \cdot h^b) \cdot (1 - \mathrm{SR}^{c \cdot h + d}) \cdot \mathrm{TC} \tag{2-32}$$

式中，各方法参数 a、b、c 和 d 的值见附表 2.12。

附表 2.12   各建模方法误差预测公式的回归参数

建模方法	a	b	c	d
TIN	−3.9664	2.1602	3.1762	−0.9254
Cubic	−1.0274	1.9701	0.3612	−0.9074
V4	−0.0987	1.9544	−6.2493	−0.9226
HASM	−0.0737	2.0407	−8.7071	−0.9054